ABITUR 2011

Prüfungsaufgaben mit Lösungen

Deutsch

Grundkurs
Gymnasium
Bayern
2004 – 2010

STARK

ISBN 978-3-89449-088-1

31. ergänzte Auflage
www.stark-verlag.de

Inhalt

Fortsetzung nächste Seite

Abiturprüfungsaufgaben 2007

Abiturprüfungsaufgaben 2008

Abiturprüfungsaufgaben 2009

Abiturprüfungsaufgaben 2010

Sollten nach Erscheinen dieses Bandes noch wichtige Änderungen in der Abitur-Prüfung 2011 vom Bayerischen Kultusministerium bekannt gegeben werden, finden Sie aktuelle Informationen dazu im Internet unter
www.stark-verlag.de/info.asp?zentrale-pruefung-aktuell.

Lösungen der Aufgaben:

OStR Stephanie Masszi (Jahrgänge 2005 bis 2010)
StD Dr. Klaus Gladiator (Jahrgang 2004)

Stichwortverzeichnis

Sachregister

Werkregister

Personenregister

Hinweise und Tipps zur schriftlichen Abiturprüfung

1 Grundlagen

1.1 Vorgaben für die Abiturprüfung in Deutsch als Grundkursfach

Die schriftlichen Prüfungsaufgaben richten sich in Aufbau und Inhalt nach:

- dem *Curricularen Lehrplan* von 1992 (siehe: www.isb.bayern.de, dort: Lehrpläne, Gymnasium G 9; ferner: www.isb.bayern.de/imperia/md/content/isb/lehrplanverzeichnis_2007.pdf)
- den bundesweit verbindlichen *Einheitlichen Prüfungsanforderungen in der Abiturprüfung* (EPA), im Internet zu finden unter: http://www.kmk.org/doc/beschl/epa_deutsch.pdf.

1.2 Zeitrahmen und Hilfsmittel

In der Abiturprüfung im Fach Deutsch werden Ihnen vier unterschiedliche Aufgaben vorgelegt, von denen Sie eine auswählen und bearbeiten müssen. Zur Bearbeitung stehen Ihnen 240 Minuten (einschließlich Auswahl und Einlesezeit) zur Verfügung. Als Hilfsmittel ist ein Wörterbuch der deutschen Rechtschreibung (neue und alte) zugelassen.

2 Prüfungsstoff

Einen verbindlichen Literaturkanon sieht der Lehrplan nicht vor; vielmehr sollen Sie nachweisen, dass Sie „eine klare Vorstellung von den literarischen Strömungen des 19. und des beginnenden 20. Jahrhunderts“ (*Amtsblatt der Bayerischen Staatsministerien für Unterricht und Kultus und Wissenschaft, Forschung und Kunst,* Sondernummer 7 von 1992, dort S. 348; im Folgenden nur mit Seitenzahl zitiert) sowie einen „Überblick über wichtige Strömungen der Literatur des 20. Jahrhunderts“ (S. 350) besitzen. Dieser ist Ihnen anhand von epochentypischen Literaturgattungen vermittelt worden. Als Ganzschrift waren entsprechend zu lesen:

- jeweils ein Drama der Klassik sowie des 19. Jahrhunderts,
- eine Novelle oder längere Erzählung des 19. Jahrhunderts,
- jeweils ein Roman des 19. und 20. Jahrhunderts,
- ein literarisches Werk, welches nach 1945 entstanden ist.

Darüber hinaus wurden Sie im Unterricht mit „Lyrik im Epochen- und Motivvergleich vom Mittelalter bis zur Gegenwart“ (S. 352) vertraut gemacht. – Der Lehrplan macht Vorschläge zur Textauswahl, die jedoch nicht verbindlich sind.

Konkret bedeutet das, dass Sie sich anhand geeigneter (exemplarischer) Werke grundlegende Kenntnisse über die im Lehrplan verbindlich genannten Epochen sowie über die drei literarischen Hauptgattungen aneignen und zudem grundsätzliche Techniken der Texterschließung und der Argumentation beherrschen sollten. „Die Schwerpunkte der Anforderungen liegen in der Abiturprüfung in Bereichen, die mit selbstständigem Verarbeiten und Darstellen bekannter Sachverhalte sowie dem Übertragen des Gelernten auf vergleichbare neue Situationen beschrieben werden können." (EPA, Abschnitt 2.1)

Aufgrund der um sechs Wochen vorverlegten Abiturprüfung 2011 des letzten G9-Jahrgangs hat das Kultusministerium den Prüfungsstoff reduziert. Die vorgenommenen Streichungen können unter folgendem Link eingesehen werden:
http://www.km.bayern.de/imperia/md/content/pdf/lehrerrundbrief2008/kuerzungen_g9_abitur_2011.pdf

3 Aufgabenarten

Die EPA unterscheiden drei wesentliche fachspezifische Erschließungsformen von Texten: das Untersuchen, das Erörtern und das Gestalten. Kombiniert man diese drei Methoden mit einer Textart (literarisch oder pragmatisch), erhält man die folgenden Aufgabenarten:

Erschließungsform	**Textart**	**Aufgabenart**
untersuchend	literarisch pragmatisch	Textinterpretation Textanalyse
erörternd	literarisch pragmatisch	literarische Erörterung Texterörterung freie Erörterung
gestaltend	literarisch	gestaltende Interpretation

(zitiert nach EPA, Abschnitt 3.2)

Die zentralen Abituraufgaben in Bayern bieten jeweils vier Mischformen mit unterschiedlichen Schwerpunkten an, die aus der Aufgabenstellung ersichtlich werden. Die **ersten drei, stets zweiteiligen Aufgaben** bieten jeweils einen Text oder Textausschnitt aus einer der drei Literaturgattungen an, den Sie zunächst erschließen sollen, sei es unter selbst gewählten oder vorgegebenen Schwerpunkten. Der zweite Teil der Aufgabe besteht in einem vergleichenden oder erörtenden Arbeitsauftrag mit geistes- oder motivgeschichtlicher Schwerpunktsetzung; dieser bietet Ihnen die Möglichkeit, anhand eines meist selbst gewählten Vergleichstextes sowohl Ihre Kenntnisse weiterer Werke und Epochen einzubringen als auch Ihre argumentativen Fertigkeiten zu zeigen. – Die **vierte Aufgabe** ist eine freie Erörterung, die häufig mit einem griffigen Zitat eingeleitet wird.

3.1 Erschließung eines poetischen Textes

Verlangt ist hier, einen Text nach Form und Inhalt zu analysieren, häufig unter vorgegebenen Schwerpunktsetzungen. Zu verfassen ist also eine Textinterpretation (vgl. auch Abschnitt 4: „Anforderungsbereiche und Operatoren").

Zugrunde liegt ein Textausschnitt aus einem lyrischen, epischen oder dramatischen Werk, der meist zusammenzufassen, zu erschließen und zu interpretieren ist. Es geht darum, ihn in seiner Besonderheit zu verstehen und dieses Verständnis sprachlich angemessen zum Ausdruck zu bringen. Ratsam ist, den Text zunächst mehrfach zu lesen, Auffälliges zu markieren, Beobachtungen – vor allem hinsichtlich der angegebenen Schwerpunktsetzungen – zu notieren, Fragen an ihn zu stellen und sich zu überlegen, was charakteristisch und wesentlich daran ist.

Bei dem sich häufig anschließenden Vergleich ist es wichtig, sich zunächst den geforderten Vergleichspunkt genau klar zu machen und dann ein geeignetes Werk zu finden. Bei der Auswahl sollte man sich nicht ausschließlich von den im Unterricht behandelten Schwerpunkten der Werke leiten lassen, sondern sich diese gewissermaßen unvoreingenommen nochmals vergegenwärtigen.

3.2 Freie Erörterung

Die freie Erörterung basiert auf einer Problemfrage oder einer These, etwa in Form eines Zitats. Es kommt darauf an, einen komplexen Sachverhalt – meist aus dem Bereich der Sprachbetrachtung oder des literarischen Lebens – von verschiedenen Seiten zu beleuchten, mögliche Betrachtungsweisen abzuwägen und einen eigenen, kritisch reflektierten Standpunkt zu entwickeln.

Hier empfiehlt es sich, gleich zu Beginn eine definitorische Klärung des oder der Zentralbegriffe vorzunehmen, da sonst leicht die Gefahr besteht, „den Faden zu verlieren" und zu weit vom eigentlichen Thema abzuweichen.

3.3 Tipps zur Arbeit mit Texten

Jeder gelungene Deutschaufsatz entsteht aus einem Zusammenspiel von genauem Eingehen auf die Aufgabenstellung und individuellem Zugang, also der Fähigkeit, den Text „zum Sprechen" zu bringen. Für die Prüfungssituation ist es wichtig, über ein **Repertoire an Fragen** zu verfügen, mit denen man an literarische Texte herangeht.

Gedichtinterpretation

- Bestimmen Sie bei Gedichten nicht mechanisch das Metrum, wenn Sie nicht wissen, was es ausdrückt und bewirkt.
- Aus welcher Perspektive wird im Gedicht gesprochen?
- Was entwickelt sich vom ersten bis zum letzten Vers? Denn auch in Gedichten passiert etwas.
- Welche Versgruppen gehören zusammen?
- Wie ist ein Motiv durchgeführt und inwieweit wandelt es sich?
- Was ist mit dem Ich, das implizit oder explizit sich und seine Sicht der Welt zum Ausdruck bringt? Wie spricht es? Welche Sprache wählt es?
- Ergibt sich eher fließend ein Erlebniszusammenhang mit einer spürbaren Atmosphäre? Oder ist es ein eher spröder, intellektuell gedachter und gebauter Text, durchsetzt von Konjunktionen, Einsprüchen und Antithesen?

Sie sollten hinhören und überlegen, wie das Gedicht wirkt, und untersuchen, wodurch diese Wirkung zustande kommt. In der ersten halben Stunde einer Gedichtinterpretation sollten Sie den Text auf sich wirken lassen, Fragen sammeln und noch nicht losschreiben. Und noch etwas: Wie das eine oder andere letztlich zu verstehen ist, ist nicht immer eindeutig zu entscheiden: Gedichte haben einen offenen Deutungsraum um sich herum. Die Interpretation muss daher nach Plausibilität streben, indem sie sich nahe am Gedicht bewegt und die Thesen durch konkrete Textbelege stützt.

Interpretation einer dramatischen Szene

- Hier sollten Sie – immer vorausgesetzt, dass die Aufgabenstellung nicht ausdrücklich einen bestimmten Untersuchungsaspekt vorgibt – nach Kommunikationssituation und Redeanteilen fragen.
- Welche Spannung liegt in der Szene? Wie spitzt sich die Auseinandersetzung zu?
- Wo ist eventuell ein Höhe- und Wendepunkt?
- Welche Rolle spielen der Schauplatz und eventuell ein Requisit oder ein Gang beziehungsweise eine Geste?
- Was tragen die Regieanmerkungen zum Verständnis bei?
- Was bleibt hinter dem gesprochenen Wort unausgesprochen und ist mitzudenken und lässt uns ahnen, wie es in der Figur wirklich aussieht und was sie vielleicht plant?
- Über das Textimmanente hinaus ist von entscheidender Bedeutung, welchen Platz die Szene im Handlungszusammenhang hat und welche Funktion ihr zukommt (was wäre, wenn sie gestrichen wäre?).

Interpretation von epischen Texten

- Bei erzählender Literatur sollte man sich vor der Gefahr hüten, in der Fülle des Stoffes zu ertrinken und zuviel Inhaltliches zu rekonstruieren.
- Man muss meistens den Textausschnitt erst einmal im Werkganzen (im Kontext) verankern (situieren) und eine Zusammenfassung geben, bevor man zur Untersuchung übergeht. Die Konzentration auf Wesentliches, auf den thematisierten Erzählstrang oder Aspekt, und die Strukturierung der eigenen Darstellung sind hier besonders nötig.
- Entscheidend für das Verständnis ist es sehr oft, die Erzählperspektive und Haltung des Erzählers zu erkennen und zu deuten. Weiß er nicht mehr, als die einzelne Person wissen kann, erzählt er gleichsam aus ihr heraus personal? Oder überschaut er eine Welt? Oder verschwindet er ganz hinter einem erzählenden Ich? Hegt der Erzähler Sympathie für seine Helden oder bleibt er ironisch distanziert?
- Wird linear-chronologisch erzählt oder gebrochen in Zeitsplittern, Facetten, Vorwegnahmen und Rückblicken?
- Entsteht ein Abbild unserer Wirklichkeit, oder erscheint sie ins Artifizielle, Groteske, Absurde verfremdet?
- Und welches Bild von der erzählten Zeit wird entworfen, mit welchen Fragen setzt sich der Autor in seinem Text auseinander?

Weitere Hinweise bietet der Band *Textinterpretation Lyrik – Drama – Epik* von Friedel Schardt aus der Reihe *Abiturwissen Deutsch* (Stark Verlag 2000, Titel-Nummer 944061).

Einen guten Eindruck macht es immer, wenn korrekt **zitiert** werden kann. Sie sollten nicht zu umfangreich zitieren oder dem Leser das Zitat wie den Stein der Weisen wortlos vor die Füße schieben. Zitate, oft nur ein Satzfetzchen oder ein besonderes Wort, werden gewählt, weil sie aufschlussreich und vielsagend sind: Man muss also damit arbeiten, sie erläutern und kommentieren. Überhaupt ist es das A und O aller Interpretation, in die eigene Sprache hineinzuholen, was man vorfindet. Wer sprachfaul nur wiederholt, was der Autor sagt, bleibt gleichsam erkenntnisblind. Die Anstrengung dagegen, Fremdes selbstständig in der eigenen Sprache wiederzugeben, wirft unwillkürlich Fragen auf und bedeutet damit den ersten Schritt zum Verständnis eines Textes.

Sehr ratsam ist es, über ein paar **Fachbegriffe** so zu verfügen, dass über Erzähltes und Dargestelltes präzise gesprochen werden kann. Man sollte etwa schreiben können: „Die Peripetie erkenne ich in dem Moment, in dem …“ Oder: „Hier wird der Beziehungsaspekt wichtiger als der Inhalt.“ Oder: „In diesen Ellipsen, diesen Kurzsätzen ohne Prädikat, drückt sich aus, wie …“. – Sehen Sie zu, dass Sie Wortarten, Satzteile und Nebensatz-

typen korrekt bezeichnen können. Üben Sie sich darin, die wichtigsten rhetorischen Figuren zu erkennen, die gestalteter Sprache ihre Wirkung verleihen.
Eine gute Übersicht über rhetorische Figuren findet sich in dem folgenden Band: Werner Winkler, *Prüfungswissen Oberstufe* (Stark Verlag 2000, Titel-Nummer: 94400, dort S. 18–21).

4 Anforderungsbereiche und Operatoren

4.1 Anforderungsbereiche (AFB)

In der EPA werden **drei Anforderungsbereiche** definiert, die sich in jeder Aufgabe – in jeweils leicht variierenden Anteilen – wiederfinden. Die einzelnen Bereiche bauen aufeinander auf und verlangen von Ihnen einen zunehmenden Grad an Abstraktionsfähigkeit und Problemlösungsvermögen. In jedem Bereich gilt es, eine Verstehensleistung, eine Argumentationsleistung und eine Darstellungsleistung zu erbringen.

- **Anforderungsbereich I** betrifft die **Reproduktion:** die Wiedergabe von gelernten Sachverhalten sowie die wiederholende Zusammenfassung. Der im Unterricht erarbeitete Hintergrund an Lektüre- und Faktenwissen, fachspezifische Arbeitstechniken, Methoden der Texterschließung sowie Darstellungstechniken sollen zum Einsatz gebracht werden.
- **Anforderungsbereich II** zielt auf die Anwendung erworbener Arbeitsweisen, auf **Reorganisation von Bekanntem und Transferleistungen**. Darunter sind unter anderem selbstständiges Auswählen, Ordnen, Erläutern, Interpretieren oder Vergleichen zu verstehen. Erwartet wird von Ihnen eine eigenständige, argumentativ begründete Interpretation beziehungsweise Erörterung, die zeigt, dass Sie in der Lage sind, Gelerntes auch auf unbekannte Zusammenhänge anzuwenden. Auf dem AFB II liegt in der Abiturprüfung das Hauptgewicht.
- **Anforderungsbereich III** betrifft die gedankliche Selbstständigkeit der Leistung: Hier müssen Sachverhalte und Zusammenhänge eigenständig ausgewertet, durchdacht und begründet beurteilt oder gestaltet werden. Sie sollen zu einer differenzierten und kritischen Wertung von Texten und Sachverhalten gelangen und Ihre Fähigkeit zur **Reflexion und Problemlösung** beweisen.

Oftmals wird nur ein umfassender Operator (Arbeitsanweisung) wie „erörtern“, „interpretieren“ oder „analysieren“ eingesetzt, der Leistungen in allen drei Anforderungsbereichen erfordert. Wird die Aufgabe nicht weiter differenziert, entfällt freilich auch eine erste Strukturierungshilfe, die die einzelnen Teilaufträge ansonsten bieten. Folglich haben Sie weniger Orientierungspunkte, aber auch mehr Freiraum beim Gliedern Ihres Aufsatzes.

4.2 Operatoren

Operatoren sind Arbeitsanweisungen. Sie machen deutlich, welche Art von Aufgabenstellung gemeint ist, lassen sich den einzelnen Anforderungsbereichen zuordnen und geben einen Hinweis auf das Gewicht der entsprechenden Aufgabe. Durch ihre konkreten Vorgaben dienen Operatoren sowohl dazu, Arbeitsaufträge eindeutig zu formulieren und voneinander abzugrenzen, als auch einheitliche Bewertungs- und Korrekturmaßstäbe zu setzen. Die folgende Operatorenliste basiert auf den Vorgaben der EPA und bietet ein breites Spektrum an Arbeitsaufträgen, die Ihnen in einer Abiturprüfung begegnen können.

Anforderungsbereich I (Reproduktion)

(be)nennen	Hier sollen Sie zielgerichtet Informationen zusammentragen, ohne diese zu kommentieren.	*Nennen Sie die wesentlichen Merkmale* eines Sonetts.
beschreiben	Textaussagen oder Sachverhalte müssen in eigenen Worten strukturiert und fachsprachlich richtig dargestellt werden.	*Beschreiben Sie die äußere Form* des Gedichtes.
wiedergeben	Sie sollen Informationen aus dem Vorwissen bzw. dem Material zusammenfassend in eigenen Worten präsentieren.	*Geben Sie die Hauptgedanken* der Rede *wieder.*
zusammenfassen	Es wird von Ihnen erwartet, dass Sie Inhalte, Aussagen, Zusammenhänge komprimiert wiedergeben.	*Fassen Sie die* unterschiedlichen *Meinungen* zum Thema X *zusammen.*
darstellen	Sie haben die Aufgabe, einen Sachverhalt, Zusammenhang, eine methodische Entscheidung zu formulieren.	*Stellen Sie die Wirkungsabsicht dar*, die der Autor mit seinem Text verfolgt.

Anforderungsbereich II (Reorganisation und Transfer)

untersuchen, erschließen	Hier müssen Sie an Texten, Textaussagen, Problemstellungen, Sachverhalten kriterienorientiert arbeiten.	*Untersuchen Sie*, inwiefern *die rhetorischen Mittel* die Aussageabsicht verstärken. *Erschließen Sie* anhand der Bildsprache *die Grundstimmung des Textes.*
einordnen	Sie sollen einen Inhalt, eine Problemstellung, einen Sachverhalt auf einen vorgegebenen oder selbst gewählten Kontext beziehen.	*Ordnen Sie* dieses Naturgedicht *epochal ein.*
charakterisieren	Es wird erwartet, dass Sie eine Person oder Sache in ihren Eigenheiten darstellen, treffend und anschaulich schildern.	*Charakterisieren Sie den Protagonisten* in Goethes Drama *vor dem Hintergrund der Epoche* des Sturm und Drang.
vergleichen	Sie sollen Texte, Problemstellungen, Sachverhalte unter vorgegebenen oder selbst gewählten Aspekten einander gegenüberstellen, in Beziehung zueinander setzen und Gemeinsamkeiten und Unterschiede feststellen.	*Vergleichen Sie die Figurenkonstellation* mit derjenigen im Drama X. *Vergleichen Sie Art und Wirkung der Metaphorik* in beiden Gedichten.
kennzeichnen	Es kommt bei dieser Aufgabe darauf an, Typisches herauszustellen.	*Kennzeichnen Sie* das vorliegende Gedicht als expressionistischen Text.
erklären	Es wird von Ihnen erwartet, dass Sie Textaussagen und Sachverhalte auf der Basis von Kenntnissen differenziert darstellen.	*Erklären Sie* Brechts Dramentheorie *anhand des vorliegenden Textausschnittes.*

erläutern	„Erläutern“ entspricht „erklären“, enthält jedoch den zusätzlichen Aspekt, dass Sie Ihre Ergebnisse durch Zusatzinformationen und Beispiele veranschaulichen sollen.	*Erläutern Sie* Schillers Theaterverständnis, indem sie sich auch auf sein Drama X beziehen.
in Beziehung setzen	Sie haben die Aufgabe, Analyseergebnisse, Textaussagen, Sachverhalte, Problemstellungen mit vorgegebenen oder selbst gewählten Aspekten in Verbindung bringen.	*Setzen Sie Ihr Analyseergebnis in Beziehung* zur aktuellen Medienkritik am Privatfernsehen.

Anforderungsbereich III (Reflexion und Problemlösung)

beurteilen	Sie müssen zu einem Text, der ästhetischen Qualität eines Textes, einem Sachverhalt zu einem selbstständigen, begründeten Sachurteil gelangen, und zwar nicht gestützt auf subjektive Werte, sondern auf fachliches Wissen.	*Beurteilen Sie den Versuch des Autors*, die Ereignisse und Folgen des 11. September 2001 in lyrischer Form darzustellen.
bewerten	Es wird von Ihnen erwartet, dass Sie zu einem Sachverhalt, Text oder Problem selbstständig Stellung nehmen und ihn unter Bezug auf eine Wertordnung angemessen beurteilen.	*Bewerten Sie* Jandls lyrische „Sprachspiele“ vor dem Hintergrund ihres eigenen Verständnisses von der Aufgabe der Lyrik in der Gegenwart.
(kritisch) Stellung nehmen	Hier geht es darum, die Einschätzung einer Problemstellung, eines Sachverhaltes, einer Wertung auf der Grundlage fachlicher Kenntnis und Einsicht nach kritischer Prüfung und Abwägung zu formulieren.	*Nehmen Sie zu den Aussagen* des Autors kritisch *Stellung*, indem Sie Erkenntnisse der Sprachsoziologie berücksichtigen.
begründen	Es ist wichtig, dass Sie ein Analyseergebnis, Urteil, eine Einschätzung, eine Wertung fachlich und sachlich absichern (durch einen entsprechenden Beleg, Beispiele, eine Argumentation).	Schreiben Sie dem Verfasser eine Antwort; *begründen Sie* anschließend die von Ihnen gewählte Darstellungsform und die von Ihnen gewählten Stilmittel.
sich auseinandersetzen mit	Sie sollen zu einer (fachlichen) Problemstellung oder These eine Argumentation entwickeln, die zu einem begründeten und nachvollziehbaren Ergebnis führt.	*Setzen Sie sich mit der Position* des Schriftstellers vor dem Hintergrund Ihrer Kenntnisse des Vormärz *auseinander.*
prüfen, überprüfen	Hier müssen Sie eine Textaussage, These, einen Sachverhalt auf der Grundlage eigener Kenntnisse, Einsichten oder Textkenntnis auf ihre/seine Angemessenheit hin untersuchen.	*Überprüfen Sie die Stimmigkeit* der Aussage anhand der Gliederung und der rhetorischen Mittel.

analysieren, interpretieren	**Literarische Texte:** Texterfassung, Textbeschreibung, Textdeutung (unter Berücksichtigung des Wechselbezuges von Textstrukturen, Funktionen und Intentionen, Erfassen zentraler strukturbildender, genretypischer, syntaktischer, semantischer und rhetorischer Elemente und ihrer Funktionen für das Textganze), kritische Reflexion und ggf. Wertung. **Sachtexte:** Texterfassung, Textbeschreibung, Textuntersuchung (Zusammenhang Textstruktur und Textintention, strukturbildende semantische, syntaktische Elemente unter Berücksichtigung der sprachlichen Funktion); Erfassen der pragmatischen Struktur des Textes unter besonderer Berücksichtigung der Argumentationsweise; Erkennen und ggf. Beurteilen des Zusammenspiels von Struktur, Intention und Wirkung im Rahmen des historischen und aktuellen Verstehenshorizontes.	*Interpretieren Sie* das vorliegende Gedicht. *Analysieren Sie* beide Gedichte vergleichend. *Interpretieren Sie* den vorliegenden Text im Zusammenhang mit den Ihnen bekannten Dramentheorien. *Analysieren Sie* die Rede unter Berücksichtigung der Anmerkungen. *Analysieren Sie* den vorliegenden Text *im Hinblick auf die Argumentationsstruktur.*
erörtern	Es wird von Ihnen erwartet, dass Sie eine These oder Problemstellung, eine Argumentation durch Für- und- Wider- bzw. Sowohl-als-Auch-Argumente auf ihre Stichhaltigkeit hin prüfen und auf dieser Grundlage eine Schlussfolgerung bzw. eigene Stellungnahme dazu entwickeln.	*Erörtern Sie die Notwendigkeit* von Sprachförderkonzepten im Zusammenhang mit den Aussagen der beiden vorliegenden Texte.
diskutieren	Gegenüberstellung unterschiedlicher Argumente; abwägende Stellungnahmen zu deren Bedeutung bzw. Stichhaltigkeit; zusammenfassende Schlussfolgerung(en) – aber auch: Überprüfung einer gedanklichen Position anhand der darin erkennbaren Thesen und Argumente.	*Diskutieren Sie* die Haltbarkeit der Position von […] zur Änderung des bayerischen Schulsystems.

5 Tipps

5.1 Praktische Tipps

Die **Wahl der Aufgabe** sollte sorgfältig getroffen werden, denn von der „richtigen" Aufgabe hängt ganz wesentlich der Erfolg der Arbeit ab. Aus Ihren Erfahrungen im Unterricht wissen Sie schon, ob Ihnen eher textgebundene oder erörternde Aufgabenstellungen liegen. Dennoch sollten Sie alle vier Aufgabenstellungen genau lesen und für sich selbst folgende Fragen beantworten:

- Welche Aufgabe fordert mich heraus? Wo kann ich meine Stärken und Kenntnisse einbringen?

- Spricht mich ein Text inhaltlich oder aufgrund der Entstehungszeit, des Verfassers oder der Gattung besonders an?
- Welches sind die Schwerpunkte der Erschließung? Liegen sie mir?
- Kommt die Grundthese der Erörterung meinen Interessen entgegen?
- Ausschlaggebend sollte nicht die vermeintliche Leichtigkeit der Aufgabe sein, sondern die Möglichkeit, sie auf ergiebige und gehaltvolle Weise zu lösen. Auch die Gelegenheit, Kenntnisse aus dem Unterricht einzubringen, ist ein Aspekt bei der Entscheidungsfindung.

Ist die Entscheidung gefallen, sollten Sie möglichst nicht mehr wechseln, denn das wäre verschenkte Zeit.

Eine **grobe Zeitplanung** ist immer hilfreich. Von den 240 Minuten, also vier Stunden Bearbeitungszeit könnten Sie sich 30 Minuten als Einlesezeit und für die Entscheidungsfindung, eventuell mit ersten „Brainstorming-Skizzen“, reservieren. Bei Erschließungsaufgaben könnte man dann etwa 45 Minuten, entsprechend einer Unterrichtsstunde, für die Konzeptphase ansetzen (Textmarkierungen, Skizzen, Aufsatzgliederung, Disposition), etwa zwei Unterrichtsstunden für die Reinschrift und 30 Minuten für Durchsicht und Feinkorrektur. Damit wären etwa dreieinhalb Stunden verplant, sodass eine halbe Stunde als Puffer und für Pausen bleibt. Diese sollte man erst nach Beendigung eines Arbeitsganges einlegen, im Idealfall erst vor der Durchsicht.

5.2 Hinweise zu den Bewertungskriterien

Wie bei allen Aufsätzen an bayerischen Gymnasien wird auch die Abiturnote nicht durch Addition der auf die Anforderungsbereiche bezogenen Teilnoten errechnet, sondern stellt eine Gesamtwürdigung der erbrachten Leistungen dar.
Bei der Punktevergabe werden folgende Bewertungskategorien berücksichtigt:
- inhaltliche Leistung,
- methodische Leistung,
- sprachliche Leistung/Darstellungsleistung.

Besonders viel Gewicht wird in der Bewertung darauf gelegt, dass
- Ihre Ausführungen sachlich richtig sind,
- Ihre Aussagen folgerichtig und begründet sind,
- Ihre Darstellung und Ihr Verständnis der Thematik den prinzipiellen Ansprüchen eines Grundkurses entsprechen,
- Ihre Arbeit einen bestimmten Grad an Selbständigkeit, etwa in der Entwicklung von Gedankengängen, aufweist,
- der Aufsatz sinnfällig aufgebaut und klar formuliert ist,
- eine grundlegende Sicherheit im Umgang mit der Fachsprache und den entsprechenden Methoden unter Beweis gestellt wird,
- Ihre Ausführungen sprachlich richtig sind und
- die äußere Form Ihres Aufsatzes den Erwartungen entspricht.

Bei der Erörterungsaufgabe wird besonders darauf geachtet, dass
- das Thema präzise erschlossen ist,
- der Aufsatz schlüssig aufgebaut ist,
- pausibel argumentiert wird,
- ein angemessener Grad der Reflexion erreicht ist,
- die verwendete Begrifflichkeit angemessen und korrekt eingesetzt ist,
- Sie sich sprachlich korrekt und gewandt auszudrücken vermögen.

Hinweise und Tipps zur mündlichen Abiturprüfung

1 Allgemeines

Eine mündliche Abiturprüfung gibt es in jedem Fall im vierten Abiturfach. Daneben sind weitere mündliche Prüfungen im ersten bis dritten Abiturfach möglich, wenn die Leistung in den Abiturklausuren mit null Punkten bewertet worden ist oder ein Prüfling sich für eine freiwillige mündliche Prüfung meldet, beispielsweise um seinen Abiturdurchschnitt zu verbessern. Für mündliche Prüfungen im ersten bis dritten Fach gilt, dass sie nicht dem Stoffgebiet der Abiturklausur entsprechen dürfen.

Die mündliche Prüfung enthält in der Regel zwei gleichwertige Elemente, durch die einerseits die Fähigkeit zum **Vortrag**, andererseits die Fähigkeit zur Beteiligung am **Prüfungsgespräch** überprüft wird. Es gelten ansonsten grundsätzlich dieselben Kriterien für die Bewertung wie bei den schriftlichen Anforderungen, wobei es besonders darauf ankommt, dass man auch in mündlicher Rede gewandt und präzise argumentiert, ohne den Faden zu verlieren.

Zunächst erhalten Sie eine Aufgabenstellung, die aus einer oder mehreren Teilaufgaben bestehen kann, welche sich häufig auf eine Textgrundlage beziehen. Für die Bearbeitung dieser Aufgabe stehen Ihnen im Vorbereitungsraum 30 Minuten zur Verfügung. Innerhalb dieser Zeit sollen Sie einen zehnminütigen Vortrag vorbereiten, der in sich geschlossen und logisch gegliedert ist; die Vortragszeit darf nicht wesentlich über- oder unterschritten werden. Während des Vortrages können Sie sich auf den Text sowie auf Ihre stichwortartigen Aufzeichnungen stützen. Die Kürze der Vorbereitungszeit schließt aus, dass Sie Ihren Vortrag schriftlich ausformulieren; vielmehr ist es, ähnlich wie bei der Sichtungsphase in der Klausur, notwendig, den Vortrag durch sinnvolles Markieren und knappe Anmerkungen vorzubereiten.

Der zweite Prüfungsteil besteht aus einem Prüfungsgespräch, in dem Ihr Hintergrundwissen und Ihre Fähigkeit, größere fachliche und sachliche Zusammenhänge zu erschließen, überprüft werden.

2 Prüfungsteil I: eigenständiger Vortrag

Die größten Schwierigkeiten bei der mündlichen Abiturprüfung liegen erfahrungsgemäß im ersten Teil, also in dem zehnminütigen zusammenhängenden, gegliederten Vortrag. Da es für solch lange Vorträge kaum echte Übungsmöglichkeiten im Unterricht gibt, zumindest nicht für jeden Einzelnen, fehlt es weitgehend an konkreten Vorerfahrungen, wie Sie sich Sie sich auf diese Prüfungssituation vorbereiten und Ihren Vortrag ansprechend gestalten können. Daher erhalten Sie hier einige Tipps, die Ihnen weiterhelfen werden.

Tipps für die 20-minütige Vorbereitung

- *Themenstellung:* Was ist die Zielrichtung der geforderten Bearbeitung?
- *Operatoren:* Welche konkreten Anforderungen werden gestellt? Bei Mehrteiligkeit: Welche Gliederungshilfe bieten die Teilaufgaben? Welcher Aufgabe kommt das größte Gewicht zu?
- *Einstieg:* Mit welcher Einführung führt man den Vortrag schnell und stringent zum Kern der Aufgabenstellung?
- *Texte:* Fachbegriffe an den Rand schreiben, Quellen-Anmerkungen ergänzen, Stichworte für den Vortrag festlegen; wichtige Zitatstellen markieren.
- *Gliederung:* Nummerieren Sie Ihre Markierungen, damit Sie Ihren Vortrag anhand dieser Reihenfolge gestalten können.
- Beenden Sie Ihren Vortrag mit einem klaren *Fazit.*
- *Grobstruktur:* Nennung der Aufgabenstellung – Einleitung – Bearbeitung der Teilaufgaben – Schlussteil.

Es kann hilfreich sein, den Einleitungs- und den Schlusssatz ausformuliert zu notieren. So wird anfängliche ‚Schwellenangst' vermieden; auch haben Sie dann den Zielpunkt Ihrer Argumentation deutlicher vor Augen; zudem ist gewährleistet, dass Ihr Vortrag, selbst wenn Sie in Zeitnot geraten sollten, eine gewisse Abrundung haben wird.

Tipps für den Vortrag

- *Zeitmanagement:* Legen Sie eine Armbanduhr neben Ihr Konzept, schreiben Sie, bevor Sie zu sprechen anfangen, den konkreten Zeitraum für Ihren Vortrag auf Ihr Konzept – so haben Sie klare zeitliche Anhaltspunkte.
- Nutzen Sie die *Anmerkungen*, die Sie während der Vorbereitungszeit angefertigt haben, *als Leitfaden* Ihres Vortrages.
- Sprechen Sie möglichst frei, klammern Sie sich nicht an Ihr Konzept.
- Sprechen Sie klar, deutlich und hinreichend laut.
- Achten Sie auf ein angemessenes *Sprechtempo.* Versuchen Sie, nicht zu schnell zu sprechen.
- Vermeiden Sie sowohl ‚Endlossätze' als auch Aneinanderreihungen und monotone Satzanfänge („Und … und … und …").
- Verwenden Sie die *Fachsprache,* die Sie gelernt haben, um zu verdeutlichen, dass Sie Ihr Metier beherrschen.
- *Zitate/Textbelege:* Verdeutlichen Sie während des Vortrages, woher Sie Ihre Aussagen beziehen, indem Sie Kernstellen mit Zeilenhinweis anführen.
- Ein gelegentlicher *Blickkontakt* zu Ihrem Prüfer oder den übrigen Beisitzern zeugt von einem souveränen Umgang mit der Situation und den Kommunikationsregeln.
- Bewegen Sie sich bei Ihrem Vortrag auf einer einheitlichen *Sprachebene* und vergegenwärtigen Sie sich, dass die *Adressaten* Ihres Vortrags Deutschlehrerinnen und Deutschlehrer, also Fachleute sind.

Sie können diesen ersten Teil der mündlichen Prüfung üben und simulieren, indem Sie Arbeitsaufträge aus diesem Band zugrunde legen, die Vorbereitungszeit exakt einhalten und zwei Kursmitglieder als fiktive Prüfungskommission hinzuziehen. Lassen Sie sich anschließend von Ihrer ‚Prüfungskommission' begründet darlegen, ob Ihr Vortrag sprachlich und inhaltlich verstanden wurde.

Ebenso können Sie natürlich in der Familie oder im Freundeskreis das Referieren üben oder zu diesem Zweck Ihren Vortrag selbst aufnehmen und überprüfen.

3 Prüfungsteil II: das Prüfungsgespräch

Die zeitliche Dauer des zweiten Prüfungsteils entspricht derjenigen des ersten Teils: 10 bis 15 Minuten je nach Verlauf. Das Thema des Prüfungsgesprächs muss einem anderen Kurshalbjahr entnommen sein als der für den vorangegangenen Vortrag vorgegebene Gegenstand. Meistens stellt der Prüfer durch eine kurze Überleitung einen Zusammenhang zwischen Ihrem Vortrag und dem Gegenstand des zweiten Teils der Prüfung her; das gibt auch Ihnen die Gelegenheit, an Ihren Vortrag anzuknüpfen. Sie sollten sich dabei aber nicht wiederholen oder gar den Eindruck erwecken, dass sie dem Thema des Prüfungsgespräch ausweichen wollen.

Im weiteren Verlauf sollen Sie Ihre Kommunikationskompetenzen im Rahmen eines Fachgespräches unter Beweis stellen: Zeigen Sie sich also als gewandter Gesprächspartner, der adressatengerecht und sachkundig die Fragen und Impulse aufgreift und möglichst selbstständig und ergiebig damit umgeht.

Tipps für das Prüfungsgespräch

- *Sprechanteil:* Je eigenständiger und umfassender Sie als Prüfling mit den Fragen und Impulsen umgehen, desto besser! Begnügen Sie sich nicht mit Kurzantworten, führen Sie länger aus.
- *Erfassen der Frageintention:* Achten Sie auf die Operatoren und auf fachliche Kernbegriffe! Führen Sie sinnvolle Beispiele oder Vergleiche aus dem Unterricht an, zeigen Sie Ihr Hintergrund- und Allgemeinwissen. Aber schweifen Sie nicht ab, bleiben Sie beim Thema.
- *Gesprächsaufbau durch den Prüfer:* In der Regel gestaltet der Prüfer ein solches Gespräch nach dem Prinzip „Vom Einfachen zum Schwierigen, vom Einzelfallbeispiel zum Allgemeinen / Modellhaften“.
  Wenn Sie einen Bezug zu einer Ihnen passend erscheinenden Theorie oder zu einem aus dem Unterricht bekannten Beispiel selber herstellen können: Tun Sie dies!
- *Unterrichtsbezüge:* Hintergrund aller Fragen und Impulse ist das aus dem Unterricht Bekannte. Stellen Sie also nach Möglichkeit über das gerade angesprochene Einzelbeispiel hinaus Vergleiche zu dem im Unterricht Behandelten an, weisen Sie auf Gemeinsamkeiten oder auch auf Unterschiede hin. Machen Sie somit deutlich, dass Sie den Gesprächsgegenstand aus dem Prüfungsgespräch in größere Zusammenhänge einordnen können.
- *Verständnisproblem:* Sollten Sie mit einer einzelnen Frage einmal nichts anfangen können: verlieren Sie keine Zeit, bitten Sie stattdessen um eine kurze ergänzende Erläuterung.
- *Unterbrechungen:* Lassen Sie sich nicht irritieren. Der Prüfer möchte Ihnen entweder zurück auf den Haupt(frage)weg helfen oder den Themenschwerpunkt wechseln, was vielleicht nur daran liegt, dass die Prüfungszeit allmählich knapp wird: Werten Sie solche Unterbrechungen in jedem Fall als für Sie günstig und hilfreich.
- *Mimik und Gestik:* Lassen Sie sich nicht durch Äußerlichkeiten irritieren: Die Prüfer werden sich bemühen, eine neutrale Atmosphäre herzustellen. Wenn das Prüfungsgespräch beispielsweise weniger persönlich verläuft als eine normale Unterrichtsstunde, ist das kein beunruhigendes Zeichen.

Grundkurs Deutsch (Bayern): Abiturprüfung 2004
Aufgabe 1 – Erschließung eines poetischen Textes

a) Erschließen und interpretieren Sie das folgende Gedicht.

b) Erörtern Sie ausgehend von Ihren Ergebnissen und unter Heranziehung weiterer literarischer Beispiele positive Seiten und mögliche Gefahren der Selbstreflexion!

Annette von Droste-Hülshoff (1797–1848)

Das Spiegelbild (1841/42)

Schaust du mich an aus dem Kristall
Mit deiner Augen Nebelball,
Kometen gleich, die im Verbleichen;
Mit Zügen, worin wunderlich
Zwei Seelen wie Spione sich
Umschleichen, ja, dann flüstre ich:
Phantom, du bist nicht meinesgleichen!

Bist nur entschlüpft der Träume Hut,
Zu eisen mir das warme Blut,
Die dunkle Locke mir zu blassen;
Und dennoch, dämmerndes Gesicht,
Drin seltsam spielt ein Doppellicht,
Trätest du vor, ich weiß es nicht,
Würd ich dich lieben oder hassen?

Zu deiner Stirne Herrscherthron,
Wo die Gedanken leisten Fron
Wie Knechte, würd ich schüchtern blicken;
Doch von des Auges kaltem Glast,
Voll toten Lichts, gebrochen fast,
Gespenstig, würd, ein scheuer Gast,
Weit, weit ich meinen Schemel rücken.

Und was den Mund umspielt so lind,
So weich und hülflos wie ein Kind,
Das möcht in treue Hut ich bergen;
Und wieder, wenn er höhnend spielt,
Wie von gespanntem Bogen zielt,
Wenn leis es durch die Züge wühlt,
Dann möcht ich fliehen wie vor Schergen.

Es ist gewiß, du bist nicht Ich,
Ein fremdes Dasein, dem ich mich
Wie Moses nahe, unbeschuhet,[1]
Voll Kräfte, die mir nicht bewusst,
Voll fremden Leides, fremder Lust;
Gnade mir Gott, wenn in der Brust
Mir schlummernd deine Seele ruhet!

Und dennoch fühl ich, wie verwandt,
Zu deinen Schauern mich gebannt,
und Liebe muß der Furcht sich einen.
Ja, trätest aus Kristalles Rund,
Phantom, du lebend auf den Grund,
Nur leise zittern würd ich, und
Mich dünkt – ich würde um dich weinen!

[1] Ein fremdes Dasein, dem ich mich / Wie Moses nahe, unbeschuhet:
Anspielung auf 2. Buch Moses, Kapitel 3, Vers 5; Moses hört Gottes Stimme aus dem brennenden Dornbusch.

Lösungsvorschlag

Vorbemerkung

Das Gedicht ist 1841/42 entstanden, man könnte es also der Epoche des Biedermeier zuordnen. Für diese Zuordnung spricht die Tatsache, dass der Text sich, wie viele in dieser Zeit, dem Verhältnis des Menschen zu sich selbst zuwendet, allerdings auf eine Weise, die keineswegs epochentypische Züge eines engen bürgerlichen Denkens trägt.

Erschließung des Gedichts

Aufbau und Inhalt

Es lässt sich ein dreiteiliger Aufbau erkennen, jeder gedankliche Abschnitt umfasst jeweils zwei Strophen.

1: Befremdung und Irritation durch das eigene Spiegelbild

Strophe I
Das lyrische Ich sieht sich seinem eigenen Spiegelbild gegenüber, kann sich aber überhaupt nicht mit ihm identifizieren, sondern registriert zutiefst irritiert eine unwirkliche, geradezu bedrohliche, in ihrem Wesen gespaltene Erscheinung.

Strophe II
Nach der anfänglichen Relativierung des beängstigenden Eindrucks als Inhalt eines bedrückenden Traums sieht sich das Ich doch gezwungen, sich die emotionale und in ihren Auswirkungen völlig ungewisse Auseinandersetzung mit dem rätselhaften Gegenüber wenigstens vorzustellen.

2: Zwiespältige Reaktionen auf die Ausdrucksformen des Spiegelbilds

Strophe III
Der Anblick der gedankenschweren Stirn würde eine gewisse, fast ehrfürchtige Zuwendung hervorrufen, während die Kälte des Augenausdrucks den Betrachtenden zurückweichen ließe.

Strophe IV
Für weiche, Hilflosigkeit signalisierende Züge des Mundes würde das Ich fürsorgliche Gefühle empfinden, der Ausdruck von Hohn und Zerrissenheit in den Zügen würde hingegen einen Fluchtreflex auslösen.

3: Andersartigkeit und Nähe von Ich und Spiegelbild

Strophe V
Ich und Spiegelbild sind nicht identisch; dessen ist sich das Ich sicher. Es empfindet, wohl gerade deshalb, extreme Angst vor einem hypothetischen Einswerden von dessen Wesen mit seinem eigenen.

Strophe VI
Im Gegensatz dazu empfindet das Ich auch Nähe und fesselnde Ausstrahlung seines Spiegelbilds, es spürt nun tief bewegt die Möglichkeit eines Ausgleichs zwischen Annäherung und Ferne.

Auffällige formale und sprachliche Gestaltungsmittel

Form

Das Gedicht umfasst sieben syntaktisch jeweils abgeschlossene Strophen von je sieben Versen. Als Reimschema hat die Dichterin die Folge aabcccb gewählt. Die a- und c-Reime weisen männliche Kadenzen, die b-Reime weibliche Kadenzen auf. Als Versmaß lässt sich ein durchgängig vierhebiger Jambus erkennen. Der Strophenbau kann insgesamt als eher ungewöhnlich bezeichnet werden, vor allem im Hinblick auf die Zahl der Verse einer Strophe und das Reimschema. Die schwierige, teilweise fast widersprüchlich erscheinende Auseinandersetzung des Ich mit seinem Spiegelbild, also mit seinem anderen Selbst, findet darin eine angemessene äußere Form.

Dies zeigt sich auch in einigen Details: So kommt den b-Reimen, vor allem in den Strophen I bis IV, die Funktion von Zäsuren zu, welche den Aufbau der gedanklichen Entwicklung betonen. Die Semikola in I bis IV und die adversativen Konjunktionen in II und III unterstreichen die Antithetik ebenso wie die durch eine Reihe von Spannungsbögen gekennzeichnete syntaktische Struktur der meisten Strophen (vgl. z. B. Strophe IV, Verse 25–28). Die rasch aufeinander folgenden männlichen Kadenzen in den Dreiergruppen der c-Reime wirken wie die rhythmische bzw. akustische Untermalung der teilweise fast selbstzerstörerisch wirkenden Auseinandersetzung mit dem eigenen Ich. Besondere emotionale Akzente entstehen darüber hinaus durch die Tonbeugungen in den Versen 1, 13 und vor allem in Vers 34 mit der Emphase „Gnade mir Gott", die eine endgültige Verneinung einer Zusammengehörigkeit anzukündigen scheint.

Sprache

Die **syntaktische Gestaltung** des Gedichts ist Ausdruck einer intensiven gedanklichen Auseinandersetzung: Es dominieren hypotaktische Konstruktionen, wobei gerade die konditionalen (V. 1–6), irrealen (V. 13, 39) und temporalen (V. 25 ff.) Fügungen Spannung aufbauen und das Hypothetische der gedanklichen Ansätze andeuten. Das weist auch auf Unsicherheit, Fragwürdigkeit, vorübergehende Bestätigung hin, die zusätzlich in Ausrufesätzen (V. 7, 34 f.) ihren Ausdruck finden.

Die **Wortwahl** zeichnet sich durch eine Fülle auffälliger, teilweise auch ungewöhnlicher Prägungen aus: Die ausdrucksstarken Verben, darunter zwei Neologismen (V. 9, 10), sind Träger von gedanklicher Unruhe, von Gefühlsaufwallungen und des Empfindens einer latenten Bedrohung (vgl. V. 6, 9 f., 14, 27 f., 37 f., 41). Eine Verfeinerung und Differenzierung erfahren diese Stimmungsträger noch durch zahlreiche Adjektive und Partizipien, deren Gewicht besonders auf dem Unheimlichen, Dämonischen der Spiegelbilderscheinung liegt (vgl. V. 4, 10 ff., 18 ff., 25, 32 f., 37). Gegenteiliges, Beruhigendes äußert sich in den Adjektiven und Adverbien der Verse 22 ff. und 40 f. Bei den Nomina, die nicht Bestandteile von Metaphern und Vergleichen sind, fallen neben zahlreichen Konkreta, die vor allem Teile der äußeren Erscheinung, speziell des Gesichts, erfassen, einige Abstrakta auf, die wieder auf emotionale Prozesse und Zustände hinweisen (z. B. V. 18 f., 32, 35, 38). Geradezu als Schlüsselwort kann der Begriff „Phantom" (V. 7, 40) angesehen werden; er betont – auch noch am Ende des Gedichts – die Rätselhaftigkeit des eigenen Spiegelbilds.

Das intensive Bemühen des Ich, sein Verhältnis zu seinem Gegenüber im Spiegel zu begreifen, findet seinen deutlichsten Ausdruck in der **Bildhaftigkeit der Sprache**: Ist die durchgängige Personifikation noch selbstverständlich oder sogar zwingend, so sind die Metaphern (V. 2, 12, 15, 16, 20) und Vergleiche (V. 3, 5 f., 17, 23, 26, 28, 31) als Versuche zu werten, das eigentlich nicht Ausdrückbare doch verbal zu fassen bzw. die Paradoxie der widersprüchlichen Einstellungen zum eigenen Spiegelbild nachvollziehbar zu umschreiben.

Weitere Stilfiguren wie die Metonymien in den Versen 1 und 39, die Periphrasen in den Versen 11 f. und 40, die Anapher in Vers 32 f. und die Geminatio bzw. die Wiederholungen in den Versen 21, 32 f. sowie 12, 22 und 25 dienen vor allem der Intensivierung von Eindrücken und Aussagen. Die Metonymie „Kristall" ist dem Bereich des Magisch-Unheimlichen zuzuordnen, das in dem Gedicht an mehreren Stellen spürbar wird.

Interpretation

Die Selbstreflexion gehört zu den natürlichen, fast alltäglichen Vorgängen im Leben der meisten Menschen. Nicht so häufig ist dagegen die Selbstbegegnung im Spiegel Ausgangspunkt für eine kritische Auseinandersetzung mit dem eigenen Bild, sieht man einmal von rein äußerlicher Überprüfung ab. Es ist kein Zufall, dass gerade Annette von Droste-Hülshoff die unheimliche Spiegelbegegnung als Ausgangspunkt für eine Selbstreflexion nimmt. Die Dichterin sah sich von Jugend auf von Kräften in ihrem eigenen Innern (darüber hinaus in ihrem Umfeld) gesteuert, die „etwas Dämonisches an sich haben" (Levin Schücking). So ist auch das Gedicht „Das Spiegelbild", das sie als 45-Jährige schuf, ein Ausdruck ihrer unablässigen Begegnungen mit irrationalen, bedrohlichen Regungen in ihrem eigenen Wesen.

Die Selbstschau im Spiegel ermöglicht einen vollkommenen und nicht nur flüchtigen Blick auf das Alter Ego. In dem Gedicht scheint das Gegenüber nicht nur konkret zu sein, sondern auch mächtiger als das betrachtende Ich, denn es ist anfangs das eigentliche Subjekt (V. 1: „Schaust du mich an"), dessen unheimliche Gegenwart Grauen verursacht (V. 2 ff.) und bis zur Andeutung einer Ich-Spaltung (V. 5: „Zwei Seelen") führt. Die Anrede „Phantom" (V. 7), verbunden mit der abwehrenden Feststellung „du bist nicht meinesgleichen" (V. 7), signalisiert, dass das Ich eine bewusste Trennung von dem Grauen einflößenden Bild sucht, es als Traumgebilde (vgl. auch V. 8), dessen Züge nichts Menschliches haben („nicht meinesgleichen"), zu bannen versucht. Das Unheimliche der Erscheinung, die sich nicht vertreiben lässt, wird durch die Wortwahl in den Versen 9 und 10 noch besonders betont, bevor dann ab Vers 11 die Möglichkeit einer realen Existenz des Gesichts im Spiegel zum Ausdruck kommt. Das Doppelgängermotiv klingt in Vers 12 an („Doppellicht"), die letzten beiden Verse von Strophe II zeigen aber nun deutlich, dass es nicht um die Konfrontation mit einem fremden Phantom, sondern um die Auseinandersetzung mit dem eigenen Wesen geht, dessen Komplexität sich eindringlich im Spiegel offenbart. Die Frage der Anerkennung des eigenen, doch so fremd erscheinenden Wesens steht im Mittelpunkt, sie bleibt zunächst offen.

Die beiden mittleren Strophen sind antithetisch angelegt: In den ersten drei Versen scheint jeweils die Annahme des eigenen Wesens die Oberhand zu behalten, wobei gerade die Verse 22 bis 24 beinahe so etwas wie ein Bedürfnis nach Fürsorge für das gefährdete andere Ich erkennen lassen. Die jeweils zweiten vier Verse dieser Strophen haben nicht nur ein quantitatives Übergewicht, sie wirken auch durch die Wucht und Düsternis der Bilder bedrohlich, beängstigend. Am Ende der Strophen gibt es jeweils nur eine Folgerung aus diesen Furcht einflößenden Einsichten: die Abwendung von diesem äußerst befremdlichen Wesen, das gleichwohl auch als das eigene empfunden wurde.

Der die fünfte Strophe einleitende Vers hat den Charakter einer abschließenden, keinen Zweifel mehr zulassenden Antwort: „Es ist gewiß, du bist nicht Ich,". Die Spannung zwischen Hinwendung und Flucht scheint sich aufgelöst zu haben. Was bleibt, ist erschreckend. Das eigene, im Spiegel betrachtete Alter Ego wird als fremdes, dämonisch-rätselhaftes Seiendes empfunden, die Entfremdung vom eigenen Wesen kommt der Bewusstseinsspaltung, der Schizophrenie nahe. Der schwierige Vergleich mit der Annäherung Mose an den brennenden Dornbusch rückt den Versuch des Ich, sich seinem eigenen Wesen zu nähern, aber auf eine Ebene, die – jenseits des Psychologischen – schon religiöse Dimensionen spürbar macht. In diesen Dimensionen vollzieht sich auch der verzweifelte Ausruf „Gnade mir Gott" (V. 35), der die Unerreichbarkeit des anderen Ich endgültig erscheinen lässt.

Endgültig ist jedoch nicht die Resignation, sondern das „dennoch" in Vers 36, das an die zweite Strophe anknüpft und schließlich doch noch einen relativen Ausgleich ankündigt. Die Hinwendung zum anderen Ich ist nicht vollständig, das Grauen bleibt auf unerklärliche Weise erhalten (vgl. V. 37 und 41), doch ist nicht mehr daran zu rütteln, dass die Einheit nun unauflöslich bleibt: „und Liebe *muß* der Furcht sich einen," (V. 38). Weshalb es dem Ich nun doch gelingt, sich der anderen Seite seines Wesens zuzuwenden, ist verstandesmäßig nicht zu erklären. Die Antwort liegt im letzten Vers: Die Spannung löst sich in einer Aufwallung von Gefühlen auf: „Mich dünkt – ich würde um dich weinen!"

Dass keine vollständige Sicherheit erreicht ist, zeigt sich unter anderem daran, dass der Konjunktiv bis zur letzten Zeile durchgehalten wird. Das Bewusstsein des Ich hat sich immerhin von objektähnlicher Abhängigkeit über hin- und hergeworfene Ratlosigkeit bis zu einem gewissen Subjektgefühl entwickelt, das die Erschütterung durch den Blick auf sein anderes rätselhaft-unheimliches Wesen wenigstens auszuhalten vermag. Dieses Unheimliche, fast Magische, das sich sprachlich in den Bildern der Kometen (V. 3), des Nebels (V. 2), der Augen und des toten Lichts (V. 18 f.) sowie in den Neologismen „eisen" (V. 9) und „blassen" (V. 10) artikuliert, gehört zum Leben, zum Umfeld und zum Wesen der Dichterin Annette von Droste-Hülshoff. Das Gedicht ist Ausdruck dieser Affinität und zugleich eines schwierigen, der Zerrissenheit nahe kommenden Seelenzustands, der nur durch die Erfahrung der eigenen Rätselhaftigkeit erklärt werden kann.

Positive Seiten und mögliche Gefahren der Selbstreflexion

Unter „Selbstreflexion" kann das intensive, vergleichende und prüfende Nachdenken eines Menschen über sich selbst, die eigene Wesensstruktur und die Wirkung des Ich auf die Umwelt verstanden werden. Bei der Selbstreflexion sind die Stufen der Selbstbeobachtung, der gedanklichen Auseinandersetzung mit den eigenen Wesenszügen sowie der Ordnung und Beurteilung der Ergebnisse zu unterscheiden.

Eine der Ursachen für das Bedürfnis, sich mit der eigenen Person zu beschäftigen, ist nicht selten das Bewusstsein, gewisse Defizite in intellektueller, sozialer oder emotionaler Hinsicht zu haben. Dieses Bewusstsein ist meistens durch Reaktionen anderer Menschen auf das eigene Verhalten bewirkt oder verstärkt worden. Eine auf diese Weise in Gang gekommene Selbstreflexion kann natürlich, vor allem wenn sie ehrlich ist, zur Verminderung der Probleme oder sogar zu Einsichten in neue, bisher nicht erkannte Möglichkeiten führen, die eigene Persönlichkeit positiv weiterzuentwickeln. So ist zum Beispiel nicht ausgeschlossen, dass ein Mensch, der nach genauer Selbstprüfung feststellt, dass seine wesentlichen Fähigkeiten nicht unbedingt im Bereich der theoretischen Durchdringung von abstrakten Sachverhalten liegen, sich stärker im sozialen Bereich engagiert und dort auch größere Fremd- und Selbstbestätigung erfährt. Ein gutes Beispiel für intensive Selbstreflexion aufgrund angenommener Defizite ist Faust in Goethes Drama. Er beklagt sich darüber, dass er doch alle möglichen Wissenschaften studiert habe („Habe nun, ach [...]") und dennoch nicht von sich sagen könne, „was Rechts zu wissen". Er versucht, seine Defizite durch Magie zu beheben, scheitert auch damit, gerät an den Rand der Verzweiflung (vgl. Fausts Fluch), gibt sich wieder neuen Illusionen hin, hört also nicht auf, über sich zu reflektieren und weiterzustreben, und sei es auf der Basis eines Pakts mit dem Teufel. An Fausts Beispiel kann man sehen, dass Selbstreflexion, Selbsterkenntnis und Selbstkritik zumindest den Stillstand verhindern. An dem Beispiel zeigt sich aber auch, dass übermäßige Selbstkritik, und die liegt bei Faust häufig vor, zu einer unberechtigten Selbstabwertung führen und die Persönlichkeitsentwicklung zum Teil blockieren kann. Seine Selbstprüfungen gelten vornehmlich seinen intellektuellen Fähigkeiten und seiner Genussfähigkeit, und dabei fordert er zu viel von sich. Seine sozialen Fähigkeiten, ohnehin schwach ausgeprägt, können sich so nicht wesentlich weiterentwickeln. Das zeigt sich sehr deutlich an seinem Verhalten gegenüber Gretchen.

Eher um einen Ausgleich bemüht sich derjenige, der die Kritik von außen dazu nützt, sein Selbstbild zu prüfen und es gegebenenfalls so zu korrigieren, dass Selbstbild und Fremdbild sich nicht mehr widersprechen. Wird dieses Bemühen um Angleichung übertrieben, führt das nicht selten zu opportunistischem Verhalten. Ein literarisches Beispiel dafür ist Diederich Heßling in Heinrich Manns Roman *Der Untertan*, der sich so oft und so lange dem Verhaltenskodex derjenigen Gesellschaftsschicht anpasst, die ihm die entsprechende Karriere zu verschaffen verspricht, bis er als Charakter alle Konturen verloren hat, nicht zuletzt deswegen, weil seine Selbstreflexion zu oberflächlich gewesen ist.

Anders als in dem Gedicht von Annette von Droste-Hülshoff, in dem die Selbstreflexion völlig losgelöst von anderen Bezügen stattfindet, ist sie bei den meisten Menschen nicht zu trennen von Begegnungen mit anderen Personen. Die Selbstschau kann sich im Verlauf solcher Begegnungen weiterentwickeln, differenzierter, „gerechter" werden. Eine derartige Entwicklung erfährt Hans Castorp in Thomas Manns Roman *Der Zauberberg*. In einem von der geschäftigen Alltagswelt völlig abgeschlossenen Sanatorium in Davos tauscht er sich über eine lange Zeit hinweg mit außergewöhnlichen Menschen gedanklich aus und gewinnt dadurch, nicht ohne ständiges Reflektieren seines eigenen Zustands und seiner eigenen Einstellungen, eine neue Plattform für sein Selbstverständnis, aus dem auch Krankheits- und Todeserfahrung nicht ausgeklammert sind. Die Selbstreflexion, immer wieder angereichert durch den Dialog mit anderen Menschen, ist zu einem entscheidenden Faktor für die charakterliche und geistige Weiterentwicklung Castorps geworden. Das Modell *Zauberberg* macht allerdings auch deutlich, dass geringe Kontakte zur Außenwelt der Selbstreflexion Grenzen setzen, da eben Impulse von außen fehlen. Im Extremfall – bei Hans Castorp nicht eingetreten – entsteht dabei eine zwangsläufig einseitige Introspektion, die spontanes Handeln und Kontaktfähigkeit erheblich einschränken kann.

Zweifel am eigenen Verhalten und an eigenen Einstellungen und damit auch der Wunsch nach Selbstbestätigung und gesteigertem Selbstwertgefühl sind oft die Auslöser für eine eingehende Selbstreflexion. Diese Selbstreflexion kann durchaus zu vermeintlich sicherer Selbsteinschätzung und großem Selbstbewusstsein führen. Dies zeigt sich zum Beispiel an Walter Faber, der zentralen Figur im Roman *Homo faber* von Max Frisch. Faber lässt sich letzten Endes auch durch zahlreiche bittere Lebenserfahrungen, unter anderem im Zusammenhang mit der inzestuösen Liebe zu seiner Tochter und deren von ihm mitverschuldeten Tod, nicht zu einer grundsätzlichen Änderung seiner von rationalen Überlegungen geprägten Selbsteinschätzung und Lebenseinstellung bewegen, auch wenn er seine Schuld im Bericht bekennt. Sein Blick in den Spiegel zeigt ihm, dass er älter geworden und sehr krank ist, sein Inneres wird ihm dabei aber nicht offenbar. Bei Faber hat Selbstreflexion also zu einer Fixierung seiner Selbsteinschätzung und zu eher mangelhafter Sensibilität gegenüber anderen Schicksalen geführt. Seine Selbstreflexion musste deshalb zu einer verhängnisvollen Entwicklung beitragen, weil sie einseitig, unflexibel und egozentrisch gewesen ist. Selbstüberschätzung als Folge einer zu ungenauen und unkritischen Selbstreflexion ist geradezu ein Charakteristikum unserer modernen Welt, insbesondere in den Bereichen der Politik und der Wirtschaft. Dies haben große Autoren wie etwa Philip Roth oder Scott Fitzgerald in ihren Romanen sehr überzeugend dargestellt.

Das genaue Gegenteil, nämlich Selbstunterschätzung oder sogar Selbsthass als Ergebnis eingehender Selbstreflexion deutet sich in dem Gedicht von Annette von Droste-Hülshoff an. Der Anblick des Alter Ego im Spiegel ist sogar so irritierend, dass die Gefahr einer völligen Infragestellung der eigenen Identität bedrohlich nahe rückt. Nicht selten weist der Weg von intensiver Selbstreflexion über schwindendes Selbstbewusstsein bis zu weitgehender Selbstinfragestellung oder Ichspaltung auf Ursachen hin, die im Psychologischen liegen. Auch diese Erscheinungsform der Selbstreflexion und ihrer Folgen ist ein Charakteristikum unserer Zeit, in der viele Vorgänge so anonym und bedrohlich geworden zu sein scheinen, dass viele Menschen darin nicht mehr zu ihrem eigenen Standort und zu ihrem eigenen Wesenszentrum finden.

a) Erschließen Sie Inhalt, Aufbau und Dialogführung sowie dramaturgische und sprachliche Gestaltungsmittel des folgenden Szenenausschnitts! Arbeiten Sie die deutlich werdenden grundsätzlichen Einstellungen der beiden Figuren heraus!

b) Weisen Sie ausgehend von Ihren Ergebnissen nach, dass es sich bei dem vorliegenden Drama um ein typisches Werk seiner Epoche handelt!

Vorbemerkung

Der alkoholkranke Buchhalter Eduard Selicke lebt mit seiner Frau und seinen vier Kindern in ärmlichen und zerrütteten Verhältnissen in Berlin. Um die Ersparnisse etwas aufzubessern, hat die Familie den Theologiestudenten Gustav Wendt aufgenommen, der seit mehr als zwei Jahren ein Zimmer bei ihr bewohnt. Dieser erfährt, dass er eine Landpfarrei übernehmen soll, und will die älteste Tochter Toni dazu bewegen, mit ihm zu gehen. Aus ihrem Tagebuch meint er entnehmen zu können, wie sehr die 22-Jährige unter den Familienverhältnissen leidet, und spricht sie darauf an.

Arno Holz (1863–1929) / Johannes Schlaf (1862–1941)

Die Familie Selicke (1890) Drama in drei Aufzügen (1. Aufzug)

Das Wohnzimmer der Familie Selicke

[...]

WENDT: [...] Siehst du, ich w e i ß es ja, dass du dich hier heraussehnst!

TONI: Oh, wenn man mal ... 'n bißchen ... ungeduldig ist! ... Das habe ich nur so – hingeschrieben!

WENDT: Nur so ...? Ach was! Das glaubst du ja selbst nicht, Toni! Das war ja ganz natürlich?! Ganz berechtigt?!

TONI: Ach sprechen Sie doch nicht mehr davon! Ich bitte sie! ... Sprechen Sie nicht mehr davon!

WENDT: Siehst du? Du hast Angst, das zu hören! Aber doch! G r a d e mußt du das hören! Die Aufopferung muß doch ihre Grenze haben! ... Zweiundzwanzig Jahre! Einen Tag nach dem andern, jahraus, jahrein, immer dasselbe Elend, dieselbe Not! Das ist ja gradezu der pure Selbstmord! Nein! Du m u ß t hier fort! Du hast ein R e c h t, an dich und deine Zukunft zu denken! ... Warum sollst du hier verkümmern? Warum?! Was kann dich dazu verpflichten?! ... Was hat dein Vater und deine Mutter g e t a n, dass sie das verdienen? Nun?! ... Haben sie an deine Zukunft gedacht?!

TONI: Ich ... ich weiß nicht! ... Ach, reden Sie doch nicht so! Sagen Sie doch das nicht!

WENDT: Heute, am Heiligen Abend, sitzt du da in Angst und Bangen, wo sich jeder freut, und flickst dich krank! Nein! Das ist – empörend! Das ... Sieh mal, Toni! Warum sollte es nicht gehen? Tust du ihnen denn nicht selber einen Gefallen? Es muß ihnen doch nur lieb sein, wenn du „versorgt" bist?! Wenn sie einen „Esser wen'ger" haben? Ist dein Vater nicht vielleicht grade deshalb so, weil er sich über deine Zukunft Sorge macht? Hat er dir nicht mehr wie einmal vorgeworfen, dass du noch hier bist??

TONI: Oh, das m e i n t er ja nur so!

WENDT: Soso!

TONI: Und dann … die Mutter! Ich kann doch die Mutter nicht hier so allein lassen? Sie ist so krank und schwächlich! Sie kann mich gar nicht entbehren!

WENDT *eifrig, fasst ihre Hand:* Ach, was d a s anbetrifft; sieh mal …

TONI *horcht auf:* Warten Sie mal! *Entwindet ihm ihre Hand, steht auf und schleicht sich auf Spitzzehen zum Bett hin. Einen Augenblick beobachtet sie die Kranke, dann kehrt sie wieder zurück.* Nein! … Ich dachte … Linchen … *Pause.* … Und … *Weint noch heftiger.*

WENDT *hat sie die ganze Zeit gespannt beobachtet und bricht nun seufzend zusammen:* Ach Gott ja! *Sich auf seinem Stuhl wieder aufrichtend.* Sieh mal! Was d a s anbetrifft … und … Linchen … Du meinst Linchen? … Oh, sie ist ja in den letzten Tagen … man kann doch unmöglich sagen, daß es grade schlimmer mit ihr geworden ist! … *Schneller.* Sieh mal! Wenn sie dich nun versorgt wissen, ist ihnen doch schon eine große Last genommen! Und dann könnten wir sie ja auch unterstützen, nicht wahr? Und wenn erst ihre ä u ß e r e Lage etwas besser ist, dann ist ja auch vieles, vieles gleich ganz anders! Und dann … ja, dann sind sie ja auch mit den Jahren – dieses Zusammenleben so gewohnt geworden! Nicht wahr? Sie würden vielleicht etwas e n t b e h r e n, wenn sie's anders hätten auf einmal, ich meine – versteh mich! – wenn sie's g a n z anders hätten! … Der Mensch gewöhnt sich ja an das Allerunglaublichste!

TONI: Ach, nein … nein …

WENDT *in höchster Aufregung, sich aber noch fassend:* Toni! … Ich weiß nicht, du hast so viele Bedenken, so viele … Sag's! Sag's grade raus! Hast du das vielleicht – a u c h nur so geschrieben, daß … daß du … mich lieb hast? K a n n s t du mir nicht folgen, weil … du mich … nicht lieb hast?

TONI: Ob ich dich …? Aber … o Gott! Was sag ich!

WENDT *freudig:* Oh, nicht wahr? *Drückt ihr die Hand.* Liebe!

TONI *schluchzt nur.*

WENDT *wieder sehr erregt:* Und dann, liebe Toni, siehst du? Muß ich dir noch e t w a s sagen! Ich bin … ich weiß nicht … aber du mußt mich r e c h t verstehn, ich … ich bin so gut wie – tot! *Toni sieht ihn erschrocken an und rückt in naivem Schreck unwillkürlich ein wenig von ihm ab. Hat aufgehört zu weinen. Wendt spricht das Folgende immer noch in größter Erregung wie zu sich selbst:* Als ich zu studieren anfing, da war ich frisch und lebendig, voll Hoffnung! Da glaubte ich noch an meinen Beruf! Da hatte ich noch Ziele, für die ich mich begeisterte! … Aber das hat sich alles geändert! … Seitdem ich hierher gekommen bin in dieses … in die Großstadt, mein ich … und all das furchtbare Elend kennengelernt habe, das ganze Leben: seitdem bin ich – innerlich – so gut wie tot! … Ja, das hat mir die Augen aufgemacht! … Die Menschen sind nicht mehr das, wofür ich sie hielt! Sie sind selbstsüchtig! Brutal selbstsüchtig! Sie sind nichts weiter als Tiere, raffinierte Bestien, wandelnde Triebe, die gegeneinander kämpfen, sich blindlings zur Geltung bringen bis zur gegenseitigen Vernichtung! Alle die schönen Ideen, die sie sich zurechtgeträumt haben, von Gott, Liebe und … eh! das ist ja alles Blödsinn! Blödsinn! Man … man tappt nur so hin. Man ist die reine Maschine! Man … eh! Es ist ja alles lächerlich! *Mit einer hastigen Bewegung zu ihr.* Siehst du, liebe Toni! Deshalb k a n n s t du und d a r f s t du einfach gar nicht „Nein" sagen! Du bist meine einzige Rettung! … Ich könnte ohne dich keinen Tag mehr leben, oder ich müßte verrückt werden, einfach verrückt! Du … du bist das einzige, woran ich nicht zweifle! Alles andre versteh ich! Alles andre ist mir so unheimlich klar und durchsichtig! Aber du … du?! … Wenn ich dich so sehe, so still leidend, so geduldig, da … möchte ich dich – haben!! … für dich leben, verstehst du? Und … alles andre … hahaha! … ich pfeife, pfeife drauf! … Nur du … du!! … *Sieht sie an, kommt plötzlich wieder zu sich und springt auf.* Du! … Was … was hab ich – gesprochen? Du weinst?! Mädchen! … Herrgott! *Rückt ganz nahe zu ihr. Spricht das Folgende sehr sanft:* Ach, siehst du! Das war ja alles Unsinn, Torheit! Ich weiß nicht … tt! … Ich meinte … siehst du? … man lernt soviel kennen in der Welt, was einen niederdrückt, missmutig macht … so m a n c h m a l mein ich! … Nicht wahr? … Deshalb wirft man ja aber doch die Flinte nicht gleich ins Korn?! … Das geht allen so! … Ich meinte nur: wenn zwei, so wie wir, sich zusammentäten, dann würd' et ihnen leichter, das Leben zu ertragen! … So meint' ich! … Ich habe da … ich weiß nicht, wie ich das alles so hingeschwatzt habe! … Das ist ja alles selbstverständlich! … Es ist ja weiter gar nichts dabei! … Es ist ganz einfach! Weine doch nicht mehr, mein liebes, liebes Mädchen! … Nein, ich … ich … Narr! … Beruhige dich! … Beruhige dich doch! … Hörst du? … Hab ich dich so erschreckt?

TONI *rückt näher zu ihm, schmiegt sich an ihn:* Nein, ich … ich bedaure dich so!

WENDT *sie an sich drückend:* Du – bedauerst mich?! Mädchen!

TONI: Kannst du denn dann aber Pastor werden?

WENDT *glücklich:* Ach das … das ist ja eine Form! Das ist Nebensache!

TONI: Aber wenn du nicht glaubst, dass … wenn du nicht an – Gott glaubst?

WENDT: An Gott glaubst! … Die Hauptsache ist, *innig* wir werden uns dort beide auf dem Lande so wohl fühlen, so wohl! Wir werden so glücklich sein! Nicht wahr?

TONI: Aber …

WENDT: Wir leben dann still für uns in ruhigen, schönen Verhältnissen! Wir werden ganz andre Menschen sein! Und dann sollst du sehn, wie ich den Leuten predigen werde! Der Katechismusgott soll dann erst lebendig werden, lebendig! … Wir verstehen das Leben! Wir wissen, wie miserabel es ist, aber wir haben dann auch, was mit ihm versöhnt! Und das ist besser als alle Kanzelphrasen, wenn wir das den Leuten mitteilen.

TONI: Aber … ich weiß nicht … wenn du doch nicht wirklich glaubst …?

WENDT: Kein offizieller Glaube, aber ein besserer, lebendigerer! … Laß nur! Du sollst sehn! … Denke dir: Eine herrliche Gegend! Laubwald! Berge! Getreidefelder! Stilles, gesundes Landleben! … Unser Haus hinter der kleinen Dorfkirche, ganz von Weinlaub umrankt; mitten in einem großen Obstgarten mit einem Hühnerhof. Ringsherum eine große, hohe Mauer und dadrin hausen wir, wir beide, ganz abgeschlossen von der Welt, aber ohne Haß, und das ist die Hauptsache! Und wenn du mir dann sonntags in den Talar hilfst und ich durch den kleinen Friedhof in die Sakristei spaziere, dann sollst du einmal sehen, was ich den Leuten predigen werde! Sie sollen schon mit dem neuen Pastor zufrieden sein! Nicht?!

TONI *die ihm aufmerksam, vor sich hinlächelnd, zugehört hat:* Oh, das wäre schön!

[…]

Lösungsvorschlag

Erschließung des Inhalts, des Aufbaus und der Dialogführung

Zeilen 1 bis 8: Erster Ansatz Wendts, Toni zu überzeugen; der Tagebucheintrag

Wendt hält Toni eindringlich vor, sie selbst habe ja erkennen lassen, dass sie sich einmal verändern wolle. **Toni** spielt den Eintrag im Tagebuch, den Wendt meint, herunter; sie wünscht keine Fortsetzung des Gesprächs.

Zeilen 9 bis 44: Begründung von Tonis Recht auf Veränderung und Besserung ihrer Situation

Wendt besteht auf einer Fortführung des Gesprächs und betont den Anspruch Tonis auf eine nachhaltige Veränderung ihres Lebens, das bisher nur von Not und Elend bestimmt gewesen sei. **Toni** wehrt sich ängstlich gegen die leidenschaftlichen Vorhaltungen Wendts, insbesondere gegen die Kritik an ihren Eltern. **Wendt** will Toni nach einem weiteren Hinweis auf ihr Elend nun klarmachen, dass ihre Eltern selbst Interesse am Auszug ihrer ältesten Tochter haben, weil sie dann für einen Menschen weniger sorgen müssten. Auch diese Begründung vermag **Toni** nicht zu akzeptieren. Sie weist ihrerseits darauf hin, dass ihre kranke Mutter auf sie angewiesen ist, und deutet auch ihre Sorge um ihre Schwester Linchen an, die offenbar sehr krank ist. **Wendt** redet die Besorgnis Tonis klein und versucht sie anschließend davon zu überzeugen, dass sich die Lage ihrer Eltern durch den Auszug der Tochter und durch mögliche materielle Unterstützung deutlich verbessern würde. Dabei unterstellt er eine angeblich ohnehin vorhandene Anspruchslosigkeit der Eltern. **Toni** wehrt sich hilflos und verzweifelt gegen diese Argumente.

Zeilen 45 bis 51: Zweifel an der Liebe

Die fortwährenden Bedenken Tonis veranlassen **Wendt** zu der Frage nach der Wahrhaftigkeit ihrer im Tagebuch beteuerten Liebe. **Ihre** unentschlossene Antwort interpretiert **er** voller Freude als Bestätigung ihrer Zuneigung.

Zeilen 52 bis 86: Wendts Monolog über seine Lebenseinstellung und die Bedeutung Tonis für sein weiteres Leben

Wendt ist durch den Verlauf des Gesprächs in eine starke Erregung geraten, die ihn zu einer Offenbarung seiner Entwicklung und seiner Lebenseinstellung geradezu zu zwingen scheint. Er zeigt sich deprimiert über seine Situation, an der er vor allem den Verlust seines früheren Idealismus beklagt. Sein Menschenbild habe sich durch die ständige Konfrontation mit dem Elend in der Großstadt vollkommen zum Negativen verändert. Als einzige Hoffnung bezeichnet er Toni. Als er aber merkt, wie traurig diese auf seine Verzweiflungstiraden reagiert, versucht er, diese etwas zu relativieren. Zusätzlich ist er bemüht, Toni durch die Zusicherung einer schöneren gemeinsamen Zukunft zu beruhigen.

Zeilen 87 bis 112: Tonis Zweifel an Wendts Berufswahl – seine Interpretation

Toni ist durch Wendts Bekenntnisse stark aufgewühlt; sie fragt ihn teilnahmsvoll, ob er den Beruf als Pastor trotz seiner religiösen Zweifel überhaupt noch anstreben wolle. **Wendt** äußert sich fast geringschätzig über Beruf und Gottesglauben, er stellt diesen Werten private Zufriedenheit entgegen. Dabei lässt er sich durch die vorsichtigen Bedenken **Tonis** nicht beirren. Im Gegenteil, **er** steigert sich in die Vision einer Idylle, in der er aufgrund der neuen Lebenssituation, beflügelt von einer schönen Landschaft und unterstützt von Toni, seinen Auftrag als Pastor auf vorzügliche, wenngleich sehr individuelle Weise ausfüllen werde. Mit dieser Vision ist es ihm gelungen, die mit fast andächtiger Freude reagierende **Toni** doch noch von der Richtigkeit seines Weges zu überzeugen.

Der **Dialog** verläuft sehr einseitig. Zahl und Umfang der Redeanteile Wendts sind wesentlich größer als diejenigen Tonis. Der rhetorisch aufgrund seiner Bildung versiertere Theologiestudent bestimmt den Verlauf des Gesprächs, wenngleich an einigen Stellen (z. B. Z. 45 ff. und 52 ff.) auch unkontrollierte Spontaneität zum Ausdruck kommt. Toni vermag dem Redefluss und der hohen Emotionalität Wendts fast immer nur sehr kurze, häufig hilflos wirkende Erwiderungen entgegenzusetzen. Wenn sie einmal etwas energischer wird (z. B. Z. 7 f. und 16), zeigt dies bei Wendt nur geringe Wirkung, ausgenommen an der Stelle, als sie mit der Frage nach seiner Berufung zum Pastor selbst einmal die Initiative ergreift (Z. 89 und 91).

Wendt versucht Toni von seinen nicht ganz selbstlosen Vorstellungen zu überzeugen, wobei er bei ihr den Eindruck zu erwecken versucht, er berücksichtige vor allem auch ihre Interessen. Er kann jedoch nicht als nüchtern taktierender Egoist bezeichnet werden. Die wiederholten emotionalen Ausbrüche vermitteln ein anderes Bild. **Tonis** Haltung ist insgesamt sehr emotional. Eine herausragende Bedeutung hat für sie die Not ihrer Familie. Die Rücksichtnahme auf sie bestimmt auch den anfänglichen Widerstand gegenüber Wendts Wünschen. Es ist ihr aber kaum einmal möglich, dem Gespräch eine bestimmte Richtung zu geben oder gar ein konkretes Ziel anzusteuern.

Sprachliche und dramaturgische Gestaltungsmittel

Sprachliche Mittel

Die beiden Personen befinden sich in einer emotionalen Ausnahmesituation, für beide ist das Gespräch von großer Bedeutung. Wendt will die Zustimmung Tonis für seine Pläne erreichen, Toni dagegen scheut die Veränderung, hauptsächlich wegen ihrer Verantwortung für die Familie. Beide sind unsicher, Toni in einem noch wesentlich stärkeren Maße als Wendt. Diese Ausgangslage drückt sich in einer sehr gefühlsbetonten, teilweise fast aus den Fugen geratenen Sprache aus: Im Gegensatz etwa zu vielen Texten von Gerhart Hauptmann fallen in diesem Text nur verhältnismäßig wenige mundartlich geprägte Ausdrücke bzw. Wendungen auf, so zum Beispiel in den Zeilen 3, 9, 12, 20, 35, 41, 46, 67; ein Rückschluss auf „das Berlinerische“ ist kaum möglich. Insgesamt ist der Sprachduktus des Textes alltagssprachlich, die Wirklichkeit, in der die beiden Personen leben und denken, spiegelt sich sehr deutlich in der Sprache wider. Zu dieser Wirklichkeit gehören ihre aufgewühlte Verfassung, ihr Hin- und Hergerissensein zwischen extremen Stimmungen. Die Emotionalität findet vor allem in folgenden sprachlichen Erscheinungsformen ihren Ausdruck:

- Viele Sätze sind unvollständig (Ellipse), of auf einzelne Ausrufe oder Fragen reduziert (z. B. Z. 5 f., 13 ff., 18, 33). Gelegentlich bleibt nur noch ein von kürzeren Pausen unterbrochenes Stammeln (z. B. Z. 74), dem sich auch die asyndetischen Reihungen in den Zeilen 77 f. und 79 nähern.
- Häufig wird die syntaktisch übliche Satzkonstruktion auch durchbrochen (Anakoluth); die so entstandenen Satzgebilde vermitteln den Eindruck großer und starker Erregung (z. B. Z. 65 ff., 78 ff.).
- Auch die zahlreichen Interjektionen beziehungsweise Emphasen (z. B. Z. 18, 33, 50, 67) markieren starke Gefühlsaufwallungen.

Ein auffälliger Wesenszug der beiden Personen ist ihre Unsicherheit – eine Unsicherheit, die bei Wendt nicht selten durch forciertes und Sicherheit vorspiegelndes Sprechen verdrängt wird, bei Toni hingegen immer wieder Züge vollständiger Hilflosigkeit annimmt. In folgenden sprachlichen Erscheinungsformen kommt dies besonders deutlich zum Ausdruck:

- Speziell in den Äußerungen von Wendt erscheinen sehr oft Wiederholungen von Wörtern oder Satzteilen, so, als sei er sich des Gesagten nicht sicher oder wolle nicht das Risiko eingehen, dass Toni etwas missversteht (z. B. Z. 41 f., 70, 74, 97).
- Eine ähnliche Funktion, die auch als Verstärkung gesehen werden kann, haben die häufigen Fragen, darunter sehr viele rhetorische Fragen, zumal wenn sie gehäuft auftreten (z. B. Z. 13 ff., 18 ff.), sowie die ebenfalls auffälligen Anaphern und Parallelismen (z. B. Z. 37 ff., 57 f., 59 ff., 97 f.).
- Dass Wendt sich der Wirkung seiner Ausführungen oft nicht sicher ist, kann man auch an verstärkenden oder Zweifel andeutenden Wendungen wie „nicht wahr?“, „ich weiß nicht“

„ich meine“ (als Kontrast „ich weiß“) bzw. „mein ich“ (z. B. Z. 37, 40, 41, 50, 78 ff., 93) sowie an der Klimax in Z. 62 ff. erkennen. Bei Toni zeigen sich Hilflosigkeit und Verzweiflung, wenn sie „ich weiß nicht“ (Z. 16, 101) oder „das meint er ja nur so“ (Z. 23) sagt.

Wendt verfolgt ein bestimmtes Ziel, und dieses Ziel versucht er auch durchzusetzen, wenngleich er auch nicht frei von Selbstzweifeln ist. Die Tatsache einer gewissen Zielorientierung drückt sich an einigen Stellen auch sprachlich aus:

- Die Fragen, zu denen auch das stereotype „nicht wahr“ gehört, wirken manchmal sehr suggestiv (z. B. Z. 13 ff., 37, 110). Toni soll nicht nur überzeugt, sondern auch überredet werden.
- Anschaulichkeit (vor allem ab Z. 103), an zwei Stellen sogar metaphorisch verdichtet (Z. 63 ff.) und durch einen Vergleich verstärkt (Z. 54), macht deutlich, dass Wendt die jämmerliche Situation Tonis bewusst oder unbewusst auszunützen versucht. Die Reihung in Zeile 103 f. trägt dazu bei, die Wirkung noch zu verstärken.
- Noch deutlicher kommen seine Absichten in den imperativischen Wendungen (z. B. Z. 12 f., 36, 68 f.) zum Ausdruck. Unterstützend wirken dabei einige Antithesen (z B. Z. 17 f., 58 ff., 65 f.).

Trotz der sehr eindringlich wirkenden Sprache Wendts ist nicht zu übersehen, dass seine Ausführungen gelegentlich redundant sind (so z. B. in der Passage ab Z. 36). Redefluss und Redeumfang sind hier Ersatz für zwingende Begründungen.

Dramaturgische Mittel

Die Hilflosigkeit Tonis wird dadurch besonders betont, dass ihre ohnehin kargen Äußerungen fast immer sehr zögerlich kommen, das heißt jeweils von kurzen Unterbrechungen beziehungsweise Pausen durchsetzt sind oder überhaupt nicht abgeschlossen werden (z. B. Z. 30, 44). Auch bei Wendt ist dieses zögerliche, abgehackte Sprechen zu beobachten, und zwar in Momenten großer Gefühlsaufwallung (vor allem in der Passage ab Z. 52). Ab Zeile 27 ist den zahlreichen, sehr genauen Regieanweisungen zu entnehmen, auf welche Weise Gesten, Mienenspiel, Bewegungen des ganzen Körpers (Annäherung, Entfernung), Liebkosungen, also nonverbale Mittel, die Äußerungen der Personen und die innere Handlung unterstreichen sollen. So zeigt sich die Beruhigung der Situation (etwa ab Z. 76) auch darin, dass Wendt und Toni zusammenrücken, behutsamer sprechen (Wendt!) und ihrer Freude durch die Stimmfärbung (Z. 90, 92) und durch das Mienenspiel (Z. 111) Ausdruck geben.

Generell fällt die Vorgabe betonten Sprechens durch gesperrten Druck auf.

Grundsätzliche Einstellungen der beiden Figuren

Die Bemühungen des Theologiestudenten **Wendt** sind in auffälliger Weise am Erreichen privater Zufriedenheit und privaten Glücks orientiert. Er will die von ihm geliebte Toni mit auf die ihm zugesagte Landpfarre nehmen und sie so von ihrem tristen Dasein in ihrer Familie erlösen, vor allem aber, mit ihr zusammen, sein eigenes Glück begründen. Darin und in der Eindringlichkeit seines Insistierens offenbart sich eine deutliche Ich-Bezogenheit, doch ist diese Charakterisierung insofern etwas zu relativieren, als das Interesse Wendts am Glück Tonis und an der Verbesserung ihrer Situation nicht zu übersehen ist. In seinem gewaltigen Gefühlsausbruch (ab Z. 52) kommt ein äußerst negatives Menschenbild zum Ausdruck: Für Wendt sind die Menschen extrem egoistisch und gewalttätig, der Stärkere setzt sich durch (**Darwinismus**), niemand kann sich mehr frei entfalten (**Determinismus**). Diese Einschätzung ist die Folge einer Stimmungskrise, die fast wie ein Nervenzusammenbruch wirkt. Als Wendt, erschreckt von seinem eigenen Ausbruch, sich wieder etwas beruhigt hat, äußert er sich wieder etwas positiver, wozu auch ein gewisser Opportunismus (Beruhigung Tonis) beiträgt. Sein Menschenbild ist sicher insgesamt nicht positiv, doch sieht er noch Chancen auf Selbstverwirklichung und privates Glück, wenn es ihm gelingt, sich zusammen mit Toni von der Masse abzusetzen (Passage ab Z. 104). Dabei macht es ihm wenig Gedanken, das Amt eines

Pastors auszufüllen und zugleich den traditionellen und für ihn offenbar zur Enttäuschung gewordenen Glauben fallen zu lassen und durch eine Art Privatreligion zu ersetzen.

Toni lebt in ihrem Elend, ohne die Gründe für die desolate Situation der Familie oder für die Not im Allgemeinen zu hinterfragen. Ihr ganzes Wesen ist darauf ausgerichtet, den Menschen in ihrem Umfeld (Mutter, Schwester; der Vater spielt in diesem Textausschnitt keine Rolle) zu helfen, auch wenn sie sich dabei selbst völlig verausgaben muss (**Altruismus**). Ihre vorwiegend von Gefühlen bestimmte Weltsicht macht sie ziemlich wehrlos gegen die Wortgewalt Wendts und gegen alles, was zum Elend in der Welt beiträgt. Sie nimmt es hin und hilft, so gut sie kann.

Das Drama Familie „Familie Selicke" als typisches Werk des Naturalismus

Das 1890 uraufgeführte Drama von Arno Holz und Johannes Schlaf gilt – neben Hauptmanns Stück *Vor Sonnenaufgang* – als bahnbrechend für das naturalistische Theater. Die Autoren waren bemüht, der von Holz formulierten Devise „Die Kunst hat die Tendenz, wieder die Natur zu sein" konsequent Rechnung zu tragen. Dazu gehörte in erster Linie die genaue Abbildung der gesellschaftlichen Wirklichkeit, also auch der sozialen Probleme (Armut, Krankheit, Alkoholismus) im proletarischen Milieu der Großstädte.

Der vorliegende Auszug vermittelt einen ziemlich genauen Eindruck von der Not, in der sich die Familie Selicke befindet. In dieser Not sind das Fühlen und Denken Tonis begründet. Das Milieu ist ausschlaggebend für ihr Sein, und dieses Sein bedingt ihr Denken.

Im Mittelpunkt der Handlung steht nicht mehr eine Idee („Ideendrama"), sondern hier geht es um die sozialen Zustände und ihre Auswirkungen auf die Menschen in einem Milieu, das bis dahin nur von wenigen Autoren (z. B. Georg Büchner) beachtet worden ist.

Die Sprache der Personen ist eine realistische Alltagssprache mit Elementen der Umgangssprache; nicht zu übersehen ist die schichtenspezifische Spracharmut und Sprechnot bei Toni. Die Sprache in dem Drama wird also der Forderung der Naturalisten nach sprachlichem Realismus und Abkehr von jeglicher Kunstsprache in hohem Maße gerecht. An einigen Stellen (z. B. Z. 65 ff.) ist auch der für die Epoche charakteristische, extrem genaue **Sekundenstil** (die dargestellten Ereignisse werden Sekunde für Sekunde protokolliert) zu erkennen. Dem Postulat der Genauigkeit folgen ebenfalls die zahlreichen Regieanweisungen, sodass der Stellenwert nonverbaler Kommunikation im Verhalten der Personen sehr deutlich wird. Es handelt sich nicht mehr um einen Dialog, in dem die größtenteils diskursive Entwicklung eines Konflikts im Mittelpunkt steht, sondern um die Darstellung einer Gesprächssituation, in der neben der Sprache auch Gesten, Mienenspiel und Bewegungen im Raum eine Rolle spielen.

Dass die Zeichnung der Charaktere entsprechend den naturalistischen Forderungen sehr genau ist, kann man auch an dem kurzen Dramenausschnitt erkennen. Ferner wird klar, dass die Personen, auch Wendt, nicht souverän zu denken und zu handeln vermögen. Ihre Abhängigkeit von milieubedingten Faktoren ist offenkundig und zeigt, dass die Idee eines autonomen Subjekts für die Naturalisten nicht mehr tragfähig war. In der *Familie Selicke* treten nur noch Antihelden auf.

Das in dem Ausbruch Wendts (Z. 52 ff.) zum Ausdruck kommende sehr negative Menschenbild findet seine Ergänzung und Bestätigung an anderen Stellen dieses Stücks (Vater Selicke!) sowie in zahlreichen weiteren Werken des Naturalismus (z. B. Gerhart Hauptmanns Theaterstücke *Vor Sonnenaufgang, Fuhrmann Henschel* und *Die Ratten* oder seine Novelle *Bahnwärter Thiel*).

Grundkurs Deutsch (Bayern): Abiturprüfung 2004
Aufgabe 3 – Erschließung eines poetischen Textes

a) Erschließen Sie den folgenden Text und ordnen Sie ihn begründet einer Gattung zu!

b) Klären Sie ausgehend von Ihren Ergebnissen das Verhältnis von Künstler und Publikum in der heutigen Mediengesellschaft! Erläutern und bewerten Sie auf dieser Grundlage mögliche Rollen des Künstlers in der Gegenwart!

Christoph Meckel (geb. 1935)

Eine unangenehme Geschichte (1968)

Ich erhielt die telegrafische Nachricht, dass mir soeben ein großer und ehrenvoller Kunstpreis zuerkannt worden sei: die Preisverleihung solle in Berlin stattfinden, meine Anwesenheit sei unbedingt erforderlich, Voraussetzung zur Entgegennahme des Preises sei ferner, dass ich meinen gesamten Besitz mitbrächte und persönlich vorzeigte. Trotz dieser Bedingung sagte ich zu und reiste nach Berlin.

Die Preisverleihung fand im Festsaal eines öffentlichen Gebäudes statt. Ungeheurer Beifall setzte ein, als ich die Bühne betrat und mich verbeugte. Ein mir unbekannter Redner hielt eine Laudatio, er sprach eine Stunde oder länger, doch konnte niemand verstehen, was er sagte, da ununterbrochener Beifall seine Rede übertönte. Er verbeugte sich schließlich, deutete mit großer Geste auf mich, trat unter tosendem Beifall ab und ich blieb allein auf der Bühne zurück.

Mein gesamter Besitz war in einem kleinen Lastwagen herbeigeschafft worden (ich besaß nicht sehr viele Dinge) und wurde Stück für Stück auf die Bühne getragen. Ich trat vor, hob meine Besitztümer der Reihe nach in die Höhe und zeigte sie nach allen Seiten: Bücher, Klassikerausgaben, Flaschen voller Terpentin und Salpetersäure, Mäntel, Socken, Blechschere und Teekanne, Walzen, Messer, Holzstöcke und Kupferdruckpapier, eine Schreibmaschine, eine Decke, ein paar Flaschen alten Wein, auch Briefe, Fotografien und Manuskripte. Der Beifall war so ungeheuerlich und verstärkte sich mit jedem vorgezeigten Ding, daß ich abwinkte und durch den Lautsprecher bekannt gab, man möge mit Beifall etwas zurückhaltender sein. Diese Äußerung verstärkte den Beifall noch und jede meiner Bewegungen, ein Lächeln, Kopfschütteln, Schulterheben, das Aufnehmen oder Absetzen eines Gegenstandes bewirkte nur eine Verstärkung des Beifalls. Ein riesiger Saal von Händeklatschen, Getrampel und Geschrei, weit aufgerissenen Mündern und von unsinniger Begeisterung hin und her gerissenen Köpfen, ein Summen, Schnalzen, Pfeifen, Knallen, Tosen – ich streckte die Zunge heraus, machte lange Nase, zeigte Zähne, spuckte aus, warf Bücher, Farbstifte, Farbtuben in den Saal und kehrte der Menge den Rücken; der Beifall steigerte sich weiterhin und nahm so haarsträubende Ausmaße an, daß ich meinen Besitz zusammenlas, Stück für Stück hinter den Vorhang schaffte und unter immer noch zunehmendem Beifall verschwand.

Während hinter mir immer dröhnender, ungeheurer und fataler ein durch nichts mehr begründeter, an nichts mehr orientierter Beifall tobte, lief ich durch die schlecht beleuchteten Gänge hinter der Bühne und suchte einen Ausgang. Ich sah, daß mein Besitz in den Gängen verstreut herumlag (Arbeiter, die mir anfangs behilflich gewesen waren, zeigten sich jetzt nicht mehr). Bücher fallen gelassen, Werkzeuge hingeworfen, Papiere zertrampelt, zerknüllt, zerrissen, Kleider und Bilder auf Haufen zusammengekehrter Papierdekorationen geworfen, ich bat vorübereilende Personen – Redner, Stadträte, Jurymitglieder oder dergleichen –, mir beim Zusammensuchen meiner Dinge zu helfen, erhielt aber weder Antwort noch Hilfe. Während ich, so gut ich konnte, den Rest meines Besitzes zusammenlas und aus dem Gebäude schaffte, betrat eine Gruppe von Herren den Ausgang (oder Eingang), in ihrer Mitte bewegte sich eine Gestalt, man stützte sie und griff ihr unter die Arme, schob sie in Richtung des Festsaales vorwärts, sie schien sich nicht aus eigener Kraft bewegen zu können, ihre Beine baumelten kraftlos über den Boden, es folgte eine Gruppe von Arbeitern, die Kisten und Körbe voller Gegenstände trugen, Bücher vor allem, Trinkgläser, ein Spinett, Bilder, Kleider und gebündelte Manuskripte, offenbar der Besitz eines neuen Preisträgers. Einen Augenblick lang sah ich den vornübergesunkenen Kopf, das von weißem Kragen fast verdeckte, ungewöhnlich bleiche und abwesende Gesicht eines Mannes und erkannte in ihm einen befreundeten Dichter, der vor kurzem gestorben war. Ich verließ das Gebäude so schnell ich konnte, stellte mich neben meinen Besitz auf das Trottoir und sah mich nach einem Taxi um. Es dauerte eine Weile, bis eines kam und hielt. Der Chauffeur half mir, die Reste meines Besitzes im Taxi unterzubringen. Es war ein kalter, leuchtender Nachmittag im Oktober, meine Kleider waren verschmutzt und zerrissen, ich kroch in das Taxi und zündete mir eine Zigarette an, der Chauffeur versprach, mich zum Fluglatz zu fahren.

Lösungsvorschlag

Erschließung des Textes

Aufbau und Inhalt

Zeilen 1 bis 5: Information über eine Auszeichnung und Bedingungen für deren Entgegennahme

Dem Erzähler wird telegrafisch mitgeteilt, dass er mit einem großen Kunstpreis geehrt werden soll. Trotz der Bedingung, die Entgegennahme des Preises könne nur erfolgen, wenn er sein gesamtes Eigentum vorweise, sagt er zu und tritt die Reise nach Berlin an.

Zeilen 6 bis 11: Preisverleihung und Lobrede

Der traditionelle Teil der Preisverleihung, die im üblichen Rahmen stattfindet, besteht aus einer sehr langen und aufgrund andauernden Beifalls unverständlichen Lobrede eines dem Künstler unbekannten Laudators.

Zeilen 11 bis 29: Präsentation des Besitzes, Reaktion des Publikums und Gegenreaktion des Geehrten

Während der Ich-Erzähler sein Eigentum, darunter die banalsten Gegenstände, Stück für Stück vorstellt, steigert sich der Beifall ständig weiter, bis der Künstler sich gezwungen sieht, um Mäßigung zu bitten. Dies bewirkt jedoch nur eine weitere Steigerung des Applauses, auch eine deutliche Provokation des Publikums vermag daran nichts zu ändern. Schließlich packt der Künstler sein Hab und Gut zusammen und verlässt die Bühne.

Zeilen 30 bis 39: Orientierungs- und Ordnungsprobleme

Hinter der Bühne sucht der Geehrte vergeblich nach einem Ausgang und muss auch feststellen, dass sein Eigentum ohne Ordnung und teilweise zerstört in den Gängen herumliegt. Da seine Bitten um Hilfe beim Zusammensuchen ohne Resonanz bleiben, muss der Eigentümer seine Habseligkeiten selbst einsammeln und aus dem Haus bringen.

Zeilen 39 bis 48: Die deprimierende Ankunft eines weiteren Preisträgers

Während dieser Tätigkeiten erscheint eine kleine Gruppe, bestehend aus einer jammervollen Gestalt und zwei diese stützenden Herren. Auch diese Person, offenbar der nächste Auszuzeichnende, ist flankiert von ihrem Besitz, der von einigen Arbeitern getragen wird. Der Ich-Erzähler erkennt in der Person einen vor kurzem verstorbenen, mit ihm befreundeten Dichter.

Zeilen 48 bis 53: Hastiges Verlassen des Gebäudes und Vorkehrungen zur Abfahrt

Diese Begegnung führt dazu, dass der Erzähler das Gebäude rasch verlässt und – in abgerissenem Zustand – mit dem Rest seiner Besitztümer in einem Taxi Platz nimmt.

Erzählerische und sprachliche Gestaltung

Die Vorgänge werden ausschließlich aus der **Ich-Perspektive** dargestellt, allerdings beschränkt sich die Erzählung weitgehend auf die äußere Handlung. Was in dem Erzähler vorgeht (innere Handlung), kann nur gelegentlich indirekt aus einigen Formulierungen erschlossen werden (z. B. Z. 24, 27 f., 30 f., 46 f., 51 f.). Der Leser erlebt den Erzähler als ein „erinnerndes Ich", ein Ich, das die Geschehnisse aus einer gewissen zeitlichen Distanz organisiert und wiedergibt. So entsteht der Eindruck einer Ich-Perspektive, die gleichwohl **auktoriale Züge** beinhaltet und daher nicht so unmittelbar wirkt wie die personale Ich-Perspektive. Dazu trägt auch die Tatsache bei, dass der Rückblick auf Vergangenes sowie die Zeitraffer als Pfeiler der Zeitstruktur ebenfalls auf eine gewisse Distanz zwischen dem Erzählten und dem ordnenden, gestaltenden Erzähler hindeuten.

Mit der Wiedergabe der fiktionalen Geschehnisse in einer höchst realistisch erscheinenden chronologischen Abfolge erreicht der Autor den Eindruck von Tatsächlichkeit oder zumindest von Wahrscheinlichkeit. Dem steht die sehr allgemeine Situierung der Ereignisse in **Zeit** (vgl. Z. 51) und **Raum** (vgl. Z. 5) entgegen: Was sich ereignet hat, kann sich auch an anderer Stelle oder zu einer anderen Zeit ereignen, es ist übertragbar und daher von zeit- und raumunabhängiger Aussagekraft. Die Funktion der in dem Text genannten kleineren Raumeinheiten (Festsaal, Bühne, Gänge, Taxi) ist im Wesentlichen die von Handlungsräumen; das heißt, die Räume bilden jeweils einen, allerdings nicht sehr konkreten Rahmen für die Handlungen der Personen, in erster Linie des Ich-Erzählers. Eine Tendenz zum Symbolhaften ist in dem Gegensatz zwischen der Bühne als Ort der glamourösen Ehrung und den Gängen hinter der Bühne als Schauplatz der Desillusionierung zu sehen.

Die **zentrale Figur**, indirekt durch die mitgeführten Habseligkeiten als Schriftsteller und Maler beziehungsweise bildender Künstler vorgestellt, bleibt im Übrigen als Charakter unbestimmt. Der nüchterne Erzählerbericht widmet sich trotz der Ich-Perspektive an keiner Stelle den eigenen Gefühlen und Stimmungen oder Wertungen durch andere Personen.

Der Eindruck von Nüchternheit, lakonischem Konstatieren und Distanz zu den an sich keineswegs alltäglichen Geschehnissen wird insbesondere durch den Verzicht auf die wörtliche Wiedergabe von Fremdäußerungen, durch die Dominanz von Aussagesätzen und durch einen weitgehend einfachen Wortschatz hervorgerufen. Dabei ist der Autor sehr um Genauigkeit bemüht, was sich unter anderem an den Parenthesen und an der Correctio in den Zeilen 12 f., 36 f. und 40 zeigt. Trotz der insgesamt sachlich-distanzierten Erzählhaltung enthält der Text auch einige Passagen, die das Groteske der Situation schärfer in den Blick rücken: So lässt der Autor den Künstler alle Teile seines Besitzes in einer längeren Aufzählung vorstellen. Auch das Gezerre zwischen dem Publikum und dem Geehrten um das Ausmaß des Beifalls (Z. 21 ff.), der Zustand des Eigentums nach der Entfernung von der Bühne (Z. 34 ff.) und die Beschreibung des neu in das Gebäude geschafften Eigentums (Z. 44 f.) finden einen besonders intensiven Ausdruck durch rhetorische Mittel wie die asyndetische und syndetische Reihung sowie eine sehr auffällige Klimax (Z. 25 ff.). Die Anschaulichkeit wird gesteigert durch eine Reihe ausdrucksstarker Verben beziehungsweise substantivierter Verben (z. B. Z. 20 ff., 24 f.), Partizipien (z. B. Z. 34 ff.) und komparativer Adjektive beziehungsweise Adverbien (z. B. Z. 30).

Der bedrückende Schluss der Erzählung ist sprachlich sehr einfach gehalten: Einige charakterisierende Adjektive und Adverbien (Z. 47, 51 f.) und die fast fatalistisch wirkende abschließende Parataxe deuten die deprimierende Wirkung des Erlebten auf den Ich-Erzähler an.

Interpretation

In einer Interpretation, die in der Aufgabenstellung allerdings nicht dezidiert gefordert wird, könnten folgende Aspekte zur Sprache kommen:

Die Ich-Erzählung ist, wie die Aufzählung der Habseligkeiten des Erzählers zeigt, aus der Perspektive eines Künstlers geschrieben (Art der Habseligkeiten!). Da der Autor Christoph Meckel neben seiner literarischen Tätigkeit auch als Grafiker gearbeitet hat, sind wohl persönliche Erfahrungen Meckels mit dem Kulturbetrieb in den Text eingeflossen. Dazu gehört in erster Linie die Tatsache, dass ein Künstler, will er denn wirtschaftlich überleben, die üblichen Rituale des Kulturbetriebs mitmachen muss, und seien sie noch so unsinnig und entwürdigend. Das Letztere trifft auf die Zeremonie in der „unangenehmen Geschichte" zu, denn die geforderte Mitnahme des gesamten Besitzes zur Preisverleihung macht stark ironisch auf die Zumutungen aufmerksam, denen sich ein Künstler von Seiten der verantwortlichen Institutionen ausgesetzt sehen kann. Das bedeutet nichts anderes als die Freigabe der Privatsphäre des Künstlers an die **Sensationsgier des Publikums** (vgl. Z. 3 ff.). Der Kulturbetrieb fordert sogar, dass dieses Private nicht widerstrebend, sondern bereitwillig offen gelegt wird (Z. 13 ff.). Dies vor allem und nicht die Kunst des Geehrten versetzt die Leute in Verzückung. Gerade weil das Eigentum des Künstlers nicht das Geringste mit der künstlerischen Leistung des

Geehrten zu tun hat, wirkt das Ritual besonders absurd. Es besteht kein Zweifel, dass Meckel damit die immer unerträglicher werdenden Angriffe auf die Privatsphäre bekannter Persönlichkeiten (nicht nur der Künstler) satirisch beleuchtet.

Eine groteske Steigerung erfährt die Geschichte noch durch das Erscheinen eines neuen Preisträgers (wieder zusammen mit seinem Besitz), der bereits tot ist und von „eine[r] Gruppe von Herren" zur Ehrung geschleppt werden muss (Z. 39 ff.). Dieser Vorgang versinnbildlicht sowohl die Absurdität der Ehrung als auch die Zerstörung eines Künstlertums, das auf Preisrituale reduziert worden ist. Nicht zufällig ist der tote Preisträger ein Dichter. Es ist egal, ob der zu Ehrende persönlich etwas von der Ehrung hat, es ist also auch egal, ob er sie als Toter oder noch Lebender erfährt, und es ist letzten Endes auch egal, wofür er die Ehrung erhält. An keiner Stelle der Erzählung wird auch nur angedeutet, worin die herausragende künstlerische Leistung des Preisträgers bestanden hat. Sie ist für die „Kunstszene" und für das breite Publikum nicht wichtig. Dafür steht die Unverständlichkeit der Rede des Laudators. Entscheidend ist nur das pompöse Ritual, zu dem der Künstler als Komparse gebraucht wird.

Wenn man ausschließlich von der Länge und Massivität des Beifalls ausginge, müsste man auf eine überwältigende Anerkennung des Preisträgers durch das Publikum schließen. Dass es den Leuten aber überhaupt nicht um eine wirkliche Würdigung der Leistungen und der Persönlichkeit des Künstlers geht, sieht man daran, dass der Applaus das Verstehen der Hommage unmöglich macht (Z. 8 f.) und dass die Versuche des mit Beifall Überschütteten, etwas Ruhe in den Saal zu bekommen, vergeblich bleiben (Z. 18 ff.). Die Menge brüllt weiter, ohne sich um die provozierenden Abwehrgesten des Mannes zu kümmern. Er ist auf eine absurde Weise ihr Eigentum, ihr Spielball geworden. Er braucht nichts zu sagen, nur auf der Bühne zu stehen und Einblick in seine Privatsphäre (sein Eigentum) zu geben. Das Ritual hat sich völlig verselbstständigt. Von dem Augenblick an, in dem der Gefeierte seinen Tribut an den „Betrieb" bezahlt und die Bühne verlassen hat, ist er auch schon vergessen. Niemand kümmert sich mehr um ihn und seine Probleme (vgl. Z. 36 ff.), sein Erfolg war überaus kurzlebig.

Gattungszuordnung

Der Text weist sowohl Merkmale der modernen Parabel als auch solche der Kurzgeschichte auf. Darüber hinaus ist eine satirische Ausrichtung erkennbar. Man kann daher von einer **parabolischen Kurzgeschichte mit satirischen Zügen** sprechen. Diese Zuordnung wird durch folgende Kriterien gestützt:

Parabel

Die „unangenehme Geschichte" kann insofern als parabolisch bezeichnet werden, als ein prägnanter Einzelfall, die kuriose Ehrung des Ich-Erzählers, erzählerisch so gestaltet ist, dass man durch Analogieschluss auf einen allgemeinen Sachverhalt, die Auswüchse des Kulturbetriebs, schließen kann. Den Vergleich zwischen der „Bildebene" (der Erzählung) und der „Gedankenebene" (dem gemeinten Sachverhalt) muss der Leser selbst herstellen, er erfolgt nicht durch eine direkte Verknüpfung wie beim Gleichnis. Die mit der Darstellung der sonderbaren, teilweise auch empörenden Vorgänge verbundene Kritik an der Pervertierung des Kulturbetriebs weist auf die lehrhafte Tendenz hin, wenngleich diese Tendenz im Gegensatz zu vielen älteren Parabeln (z. B. der Ringparabel in Lessings *Nathan der Weise*) nur indirekt zum Ausdruck kommt. Eine zusätzliche, eher für moderne Parabeln typische Komponente erhält die Erzählung von Christoph Meckel noch durch den unvermittelten Eintritt des Grotesken, Rätselhaften in die bis dahin noch halbwegs rational nachvollziehbare Situation, nämlich durch das Erscheinen des toten Preisträgers. Hier zeigt sich auch eine weitgehende Auflösung der Kausalität. Eine restlose Aufklärung derartiger, an Kafka erinnernder Vorgänge ist kaum möglich, so auch nicht bei dieser Geschichte.

Kurzgeschichte

Auf die Gattung Kurzgeschichte weist insbesondere die Kürze und Dichte des Geschehens hin, das für die zentrale Figur die Bedeutung eines wichtigen Augenblicks hat und sich unter anderem auch in der Kürze der Darstellung sowie im Fehlen von Gegen- und Nebenhandlungen niederschlägt. Die Erzählung beginnt ziemlich unvermittelt und endet auch ohne abrundenden Schluss (Offenheit). Obwohl das Geschehen für den Künstler schon den Charakter einer Grenzsituation hat, ist es auch, sieht man von der Episode mit dem toten Dichter ab, Bestandteil des üblichen, alltäglichen Kulturbetriebs, in den fast jeder Kunstschaffende mehr oder weniger hineingezwungen wird (Außergewöhnlichkeit des Geschehens auf der einen Seite, Alltäglichkeit des Geschehens auf der anderen). Diese Polarität lässt sich in der Sprache ebenfalls erkennen: Eher sachlich, fast lakonisch wirkende Passagen werden unterbrochen von hastigen, atemlos erscheinenden Textteilen. Gemeinsamer Nenner ist die Zeitraffung, welche die Zielstrebigkeit der Textkomposition unterstreicht.

Satire

Die Satire ist keine Gattung, sondern eine in allen Gattungen mögliche Darstellungsform, die durch Übertreibung, Verzerrung, Ironie und Spott Kritik an Personen und Zuständen übt, sie dadurch der Lächerlichkeit preisgibt und als veränderungsbedürftig hinstellt.

Christoph Meckel verwendet insbesondere die Mittel der Übertreibung und Verzerrung, um die Preisverleihung als eine Farce erscheinen zu lassen. Indem der Ich-Erzähler völlig unsinnige Vorgänge wie die Ausbreitung aller Habseligkeiten auf der Bühne so schildert, als wäre dies völlig normal und alltäglich, erhalten diese Vorgänge ein Understatement, das im Widerspruch zu ihrer Monstrosität steht (Ironie!) und auf eine bestimmte Weise auch erheiternd wirkt. Andererseits wird der Beifall des Publikums als so unmäßig dargestellt, dass das Missverhältnis zwischen der fiktionalen und realen Ebene unübersehbar wird. Eine Steigerung erfährt dieses verzerrende Auseinanderklaffen noch durch die Pointe, dass ein gerade verstorbener Dichter als Preisträger präsentiert wird.

Die Unsinnigkeit dieser Ehrungen, der Missbrauch der Künstler, der hohle Kulturbetrieb insgesamt sind die Ziele der satirischen Attacken.

Das Verhältnis von Künstler und Publikum in der heutigen Mediengesellschaft

In der parabolischen Kurzgeschichte von Christoph Meckel wird das Verhältnis zwischen Künstler und Publikum zwar in satirischer Absicht stark verzerrt dargestellt, doch ist der reale Kern der Parabel nicht zu übersehen: Es geht um die extreme Vereinnahmung des Künstlers durch das Publikum beziehungsweise durch die das Publikum vertretenden Manager des Kulturbetriebs. Der Künstler akzeptiert sogar entwürdigende Auftritte vor einem vermutlich inkompetenten Publikum, weil er es muss, weil er abhängig von den Kulturkonsumenten ist. Dabei ist in erster Linie die finanzielle **Abhängigkeit** anzusprechen. In der heutigen Mediengesellschaft hat sich der Kontakt zwischen Künstlern und Publikum sehr stark von der direkten Begegnung auf die indirekte über ein Medium (vor allem Fernsehen, VHS- und DVD-Filme) verlagert. Parameter für das Gelingen von Kontakten sind Einschaltquoten und Verkaufszahlen; sie sind Ausdruck des Publikumsinteresses. Die Künstler, speziell Musiker, Schauspieler, Artisten, müssen sich, insbesondere wenn sie auf der Erfolgsleiter nicht ganz oben stehen, den Anforderungen des „Betriebs“, also der Agenturen, der Fachjournalisten, der Verantwortlichen in Funk und Fernsehen sowie bei den so genannten „Labels“ anpassen, wenn sie überleben wollen. Natürlich finden auch direkte Begegnungen zwischen Künstlern und Publikum statt, so zum Beispiel bei Konzerten, Theateraufführungen, Vernissagen oder Dichterlesungen, und selbstverständlich sind auch diese Anlässe für die Künstler von großer Bedeutung und daher geeignet, Druck auf sie auszuüben, sie ihre Abhängigkeit von den Organisatoren des Kulturbetriebs spüren zu lassen. Das Publikum spendet Beifall, kauft Bücher, Platten oder Bilder und suggeriert dem Künstler damit Anerkennung seiner Kunst. In Wirklichkeit ist diese Zuwendung durch das Publikum, die der Künstler auch als Antrieb und zur Selbstbestätigung in hohem Maße benötigt, oft nur das Ergebnis von vorangegangenen Medienkampagnen. Je massiver für ein Konzert, eine Ausstellung, ein Buch oder eine CD im Vorfeld „getrommelt“ wurde, umso stärker ist auch die Publikumsresonanz. Sie kann sich im Extremfall sogar fast verselbstständigen – wie in der Erzählung von Meckel. Dabei merken viele Kulturkonsumenten gar nicht, dass sie zu Komparsen in einem Schmierentheater geworden sind, in dem die „Macher“ die Hauptrollen spielen. Selbst diejenigen im Publikum, denen es ernsthaft darum geht, angeregt, nicht selten sogar provoziert zu werden (z. B. durch politisches Kabarett oder avantgardistische Malerei bzw. Fotografie), sich also in eine positive, geistige Abhängigkeit von Künstlern zu begeben, können sich nicht vollständig davor schützen, durch die übermächtigen Medien manipuliert zu werden, und sei es nur in einem eher begrenzten Ausmaß.

Auf der einen Seite steuern die Medien den Publikumsgeschmack, um damit Einfluss auf die Verkaufszahlen und Einschaltquoten zu nehmen, andererseits steuern sie auch das Verhalten der Künstler. Diese müssen sich bei ihrem Angebot, ihrem Auftreten, ihren öffentlichen Äußerungen so verhalten, dass sie den Erwartungen der Medien und damit auch jenen des gleichzeitig durch diese Medien beeinflussten Publikums entsprechen. Das kann eine nahezu vollständige Determination bedeuten, die auch die Preisgabe einer Privatsphäre mit einschließt (vgl. *Eine unangenehme Geschichte*). Für viele Künstler ist entscheidend, dass finanziell etwas dabei herauskommt. Dies ist meistens der Fall, wenn das Publikum das Wissen oder die Illusion behält, gut unterhalten oder originell herausgefordert zu werden. Als Extrembeispiele des neuen Verhältnisses zwischen Künstler und Publikum können die Mechanismen im Bereich der Rock- und Popmusik gelten.

Mögliche Rollen des Künstlers in der Gegenwart

Die Einsichten in das Verhältnis zwischen Künstler und Publikum in der modernen Mediengesellschaft sind nicht unbedingt geeignet, die Rolle des Künstlers allzu idealistisch zu sehen. Man könnte geneigt sein, sie weitgehend mit den Begriffen „Unterhaltung“ und „Anregung“ zu charakterisieren. Damit würde man jedoch denjenigen Künstlern nicht gerecht, die sich noch immer den Mechanismen des auf die Masse zielenden Kulturbetriebs entziehen können beziehungsweise denen es gelingt, sich trotz aller Einflussnahme von außen noch ihr Profil als Künstler zu erhalten. Das sind häufig solche Künstler, deren Werke aufgrund ihrer Aussagekraft, ihres hohen ästhetischen Eigenwerts, ihres innovativen Gehalts oder ihrer Originalität auch gegenüber strengen Beurteilungskriterien Bestand haben. Darstellende (Schauspieler) und interpretierende (Musiker) Leistungen sind hier natürlich einbezogen. Die **Rolle des Künstlers als Schöpfer und Neuerer** bleibt äußerst wichtig, wenn eine Gesellschaft sich nicht selbst in Frage stellen will. Die Mechanismen der Mediengesellschaft können diese Rolle erschüttern, aber auf Dauer nicht unmöglich machen. Dies gilt in ähnlicher Weise für die Rolle des **Aufklärers**, ob sie sich nun in satirischen Schriften oder in herausforderndem Agieren politischer Kabarettisten artikuliert. Gerade diejenigen Vorgänge, die das Kunst- und Kulturgeschehen in den letzten Jahrzehnten so extrem beeinflusst haben, geben etwa dem politischen Kabarett (z. B. „Scheibenwischer“) oder der literarischen Satire (z. B. Martin Walser: *Tod eines Kritikers*) Impulse für ihre bemerkenswerten Gestaltungen. Das heißt, die Rolle des Aufklärers ist für die geistige Hygiene einer Gesellschaft außerordentlich wichtig. Das lässt sich besonders gut an autoritären Systemen erkennen, in welchen eine kritische Kunst so gut wie ausgeschlossen ist (vgl. die Verhältnisse im „Dritten Reich“). Eine gewisse Steigerung besteht noch darin, dass ein Künstler es darauf anlegt, das Publikum durch seine Werke zu **provozieren oder sogar** zu **schockieren**. Diese Rolle ist von Künstlern in der Moderne immer wieder angenommen worden, sei es in der bildenden Kunst (Joseph Beuys), in der Malerei (Salvador Dali) oder in der Literatur (Herbert Achternbusch). Die Berechtigung dieser Rolle ist darin zu sehen, dass eine Gesellschaft ohne Provokationen durch die Kunst dazu tendieren kann, träge und selbstgenügsam zu werden. Man denke etwa an die Zeit der Restauration nach 1815. Gelegentlich ist auch die **Rolle des Mahners**, die ein Künstler annimmt, um in ethisch-moralischer Hinsicht auf die Menschen einzuwirken, nicht weit von der Provokation entfernt. Dies ist zum Beispiel in den zahlreichen Fotobänden mit Motiven von kriegerischen Auseinandersetzungen oder Menschenrechtsverletzungen der Fall, mit denen die Betrachter aufgerüttelt, verunsichert und letzten Endes zum Widerstand gegen das Unrecht bewegt werden sollen. Solche künstlerischen Gestaltungen werden immer wieder auch polarisieren, aber gerade dadurch tatsächlich die erwünschten Prozesse in Gang setzen.

Diejenige Rolle, die von Künstlern am häufigsten wahrgenommen wird, ist die des für die Unterhaltung und Zerstreuung eines Massenpublikums zuständigen **Entertainers**. Vielen Künstlern bleibt aus materiellen Gründen gar nichts anderes übrig, als auch oder ausschließlich den Massengeschmack zu bedienen (siehe den vorhergehenden Abschnitt). Weil darunter aber gar nicht selten auch hervorragende Künstler sind, kann man hoffen, dass ihre Darbietungen und Werke sich selbst dann positiv auf den allgemeinen Kunstgeschmack auswirken, wenn sie nicht gerade ästhetische Höchstleistungen darstellen.

Als Resümee bleibt die Feststellung, dass es trotz aller Irritationen in der Gegenwart, also in der heutigen Mediengesellschaft, nicht zu einer vollständigen Instrumentalisierung und Kommerzialisierung der Künste kommen wird. Das Verhältnis zwischen Künstlern und Publikum wird auch in Zukunft durch eine mehr oder weniger große Spannung gekennzeichnet sein, dafür sorgen schon die meisten der von den Künstlern angestrebten Rollen.

Grundkurs Deutsch (Bayern): Abiturprüfung 2004
Aufgabe 4 – Erörterung

Untersuchen und vergleichen Sie die Darstellung des Motivs der Eifersucht in zwei literarischen Werken aus unterschiedlichen Epochen! Beziehen Sie dabei den jeweiligen zeit- und literaturgeschichtlichen Hintergrund mit ein!

Lösungsvorschlag

Begriff „Eifersucht“ – Eifersucht als Motiv in der Literatur

Das Wort „Eifersucht“ gibt es in der deutschen Sprache seit dem 16. Jahrhundert. Seine ursprüngliche Bedeutung „Argwohn gegenüber einem Nebenbuhler“ hat eine gewisse Erweiterung erfahren: Man versteht darunter Vorbehalte gegenüber einem Nebenbuhler (das kann ein Mann, eine Frau, ein Kind oder ein Elternteil sein), die damit oft verbundenen Hassgefühle und die Angst, den Partner an einen Konkurrenten zu verlieren. Eifersucht ist kein medizinischer Fachterminus, da der zweite Teil des Kompositums, „-sucht“, hier nicht das Vorliegen eines suchthaften Verhaltens, einer Krankheit anzeigt. Zur psychischen Krankheit wird Eifersucht nur dann, wenn sie mit Wahnvorstellungen verbunden ist und zu Persönlichkeitsveränderungen führt („Eifersuchtswahn“).

Die Eifersucht, eine Art Grundbefindlichkeit im Bereich der zwischenmenschlichen Beziehungen, war eigentlich immer schon ein gern gewähltes Motiv in der Literatur. Dies zeigen Beispiele aus dem Mittelalter (*Nibelungenlied*), aus der Aufklärung (Gotthold Ephraim Lessing: *Emilia Galotti*), aus der Klassik (Friedrich Schiller: *Don Carlos*), aus dem Realismus (Theodor Fontane: *Effi Briest*), aus dem Naturalismus (Gerhart Hauptmann: *Bahnwärter Thiel*) und aus der Literatur nach 1945 (Martin Walser: *Ein fliehendes Pferd*). Das Motiv der Eifersucht beeinflusst in diesen Werken die Entwicklung der gesamten Dramen-, Roman- oder Novellenhandlung jeweils ganz entscheidend. Dies gilt auch für die beiden Werke, die für den Vergleich ausgewählt wurden.

Das Motiv der Eifersucht in zwei literarischen Werken aus unterschiedlichen Epochen: Georg Büchner: „Woyzeck“ und Heinrich Böll: „Ansichten eines Clowns“

Entstehungsursachen der Eifersucht

Woyzeck (1836/37)

In Georg Büchners Dramenfragment hat das Motiv der Eifersucht eine zentrale Bedeutung, da die Eifersucht des einfachen Soldaten Franz Woyzeck gegenüber dem Tambourmajor sowohl als mittelbare Folge seiner umfassenden Fremdbestimmung als auch als Auslösefaktor der Katastrophe, des Mordes an Marie, angesehen werden kann. Woyzeck erfährt von allen Seiten Druck, er ist gesellschaftlich isoliert, seine wirtschaftliche Situation ist so desolat, dass er sich für entwürdigende und schlecht honorierte Experimente (Erbsenkur, verordnet von einem zynischen Mediziner) zur Verfügung stellen muss, um das Nötigste für seine kleine Familie beschaffen zu können. Sein Leben hätte keinen Sinn mehr, wären da nicht seine Geliebte Marie (die er als einfacher Soldat nicht heiraten darf) und das Kind. Sie sind der einzige Halt in seinem trostlosen Dasein. Als Marie ihn mit dem Tambourmajor betrügt, bricht für Woyzeck eine Welt zusammen. Er ist über alle Maßen enttäuscht, kann Marie nicht verstehen – er denkt in einfachen Kategorien –, wird von Minderwertigkeits- und Hassgefühlen zutiefst aufgewühlt. Seine Eifersucht auf den Tambourmajor, der ihm das Liebste genommen hat, wird durch dessen provozierendes, gefühlsarmes und angeberisches Auftreten noch gesteigert. Dass Marie der Verführung durch den Tambourmajor nicht widersteht und damit Woyzeck in die Verzweiflung treibt, ist in ihrer Lebenssituation und in ihrer Veranlagung begründet: Sie ist eine sehr sinnliche Frau, und sie sehnt sich nach einem schöneren Leben. Ihre Wünsche und Träume haben in der Beziehung mit Woyzeck jedoch keine Erfüllung gefunden, sie muss ihr Dasein als langweilig, ereignislos, fast trostlos empfinden. In dieser Situation ist es kein Wunder, dass sie dem Werben des gesellschaftlich höher stehenden und äußerlich imponierenden Tambourmajors nachgibt. Er stellt für sie eine mögliche Chance auf gesellschaftlichen Aufstieg dar und er fasziniert sie als Mann.

Die wesentlichen Ursachen für das Entstehen und Eskalieren der Eifersucht bei Woyzeck sind also vordergründig in dem an sich banalen Vorgang eines „Ehe“- und Vertrauensbruchs, tatsächlich aber vor allem in der sozialen und psychischen Determination der beiden zentralen Figuren zu sehen.

Ansichten eines Clowns (1963)
Als auslösender Faktor für die Probleme in der Beziehung zwischen dem Clown Hans Schnier und seiner Lebensgefährtin Marie Derkum kann die große Diskrepanz zwischen den Ansichten der beiden über Ehe und Liebe angesehen werden. Während Hans sich weigert, seine Liebe zu Marie durch „Ordnungsprinzipien" der Kirche einengen zu lassen, gleichwohl aber das Ehesakrament als von Gott gespendet (nicht aber von der Kirche „organisiert") anerkennt, besteht Marie darauf, sich sowohl kirchlich als auch standesamtlich trauen und vor allem die Kinder katholisch erziehen zu lassen. Dies in einer Erklärung zu unterschreiben, weigert sich der Clown. Auch will er den „metaphysischen Schrecken" Maries angesichts der von ihr als schlimm empfundenen Lage nicht wirklich ernst nehmen. So ist es von Marie nur konsequent, Hans zu verlassen und sich ihrem Jugendfreund Heribert Züpfner zuzuwenden.

Der Clown hatte gegenüber Marie schon ein gewisses Besitzdenken entwickelt. Dass sie ihm nun genommen wird, verletzt sein Ego ganz erheblich, zumal sein Nachfolger Mitglied des von ihm wenig geschätzten „Kreises fortschrittlicher Katholiken" ist. Züpfner kann nun mit der von dem Clown nach wie vor geliebten Marie all das erleben, was dieser früher mit Marie erlebt hat, darunter „die Sache" beziehungsweise die Befriedigung seines „fleischlichen Verlangens". Die Erinnerungen an derartige Situationen schmerzen ihn, erfüllen ihn mit Neid auf Züpfner und lassen ihn spüren, wie eifersüchtig er auf den glücklicheren Nebenbuhler ist.

Der Clown ist auch eifersüchtig, weil er glaubt, gleichsam ein Anrecht auf Marie zu haben, das als natürlich angesehene Anrecht eines Liebenden auf eine Frau, welche die Liebe ja erwidert hat. Dieses Anrecht wird ihm seiner Meinung nach von Züpfner beschnitten. Schnier setzt dies mit Ehebruch gleich, obwohl er mit Marie nur in „wilder Ehe" gelebt hat. Züpfner ist für ihn somit kein Nebenbuhler im üblichen Sinn, kein Mensch, dem sich Marie zugewandt hat, weil sie ihn für attraktiver oder klüger als den Vorgänger gehalten hat, sondern jemand, der den „Ehebruch" mithilfe von Argumenten bewerkstelligt hat, die er als irrelevant für eine wirkliche Ehe betrachtet („Ordnungsprinzipien"). Dabei übersieht er jedoch, dass Marie Sicherheit braucht, eine Sicherheit, die er ihr verweigert.

Die Entwicklung und Ausprägung der Eifersucht

Woyzeck
Sobald Woyzeck gemerkt hat, dass er von Marie betrogen wird, verstärkt sich in ihm das Gefühl der Minderwertigkeit und Hoffnungslosigkeit. Zum Hauptmann, der ihm auf zynische Weise Andeutungen über die Untreue Maries macht, sagt er: „Herr Hauptmann, ich bin ein armer Teufel – und hab sonst nichts auf der Welt." (Szene „Straße") Gleichzeitig stellen sich bei ihm auch Zorn und Hass ein: Auf Marie ist er zornig, weil er jetzt weiß, dass sie ihn betrügt. Er geht sogar auf sie los, hält aber noch inne (Szene „Mariens Kammer"). Es ist ihm aber bewusst geworden, dass er auch dem einzigen Menschen nicht mehr vertrauen kann, der ihm am nächsten und liebsten gewesen ist: „Jeder Mensch is ein Abgrund; es schwindelt einem, wenn man hinabsieht" (Szene „Mariens Kammer"). Gegenüber dem Tambourmajor, der ihm Marie genommen hat, ist er von einer ohnmächtigen, eifersüchtigen Wut erfüllt. Er spürt, dass er gegen ihn nichts ausrichten kann, begnügt sich mit verzweifeltem Pfeifen, als er Schnaps trinken soll, und lässt sich sogar von dem Stärkeren derb verprügeln (Szene „Wirtshaus"). Die Eifersucht Woyzecks, das zeigt sich bereits in der Szene „Freies Feld", als sich Mordvisionen einstellen („Stich, stich die – Zickwolfin tot!"), nimmt bald einen aggressiven Charakter an. Die Aggressionen können sich aber nicht Luft machen, daher kommt es zu einem Aggressionsstau, der fast zwangsläufig zur Gewaltausübung führen wird. Darüber hinaus deuten Woyzecks Visionen darauf hin, dass er sich zunehmend in Wahnvorstellungen hineinsteigert. Er ist in dieser Hinsicht schon vorbelastet, was nicht zuletzt mit der ihm vom Doktor zugemuteten Mangelernährung (Erbsen) zusammenhängt.

Der Aggressionsstau und die Wahnvorstellungen bewirken gemeinsam das gewaltsame Ende der tragischen Vorgänge, die Ermordung Maries durch Woyzeck. Das Besondere an diesem Ende ist die Tatsache, dass der von Eifersucht und Verzweiflung erfasste Woyzeck nicht seinen Nebenbuhler, das eigentliche Objekt der Eifersucht, ermordet, sondern Marie, seine Lebenspartnerin und Mutter seines Kindes. Das kann darin begründet sein, dass Woyzeck als ein Mensch dargestellt wird, dessen Psyche und Physis durch sein Umfeld in einem hohen Maße deformiert worden sind. Diese Deformation zeigt sich unter anderem in seinen Wahnvorstellungen, die durch die endgültige Niederlage in seiner Beziehung zu einem fixierten Wahn werden. Woyzeck ist daher nicht mehr zu halbwegs nüchternen Überlegungen fähig, nicht mehr imstande, differenziert über Marie und den Tambourmajor nachzudenken. Marie ist für ihn der Mensch, der sich von ihm abgewandt, ihm unheilbar wehgetan hat. Seine Aggressionen werden deshalb auf sie umgeleitet. Nicht das Objekt der Eifersucht, der für Woyzeck existenziell weniger bedeutende Tambourmajor, ist am Ende Ziel seiner mörderischen Wut, sondern der „Gegenstand", Marie, die er immer noch liebt. In seinem Wahn glaubt er, sie wegen ihrer Untreue beseitigen zu müssen (vgl. Todesszene „Waldsaum am Teich"). Dabei mag sich in ihm auch noch das Bedürfnis gemeldet haben, dem verhassten Nebenbuhler nicht den Triumph zu gönnen, Marie auf Dauer zu besitzen. Nachdem er von dem Tambourmajor verprügelt worden ist (Szene „Wirtshaus"), meint er ebenso hilflos wie vielsagend: „Eins nach dem andern"; er wird sich also auch an dem Tambourmajor noch rächen.

Ansichten eines Clowns
Der Anlass für die Trennung von Marie und Hans ist, wie ausgeführt, vor allem seine Weigerung, die gemeinsamen Kinder katholisch zu erziehen und dies auch schriftlich zu bestätigen. Das fällt dem Clown immer wieder ein, wenn er über sich, Marie und Züpfner nachdenkt. Seine Visionen und Erinnerungen sind die Symptome seiner Eifersucht auf Züpfner. An der Häufigkeit der zurückblickenden und vorausschauenden Reflexionen über sein Leben mit Marie sowie über das Zusammensein von Marie und Züpfner ist zu ersehen, wie stark ihn der Verlust Maries verletzt hat. Er hofft auch immer noch, sie zurückgewinnen zu können.

Es sind keine beliebigen Themen, welche den Clown im Zusammenhang mit Marie beschäftigen, sondern oft Erinnerungen an Situationen, welche die Vertrautheit zwischen ihm und Marie verdeutlichen, so zum Beispiel ihre erste Liebesnacht, Maries Fehlgeburt und seine Reaktionen darauf und Maries Vorlesungen während seiner Wannenbäder. Solche Einzelheiten kommen ihm immer wieder in den Sinn, und es macht ihn fast verrückt, wenn er sich vorstellt, dass Marie nun genauso vertraut mit Züpfner zusammenlebt. Wenn er sich etwa vor Augen führt, dass Marie „ihre Hände Züpfner auf die Schulter legen könnte", steigert sich seine „Melancholie zur Verzweiflung".

Schniers Eifersucht auf die Person Züpfner ist eng verknüpft mit seiner Aversion gegenüber dem „Kreis fortschrittlicher Katholiken" und den „Ordnungsprinzipien" der Kirche. Er hatte bereits im Anfangsstadium seiner Beziehung zu Marie Bekanntschaft mit Vertretern des „Kreises" gemacht und mehrfach bis in die Gegenwart hinein zur Kenntnis nehmen müssen, dass sie seine Vorstellungen von Ehe und Liebe und damit auch die Form seiner „Ehe" mit Marie missbilligten. Darüber hinaus hatte er feststellen müssen, dass Marie den Positionen der „fortschrittlichen Katholiken" näher stand als seinen eigenen, und dass sie wünschte, er möge seine Ansichten entsprechend ändern. Auch hatte der Clown die Beobachtung gemacht, dass Marie durchaus Sympathien für Heribert Züpfner empfand und bereits länger empfunden hatte. Dies alles drängt nun in seinen Erinnerungen ebenfalls wieder nach oben und veranlasst ihn zu wilden Spekulationen, unter anderem über eine Audienz Maries beim Papst und über eine mögliche eigene Audienz. Schniers Eifersucht kreist um alles, was in irgendeiner Weise an Marie erinnert oder mit Marie zu tun haben könnte.

An sich ist Schniers Eifersucht ganz einfacher Natur: Er ist traurig über den Verlust einer geliebten Frau und beneidet denjenigen, der nun mit ihr zusammenleben kann. Das Besondere an der Eifersucht ist aber, dass der Clown den Nebenbuhler erst in zweiter Linie für den Verlust verantwortlich macht, in erster Linie jedoch den „Kreis" mit seinen heuchlerischen, spießigen Mitgliedern Fredebeul, Kinkel und Sommerwild. Diese Leute mit ihren „Ordnungsprinzipien“ haben nach seiner Ansicht wesentlich dazu beigetragen, dass Marie sich von ihm getrennt hat. In seiner Eifersucht auf Züpfner und seiner Wut auf die Mitglieder des „Kreises“ verfällt Schnier immer wieder in Selbstmitleid und weicht damit einem genaueren Hinterfragen seines eigenen Verhaltens gegenüber Marie aus. Er sucht die Schuld ausschließlich bei den anderen. Dies steigert sich sogar kurzzeitig zu Mordabsichten gegenüber dem ihm besonders widerwärtig erscheinenden Prälaten Sommerwild, auch an Selbstmord denkt er vorübergehend. Beide Vorhaben werden aber schnell wieder verworfen. Seine Eifersucht hat sich nicht bis zur Stufe eines Wahns entwickelt; sie bleibt leidenschaftlich, unsachlich, verzehrend, also fast „normal“.

Das Motiv der Eifersucht: Parallelen und Unterschiede zwischen den beiden Werken unter Berücksichtigung zeit- und literaturgeschichtlicher Hintergründe

Die zentralen Figuren in den beiden Werken, der einfache Soldat Franz Woyzeck und der Clown Hans Schnier, sind Antihelden. Während Woyzeck jedoch aufgrund seiner Abhängigkeit von Personen und Milieu kaum zu eigenständigem Denken und Handeln fähig ist, was sich auch an seiner Spracharmut zeigt, ist der Clown dazu schon in der Lage. Gelegentlich handelt er auch, insgesamt stemmt er sich jedoch zu wenig gegen die Zwänge, die sein Dasein bestimmen. Dazu gehört auch sein eigenes narzisstisches Wesen. So ist es fast zwingend, dass die Ausprägung der Eifersucht bei Woyzeck und Schnier in hohem Maße durch die Bedingungsfaktoren ihres Lebens mitbestimmt wird. Büchner hat, seiner Zeit vorausgreifend, in einigen seiner Werke und Briefe sehr deutlich auf die unerträglichen Lebensbedingungen der unteren sozialen Schichten hingewiesen. Auch das Schicksal Woyzecks ist ganz entscheidend durch seine hoffnungslose soziale Lage geprägt. Er wird vom Hauptmann und vom Doktor nicht wie ein Mensch, sondern wie eine Sache behandelt; seine psychopathischen Züge, die seine Eifersucht letztlich zum Wahn werden lassen, wurzeln auch in den Tritten und Schlägen, die er ständig hinnehmen muss. In dieser Härte haben erst wieder der Naturalist Gerhart Hauptmann und der Gegenwartsdramatiker Franz Xaver Kroetz auf den Zusammenhang zwischen sozialer Situation und Persönlichkeitsentwicklung aufmerksam gemacht.

Ein derartiger Zusammenhang scheint bei Böll auf den ersten Blick weniger offenkundig zu sein, doch ist auch für die Lebenseinstellung und Entwicklung seines Protagonisten Hans Schnier das Milieu nicht bedeutungslos. Es ist das Milieu reicher Leute, die sich während der Nazizeit ebenso egoistisch und opportunistisch verhalten haben wie nach dem Krieg. Dies führt zur ablehnenden Haltung Schniers gegenüber Selbstgerechtigkeit und Heuchelei, so auch gegenüber den ihm unmöglich erscheinenden so genannten Rechtsansprüchen von verheirateten Männern gegenüber ihren Frauen, die er deswegen gerade durch die traditionelle Ehe diskriminiert sieht. Repräsentanten eines derartigen Denkens sind für Schnier die „fortschrittlichen Katholiken“, und daher ist für ihn der Verlust Maries an ein Mitglied dieses Kreises besonders schmerzlich und bedingt die Nachhaltigkeit seiner Eifersucht. Heinrich Böll war gewissermaßen ein Chronist der 50er und 60er Jahre. Auch sein Roman *Ansichten eines Clowns* ist Bestandteil der Chronik, denn in ihm spielen gesellschaftliche Gruppen und Einstellungen eine Rolle, die das gesellschaftliche Klima der Bundesrepublik Deutschland in den genannten Jahren mitgeprägt haben. Das Schicksal des Einzelnen, Hans Schnier, ist von diesem gesellschaftlichen Umfeld nicht abgekoppelt, sondern entwickelt sich aus Konflikten mit diesem Umfeld. Die Eifersucht ist zum Teil auch Symptom und Folge dieser Konflikte und insofern doch etwas mehr als der „übliche“ Neid gegenüber einem Nebenbuhler.

Das in der Zeit des Vormärz entstandene Dramenfragment *Woyzeck* ist eine Aneinanderreihung von Szenen, die verschiedene Schwerpunkte der Handlung näher beleuchten. Kurz vor seinem Tode hat der Autor die Szenen zum Teil noch geordnet (bis Szene 17), sodass ihre Abfolge insgesamt eine ungefähre chronologische Entwicklung widerspiegelt. Ein großer Teil des Handlungsablaufs wird nicht durchgehend, aber doch in beträchtlichem Ausmaß durch die Präsenz des Eifersuchtsmotivs bestimmt. Dessen Entwicklung von Woyzecks Ahnung über seine Gewissheit, die Mordvisionen bis zum Entschluss und zur Ausführung des Mordes kann trotz der Rätselhaftigkeit einiger Passagen (z. B. in der Handwerkerszene „Wirtshaus“) gut nachvollzogen werden. Die Offenheit der Struktur („Offenes Drama“), bis zum Ende der Epoche des Realismus noch eher selten, verhindert nicht den Eindruck von starker Zwangsläufigkeit der Geschehnisse.

Bei Heinrich Böll wechseln sich Episoden aus der Vergangenheit mit Vorgängen in der nur vier Stunden umfassenden Gegenwart sowie mit einigen Visionen von Zukünftigem ab. Die Kapitel der Ich-Erzählung sind locker aneinandergereiht (Montagetechnik), das Motiv der Eifersucht zieht sich wie ein roter Faden durch alle Kapitel des Romans, auch durch diejenigen, in denen kein direkter Bezug darauf zu erkennen ist. Der in modernen Romanen nicht seltene Wechsel zwischen den Wirklichkeits- und Erzählebenen betont vor allem die Bedeutung gewisser Ereignisse und Personen für die gegenwärtige Verfassung des Clowns. Die in früheren Jahren real geschehenen Vorgänge werden zu Bausteinen der inneren Handlung in der Gegenwart. Das Gewicht liegt auf einer subjektiven, personalen Sicht der Dinge. Sie unterscheidet sich, auch im Hinblick auf das zentrale Motiv der Eifersucht, von dem Überwiegen des Faktischen, Objektiven in der Dramenhandlung von *Woyzeck.*

Damit korrespondiert die jeweilige sprachliche Gestaltung: Büchner charakterisiert seine Figuren durch ihre Sprache; bei Woyzeck und Marie ist es der schichtenspezifische restringierte Code der armen Leute. Auch dies ist gleichsam der Realität abgeschaut. Bei Bölls Personen ist teilweise ebenfalls charakterisierendes, gruppenspezifisches Sprechen zu beobachten (meistens auf der Basis des elaborierten Codes der Mittelschicht). Die zahlreichen Übertreibungen, Verzerrungen, Ironisierungen weisen jedoch auf eine satirische Grundhaltung des Autors hin. Die darin begründete Distanz nimmt der grundsätzlich subjektiven Sicht wieder etwas von ihrer Unmittelbarkeit, allerdings kaum im Hinblick auf das Thema „Eifersucht“.

Grundkurs Deutsch (Bayern): Abiturprüfung 2005
Aufgabe 1 – Erschließung eines poetischen Textes

a) Erschließen und interpretieren Sie das folgende Gedicht.

b) Vergleichen Sie die hier vorliegende Bearbeitung des Themas „Tod und Sterben" mit der in einem anderen literarischen Werk!

Vorbemerkung

Nach der Bergung von Schillers Sarg aus einem Sammelgrab im Jahr 1826 ließ sich Johann Wolfgang von Goethe den (vermeintlichen) Totenschädel seines Dichterfreundes in sein Wohnhaus bringen. Er bewahrte ihn auf einem blausamtenen Kissen unter einem mit Silber eingefassten Glassturz einige Zeit auf.

Johann Wolfgang von Goethe (1749–1832)

Bei Betrachtung von Schillers Schädel[1] (1826)

Im ernsten Beinhaus[2] war's, wo ich beschaute,
Wie Schädel Schädeln angeordnet paßten;
Die alte Zeit gedacht ich[3], die ergraute.
Sie stehn in Reih' geklemmt, die sonst sich haßten,
Und derbe Knochen, die sich tödlich schlugen,
Sie liegen kreuzweis zahm allhier zu rasten.
Entrenkte Schulterblätter! was sie trugen,
Fragt niemand mehr, und zierlich-tät'ge Glieder,
Die Hand, der Fuß, zerstreut aus Lebensfugen.
Ihr Müden also lagt vergebens nieder,
Nicht Ruh' im Grabe ließ man euch, vertrieben
Seid ihr herauf zum lichten Tage wieder,
Und niemand kann die dürre Schale lieben,
Welch herrlich edlen Kern sie auch bewahrte.
Doch mir Adepten[4] war die Schrift geschrieben,
Die heil'gen Sinn nicht jedem offenbarte,
Als ich inmitten solcher starren Menge
Unschätzbar herrlich ein Gebild gewahrte,
Daß in des Raumes Moderkält' und Enge
Ich frei und wärmefühlend mich erquickte,
Als ob ein Lebensquell dem Tod entspränge.
Wie mich geheimnisvoll die Form entzückte!
Die gottgedachte Spur, die sich erhalten!
Ein Blick, der mich an jenes Meer entrückte,
Das flutend strömt gesteigerte Gestalten.
Geheim Gefäß! Orakelsprüche spendend,
Wie bin ich wert, dich in der Hand zu halten,
Dich höchsten Schatz aus Moder fromm entwendend
Und in die freie Luft zu freiem Sinnen,
Zum Sonnenlicht andächtig hin mich wendend.

Was kann der Mensch im Leben mehr gewinnen,
Als daß sich Gott-Natur ihm offenbare?
Wie sie das Feste läßt zu Geist verrinnen,
Wie sie das Geisterzeugte fest bewahre.

1 Die Überschrift stammt nicht von Goethe selbst, sondern wurde von den Herausgebern seines Nachlasses 1833 hinzugefügt.

2 *Beinhaus:* Gebäude, in dem früher auf Friedhöfen Knochen gesammelt wurden, die beim Anlegen neuer Gräber anfielen

3 *Die alte Zeit gedacht ich:* „gedenken" mit Akkusativ ist „der versuch eines umfassenden vorstellens" (Deutsches Wörterbuch von Jacob und Wilhelm Grimm)

4 *Adept:* jemand, der in Geheimnisse eingeweiht ist

Hinweise zur Lösung der Aufgabe

Die Aufgabenstellung besteht aus zwei Teilen, die unterschiedliche Anforderungen an die Abiturientin beziehungsweise den Abiturienten stellen.

Bereits **Aufgabe a)** verlangt eine planerische Vorüberlegung: Der Text soll erschlossen, das heißt analysiert werden nach Form und Inhalt, wobei stets darauf zu achten ist, dass Beobachtungen zur Form in ihrer Funktion darzulegen sind; es wird mehr erwartet als eine reine Aufzählung von Formkriterien.

- Wünschenswert wäre eine **Inhaltsanalyse**, die den Text nach Sinnabschnitten gliedert und deren Inhalt paraphrasiert, wobei die Mittel der sprachlichen Gestaltung miterläutert werden und jeweils gezeigt wird, wie diese die inhaltlichen Aussagen zu verdeutlichen helfen.
- Denkbar wäre aber ebenso zunächst eine **Inhaltsparaphrase** unter Berücksichtigung der Sinnabschnitte und anschließend eine Formanalyse; in diesem Fall ist allerdings die Gefahr der reinen Aufzählung erheblich größer.

Bei der **Interpretation** geht es darum, die Aussageabsicht des Dichters herauszuarbeiten. Um sich dabei einerseits nicht zu „verzetteln" und andererseits nicht ins Allgemeine abzugleiten, sollten – außer dem Inhalt des Gedichts – die Zusatzinformationen der Aufgabenstellung genau berücksichtigt werden.

- Selbstverständlich ist bereits durch die Wahl des Autors intendiert, dass der Schüler Kenntnisse über die deutsche Klassik nachweisen muss; die Angabe des Entstehungsjahres fordert allerdings eine Schwerpunktsetzung auf die Geisteshaltung des späten Goethe.
- Die Überschrift (obwohl oder gerade weil nicht vom Autor selbst) lenkt auf die *Memento-mori*-Thematik, die Wortwahl der Vorbemerkung („seines Dichterfreundes") auf die Beziehung zu Schiller, eventuell auf die Bedeutung von Freundschaft in dieser Epoche überhaupt hin, wobei Letzteres für einen Grundkurs allerdings eigentlich zu weit führt.

Auch **Aufgabe b)** verlangt eine sorgfältige Planung, da die Aufgabenstellung sehr weit gefasst ist.
Bevor man sich für ein zu vergleichendes Werk entscheidet, sollte man genau überlegen, welche **Aspekte der Todesthematik** man vergleichend herausarbeiten will und welches Werk sich dafür anbietet.
Darzulegen ist in jedem Fall

- zunächst die Todessituation (Kriegstod, konkrete Einzelfallerfahrung, Spuk …) sowie
- in einem zweiten Schritt die Art der Auseinandersetzung damit im Werk, also die emotionale Begegnung mit der Grenzerfahrung sowie die Bewältigung derselben. Auch die Behandlung der Sinnfrage ist hier nicht außer Acht zu lassen.

Wichtig ist, dass die Wahl des Vergleichstextes begründet wird.

Lösungsvorschlag

Inhalt und Aufbau:
Dieses Beispiel später Gedankenlyrik aus Johann Wolfgang von Goethes Alterswerk lässt sich inhaltlich in drei Teile gliedern, die steigernd aufgebaut sind:

V. 1–14: **Das lyrische Ich wird sich schmerzlich der Vergänglichkeit alles Menschlichen bewusst**.

V. 1–3: Die Betrachtung der konkreten sterblichen Überreste lenkt die Gedanken des lyrischen Ich auf die Vergangenheit.

V. 4–9 Dabei wird ihm der Gegensatz zwischen der jetzigen Starre und Entindividualisierung und der früheren, emotions- und willensgesteuerten Beweglichkeit der anonymen Toten schmerzlich-staunend bewusst.

V. 10–14: Bedauernd konstatiert das lyrische Ich die Tatsache, dass trotz alledem die Toten von der Gegenwart nicht verschont bleiben.

V. 15–30: **In der Betrachtung gelangt das lyrische Ich zur ahnenden Erkenntnis einer höheren Wahrheit**.

V. 15–18: Indem das lyrische Ich einen Schädel entdeckt, den er offenbar für den des Freundes hält, wird ihm eine Transzendenzerfahrung zuteil, durch die es sich als einen begnadeten Auserwählten empfindet.

V. 19–21: Durch diese Erfahrung fühlt es sich nahezu ekstatisch über die deprimierende Ausstrahlung des Totenhauses erhoben.

V. 22–25: In der Betrachtung des Schädels erfährt das lyrische Ich eine mystische Verbindung mit den geheimnisvollen Ursprüngen des Seins.

V. 26–30: Indem das lyrische Ich den Schädel nun direkt anspricht, gelangt er durch den Kontakt mit ihm zu einer geistigen und sinnlichen Entgrenztheit.

V. 31–34: **Diese Erkenntnis wird zu einer existenziellen Grundaussage erhoben**.

V. 31–32: Jenseits der konkreten Situation formuliert das lyrische Ich die ihm offenbarte Wahrheit als höchstes, dem Menschen erreichbares Gut.

V. 33–34: Abschließend präzisiert es diese Offenbarung als gegenseitige Durchdringung von Geist und Materie.

Formale und gedankliche Struktur mit Interpretationsansatz:

Das Gedicht ist nicht in Strophen gegliedert, sondern in fortlaufende **Terzinen**: Es besteht durchgängig aus fünfhebigen jambischen Elfsilblern mit weiblichen Endungen. Das Reimschema zeigt – der gewählten Gedichtform entsprechend – ausnahmslos umarmende Reime nach dem Schema aba–bcb–cdc usw. in elf Dreiergruppen und einem Schlussvers, der in solcher Weise auf den umarmenden Reim der letzten Dreiergruppe folgt, dass sich als deutlicher Abschluss ein Quartett mit Kreuzreim ergibt (lmlm).

Da die Terzine durch eine ständig weitergeführte Reimverschränkung unendlich fortsetzbar ist, deutet sich bereits in der Wahl der Form die Erkenntnis des unaufhörlichen Lebensflusses an, der bei der Analyse des Inhalts zutage tritt. Beachtenswert ist in diesem Zusammenhang allerdings der deutlich markierte Schluss des Gedichtes durch den Wechsel zu Quartettform und Kreuzreim in den Schlussversen.

Wie eingangs schon erwähnt, weist das Gedicht eine **dreigliedrige steigernde Struktur** auf. Der Satzbau ist, dem komplexen Inhalt entsprechend, überwiegend **hypotaktisch**, der streng durchgehaltene, gleichförmig jambische Rhythmus der Terzinen unterstreicht klanglich die Ruhe und Abgeklärtheit, das völlig Unaufgeregte im Alterswerk Goethes.

Der **erste Sinnabschnitt** bewegt sich im Diesseits, in der konkreten Welt des lyrischen Ich, wie durch die **Inversion** (V. 1, V. 3, V. 6) verdeutlicht wird. Das Gleichmachende und Gleichförmige des Todes kommt in den **anaphorischen Versanfängen** (V. 4, V. 6), dem **Polyptoton** (V. 2: „Schädel Schädeln“) und dem **Asyndeton** (V. 9: „Die Hand, der Fuß“) zum

Ausdruck. Durch den **elliptischen Attributsatz** (V. 3) macht der Dichter nochmals auf die Vergänglichkeit aufmerksam. Der Kontrast zwischen Leben und Tod, zwischen dem jetzigen, endgültigen Zustand und der früheren Lebendigkeit wird durch **Antithesen** hervorgehoben (V. 4, 5 f.). Verstärkt wird dieser Eindruck durch den **Ausruf** „Entrenkte Schulterblätter!" (V. 7), der gleichzeitig als **pars pro toto** das Fragmentarische, Hinfällige des menschlichen Daseins verbildlicht. In diesem Zusammenhang ist auch die **Parallele von Satz- und Terzinengrenze** (V. 1–9) zu sehen, die in ihrer Einförmigkeit die Trostlosigkeit des Ortes unterstreicht. Dieser selbst ist **metaphorisch** aufzufassen, wie die inversive Spitzenstellung ebenfalls andeutet; der konkrete Fundort des Schädels deutet in fast barockem Anklang auf die Welt, in der wir leben, hin.

Mit der **Apostrophe** „Ihr Müden" (V. 10) setzt eine Wende ein, diese Terzine **personifiziert** die vorher entpersonalisierten, auf materielle Überreste reduzierten Toten und verstärkt die Trostlosigkeit des gegenwärtigen Zustandes durch die **chiastische Kontrastierung** (V. 11 f.). Das **Enjambement** (V. 11 f.) bringt eine Art Bewegung in die leblos-dumpfe Atmosphäre des Beinhauses, wenngleich diese negativ konnotiert ist.

Vergänglichkeit des Körperlichen und Nichtigkeit des menschlichen Daseins und Tuns bilden den Ausgangspunkt der Betrachtung.

Im **zweiten Sinnabschnitt** wechselt übergangslos das **Wortfeld** hin zum **Mystisch-Religiösen** (V. 15: „Adepten", V. 16: „heil'gen Sinn", „offenbarte"), die **syntaktische Verbindung** zweier Terzinen eröffnet den Übergang zu einer höheren Freiheit. Dieser wird noch stärker deutlich in den teilweise **chiastischen Antithesen** (V. 19 f.: „des Raumes Moderkält' und Enge / Ich frei und wärmefühlend", V. 21: „Lebensquell […] Tod"), die gleichzeitig als **Klimax** angeordnet sind, wenn auch nur als **Vergleich** (V. 21 „Als ob). Der Auslöser für diesen Prozess, der Schädel Schillers, wird nur metaphorisch umschrieben, allerdings verstärkt durch die **Alliteration** (V. 18: „Gebild gewahrte"). Der **Ausruf** in Vers 22 beinhaltet die endgültige Hinwendung des Sprechers zu einer anderen „geheimnisvollen" Weltsicht, verstärkt durch den elliptischen Ausruf im folgenden Vers.

Der zweite Teil dieses Abschnitts ist insgesamt geprägt von **Ellipsen**, **Ausrufen und Personifikationen** (V. 24, V. 26: „Geheim Gefäß!"), die den religiös-ekstatischen Weg des lyrischen Ich hin zum „Sonnenlicht" (V. 30), der **Metapher** für Erkenntnis schlechthin, bezeichnen. Dieser Weg ist in Vers 29 deutlich vorgezeichnet: „Und in die freie Luft zu freiem Sinnen".

Hier gewinnt das lyrische Ich durch die Betrachtung des Vergänglichen einerseits und andererseits durch die selbststilisierende Tatsache, dass es sich als „Adepten" sieht, in mystischer Entgrenzung eine sinngebende Erkenntnis, die ihm die geistige Überwindung der Körperlichkeit ermöglicht.

Sicherlich ist die geistige Nähe Goethes zu bedeutenden Geheimgesellschaften seiner Zeit wie den Rosenkreuzern oder den Freimaurern nicht ohne Einfluss auf die religiös-mystische Diktion des Gedichtes gewesen. Auch scheint die im zweiten Abschnitt beschriebene Szenerie an das Höhlengleichnis aus Platons „Politeia" angelehnt; der (geistige) Weg des lyrischen Ich aus der dumpfen Höhle des Beinhauses hin zum Sonnenlicht der Erkenntnis gleicht in gewisser Weise den Erkenntnisschritten der in Platons Gleichnis zunächst in einer Höhle gefesselten Menschen, die die Schatten an der Wand für die Realität halten, bis es ihnen gelingt, sich von dieser Vorstellung freizumachen und die Höhle zu verlassen.

Das **abschließende Quartett** löst sich mit der **rhetorischen Frage** nach dem höchsten Gut gänzlich von jeder materiellen Gebundenheit; die Klarheit der gewonnenen Erkenntnis spiegelt sich auch in dem schlichten Satzbau der Verse 31 f. wider. In dem **Neologismus** „Gott-Natur" (V. 32) klingt der Pantheismus an, der Goethes Weltsicht entscheidend geformt hat. Die Verdeutlichung durch den folgenden Doppelvers, der **anaphorisch** beginnt, erhebt das persönliche Erlebnis des lyrischen Ich zum universalen Prinzip; der „Adept" Goethe stellt sich hier in einer geradezu mystisch überhöhten Selbstinszenierung im Grunde als Eingeweihter dar, als Verkünder einer existenziellen Wahrheit.

Vergleich des Gedichts mit der Bearbeitung des Themas „Tod und Sterben“ in einem anderen literarischen Werk: Rainer Maria Rilke, „Der Tod der Geliebten“

Das 1908 entstandene Gedicht, in strenger Sonettform abgefasst, handelt ebenfalls von der persönlich gefärbten Begegnung mit dem Tod; ausschlaggebend für die Wahl war die Art und Weise, wie diese Begegnung in Szene gesetzt und seelisch verarbeitet wird.

- Rilke schildert in seinem Sonett die Erschütterung des lyrischen Ich, das zunächst **vom Tod nur wusste**, **„was alle wissen“**, dann aber durch den Tod der Geliebten in der Grenzerfahrung eine neue Einstellung und Beziehung zum Jenseits erlangt, also eine Art **Läuterung** durchmacht, wenngleich eine sehr individuelle.
  Dieser Läuterungs- oder Erkenntnisprozess ist auch bei Goethe gegeben, allerdings ist hier der Ausgangspunkt das **bewusste Einlassen auf die Vergänglichkeit** des Diesseitigen und der Wille zur Reflexion.
- Beiden Dichtern geht es um die Schilderung einer individuellen Begegnung mit dem Tod. Rilke setzt an die Stelle des lyrischen Ich eine **anonyme Person**, die nur mit dem Pronomen „Er“ bezeichnet wird, wodurch zunächst die Allgemeingültigkeit der beschriebenen Erfahrung betont wird; jedoch hebt der Dichter mehr und mehr die Grenzerfahrung dieses Einzelnen heraus.
  In Goethes Gedicht steht von Anfang an das **lyrische Ich** als Erfahrender und Mitteilender im Mittelpunkt des Geschehens.
- In beiden Werken ist der Tod der Auslöser eines Wandlungsprozesses. Während dieser in Rilkes Werk aber durch den **Vorgang des Sterbens** beziehungsweise die Konfrontation damit ausgelöst wird, begegnet Goethes Zentralfigur dem Tod als einem **Zustand**, der zur Kontemplation und zur Besinnung auf letzte Dinge herausfordert.
- In beiden Gedichten ist das lyrische Ich ein Mann. Aber Rilke gibt seinem Gedicht die fast programmatische Überschrift „**Tod der Geliebten**“, während Goethe von der Konfrontation mit den sterblichen Überresten einer nicht näher bezeichneten Person, vermutlich aber eben **des Freundes Schiller** ausgeht, was dem Erleben natürlich einen anderen Charakter verleiht: Bei Rilke wie bei Goethe wird ein Wandlungsprozess, eine Art Läuterung vorgeführt. Im Gedicht der Jahrhundertwende wird dem Leser in ästhetisierender Bildlichkeit ein **emotionales** Geschehen vermittelt, ein neu gewonnenes **Mitempfinden** des lyrischen Ich mit der Geliebten über den Tod hinaus; der Klassiker Goethe stellt die **Erkenntnis einer höheren Wahrheit** dar, zwar durchaus in mystischem Erleben, aber im Ergebnis rational.
- Die strenge Form beider Gedichte korrespondiert mit der jeweiligen Aussageabsicht und unterstützt diese. Allerdings deutet die **Sonettform** bei Rilke auf die Abgeschlossenheit und – bei aller Überzeitlichkeit – Einmaligkeit des individuellen Vorgangs hin; die **Terzinen** Goethes verweisen, wie bereits oben dargelegt, auf die Einbettung des Individuums in die Kontinuität des Lebensflusses.

Grundkurs Deutsch (Bayern): Abiturprüfung 2005
Aufgabe 2 – Erschließung eines poetischen Textes

a) Erschließen Sie unter Berücksichtigung der dramaturgischen und sprachlich-stilistischen Gestaltungsmittel den Gesprächsverlauf im vorliegenden Dramenausschnitt! Arbeiten Sie dabei heraus, wie sich die verschiedenen Figuren angesichts der Bedrohung des republikanischen Festes verhalten!

b) Vergleichen Sie das Verhalten der Figuren in der dargestellten Gefährdungssituation mit dem der Figuren in einem anderen geeigneten Werk! Beziehen Sie dabei zeit- oder literaturgeschichtliche Hintergründe mit ein!

Vorbemerkung

Schauplatz des Volksstücks ist eine „süddeutsche Kleinstadt“ in der Zeit um 1930. Dort veranstalten die „Republikaner“, eine demokratische Partei der Weimarer Republik, in einem Gartenlokal eine „italienische Nacht“ mit musikalischen und tänzerischen Darbietungen. Die „Faschisten“, angeführt vom Major, sind empört über das Beschmieren eines nationalen Denkmals mit roter Farbe durch zwei Mitglieder der republikanischen Gruppe um Martin und wollen als Vergeltung die Feier der „Republikaner“ sprengen. In deren Verlauf eskaliert bei den „Republikanern“ der innerparteiliche Konflikt zwischen den Parteimitgliedern um Stadtrat Ammetsberger (dessen Frau Adele, Betz, Kranz, Engelbert) und der Gruppe um Martin: Als diese die Feier stört, um über die Vorgehensweise gegenüber den „Faschisten“ zu diskutieren, schließt der Vorsitzende Ammetsberger Martin aus der Partei aus. Martin verlässt mit seinem Anhang das Fest. In der Folge kommt es zu einer persönlichen Auseinandersetzung zwischen dem Stadtrat und Adele. Der vorliegende Textausschnitt beschließt das Stück.

Ödön von Horváth (1901–1938)

Italienische Nacht (1931) Volksstück in sieben Bildern

(Siebentes Bild)

[...]

STADTRAT: Heul nicht!

ADELE: Das sind die Nerven –

KRANZ: Die typische Weiberlogik.

ADELE *weinend:* Hättest du zuvor die jungen Leut nicht nauswerfen lassen, würd sich jetzt niemand hertraun – jetzt sind wir doch lauter alte Krüppel –

ENGELBERT: Oho!

STADTRAT: Herr im Himmel!

ADELE: Laß unseren Herrgott aus dem Spiel!

KRANZ: Es gibt keinen Gott.

Stille.

Ich möchte das Wort ergreifen! Ich möchte jetzt etwas vorschlagen! Ich möchte jetzt dafür plädieren, daß es sozusagen etwas überstürzt war, den Martin so mir nix, dir nix auszuschließen, samt seinem Anhang – er hat doch einen ziemlichen Anhang, einen starken Anhang, und nicht den schlechtesten Anhang – und er hat doch sozusagen gar nicht so unrecht gehabt –

STADTRAT: Findst du?

KRANZ: Wenn wir jetzt auch solche Kleinkaliber hätten, als wie diese Faschisten, dann müssten wir uns jetzt nicht unschuldig verhaun lassen, sondern könnten uns wehren – w e h r e n – das ist doch logisch, ha?

ENGELBERT: Logisch oder nicht logisch! Nach den Statuten mußten wir Martin ausschließen!

KRANZ: Logisch oder nicht logisch! Ich scheiß dir was auf solche Statuten!

ENGELBERT: Hört, hört!

KRANZ: Das sind doch ganz veraltete Statuten.

STADTRAT: Plötzlich?

KRANZ: Ich möchte jetzt offiziell dafür plädieren, daß unseres Kameraden Martin überstürzter Ausschluß wieder rückgängig gemacht werden soll!

STADTRAT: Rückgängig?

KRANZ: Jawohl!

STADTRAT *sieht sich fragend um:* Was ist das?

BETZ: Ja.

ENGELBERT: Hm.

STADTRAT *zu Engelbert; leise:* Ja oder nein?
Stille.

ENGELBERT: Ja.
Stille.

STADTRAT: Wo ist mein Hut?

ADELE *reicht ihm seinen Hut:* Da.

STADTRAT *setzt den Hut tief in die Stirne; tonlos:* Ich werd mich aus dem politischen Leben zurückziehen – jetzt geh ich nirgends mehr hin – höchstens, daß ich noch kegeln werd oder singen –

ADELE: Endlich, Alfons!
Trompetensignal.

DER MAJOR *in ehemaliger Kolonialuniform betritt mit zwei Faschisten rasch den Garten – er hält knapp vor dem Stadtrat und fixiert ihn grimmig.*
Stille.

DER MAJOR: Ich habe bereits die zweifelhafte Ehre, Sie zu kennen.

STADTRAT *nickt apathisch.*

DER MAJOR: Ich sehe es Ihrem unsteten Blick und den schuldbewußten Mienen Ihrer sauberen Genossen an, daß Sie den Zweck meines Kommens bereits erraten haben.

ENGELBERT: Wir sind radikal unschuldig!

DER MAJOR: Ruhe! Jetzt habt ihr euch selbst verraten!
Totenstille.
Brüllt: Ruhe!! Kurzer Prozeß! Rotes Gesindel!

BETZ: Es ist halt alles relativ –

DER MAJOR: Maul halten! – Himmellaudon[1], mit euch werden wir noch fertig! Rache für Straßburg[2]! Wir werden es euch zeigen, Denkmäler zu schänden – ihr habt unsere Ehre verletzt, an unserer Ehre klebt Blut!

BETZ: Vollendeter Blödsinn!

DER MAJOR: Was?!

BETZ *zündet sich eine Zigarre an.*

DER MAJOR: Rauchen Sie nicht!

BETZ: Bitte – *Er legt die Zigarre fort. Stille.*

DER MAJOR: Czernowitz!

CZERNOWITZ: Zu Befehl, Herr Major!

DER MAJOR: Erzählen Sie doch mal – wie hat denn Ihr Herr Vater im Felde Kriegsgefangene, die es mit passiver Resistenz versuchten, behandelt?

CZERNOWITZ: Er hat ihnen die Patronen in den Hintern schlagen lassen, wie einen Nagel in die Wand, Herr Major!

DER MAJOR *zu Betz:* Verstanden?

BETZ: Ich hab keinen Hintern –

DER MAJOR *geht um den Stadtrat herum; fährt ihn plötzlich an:* Hände an die Hosennaht! Setzen!

STADTRAT *setzt sich wie geistesabwesend.*

DER MAJOR *winkt dem einen Faschisten.*

FASCHIST *bringt dem Stadtrat Papier, Feder und Tinte.*

DER MAJOR: So. Schreiben Sie, was ich diktiere!

STADTRAT *folgt apathisch.*

DER MAJOR *diktiert:* Ich, der rote Stadtrat Alfons Ammetsberger, erkläre hiermit ehrenwörtlich – haben Sies? – e h r e n w ö r t l i c h – daß ich ein ganz gewöhnlicher –

STADTRAT *stockt.*

DER MAJOR: Schreiben Sie!

STADTRAT *schreibt wieder.*

DER MAJOR *diktiert:* – daß ich ein ganz gewöhnlicher – Schweinehund bin!

STADTRAT *stockt wieder.*

DER MAJOR: Na wird's bald?

STADTRAT *rührt sich nicht.*

DER MAJOR: Kerl, wenn Sie nicht parieren, kriegen Sie die Hosen voll! Schreiben Sie! Los!

STADTRAT *beugt sich langsam über das Papier – Plötzlich fängt er an zu wimmern und zu schluchzen:* Nein, aber ich bin doch kein –

DER MAJOR *unterbricht ihn brüllend:* Sie sind aber ein Schweinehund, ein ganz gewöhnlicher Schweinehund!

ADELE: Sie! Das ist kein Schweinehund, Sie! Das ist mein Mann, Sie! Was erlauben Sie sich denn, Sie aufgedonnerter Mensch! So lassen Sie doch den Mann in Ruh!

BETZ: Überhaupt mit welchem Recht –

DER MAJOR *unterbricht ihn:* Maul halten!

ADELE: Halten Sie Ihr Maul! Und ziehen Sie sich mal das Zeug da aus, der Krieg ist doch endlich vorbei, Sie Hanswurscht! Verzichtens lieber auf Ihre Pension zugunsten der Kriegskrüppel und arbeitens mal was Anständiges, anstatt arme Menschen in ihren Gartenunterhaltungen zu stören, Sie ganz gewöhnlicher Schweinehund!

DER MAJOR: Ordinäre Person! Na wartet! Draußen stehen vierzig deutsche Männer! *Rasch ab mit seinen Faschisten.*

ADELE *ruft ihm nach:* Das ist mein Mann da, verstanden?!
Riesiger Tumult vor dem Gartenlokal.

MARTIN *mit Anna, gefolgt von seinen Kameraden, betritt rasch den Garten.*

ADELE: Der Martin!

MARTIN: Zu Befehl, gnädige Frau! Die Luft ist sozusagen rein, meine Herren! Sie müssen nämlich wissen, daß der Besuch der Herren Faschisten u n s gegolten hat, mir und meinen Kameraden – und nicht diesem Vorstand da. Und wir sind halt nun mal so veranlagt, daß wir für unsere Taten einstehen. Ich gestatte mir aber zu melden, daß hier niemand mehr eine Angst zu haben braucht, denn als die Herren Faschisten uns da draußen erblickt haben, da haben sie sich umgruppiert – radikal! Wir haben es halt wieder einmal geschafft!

STADTRAT: Na also! – Von einer akuten Bedrohung der demokratischen Republik kann natürlich keineswegs gesprochen werden. Kameraden! Solange es einen republikanischen Schutzverband gibt – und solange ich hier die Ehre habe, Vorsitzender der hiesigen Ortsgruppe zu sein, solange kann die Republik ruhig schlafen!

MARTIN: Gute Nacht!

*Aus: Ödön von Horváth, Gesammelte Werke. Band 3: Italienische Nacht.
Frankfurt am Main: Suhrkamp Verlag 2001 (st 3335)*

1 *Himmellaudon* (mundartlich): Fluch, der sich auf den österreichischen General Freiherr von Laudon (1717–1790) bezieht.

2 *Straßburg:* politisches Symbol für die im Friedensvertrag von Versailles 1919 an Frankreich abgetretenen Gebiete.

Hinweise zur Lösung der Aufgabe

Die zweiteilige Aufgabenstellung fordert die Berücksichtigung relativ vieler Aspekte, sodass sich zunächst eine sorgfältige Betrachtung und Schwerpunktsetzung der Arbeitsaufträge empfiehlt.

Bei **Aufgabe a)** steht der **Gesprächsverlauf** im Mittelpunkt, sodass der Text zunächst nach Sinnabschnitten beziehungsweise nach Eskalationsschritten gegliedert werden sollte. Zu beachten ist, dass keine Eingliederung der Szene in das Gesamtwerk und auch **kein Interpretationsversuch** im eigentlichen Sinne gefordert ist, sondern „lediglich" eine **Erschließung des Gesprächsverlaufs**.

- Allerdings sollten sich die Ausführungen nicht auf eine reine Textparaphrase beschränken, sondern den Charakter der jeweiligen Sprecherpassagen mit einarbeiten, wobei auch hier die Erläuterung der sprachlichen Gestaltungsmittel und ihrer jeweiligen Funktion wünschenswert wäre.
- Realistischer und methodisch ebenfalls in Ordnung ist wohl das Verfahren, im Anschluss an die Gliederung des Gespräches die einzelnen Figuren zu betrachten und dabei von ihrem jeweiligen Verhalten auszugehen, wobei dann die dramaturgischen sowie die sprachlich-stilistischen Mittel dargelegt werden, die der Autor zur Kennzeichnung der Figuren und ihrer Redebeiträge verwendet hat. (Sicherlich wird es dabei notwendig sein, sich auf eine signifikante Auswahl zu beschränken.) Gut denkbar ist auch, die dramaturgischen Mittel bei der Analyse des Gesprächsverlaufes mitzuerläutern.

  Bei diesem Lösungsweg muss jedoch stets die Schwerpunktsetzung des Arbeitsauftrages gewahrt bleiben, das Verhalten der Personen „angesichts der Bedrohung des […] Festes" darzustellen. Auch darf man nicht in die Aufsatzform der Personencharakteristik abgleiten.

Um für **Aufgabe b)** ein geeignetes **Vergleichswerk** zu finden, muss man sich zunächst die **Art der dargestellten Gefährdungssituation** klarmachen; darauf weist auch der zweite Satz des Arbeitsauftrages indirekt noch einmal vorsorglich hin.
Es geht eindeutig um eine **politische Bedrohung** und damit um die Spannung zwischen Opportunismus und Zivilcourage. Die Person des Autors sowie das Entstehungsjahr des Werkes deuten auf den geistigen Hintergrund hin. Somit muss auf jeden Fall ein im weitesten Sinne politisches Werk gewählt werden, wobei die Vergleichbarkeit der durch die Figuren verkörperten Geisteshaltungen sicherlich den Vorrang gegenüber der Vergleichbarkeit der politischen Konstellationen haben sollte, da der Arbeitsauftrag das Verhalten des oder der Protagonisten in den Mittelpunkt stellt.
Der Vergleich sollte die jeweilige Einschätzung der Gefährdung, die Beweggründe der Personen, ihr Vorgehen und das Ergebnis ihrer Handlungen einbeziehen. Entscheidend ist auch hier, dass die Wahl des Vergleichstextes begründet wird.

Lösungsvorschlag

Gesprächsverlauf unter Berücksichtigung der dramaturgischen und sprachlich-stilistischen Gestaltungsmittel

Gesprächsverlauf:
Der Gesprächsverlauf vollzieht sich in drei Schritten: Die Kontroverse wird durch die Auseinandersetzung zwischen Adele und dem Stadtrat ausgelöst, die in einen Streit zwischen den Republikanern mündet. Durch das Auftauchen des Majors weitet sich der Konflikt zu einer Auseinandersetzung zwischen Republikanern und Faschisten aus, die dann im dritten Schritt durch das Auftreten Martins vordergründig beendet wird.

Streit der Republikaner wegen Martins Parteiausschluss (Z.1–44)

- Der hochemotionale Protest Adeles gegen Martins Parteiausschluss verunsichert die anderen Anwesenden, da Sach- und Gefühlsebene vermischt werden – die **Kontroverse** ist eröffnet. Das Verhalten des Stadtrates bestätigt dies: Er spricht sie zunächst harsch, dann eher hilflos auf ihr Benehmen an (Z. 1–9).
- In dieser Situation schaltet **Kranz** sich ein und stellt den **Antrag**, den Parteiausschluss Martins rückgängig zu machen. Sein Motiv ist allerdings eher **opportunistisch**: Er hält es für unklug, auf Martins starke Anhängerschaft zu verzichten. Dass hier womöglich Unrecht geschehen ist, beschäftigt ihn weniger. So setzt er sich auch ohne Skrupel über die Statuten der Partei hinweg, um die Schlagkraft der Organisation zu retten.
  Der Stadtrat nimmt ungläubig zur Kenntnis, dass auch seine anderen Anhänger, die Parteimitglieder Engelbert und Betz, sich gegen seine Entscheidung stellen (Z. 10–37).
- Daraufhin kündigt der **Stadtrat** übergangslos seinen **Rücktritt** und seinen Rückzug ins Privatleben an (Z. 38–43).

Streit zwischen Republikanern und Faschisten (Z. 44–106)

- Der nun hinzugekommene **Major** – verbal und non-verbal herrisch und bedrohlich im Auftreten – beginnt unvermittelt, die anwesenden Republikaner zu **beschimpfen und einzuschüchtern** (Z. 46–73), wobei ihn sein speichelleckerischer Gesinnungsgenosse Czernowitz unterstützt, der auf des Majors Befehl von den Foltermethoden seines Vaters im Ersten Weltkrieg berichtet.
  Die schüchterne Unschuldsbeteuerung Engelberts steigert lediglich die etwas schauspielerische Wut des Majors, ebenso wie das kleinlaute Verhalten von Betz.
- Um den Stadtrat zu erniedrigen, lässt der Major ihn eine **öffentliche Selbstbezichtigung** anfertigen. Weinerlich und willenlos beginnt dieser zu schreiben, was ihm der Major diktiert (Z. 74–95).
- Erst das **Eingreifen Adeles** (Z. 96–106) bringt die Wende: Unerschrocken verteidigt sie ihren Ehemann, verspottet den Major wegen seiner unzeitgemäßen Uniform und weist ihn entschieden auf sein Sozialschmarotzerdasein hin. Der Major tritt schleunigst den geordneten Rückzug an, wenn auch unter der indirekten Drohung, mit Verstärkung zurückzukehren.

Vordergründige Lösung des Konflikts durch die (vorläufige) Vertreibung der Faschisten (Z. 107–121)

- Nach dem Abgang des Majors tritt selbstbewusst, nahezu überheblich Martin auf. Er und seine Anhänger seien das eigentliche Ziel der Aggression gewesen. Die Faschisten hätten sich aber nicht getraut, sich mit ihm anzulegen, sondern vielmehr schnell das Weite gesucht.
- Der Stadtrat annulliert seinen Rücktritt und zeigt in seinem pathetischen Schlusswort, dass er aus der Situation nichts gelernt hat und an seiner Illusion einer gefestigten und letztlich nicht ernsthaft bedrohten Republik unbedingt festhalten möchte.
- Diese Rede kommentiert Martin mehrdeutig mit seinem eigenen Schlusswort „Gute Nacht!“

Dramaturgische Gestaltung

Regieanweisungen und **Requisiten** sind in dieser Szene entscheidende Gestaltungselemente.

Akustische Signale sind häufig sinntragend.

So kündigt das **Trompetensignal** (Z. 44) das Auftreten einer martialischen Person an und markiert überdies eine deutliche Zäsur beziehungsweise Wende im Geschehen.

Die **Stille** bringt zum einen die **Gesprächsunfähigkeit** und -unwilligkeit der handelnden Personen zum Ausdruck, etwa indem sie die Spannungen zwischen Adele und den übrigen Republikanern geradezu hörbar (Z. 11) oder die Demütigung Betz' durch den Major (Z. 65) noch peinlicher macht.

- Auch **Handlungsanweisungen** charakterisieren Personen und Situationen:
  Der Major betritt „**rasch**" den Garten (Z. 45), demonstriert also Entschlossenheit und sicheres Auftreten; er verlässt ihn allerdings auch „rasch" (Z. 105), was in diesem Kontext darauf hindeutet, dass sein Abgang eher einer Flucht gleicht. Es kommt also nicht nur darauf an, welche Wörter zur Charakterisierung der Figuren dienen, sondern selbstverständlich auch, in welchem Zusammenhang der Handlung diese Wörter verwendet werden.
  So heißt es auch in der Regieanweisung für Martins Auftritt, er betrete „rasch den Garten" (Z. 108) – zu einem Zeitpunkt, wo Eile zwar wirkungsvoll, aber gefahrlos und unnötig ist.
  Das **Weinen** wird, dem Zeitgeist entsprechend, in dieser Szene als ein weibliches beziehungsweise weibisches Attribut eingesetzt, allerdings mit unterschiedlichen Wirkungsabsichten:
  Wenn Adele zu Beginn der Szene weint (Z. 5), so geschieht dies aus echter Enttäuschung und einem gewissen Selbstmitleid, wie man es traditionell von der Frau erwartet; allerdings zeigt sich Adele am Ende des Stückes als die einzig energisch Handelnde unter den republikanischen Männern ihrer Fraktion.
  Wenn der Stadtrat weint (Z. 92 f.), so zeigt sich hier eher seine Rückgratlosigkeit und Autoritätshörigkeit: Er bricht emotional zusammen, was man wiederum damals eher von einer Frau erwartet hätte.
- Unter den Requisiten fällt besonders die **Kleidung** auf:
  Der Major tritt in „**ehemaliger Kolonialuniform**" auf (Z. 45), wodurch er sich, bevor er noch ein Wort gesprochen hat, als politisch rückwärts gewandt zu erkennen gibt; gleichzeitig demonstriert er damit seine militaristische Selbstinszenierung als ‚Herrenmensch'.
  Vor dessen Auftritt nimmt der Stadtrat im wahrsten Sinne des Wortes seinen **Hut**, umständlich und mit gewichtigen Worten; wie sich später herausstellt, ist die symbolische Geste null und nichtig.

Sprachlich-stilistische Gestaltung

Generell erweist sich die **Sprache** aller handelnden Personen, ohne Unterschied nach Stand oder Herkunft, als eine **Mischung aus Politjargon und Hoch-, Umgangs- sowie Vulgärsprache**. Die Übergänge sind häufig unvermittelt und überraschend. So werden die Figuren in ihrer Brüchigkeit entlarvt beziehungsweise entlarven sich selber: Schein und Sein fallen auseinander.

Darüber hinaus charakterisieren jedoch individuelle sprachliche Besonderheiten die drei Zentralfiguren:

- Der **Stadtrat** etwa macht in seiner Ausdrucksweise die **Brüchigkeit autoritären Sprechens** deutlich: Adele gegenüber demonstriert er mit einem knappen **Imperativ** (Z. 2) und einem kurzen **Ausruf** (Z. 8) seine abschätzige Haltung, im Gespräch mit dem Major verstummt er zusehends, nur einen elliptischen Ausruf (Z. 93) bringt er hervor. **Fragen** (Z. 34, 38) sowie **umgangssprachliche** oder **dialektal gefärbte Wendungen** (Z. 40 ff.) zeigen seine Unsicherheit und seinen Rückzug ins Private. Dagegen gehen ihm nach überstandener Gefahr **rhetorisch-politische Allgemeinplätze** fließend über die Lippen: **Apostrophen** („Kameraden!" Z. 118), eine dreifache Anapher („Solange" Z. 118 ff.) oder die **Personifikation** der Republik (Z. 120).

- Im Gegensatz dazu zeigt sich **Adele** sehr **authentisch** in ihrer stark **emotional gefärbten Sprechweise**: Sie verhält sich durchweg **emphatisch**, wobei sie zu **Hyperbeln** neigt – „jetzt sind wir doch lauter alte Krüppel" (Z. 6) –, und setzt damit den politischen Leerformeln der Männer eine **umgangssprachliche Begrifflichkeit** entgegen. Dazu passt, dass sie den Major mit **Schimpfwörtern** überhäuft und in der Auseinandersetzung mit ihm furchtlos zahlreiche **Imperative** verwendet: „Halten Sie Ihr Maul! [...]" (Z. 100 ff.). Sie greift sogar Formulierungen des Majors auf – „Sie ganz gewöhnlicher Schweinehund!" (Z. 103) – und stellt damit dessen menschenverachtende Haltung bloß. Indem sie sich durch ihr energisches Auftreten über das damals vorherrschende Rollenverhalten hinwegsetzt, entlarvt sie die Kluft zwischen Schein und Sein in der kleinstädtischen Gesellschaft.
- Der **Major** stellt auch durch seine Sprechweise den Prototypen des „übrig gebliebenen" wilhelminischen Kolonialoffiziers dar: Durch **diffamierende Anreden** – den Stadtrat tituliert er als „Kerl" (Z. 90) –, einen unangemessenen **Befehlston** – „Rauchen Sie nicht!" (Z. 63) –, **Drohungen** – „wenn Sie nicht parieren, kriegen Sie die Hosen voll!" (Z. 90) – und nahezu **obszöne Beschimpfungen** – „Sie sind aber ein Schweinehund" (Z. 94) – charakterisiert er sich ausnahmslos als **menschenverachtend**, **gewaltbereit** und **aggressiv**.

Verhalten der Figuren angesichts der Bedrohung

- Der **Stadtrat** erweist sich als **feiger Opportunist**, der vor der Gewalt, aber auch schon vor äußerlich demonstrierter Autorität zurückweicht, dem jeder politische Weitblick fehlt und der die reale Gefahr verkennt oder verdrängt.
- Den Parteigängern **Kranz**, **Betz** und **Engelbert** fehlt es an geistiger Eigenständigkeit. Sie werden als Mitläufer dargestellt, die sich durch **Passivität** und **Wankelmütigkeit** auszeichnen. Dies kommt auch in dem geringen Umfang ihrer Sprechpassagen zum Ausdruck.
- **Adele** hingegen, die einzige Frau unter den Personen der Szene, zeigt **Mut** und **Zivilcourage**. Sie agiert im Grunde völlig unpolitisch, ist aber nicht bereit, die menschliche Niedertracht des Majors hinzunehmen und sich von ihm und seinen Leuten einschüchtern zu lassen, und leistet daher in dieser Situation **intuitiv Widerstand**.
- **Martin** setzt sich zwar aufgrund seiner **politischen Überzeugung** und Überlegung **aktiv** mit der Situation auseinander und tritt den „Herren Faschisten" (Z. 111) erfolgreich entgegen, wirkt aber mit seinem selbstgefälligen Hinweis darauf, dass er die andere Seite in die Flucht geschlagen und es mit seinen Anhängern infolgedessen „halt wieder einmal geschafft" habe (Z. 115 f.), politisch und persönlich auch nicht sonderlich reif. Immerhin lässt er aber mit seinem Schlusswort „Gute Nacht!" (Z. 121) – das man im Sinne der geläufigen sarkastisch-resignativen Wendung „na, dann gute Nacht!" auffassen kann – durchblicken, dass er die abschließende Pose des Stadtrats durchschaut und ahnt, welche Folgen eine solche Naivität und zugleich Ignoranz heraufbeschwören kann.

Vergleich mit Friedrich Schillers Drama „Wilhelm Tell"

Wie die Analyse des Aufbaus erkennen lässt, entzündet sich der dargestellte Konflikt in Horvaths Drama an weltanschaulichen Differenzen; die **politische Situation** verursacht und ermöglicht erst die **Gefährdung der Republikaner** bis hin zur Existenzbedrohung durch den **Major als Vertreter der Faschisten**, also einer politischen Haltung, die sich auch willkürlicher Gewalt bedient, um ihre Ziele durchzusetzen. Allerdings reagieren die Vertreter der Republikaner unterschiedlich darauf, wenn man den Stadtrat und Adele stellvertretend betrachtet.

Eine vergleichbare Situation findet sich etwa in Schillers Drama „Wilhelm Tell". Auch hier wird die **Bedrohung eines freien Staates** durch eine, in diesem Fall allerdings ausländische, Macht vorgeführt. Deren Vertreter, der **Landvogt Gessler**, schreckt ebenfalls vor Willkürmaßnahmen nicht zurück, um den Interessen der auswärtigen Macht Geltung zu verschaffen. Ein Unterschied besteht allerdings darin, dass die Konfliktlinien bei Schiller zwischen dem unterdrückten Volk und einer fremden und anmaßenden Obrigkeit verlaufen, während bei Horvath zwei rivalisierende Parteien vorgeführt werden, von denen gerade die auftrumpfend auftritt, die noch nicht die Regierung stellt. Die Gewalt kommt hier aus den Reihen der Opposition, denn noch besteht ja die Republik fort.

Horvath nimmt – bei aller Überzeitlichkeit der in seinem Stück dargestellten politischen Auseinandersetzungen und menschlichen Verhaltensweisen – gezielt die **Umstände in Deutschland** zur Entstehungszeit des Stückes aufs Korn, wie schon die Benennung der beiden politischen Lager zeigt.

Schillers 1804 uraufgeführtes Drama thematisiert hingegen in allgemeiner Weise die **Idee der Freiheit**, die lediglich am besonderen Fall der im Mittelalter durch habsburgische Fremdherrschaft bedrohten Schweiz veranschaulicht wird. Obwohl Umstände und Personen des Schauspiels überwiegend historischen Vorbildern entsprechen, handelt es sich bei den Figuren des Dramas doch eher um Ideenträger, wie sich an den stark idealisierten beziehungsweise typisierten Charakteren zeigt. Dies entspricht sowohl Schillers Geschichtsauffassung als auch seiner klassischen Dramenkonzeption.

In beiden Fällen geht die **Bedrohung von einem Einzelnen** aus, der seine Position als Vertreter einer politischen Macht auch dazu missbraucht, sein Selbstbewusstsein zu stärken und persönliche Machtwünsche auszuleben.

Der **Stadtrat** setzt den Demütigungen des Majors keinerlei Widerstand entgegen; er „folgt apathisch“ (Z. 80), stockt nur zweimal bei der Ausführung des entwürdigenden Befehls und bricht schließlich weinend zusammen. Die Situation wird durch das Eingreifen Adeles beendet; nirgendwo ist beim Stadtrat ein Gedanke an irgendeine Art von Widerstand auch nur im Ansatz zu erkennen. Dabei haben die Drohungen des Majors keinen konkreten Inhalt, von Lebensgefahr kann gar nicht die Rede sein; es handelt sich lediglich um ordinäre Grobheiten.

Widerstand leistet lediglich **Adele,** allerdings in unreflektierter, spontaner Weise. Sie handelt nicht aus moralischen Überlegungen heraus oder gar nach einem weitsichtigen Plan, sondern lediglich aufgrund eines konkreten Anlasses und um ein konkretes Ziel zu erreichen, das in diesem Fall eben darin besteht, ihren Mann zu verteidigen. Die politische Bedeutung der Situation ist ihr nicht klar beziehungsweise gleichgültig.

Wilhelm Tell wird dagegen in seiner Existenz bedroht: Nachdem er sich geweigert hat, den Hut Gesslers zu grüßen, stellt ihn der Landvogt vor die Wahl, entweder einen Apfel vom Kopf seines Sohnes zu schießen oder mit diesem zusammen getötet zu werden – inhaftiert worden wäre er wegen des verweigerten Grußes auf jeden Fall. Doch bei Tell ist durchgängig der Wille zum Widerstand vorhanden: Er ignoriert wie selbstverständlich den Hut und er gibt nach dem Apfelschuss freimütig zu, dass er im Falle eines Fehlschusses den Landvogt selbst getötet hätte, was er ja letztendlich auch tut – nach langen Reflexionen und im Bewusstsein der moralischen Richtigkeit: „Ich tue Recht und scheue keinen Feind!“

Grundkurs Deutsch (Bayern): Abiturprüfung 2005
Aufgabe 3 – Erschließung eines poetischen Textes

a) Erschließen und interpretieren Sie den folgenden Romananfang! Berücksichtigen Sie dabei besonders den in der Figurenkonstellation angelegten Konflikt!

b) Vergleichen Sie ausgehend von Ihren Ergebnissen den Text mit einem anderen literarischen Werk, in dem ebenfalls die Erfahrungen eines Heranwachsenden thematisiert werden!

Hans-Ulrich Treichel (geb. 1952)

Der Verlorene (1998)

Mein Bruder hockte auf einer weißen Wolldecke und lachte in die Kamera. Das war während des Krieges, sagte die Mutter, im letzten Kriegsjahr, zuhaus. Zuhaus, das war der Osten, und der Bruder war im Osten geboren worden. Während die Mutter das Wort „Zuhaus" aussprach, begann sie zu weinen, so wie sie oft zu weinen begann, wenn vom Bruder die Rede war. Er hieß Arnold, ebenso wie der Vater. Arnold war ein fröhliches Kind, sagte die Mutter, während sie das Photo betrachtete. Dann sagte sie nichts mehr, und auch ich sagte nichts mehr und betrachtete Arnold, der auf einer weißen Wolldecke hockte und sich freute. Ich weiß nicht, worüber Arnold sich freute, schließlich war Krieg, außerdem befand er sich im Osten, und trotzdem freute er sich. Ich beneidete den Bruder um seine Freude, ich beneidete den Bruder um die weiße Wolldecke, und ich beneidete ihn auch um seinen Platz im Photoalbum. Arnold war ganz vorn im Photoalbum, noch vor den Hochzeitsbildern der Eltern und den Porträts der Großeltern, während ich weit hinten im Photoalbum war. Außerdem war Arnold auf einem ziemlich großen Photo abgebildet, während die Photos, auf denen ich abgebildet war, zumeist kleine, wenn nicht winzige Photos waren. Photos, die die Eltern mit einer sogenannten Box geschossen hatten, und diese Box konnte anscheinend nur kleine beziehungsweise winzige Photos machen. Die Photos, auf denen ich abgebildet war, musste man schon sehr genau betrachten, um überhaupt irgend etwas erkennen zu können. Eines dieser winzigen Photos zeigte beispielsweise ein Wasserbecken mit mehreren Kindern, und eines dieser Kinder war ich. Allerdings war von mir nur der Kopf zu sehen, da ich, der ich damals noch nicht schwimmen konnte, im Wasser saß, das mir wiederum fast bis zum Kinn reichte. Außerdem war mein Kopf teilweise verdeckt von einem im Wasser und vor mir stehenden Kind, so daß das winzige Photo, auf dem ich abgebildet war, nur einen Teil meines Kopfes direkt über der Wasseroberfläche zeigte. Darüber hinaus lag auf dem sichtbaren Teil des Kopfes ein Schatten, der wahrscheinlich von dem vor mir stehenden Kind ausging, so daß von mir in Wahrheit nur das rechte Auge zu sehen war. Während mein Bruder Arnold schon zu Säuglingszeiten nicht nur wie ein glücklicher, sondern auch wie ein bedeutender Mensch aussah, war ich auf den meisten Photos meiner Kindheit zumeist nur teilweise und manchmal auch so gut wie überhaupt nicht zu sehen. So gut wie überhaupt nicht zu sehen war ich beispielsweise auf einem Photo, das anläßlich meiner Taufe aufgenommen worden war. Die Mutter hielt ein weißes Kissen auf dem Arm, über dem eine wiederum weiße Decke lag. Unter dieser Decke befand ich mich, was man daran erkennen konnte, daß die Decke sich am unteren Ende des Kissens verschoben hatte und die Spitze eines Säuglingsfußes darunter hervorschaute. In gewisser Weise setzten alle weiteren Photos, die von mir in meiner Kindheit gemacht worden waren, die Tradition dieses ersten Photos fort, nur daß auf späteren Photos statt des Fußes der rechte Arm, die halbe Gesichtshälfte oder wie auf dem Schwimmbadphoto ein Auge zu sehen war. Nun hätte ich mich mit der nur teilweisen Anwesenheit meiner Person im Familienalbum abfinden können, hätte es sich die Mutter nicht zur Angewohnheit gemacht, immer wieder nach dem Album zu greifen, um mir die darin befindlichen Photos zu zeigen. Was jedes Mal darauf hinauslief, daß über die kleinen und winzigen und mit der Box geschossenen Photos, auf deren ich beziehungsweise einzelne Körperteile von mir zu sehen waren, ziemlich schnell hinweggegangen wurde, während das mir gleichsam lebensgroß erscheinende Photo, auf dem mein Bruder Arnold zu sehen war, Anlaß zu unerschöpflicher Betrachtung bot. Das hatte zur Folge, daß ich zumeist mit verkniffenem Gesicht und mißlaunig neben der Mutter auf dem Sofa saß und den fröhlichen und gutgelaunten Arnold betrachtete, während die Mutter zusehends ergriffener wurde. In den ersten Jahren meiner Kindheit hatte ich mich mit den Tränen der Mutter zufriedengegeben und mir keine weiteren Gedanken darüber gemacht, warum die Mutter beim Betrachen des fröhlichen Arnold so häufig zu weinen begann. Und auch die Tatsache, daß Arnold wohl mein Bruder war, ich ihn aber noch niemals leibhaftig zu Gesicht bekommen hatte, hatte mich die ersten Jahre nur beiläufig beunruhigt, zumal es mir nicht unlieb war, mein Kinderzimmer nicht mit ihm teilen zu müssen. Irgendwann aber klärte mich die Mutter insoweit über Arnolds Schicksal auf, als sie mir offenbarte, daß Arnold auf der Flucht vor dem Russen verhungert sei. „Verhungert“, sagte die Mutter, „in meinen Armen verhungert.“ Denn auch sie selbst sei mehr oder weniger gänzlich ausgehungert gewesen während des langen Trecks vom Osten in den Westen, und sie habe keine Milch und auch sonst nichts gehabt, um das Kind zu ernähren. Auf meine Frage, ob denn niemand außer ihr Milch für das Kind gehabt habe, sagte die Mutter nichts, und auch alle meine anderen Fragen nach den näheren Umständen der Flucht und dem Verhungern meines Bruders Arnold beantwortete sie nicht. Arnold war also tot, was wohl sehr traurig war, mir aber den Umgang mit seinem Photo erleichterte. Der fröhliche und wohlgeratene Arnold war mir nun sogar sympathisch geworden, und ich war stolz darauf, einen toten Bruder zu besitzen, der zudem noch so fröhlich und wohlgeraten ausschaute. Ich trauerte um Arnold, und ich war stolz auf ihn, ich teilte mit ihm mein Kinderzimmer und wünschte ihm alle Milch dieser Welt. Ich hatte einen toten Bruder, ich fühlte mich vom Schicksal ausgezeichnet. Von meinen Spielkameraden hatte kein einziger einen toten und schon gar nicht einen auf der Flucht vor dem Russen verhungerten Bruder.

Arnold war mein Freund geworden, und er wäre auch mein Freund geblieben, hätte mich die Mutter nicht eines Tages um das gebeten, was sie eine „Aussprache“ nannte. Eine Aussprache war etwas, worum mich die Mutter noch nie gebeten hatte, und auch der Vater hatte mich noch nie um eine Aussprache gebeten. Überhaupt bin ich während meiner gesamten Kindheit und ersten Jugendjahre niemals um eine Aussprache oder um etwas gebeten worden, was einer Aussprache auch nur annähernd gleichgekommen wäre. Dem Vater reichten kurze Befehle und Arbeitsanweisungen, um sich mit mir zu verständigen, und die Mutter redete wohl gelegentlich mit mir, doch meist lief das Gespräch auf den Bruder Arnold und damit auf Tränen oder Schweigen hinaus. Die Aussprache wurde von der Mutter mit den Worten eröffnet, daß ich nun alt genug sei, um die Wahrheit zu erfahren. „Was für eine Wahrheit“, fragte ich die Mutter, denn ich befürchtete, daß es hierbei vielleicht um mich gehen könnte. „Es geht“, sagte die Mutter, „um deinen Bruder Arnold.“ In gewisser Weise war ich erleichtert, daß es wieder einmal um Arnold ging, andererseits aber ärgerte es mich auch. „Was ist mit Arnold“, sagte ich, und die Mutter schien schon wieder den Tränen nahe, worauf ich die spontane, aber nicht sehr überlegte Frage stellte, ob Arnold etwas zugestoßen sei, was die Mutter mit einem irritierten Blick quittierte. „Arnold“, sagte die Mutter ohne ein weiteres einleitendes Wort, „Arnold ist nicht tot. Er ist auch nicht verhungert.“ Ich war nun ebenfalls irritiert und auch ein wenig enttäuscht. Doch statt zu schweigen, fragte ich die Mutter, wiederum ohne lange nachzudenken, woran Arnold denn dann gestorben sei. „Er ist gar nicht gestorben“, sagte die Mutter noch einmal und ohne jegliche Regung, „er ist verlorengegangen.“ Darauf erzählte sie mir die Geschichte vom verlorengegangenen Arnold, die ich zum Teil verstanden und zum Teil auch nicht verstanden habe. […]

Aus: Hans Ulrich Treichel, Der Verlorene. Frankfurt a. M.: Suhrkamp, 5. Aufl. 2003, S. 7ff.

Hinweise zur Lösung der Aufgabe

Bei **Aufgabe a)** kommt es darauf an, genau zu erfassen, was sich hinter den etwas unauffällig klingenden Arbeitsanweisungen „erschließen" und „interpretieren" verbirgt:

- „Erschließen" bedeutet stets die **Analyse nach Form und Inhalt;** die Feingliederung ist in diesem Fall in hohem Maß dem Abiturienten überlassen. So empfiehlt es sich auch hier prinzipiell, mit einer **Gliederung des Textes nach Sinnabschnitten** zu beginnen und dabei den Inhalt der jeweiligen Passage im Kern zusammenzufassen.
- Wünschenswert wäre sicherlich auch hier eine gleichzeitige Berücksichtigung der Erzählhaltung sowie der sprachlichen Mittel in ihrer jeweiligen Funktion. Ebenso gut denkbar ist jedoch im Anschluss an die Textparaphrase eine Betrachtung der Figurenkonstellation und des daraus resultierenden Konfliktes, wobei hier die erzählerischen Mittel bei der Analyse der jeweiligen Figur eingebracht werden. Nicht außer Acht zu lassen ist die Tatsache, dass es sich um den Anfang (!) eines zeitgenössischen (!) Romans handelt.

In jedem Falle sollte am Ende der Bearbeitung die **Interpretation** – im Sinne einer Zusammenschau oder gar einer existenziellen Gesamtdeutung der Untersuchungsergebnisse – stehen; im Zuge dieser Interpretation sollte der vorliegende Text auf typische Merkmale des zeitgenössischen Romans – wie mangelnde Kommunikationsfähigkeit oder die Schilderung von Sinnkrisen – hin befragt werden.

Aufgabe b) legt den Schwerpunkt eindeutig auf den **inhaltlichen Aspekt**, die „Erfahrungen eines Heranwachsenden", als Auswahlkriterium für das Parallelwerk.
Somit muss man „nur" entscheiden,

- ob man sein Augenmerk auf den **Protagonisten, seinen Charakter** und seine Handlungsweisen legt und damit in erster Linie seine psychische Gestimmtheit, seine Weltsicht und seine Wertvorstellungen untersucht, oder
- ob man eher die **Rahmenbedingungen** in den Mittelpunkt stellt; dann muss man vor allem die familiäre, kulturelle und soziale Situation des Protagonisten betrachten.

In jedem Falle sind **Gemeinsamkeiten und Unterschiede** genau darzulegen. Entscheidend ist auch hier, dass die Wahl des Vergleichstextes begründet wird.

Lösungsvorschlag

Erschließung, Beschreibung des in der Figurenkonstellation angelegten Konflikts und Interpretation

Inhalt und Aufbau

Der im Text geschilderte Konflikt weist drei Phasen auf:

- **Entfaltung der Konfliktsituation (Z. 1–53)**
  - Ohne weitere Einleitung werden die **Personen eingeführt** und der Leser bekommt eine erste Ahnung von der eher unterschwelligen **familiären Disharmonie** (Z. 1–9).
    Ein Foto des älteren Bruders Arnold löst impulsartig die Erinnerung des Ich-Erzählers an eine sich fast zwanghaft wiederholende Kindheitssituation aus; deren Präsenz wird dadurch betont, dass der Bruder dem Leser im ersten Satz als lebend gegenwärtig erscheint. Die widersprüchlichen Reaktionen der Mutter – einerseits betrachtet sie das Foto geradezu andächtig, andererseits weint sie meist dabei – kann sich der Ich-Erzähler nicht erklären und fühlt sich dadurch verunsichert.
  - In einem zweiten Schritt **konkretisiert** der Erzähler diesen kindlich erlebten **inneren Konflikt** (Z. 10–37).
    Der Ich-Erzähler missgönnt dem Bruder seine bevorzugte Position, wie sie auf dem Foto zum Ausdruck kommt; die Realität seiner Kindheit besteht zu einem erheblichen Teil in der permanenten Konkurrenz zwischen den Positionen der jeweiligen Kinderfotos: Seine eigenen zeigen ihn allenfalls ausschnitthaft und sind zweitrangig positioniert gegenüber dem einzigen bevorzugten Bild des Bruders, sodass sich bei ihm zunehmend Minderwertigkeitsgefühle breit machen.
  - Dieser **Konflikt** wird durch das **Verhalten der Mutter** noch **verschärft** (Z. 38–53).
    Der Erzähler fühlt sich instrumentalisiert, da ihn die Mutter in das regelmäßig wiederkehrende Erinnerungsritual integriert und unterschwellig ähnliche Empfindungen und Reaktionen von ihm erwartet, wie sie selbst sie an den Tag legt. Durch diese ständige indirekte Zurücksetzung wächst bei ihm das Gefühl der Frustration. Seine kindliche Bewältigungsstrategie besteht darin, die Situation und seine Position innerhalb der Familie als gegeben hinzunehmen.
- **Zwischenzeitliche Entschärfung des Konfliktes (Z. 54 – 68)**
  Zu einem nicht näher bezeichneten oder erinnerten Zeitpunkt und auch ohne erkennbaren Anlass informiert die Mutter den Ich-Erzähler eines Tages über den angeblichen Hungertod des Bruders auf der Flucht vor den Russen. Dadurch wandelt sich die Einstellung des Ich-Erzählers gegenüber seinem toten Bruder: Er fühlt sich dem inneren wie dem realen Bild Arnolds verbunden, entwickelt ihm gegenüber Gefühle der Zuneigung und fühlt sich selbst durch den Umstand, dass er einen toten Bruder hat, gleichsam geadelt: Der tote Bruder ist für ihn keine Bedrohung mehr, er verhilft ihm vielmehr zu einem besonderen Schicksal.
- **Erneutes Aufleben des Konflikts durch eine unerwartete Eröffnung seitens der Mutter (Z. 69–91)**
  Wiederum zu einem unbestimmten Zeitpunkt kündigt die Mutter dem Ich-Erzähler ein wichtiges Gespräch an, was bei diesem eine zwiespältige Erwartungshaltung hervorruft: Erleichterung, weil es um das altbekannte Thema des verlorenen Bruders zu gehen scheint, aber auch Ärger, weil wieder Arnold im Mittelpunkt der ersten „Aussprache“ steht, um die der Erzähler in seinem Leben gebeten wird. Als ihn die Mutter dann mit der Eröffnung überrascht, dass Arnold gar nicht tot sei, und den Ich-Erzähler mit Arnolds tatsächlichem Schicksal konfrontiert, ist dieser verwirrt und etwas desorientiert.

Erzählerische Gestaltung

- Schon der **Anfang** ist typisch für einen zeitgenössischen Roman und bezeichnend für den Charakter dieses Werkes: Ohne jede Einleitung wird der Leser mit dem ersten Satz mitten ins Geschehen geworfen. Auch soll und muss er den Eindruck gewinnen, dass hier eine unmittelbar gegenwärtige Situation beschrieben wird. Erst im zweiten Satz wird deutlich, dass dem nicht so ist, und erst fünf Zeilen später, dass überhaupt „nur" von einem Bild die Rede ist; hier zeichnet sich bereits die erlebte Realität des Ich-Erzählers ab.
- Die **Erzählperspektive** ist ausschließlich die des **Ich-Erzählers**, der Leser bekommt die erzählte Welt einzig aus dessen Innensicht dargeboten.
  Dabei ist der **Erzählgestus** von einem Spannungsverhältnis zwischen **Erlebnis** und **Reflexion** geprägt. Unvermittelt und fast unmerklich wechselt der Erzähler zwischen beiden Erzählweisen: „Ich weiß nicht, worüber Arnold sich freute, [...] Ich beneidete den Bruder um seine Freude" (Z. 8 ff.). In ähnlicher Art steht **kindlich-pathetisches Erzählen** einer **ironisierenden Erzählhaltung** gegenüber: „Ich trauerte um Arnold, und ich war stolz auf ihn [...] und wünschte ihm alle Milch dieser Welt." (Z. 64 ff.) „Ich hatte einen toten Bruder, ich fühlte mich vom Schicksal ausgezeichnet." (Z. 66) So wird dem Leser ein oszillierendes Bild zwischen **subjektiver Identifikation** und **distanzierter Brechung** geboten.
- Die **kindliche Lebenswelt** wird erzählerisch auch in scheinbar willkürlichen **Momentaufnahmen** aus der Kindheit nachgezeichnet, die nur lose in den Kontext eingebunden sind „Er hieß Arnold, ebenso wie der Vater." (Z. 5) „Arnold war ein fröhliches Kind, sagte die Mutter." (Z. 5 f.) Eine ähnliche Wirkung zeitigt die **Betonung** vermeintlich unwichtiger **Details** (vgl. etwa Z. 32 ff.).
  Auch die **Besessenheit** der Mutter spiegelt sich im Erzählprozess wider, in **erzählerischen Schleifen** und floskelhaften **Wiederholungen**, die sich beinahe zu Motiven der Erzählung auswachsen: so die „weiße Wolldecke" (Z. 1, 10, ähnlich in Z. 32) oder die „kleinen, winzigen, mit der Box geschossenen Photos" (Z. 41 f.), auf denen der Erzähler abgebildet ist (vgl. Z. 14 f., 18, 23).
- Die Ordnung der Bilder im Fotoalbum weist auf den unausgesprochenen Familienkonflikt. Arnolds Foto befindet sich „ganz vorn im Photoalbum, noch vor den Hochzeitsbildern der Eltern" (Z. 11 f.). Genau diese Vorrangstellung nimmt der abwesende Bruder auch innerhalb des Familienlebens ein. Besonders die Gedanken der Mutter kreisen ständig um die leere Mitte, die durch den Verlust ihres Erstgeborenen entstanden ist.

Sprachliche Gestaltung

- Auffällig ist der **gleitende Übergang von direkter zu indirekter Rede**; erstere ist nicht einmal durch Anführungszeichen abgesetzt. Für den Leser erhöhen sich dadurch Anschaulichkeit und Unmittelbarkeit des Geschehens, die Zeitgrenzen verschwimmen.
- Der **Satzbau** weist zahlreiche **kurze parataktische Reihungen** auf, die teilweise zusätzlich durch **Anaphern** hervorgehoben werden (Z. 9 ff., 63 ff.). Die kindlich anmutende Erzählweise erhält dadurch eine Eindringlichkeit, mit deren Hilfe der Leser in die Vergangenheit versetzt wird. Demgegenüber stehen lange Passagen mit komplexen **hypotaktischen Perioden**, mit denen dem Leser das geradezu zwanghafte Bemühen des Erzählers um Genauigkeit vermittelt wird.
  In der **Spannung** zwischen beiden Stilformen kommen die vom Ich-Erzähler erfahrenen Antagonismen auch sprachlich zum Ausdruck.
  Stilmittel wie die bereits erwähnten **Anaphern** und **Repetitionen**, aber auch die Verwendung von **Schlüsselbegriffen** – die „weiße Wolldecke", die „Photos", der „Osten" – machen die Verwirrung des Ich-Erzählers auch sprachlich manifest: Immer wieder kommt er auf dieselben Eindrücke zu sprechen, ohne sich abschließend über deren Bedeutung klar werden zu können.

Figurenkonstellation und Konflikt

- Dem Bruder **Arnold** kommt eine Schlüsselposition in der Familienkonstellation zu. Als Abwesender bietet er die ideale **Projektionsfläche** für die Ängste und Wünsche der Familienmitglieder. Dass er nicht mehr da ist, hat die Familie um ihre innere Balance und Stabilität gebracht. Die **Namensgleichheit** mit dem Vater deutet auf die Rolle hin, die ihm innerhalb der Familie zugedacht war: Als ältester Sohn ist er der so genannte Stammhalter. Dass der Zweitgeborene in diese Rolle schlüpfen könnte, scheinen weder der Vater noch die Mutter ernsthaft für möglich zu halten.
  Über Arnolds Persönlichkeit erfährt der Leser im Grunde nichts, er existiert nur als **Bild** im wahrsten Sinne des Wortes, und zwar als Bild eines lachenden, also positiv gestimmten Jungen; schon dadurch lässt sich seine Person leicht positiv konnotieren. Dieses Bild in doppelter Hinsicht wird noch unterstützt von der **idealisierenden Erinnerung der Mutter**, welche ihn beziehungsweise ihre Fantasie von ihm zum uneingeschränkten Objekt von Verehrung macht.
  Beim Ich-Erzähler löst diese verklärende Erinnerung allerdings gegensätzliche Gefühle aus, teils Zuneigung, teils Missgunst.
- Der **Vater** spielt in den Schilderungen des Ich-Erzählers kaum eine Rolle; in der gegebenen Textpassage wird lediglich seine **autoritäre Strenge** erwähnt. Von den Erinnerungsritualen, die die Beziehung zwischen Mutter und Sohn bestimmen, ist er jedoch ausgeschlossen oder hält sich von ihnen fern. Was er wirklich denkt und empfindet, wird im Rahmen des Textauszugs nicht deutlich. Somit nimmt er vordergründig keinen Einfluss darauf, wie die Familie mit dem Verlust des ersten Kindes umgeht.
- Die **Mutter** bildet die **treibende Kraft des Konflikts**, indem sie obsessiv die Familiengeschichte wieder und wieder vergegenwärtigt. Traumatisiert durch den Verlust der Heimat und des Erstgeborenen, bleibt sie emotional völlig auf diesen fixiert. Ihren jüngeren Sohn scheint sie dabei stark zu vernachlässigen, als empfände sie es als Unrecht gegenüber dem verlorenen Kind, ihre mütterlichen Gefühle einem anderen Menschen zuzuwenden. Dass sie mit dieser Haltung Arnold nicht nützt, dem zweiten Kind aber schweren Schaden zufügt, scheint sie nicht zu erkennen. Zu sehr ist sie in ihrem eigenen Leid und in ihren Schuldgefühlen befangen. Allerdings stellt sich angesichts der allmählichen Enthüllungen die Frage, inwieweit ihre Emotionen echt sind beziehungsweise warum sie in Wirklichkeit ständig weint – eine Unstimmigkeit, die sich auch in der Irritation des Ich-Erzählers widerspiegelt.
- Dieser **Ich-Erzähler** ist eigentlich eine **Randfigur**, das psychische Opfer des Familienkonfliktes. Durch die Omnipräsenz des älteren Bruders muss er zwangsläufig einen Minderwertigkeitskomplex entwickeln. Diesen versucht er zunächst – auch recht erfolgreich – zu kompensieren; auf lange Sicht führt jedoch die vergebliche Suche nach elterlicher Zuwendung beziehungsweise nach einer eigenen Identität zu Desillusionierung und zunächst zu Resignation.

Zusammenfassende Interpretation

Der Umgang der Personen miteinander lässt – zumindest in dieser Textpassage – die in zeitgenössischen Romanen häufig thematisierte **Kommunikationsunfähigkeit** aufgrund stereotyper Sprechakte deutlich werden; eine echte Beziehung kann hier durch Sprache nicht mehr hergestellt werden.
Exemplarisch vorgeführt wird auch die **Sinnlosigkeit**, das Fehlen eines existenziellen Grundkonzepts, geschweige denn eines gemeinsamen oder gar verbindenden. Der moderne Mensch steht verloren als isoliertes Individuum. Verschärft wird diese Situation durch die **Erschütterung** der Menschen durch die **Erfahrungen von Krieg und Flucht**. Diese Erschütterung geht so tief, dass sie nicht durch solidarisches Verhalten geheilt werden kann, sondern die Isolation des Einzelnen nur noch verstärkt.
So führt die **gescheiterte Bewältigung der Vergangenheit** zu Handlungs- und Beziehungsunfähigkeit in der Gegenwart.

Vergleich mit einem anderen literarischen Werk

Zum Vergleich wird der Beginn des Romans „Die Bekenntnisse des Hochstaplers Felix Krull" von **Thomas Mann** herangezogen, konkret der Beginn des zweiten Romankapitels, da dieser die Eröffnung der eigentlichen „Autobiografie" des Ich-Erzählers bildet. (Vorangestellt ist im ersten Kapitel eine Art Milieuschilderung der Umgebung, in die **Felix Krull** hineingeboren wird.)

- In beiden Fällen liegt ein scheinbar autobiografischer Roman vor, in welchem die Kindheit des Protagonisten sowie seine **Position in der Familie** in der Reflexion als prägend für sein ganzes weiteres Leben gesehen werden.
  - Allerdings ist Treichels Ich-Erzähler zwar die Haupt-, nicht aber die eigentliche Zentralfigur, sondern er steht ständig im Schatten des abwesenden Bruders.
  - Felix Krull sieht sich dagegen von Geburt an als „Sonntagskind", als Auserwählter des Schicksals, und wird auch von seiner Umgebung so gesehen.
  - Beide Erzähler werden in eine vordergründig heile Familie hineingeboren, in der der Vater wenig präsent ist; dies wird aber kaum als Beeinträchtigung empfunden.
  - Dabei erlebt sich der Erzähler in Treichels Roman als isoliert in der Position zwischen Mutter und vermeintlich totem Bruder; weitere Bezugspersonen werden, abgesehen von einem Hinweis auf Spielkameraden, nicht erwähnt.
  - Thomas Manns Protagonist hingegen ist eingebunden in ein sehr bewusst erlebtes Sozialgefüge mit zahlreichen Bezugspersonen, etwa dem Paten Schimmelpreester oder der Kindsmagd, um nur einige zu nennen.
- Bei Treichel wie bei Mann wird gezeigt, wie sehr die **kindliche Selbstwahrnehmung** das weitere Schicksal der beiden Hauptfiguren beeinflusst:
  - Das Selbstbild des „Verlorenen" stützt sich maßgeblich auf einige Fotografien, Abbildungen seiner Person, die klein und von minderer Qualität sind und ihn nur bruchstückhaft zeigen. Er sieht sich so, wie ihn in wenigen zufälligen Momenten die Kamera gesehen hat. Das spricht für ein nur gering ausgeprägtes Selbstgefühl. Obendrein wurde den Fotos im Fotoalbum der Familie ein weniger prominenter Platz eingeräumt als dem Foto seines Bruders.
    Genauso minderwertig und zweitrangig erlebt sich der Ich-Erzähler in der Welt.
  - Felix Krull nimmt seine Person sehr bewusst als wertvoll wahr; er pflegt sein äußeres Erscheinungsbild und beobachtet seine Wirkung auf die Menschen seiner Umgebung mit geradezu narzisstischer Selbstgefälligkeit, ja, er steigert die Empfindung seiner Außergewöhnlichkeit noch durch kindliche Rollenspiele, in denen er als Prinz oder Kaiser agiert. Auf diese Weise bereitet er sich unwillkürlich auf seine spätere Karriere als Hochstapler vor.
- Diese Selbstwahrnehmung drückt sich auch in der **Erzählhaltung** aus: In beiden Werken gerät die erzählte Welt ausschließlich aus der Perspektive des – notwendig subjektiven und voreingenommenen (gegen den Bruder beziehungsweise für sich selbst) – Ich-Erzählers in den Blick. Beide Werke sind zudem erzählerisch von dem Wechsel beziehungsweise der Spannung zwischen Erzählgegenwart und erzählter Vergangenheit geprägt.
  - Treichels Protagonist begibt sich jedoch aus der ironisierenden Distanz des Erwachsenen unvermittelt in die subjektiv-kindliche Sicht- und Erzählweise.
  - Krulls scheinbar reflektierende Passagen weisen dagegen im Grunde denselben kindlich-narzisstischen Erzählgestus auf wie die, in denen er über Vergangenes berichtet; die Erzählerfigur stellt sich stets gleichbleibend dar, tief durchdrungen von der Empfindung der Wichtigkeit der eigenen Person.

Grundkurs Deutsch (Bayern): Abiturprüfung 2005
Aufgabe 4 – Erörterung

„Wir leben beschleunigt – Fortschritt ist vor allem Schnelligkeit. Der Preis für diese ‚Schnelllebigkeit' steigt […] Wie lässt sich die Langsamkeit entdecken, und wann lernen wir endlich, wie produktiv und heilsam sie sein kann?"

Wie der Wirtschaftspädagoge und „Zeitforscher" Karlheinz Geißler kritisieren viele Beobachter unserer modernen Gesellschaft die Schnelligkeit in allen Lebensbereichen und plädieren für die Rückbesinnung auf die Vorzüge der Langsamkeit.
Überprüfen Sie unter Einbeziehung eigener Erfahrungen, ob einer solchen Bewertung von Langsamkeit zuzustimmen ist!

Hinweise zur Lösung der Aufgabe

Hierbei handelt es sich um ein typisches **dialektisches Erörterungsthema**, bei dem man sich zunächst sorgsam mit der genauen Formulierung des Themas auseinander setzen muss.

Durch den Hinweis, dass viele die Schnelligkeit kritisieren und für die (Wieder-)Entdeckung der Langsamkeit plädieren, wird der Abiturient bereits stark in eine bestimmte argumentatorische Richtung gesteuert. Wichtig ist somit eine genaue **Analyse des Zitatinhaltes sowie der Formulierung von Thema und Aufgabe**.

- Geißlers Grundthese lautet in etwa, die Gleichsetzung von „Fortschritt" mit „Schnelligkeit" sei eine Art Credo unserer Zeit.
- Er setzt als Einwand dagegen, dass diese Schnelligkeit einen immer höheren Preis fordere. Durch die Auslassung bleibt allerdings unklar, worin dieser Preis für ihn besteht; hier kann und muss die Erörterung gedanklich ansetzen.
- In der als Frage formulierten Gegenthese wird die Produktivität und Heilsamkeit der Langsamkeit positiv gewichtet.

Die Aufgabenstellung besteht nun darin, diese Bewertung in ihrer Relevanz zu überprüfen; dazu sind aber – zumindest gedanklich – die oben skizzierten Vorüberlegungen erforderlich.

- Bei der **Ausführung** des Aufsatzes sollte in der Einleitung erklärt werden, was eben unter „Langsamkeit" zu verstehen sei. Hierbei drängt es sich fast auf, den im Zitat enthaltenen Gegenbegriff „Schnelligkeit" mit zu berücksichtigen.
- Vor oder bei der Formulierung der Themenfrage sollten dann die Begriffe „produktiv" und „heilsam" definiert und später in die Argumentation mit einbezogen werden.
- Im Hinblick auf den Hauptteil der Erörterung legt es die Themenstellung nahe, zunächst die eher problematischen Aspekte der Langsamkeit zu beleuchten, um dann die positiven Konsequenzen einer Besinnung auf Langsamkeit überzeugend herauszuarbeiten.
- Der Schluss sollte eine schlüssige, begründete Stellungnahme zu der aufgeworfenen Frage enthalten, die die wichtigsten der vorangegangenen Argumente miteinbezieht.

Wie bei jeder Erörterung ist auch hier sorgfältig darauf zu achten, nicht zu persönlich beziehungsweise zu parteiisch zu argumentieren. Die verwendeten Argumente sollten immer allgemeingültig sein. Beispiele können hingegen aus dem eigenen Erfahrungsbereich stammen. Neutrale Argumentation und persönliche Erfahrungen sollten jedoch bei der Erörterung auseinander gehalten werden. Immer muss deutlich bleiben, dass sie einen unterschiedlichen Stellenwert haben.

Lösungsvorschlag

Begriffsbestimmung und Problematik

Die Aufgabenstellung geht von einem klaren Gegensatzpaar aus: Schnelligkeit und Langsamkeit.

Schon der Begriff der **Langsamkeit** ist in sich ambivalent: „langsam“ bedeutet nach „Wahrigs Deutschem Wörterbuch“: „eine geraume, vergleichsweise lange Zeit brauchend, […] mit geringer Geschwindigkeit“, sowie im übertragenen Sinne: „in den Bewegungen, im Handeln […] träge, schwerfällig, unbeholfen“. In diesem übertragenen Sinn ist „langsam“ also eindeutig negativ konnotiert. Die wörtliche Bedeutung erfährt eine negative Wertung. Dabei stellt sich allerdings die Frage, im Vergleich womit die benötigte Zeit lang ist, welches, womöglich absolute, Bezugssystem hier angesetzt wird beziehungsweise von welchem Bezugssystem dann Geißler bei seinem Plädoyer für die Langsamkeit ausgeht.

Als Gegenbegriffe verwendet Geißler drei verschiedene Ausdrücke: „**beschleunigt**“, „**Schnelligkeit**“ und „**Schnelllebigkeit**“, zu denen sich allerdings auch andere – womöglich passendere – Gegenbegriffe als „Langsamkeit“ finden lassen.

So gibt es seit den Neunzigerjahren das Wort „**Entschleunigung**“, welches die Rückkehr zu einer dem Menschen und seiner Umwelt angemessenen Geschwindigkeit bezeichnet und eine Abkehr von der ständigen Akzeleration, also der Steigerung des Lebenstempos.

Das Gegenteil von „Schnelllebigkeit“ wäre eher etwas wie „Konstanz“ oder „Kontinuität“: also ein Begriff, der nicht ausschließlich mit Geschwindigkeit zu tun hat, sondern darüber hinaus mit **Stetigkeit**, und der zudem einen Gegensatz zu „Oberflächlichkeit“ ausdrückt.

Allein „Schnelligkeit“ wäre der unmittelbare Gegensatz zu „Langsamkeit“, aber damit wird eben nur ein Teil des Zitates abgedeckt.

Problematische Aspekte der Langsamkeit

Wenn man sich unter Berücksichtigung dieses Facettenreichtums in der Begrifflichkeit dem Thema annähert und die Standarddefinition von Langsamkeit zugrunde legt, so taucht zunächst die Frage auf: Welches **Bezugssystem** wird für die „vergleichsweise“ lange benötigte Zeit angenommen?

- Die Grundthese „Fortschritt ist Schnelligkeit“ weist in den Bereich der **Arbeitswelt**. Langsam, träge ist jemand, der im Vergleich zu anderen länger braucht, um eine Dienstleistung oder einen Produktionsvorgang auszuführen.
- Der einzelne Mensch muss aber nicht nur möglichst schnell arbeiten, um sich zu behaupten, sondern er muss sein ganzes Leben lang möglichst schnell in der Lage sein, sich einer sich wandelnden Umwelt anzupassen. Die Welt verändert sich heutzutage viel schneller als noch vor wenigen Jahrzehnten. Um unter diesen Gegebenheiten den von Kindheit her gewohnten **Lebensstandard zu sichern** oder möglichst sogar zu steigern, muss man neue Entwicklungen absehen und schnell auf sie reagieren.
- Dem kommen auch Umgestaltungstendenzen im **Bildungs- und Ausbildungssystem** entgegen. Länger „die Schulbank zu drücken“ bedeutet nicht unbedingt, automatisch mehr zu können oder zu wissen, wie der Vergleich mit den europäischen Nachbarn zeigt. In Belgien oder Frankreich beträgt die Regelzeit für den Besuch einer höheren Schule seit langem schon ein Jahr weniger als bei uns, die Kenntnisse der Studienanfänger sind allerdings nicht geringer, wie ernsthafte Untersuchungen belegen.
  Eine Ausbildung schneller zu absolvieren, erfordert unter anderem eine straffere Arbeitshaltung und letztlich eine gezieltere Lebensplanung. Und ein Mensch, der ein Ziel hat, arbeitet motivierter und effizienter und steigert so durch Erfolgserlebnisse auch seine Lebensqualität, wie jeder Schüler aus eigener Erfahrung weiß.

– Seine Ausbildung schneller abzuschließen bedeutet auch, früher ins **Berufsleben** einzutreten und damit jünger und flexibler zu sein, sich wechselnden Bedingungen schneller und besser anpassen zu können.
  In der Arbeitswelt steht aus nahe liegenden Gründen der Zeitfaktor stark im Vordergrund. Ein Handwerker, der schneller arbeitet als die Konkurrenz, ohne dass die Qualität seiner Arbeit darunter leidet, wird mehr Aufträge bekommen, da in diesem Falle Zeit tatsächlich Geld ist in Form der bezahlten Arbeitsstunden.

Für weite Teile des **gesellschaftlich-öffentlichen Bereiches** gilt: Langsamkeit kann leicht bedeuten, „den Anschluss zu verlieren" und beispielsweise internationalen Entwicklungen nicht mehr folgen zu können, sodass die wirtschaftliche und gesellschaftliche Entwicklung stagnieren könnte.

– Auf dem Gebiet der **Wissenschaft und Technik** wird dies am ehesten deutlich. Man denke nur an die in jüngster Zeit geführte Diskussion um die Stammzellenforschung. Sicherlich ist es nur allzu berechtigt, über ein Thema, das in hohem Maß ethische Aspekte der Forschung berührt, in politischem Rahmen ausführlich zu diskutieren. Letztendlich hat sich jedoch herausgestellt, dass die Zähigkeit des Entscheidungsfindungsprozesses in Deutschland dazu geführt hat, dass deutsche Forschung im internationalen Vergleich ins Hintertreffen geraten ist. Und weil sie den Anschluss an die neuesten Entwicklungen verloren hat, kann sie auf diese nun auch keinen Einfluss mehr nehmen, etwa durch die Beachtung ethischer Grenzen.
– Die rapide Entwicklung der **Computertechnologie** schließt sich hier nahtlos an. Die Rechner selbst werden immer schneller – jeder von uns kann sich mittlerweile buchstäblich in Sekunden Informationen beschaffen, für deren Auffindung er vor dem Elektronikzeitalter viele Stunden oder gar Tage gebraucht hätte. Dadurch wird zum einen Arbeitskapazität frei. Darüber hinaus fallen Hemmnisse für Innovationen fort. So konnten Weltraumteleskope ab einer bestimmten Größe auch deswegen erst nach der Entwicklung des Computers gebaut werden, weil die Berechnung der Linsen Jahre beansprucht hätte – machbar wäre es schon gewesen, aber unrentabel.
– Die **Politik** beweist, dass Langsamkeit bei Entscheidungsfindungen tatsächlich fatale Folgen haben kann. Ob es das Ozonloch, das Waldsterben oder das jüngste Schreckgespenst, den Feinstaub, betrifft – hätte man die Zeichen der Zeit rascher ernst genommen, rascher Gegenmaßnahmen entwickelt und diese rascher umgesetzt, hätte unsere Umwelt sicherlich geringere und vielleicht keine irreparablen Schäden genommen.

Der zweite Aspekt des Begriffes „langsam", der Bedeutungsbereich „**träge** in den Bewegungen und im Handeln", spielt in diversen Alltagssituationen eine Rolle:

– Wer zu langsam ist, zu spät kommt, verpasst seinen Bus, seinen Zug, seinen Flieger – er gilt als **unzuverlässig** und bekommt dies im Beruf wie im Privatleben nachteilig zu spüren. Wohl jeder hat sich schon einmal über den Handwerker geärgert, der mit zwei Stunden Verspätung eintrifft. Und wer setzt nicht alles daran, zu einem „Date" unter allen Umständen rechtzeitig genug einzutreffen?
– Aber gerade **in existenziellen Situationen** kann Langsamkeit lebensbedrohend sein. Wenn der Krankenwagen zu spät kommt, kann dies ein Leben kosten. Bei Berg- oder Grubenunglücken beginnt ein „Wettlauf mit der Zeit". Dann entscheidet Schnelligkeit über Leben und Tod.
– Im **Sport** ist Schnelligkeit ein nahezu absoluter Wert. Das olympische Motto „schneller, höher, weiter" soll die Jugend der Welt zum friedlichen Wettkampf, zur Steigerung ihrer persönlichen Leistung und zur Freude daran anspornen. Und es bedeutet zweifelsohne eine gesunde Steigerung des Selbstgefühls, schneller zu laufen als der Kamerad oder einfach schneller als vor einem halben Jahr. Auch die Empfindung, etwa auf einem schnellen Pferd zu sitzen und eine Geschwindigkeit zu verspüren, die man aus eigener Kraft nicht erzielen könnte, bedeutet ein Natur- und Selbsterlebnis, das gerade dem gestressten Menschen unserer Zeit eine echte Lebenshilfe sein kann.

Positive Aspekte der Langsamkeit

Im Gegensatz dazu ist die **Qualität** von Langsamkeit nicht unbedingt messbar oder unmittelbar empirisch nachzuweisen.

- Jedoch haben Untersuchungen gezeigt, dass der Mensch bei zu hoher Geschwindigkeit aufgrund seiner physiologischen Gegebenheiten nicht mehr Herr der Lage ist und somit beispielsweise ganz und gar nicht effizienter arbeitet. Die **Flexibilität**, die Fähigkeit, sich auf Situationen oder andere Menschen einzustellen, bleibt auf der Strecke, was etwa im Management einer Firma, bei Verhandlungen mit Geschäftspartnern oder in ähnlichen Situationen fatale Auswirkungen haben kann.
- Ebenso braucht der Mensch Zeit beziehungsweise sein eigenes, möglicherweise beschauliches Tempo, um **Kreativität** entwickeln zu können. Experimentelle Forschung mag unter Zeitdruck möglich sein, aber Ideen stellen sich auf diese Art nicht ein; Archimedes soll die Idee, wie sich das Volumen dreidimensionaler Körper bestimmen lässt, in der Badewanne gehabt haben.
- Auch die **Genauigkeit** bleibt auf der Strecke, wenn alles ganz schnell gehen muss, wie jeder weiß, der schon einmal einen Faden in ein Nadelöhr geführt hat. Die in anderem Zusammenhang bereits erwähnte Akkordarbeit zeichnet sich nicht zuletzt deshalb durch eine sehr begrenzte Abfolge sehr einfacher Handgriffe aus, die überdies über Stunden und Tage stereotyp ausgeführt werden, bis sie mit der erforderlichen Geschwindigkeit ablaufen.
  Setzt man also Qualität vor Quantität, so bedeutet Langsamkeit in Produktionsabläufen für den Menschen wie für das Ergebnis einen Gewinn.
- Nicht umsonst ist in den Neunzigerjahren – als Rückbesinnung auf die heilsame Wirkung der Langsamkeit – der bereits erläuterte Begriff der **Entschleunigung** entstanden.

Wesentlich schlechter quantifizierbar sind dagegen die Vorzüge der Langsamkeit für das **subjektive Befinden** des einzelnen Menschen. Denn welches ist ein dem Menschen angemessenes Tempo? Ein einheitliches, für jeden gültiges Maß wird sich da nicht finden lassen.

Somit läge eine positive Wirkung der Rückbesinnung auf Langsamkeit darin, dass sich der Mensch auf sein **individuelles Lebenstempo** besinnt, dass er sich „Zeit nimmt“, dass er selbst über seinen Lebensrhythmus entscheidet und dadurch an **persönlicher Freiheit** und Selbstbestimmung gewinnt, also sich seiner selbst mehr inne wird. Zeit zu haben, sich Zeit zu nehmen bedeutet Prioritäten zu setzen, eine Sache für wichtiger zu nehmen als eine andere und diese Prioritäten selbst zu bestimmen. Es bedeutet in der Konsequenz auch intensiver zu leben und zu erleben, seine Umwelt und seine Mitmenschen sorgfältiger wahrzunehmen.

- Dies hat unmittelbar **gesundheitliche Auswirkungen**: ein gemächlicherer Lebensrhythmus mindert die Stressgefahr und damit das Risiko der dadurch mitbedingten Erkrankungen wie Bluthochdruck oder Herzinfarkt. Im Kleinen kennt jeder das Gefühl von Erschöpfung und erhöhtem Puls, von Kopfweh und Magenbeschwerden, wenn er über Tage und Wochen hin „gegen sich selbst“ lebt, sich also von äußeren Gegebenheiten ein Arbeitstempo aufzwingen lässt, das nicht seines ist – bei der Vorbereitung auf eine Prüfung etwa oder beim Besuch einer Schulart, die den eigenen Fähigkeiten nicht entspricht und dadurch eine noch dazu ungeliebte Mehrarbeit erzwingt.
- Offenkundig wird die Bedeutung der Langsamkeit im Bereich der **sinnlichen Wahrnehmung**: Ein gutes Glas Wein stürzt man nicht in einem Zug hinunter, sondern genießt bewusst jeden einzelnen Schluck, das geliebte Haustier streichelt man nicht, als ob man es rasch abstauben wollte, sondern indem man langsam und bewusst die Berührung wahrnimmt und genießt.
- Interessant ist in diesem Zusammenhang auch beispielsweise, dass gerade in einem Bereich, in dem Schnelligkeit eine erhebliche Rolle spielt, im Sport, so genannte **Slow-motion-Effekte** einen Großteil der Sendezeit ausmachen. Der Zuschauer kann die Einzelheiten einer schnellen Bewegungsabfolge gar nicht mehr wahrnehmen und will darüber hinaus die

entscheidenden Sekunden ausdehnen; man denke an das Paradox, dass der Moment, in dem ein Sprinter die Ziellinie erreicht, wieder und wieder nahezu in Standbildern vorgeführt wird, um sie dem Zuschauer sinnlich intensiver als in Echtzeit nahe zu bringen.

- Dieser Reiz des langsamen Erlebens findet sich in gesteigerter Weise in manchen **fernöstlichen Sportarten**, die wohl auch aus diesem Grund gerade in den letzten Jahren bei uns einen ungeahnten Aufschwung erleben. Tai-Chi oder Qui-Gong sind solche Sportarten, bei denen Bewegungsabfolgen geradezu zeitlupenhaft und dadurch besonders bewusst ausgeführt werden. Krankengymnastische Therapieformen wie Feldenkrais- oder Alexandertechnik basieren auf ähnlichen Erkenntnissen.
- Aber auch im alltäglichen Leben werden wir ständig mit Situationen konfrontiert, in denen eine „Entschleunigung" die Lebensqualität erhöht oder erhöhen könnte. Nehmen wir das **Reisen**: Bis vor vielleicht 200 Jahren bewegte man sich zumeist etwa im Schritttempo von einem Ort zum anderen, auch Kutschen fuhren nicht wesentlich schneller und die Benutzung eines schnellen Pferdes war Einzelnen vorbehalten. Man „erlebte" den Weg und die Landschaft. Heute bedeutet Reisen häufig einen möglichst schnellen Transport von einem Ort zum anderen, die dazwischenliegende Landschaft wird außer Acht gelassen oder gar als lästig empfunden; tägliche Pendlerfahrten von fünfzig und mehr Kilometern sind keine Seltenheit, der Berufstätige legt also in einer halben Stunde eine Strecke zurück, zu der er zu Fuß einen ganzen Tag bräuchte, und die derzeit letzte Steigerung dieser Entwicklung stellt das neueste Hochgeschwindigkeitsflugzeug dar, mit dem man innerhalb von vier Stunden buchstäblich die halbe Erde umrunden kann. Der Mensch gewinnt so ein völlig verzerrtes Bild seiner Umwelt, sein Erleben befindet sich nicht mehr im Einklang mit dem Zusammenhang der Natur.
- Aber selbst in scheinbar selbstverständliche, kaum reflektierte Alltagssituationen schleicht sich im Zuge der ständigen Beschleunigung ein gewisser Verfall ein, etwa im Bereich der **Kommunikation**. Noch vor fünfzig Jahren war ein Telefon nicht unbedingt eine Selbstverständlichkeit – heute hat nicht nur nahezu jeder, der es bedienen kann, ein Handy, sondern man macht sich großenteils nicht einmal mehr die Mühe, damit ein normales Gespräch zu führen, sondern man kommuniziert per SMS. Und damit diese ohnehin schon kurzen Botschaften noch schneller abgefasst werden können, bürgern sich zunehmend stereotype, unpersönliche Abkürzungen ein, die einen Verzicht auf Höflichkeit und Verbindlichkeit bedeuten und darüber hinaus zu einer Verarmung der Sprache führen, zumal auch auf die Einhaltung von Rechtschreibregeln wie Groß- und Kleinschreibung aus Zeitgründen meist verzichtet wird. Die Technik, die die Kommunikation erleichtern und beschleunigen soll, untergräbt hier im Gegenteil eine Kommunikation im anspruchsvollen Sinne, meist ohne dass es ihren Benutzern bewusst wäre.

Schlussgedanke

Zusammenfassend lässt sich sagen, dass sicherlich nicht so sehr die Geschwindigkeit, sondern eher die Beschleunigung ihren Preis kostet. Geschwindigkeit ist konstant, eine Größe, auf die sich der Mensch prinzipiell einstellen kann; Beschleunigung dagegen dynamisch-steigernd – das Individuum muss sich auf sich ständig verändernde Gegebenheiten einstellen, die ihm obendrein immer mehr an Energie abverlangen und auf diese Weise seine Lebensqualität vermindern. Es bleibt unbestritten, dass Schnelligkeit das Leben erleichtern, sichern oder gar retten kann, jedoch geht es dabei wie überall um das richtige Maß. Bei diesem Thema gilt sicher das Wort des altgriechischen Sophisten, dass der Mensch das Maß aller Dinge sei – und wenn er auch aus heutiger Sicht vielleicht doch nicht das Maß *aller* Dinge sein sollte, so zumindest derjenigen, die seine Persönlichkeit und Lebensqualität beeinflussen. Es wäre heilsam und positiv, wenn der Mensch sich darauf besänne, dass er die Technik und ihre Möglichkeiten, Zeit zu sparen, als Hilfs- und nicht als Druckmittel entwickelt hat.

Grundkurs Deutsch (Bayern): Abiturprüfung 2006
Aufgabe 1 – Erschließung eines poetischen Textes

a) Erschließen und interpretieren Sie das Gedicht *Im Weinberg*!

b) Vergleichen Sie die Beziehung der Natur zum Menschen, die hier deutlich wird, mit der Vorstellung, die in Barthold Heinrich Brockes' Gedicht *Das Blümlein Vergissmeinnicht* zum Ausdruck kommt!

Eduard Mörike (1804–1875)

Im Weinberg (Erstfassung: 1838; vorliegende Fassung: 1867)

Droben im Weinberg unter dem blühenden Kirschbaum saß ich
Heut einsam, in Gedanken vertieft; es ruhte das Neue
Testament halboffen mir zwischen den Fingern im Schoße,
Klein und zierlich gebunden: (es kam vom treuesten Herzen –
Ach! du ruhest nun auch, mir unvergessen, im Grabe!)
Lang' so saß ich und blickte nicht auf: mit einem da lässt sich
Mir ein Schmetterling nieder aufs Buch, er hebet und senket
Dunkele Flügel mit schillerndem Blau, er dreht sich und wandelt
Hin und her auf dem Rande. Was suchst du, reizender Sylphe?[1]
Lockte die purpurne Decke dich an, der glänzende Goldschnitt?
Sahst du, getäuscht, im Büchlein die herrlichste Wunderblume?
Oder zogen geheim dich himmlische Kräfte hernieder
Des lebendigen Worts? Ich muß so glauben, denn immer
Weilest du noch wie gebannt und scheinst wie trunken – ich staune!
Aber von nun an bist du auf alle Tage gesegnet!
Unverletzlich dein Leib, und es altern dir nimmer die Schwingen;
Ja, wohin du künftig die zarten Füße wirst setzen,
Tauet Segen von dir. Jetzt eile hinunter zum Garten,
Welchen das beste der Mädchen besucht am frühesten Morgen,
Eile zur Lilie du – alsbald wird die Knospe sich öffnen
Unter dir; dann küsse sie tief in den Busen: von Stund an
Göttlich befruchtet, atmet sie Geist und himmlisches Leben.
Wenn die Gute nun kommt, vor den hohen Stengel getreten,
Steht sie befangen, entzückt von paradiesischer Nähe,
Ahnungsvoll in den Kelch die liebliche Seele versenkend.

[1] *Sylphe*: männlicher Luftgeist des mittelalterlichen Zauberglaubens

Barthold Heinrich Brockes (1680–1747)

Das Blümlein Vergißmeinnicht (1728)

An einem wallenden, kristallengleichen Bach,
Der allgemach
Die glatte Flut durch tausend Blumen lenkte
Und schlanke Binsen, Klee und Gras
Mit silberreinen Tropfen tränkte,
Saß ich an einem kleinen Hügel,
Bewunderte bald in der blauen Flut
Des Luftsaphirs saphirnen Spiegel,

Bald den smaragdnen Rahm' des Grases, dessen Grün
Der güldne Sonnenstrahl beschien,
Und fand von Kräutern, Gras und Klee
In so viel tausend schönen Blättern
Aus dieses Weltbuchs ABC
So viel, so schön gemalt, so rein gezogne Lettern,
Daß ich, dadurch gerührt, den Inhalt dieser Schrift
Begierig wünschte zu verstehn.
Ich konnt es überhaupt auch alsbald sehn
Und, daß er von des großen Schöpfers Wesen
Ganz deutlich handelte, ganz deutlich lesen.

Ein jedes Gräschen war mit Linien geziert,
Ein jedes Blatt war vollgeschrieben;
Denn jedes Äderchen, durchs Licht illuminiert,
Stellt' einen Buchstab vor. Allein,
Was eigentlich die Worte sein,
Blieb mir noch unbekannt,
Bis der Vergißmeinnicht fast himmelblauer Schein,
Der in dem holden Grünen strahlte
Und in dem Mittelpunkt viel güldne Striche malte,
Mir einen klaren Unterricht
Von dreien Worten gab, indem mich ihre Pracht
Auf die Gedanken bracht:

Da Gott in allem, was wir sehen,
Uns sein Allgegenwart und wie er alles liebet
So wunderbarlich zu verstehen,
So deutlich zu erkennen gibet;
So deucht mich, hör ich durchs Gesicht,
Daß in dem saubern Blümchen hier
Sowohl zu dir als mir
Der Schöpfer der Vergißmeinnicht selbst spricht:
Vergiß mein nicht!

Aus: Eduard Mörike: Sämtliche Werke und Briefe. Herausgegeben von Gerhart Baumann. Band 1. Stuttgart: Reclam Verlag 1961, S. 114
Barthold Heinrich Brockes: Das Blümlein Vergißmeinnicht. In: Gunter E. Grimm (Hrsg.): Deutsche Naturlyrik. Vom Barock bis zur Gegenwart. Stuttgart: Reclam Verlag 1995, S. 80f.

Hinweise und Tipps

Vorbemerkung: Im Folgenden ist, der einfacheren Lesbarkeit halber, von „Abiturient" beziehungsweise „Abiturienten" die Rede; weibliche Abiturteilnehmerinnen werden dabei selbstverständlich mitgedacht.

Der Operator „**Erschließen**", also Erklärung des Gedichtes und seiner Eigenheiten unter geeigneten Fragestellungen, wird üblicher- und korrekterweise als Hinweis darauf aufgefasst, dass in die Untersuchung auch Hintergrundwissen zu Autor und Entstehungszeit einzubringen ist. So wird man mit dem Dichternamen *Mörike* sowie dem Entstehungsdatum der – lediglich erwähnten – ersten Fassung des vorliegenden Gedichts den Begriff des literarischen Biedermeier verbinden.

Gerade wenn man gewissenhaft vorgeht, könnte der Hinweis auf die zeitliche Differenz zwischen Erstfassung und vorliegender Fassung jedoch vielleicht zu Irritationen führen. Hier tritt in der Tat ein methodisches Problem auf, denn die Erstfassung trägt noch stark biografische Züge, die der Dichter in der späten Fassung herausgenommen hat, um dem Gedicht stattdessen eine mystisch-philosophische Dimension zu geben; derartige Detailkenntnisse zur Entstehungsgeschichte des Gedichtes können aber natürlich nicht vorausgesetzt werden. Es wird folglich genügen, den zeittypischen Rückzug ins Private, die Bevorzugung von Überschaubarem, Konkretem hervorzuheben, der sich, mit allerdings unterschiedlichen Ausprägungen, durch Mörikes gesamtes Werk zieht. Gerade bei diesem Gedicht ist jedoch Vorsicht geboten, da sich der Gehalt dieses Spätwerkes nur durch eine genaue Analyse des Textes erschließt. Entsprechend empfiehlt es sich, Schritt für Schritt von der inhaltlichen Struktur ausgehend formale Gestaltungsmittel zu erläutern. Wenn dabei die Funktion derselben sorgfältig herausgearbeitet wird, ist schon sehr viel Erklärungsarbeit geleistet.
Der Operator „**Interpretieren**" fordert die Deutung eines Textes im Hinblick auf den gedanklichen Gehalt, wobei es sich anbietet, die Ergebnisse der Erschließung unmittelbar zu verwerten. Die Interpretation sollte in einer zusammenfassenden Darstellung der Bedeutungsebene beziehungsweise des dem Gedicht zugrunde liegenden Gedankengebäudes gipfeln.

Anforderungen anderer Art stellt **Aufgabenteil b**.
Hier geht es darum, Gemeinsamkeiten und Unterschiede der jeweiligen Weltsicht und ihrer Darstellung in den beiden Gedichten herauszuarbeiten.
Es wird zwar keine eigentliche Interpretation des zweiten Gedichtes verlangt; dennoch ist es erforderlich, die spezifische Ausprägung barocker Welt- beziehungsweise Naturbetrachtung zu erkennen und am Text zu belegen.
In der Praxis empfiehlt es sich, das Gedicht vor dem Hintergrund der vorhandenen Kenntnisse zur Epoche des literarischen Barock auf signifikante Ausdrücke und Passagen hin zu untersuchen, anhand dieser dann die Grundaussagen für sich zu paraphrasieren und so zu den Kerngedanken der hier ausgedrückten Vorstellung zu gelangen. Diese sollte den in der Interpretation des Gedichtes von Mörike erarbeiteten Grundzügen gegenübergestellt werden, um abschließend den Wandel in der Weltsicht zu formulieren, der sich an den beiden Texten ablesen lässt.

Lösungsvorschlag

1 Inhalt und Aufbau

Dieses stark religiös-pietistisch geprägte Gedicht aus Eduard Mörikes später Schaffensphase gliedert sich in drei Teile – diese Anzahl hat bereits symbolische Bedeutung –, die steigernd den dreifachen mystischen Übertragungsvorgang wiedergeben.

Verse 1–6 **Schilderung der Situation: Das lyrische Ich erinnert sich an die Lektüre des Neuen Testamentes in der Natur**

Verse 1–2 Das lyrische Ich vergegenwärtigt sich die im Tagesverlauf erlebte Situation kontemplativer Zurückgezogenheit in der Natur.

Verse 2–6 Das nur halb geöffnete – der Sprecher ist nicht mit der Lektüre beschäftigt – *Neue Testament* löst beim lyrischen Ich die Erinnerung an eine verstorbene Person (die Geberin) aus, die ihm viel bedeutet hat beziehungsweise immer noch bedeutet.

Verse 6–18	**Schilderung der Begegnung mit dem Falter: Ein Schmetterling gerät ins Blickfeld des Sprechers, woraufhin dieser einen fiktiven Dialog mit ihm führt.**
Verse 6–9	Die Aufmerksamkeit des Sprechers wird durch einen plötzlich auftauchenden Falter geweckt, dessen Aussehen und Bewegungen geschildert werden.
Vers 9	Erste Anrede des lyrischen Ichs an den Schmetterling: Es fragt ihn, wonach er suche.
Verse 10–11	Zweite Anrede: In einer doppelten Frage formuliert das lyrische Ich seine erste Hypothese, dass der Falter, auf der Suche nach einer Blume, durch das Äußere des Buches getäuscht worden sei.
Verse 12–13	Dritte Anrede: In einer dritten Frage stellt der Sprecher die zweite Hypothese auf, dass die spirituelle Anziehungskraft des *Neuen Testamentes* den Falter hergeführt habe.
Verse 13–14	Für das lyrische Ich bestätigt sich die letztere Vermutung aufgrund des Verhaltens des Schmetterlings.
Verse 15–18	Die Auswirkungen dieser Begegnung werden vom Sprecher emphatisch gepriesen: Er spricht dem Falter Unsterblichkeit zu sowie die Fähigkeit, den empfangenen Segen weiterzugeben.
Verse 18–25	**Auftrag an den Falter: Das lyrische Ich fordert den Schmetterling auf, diese religiöse Inspiration einer von ihm verehrten jungen Frau zu vermitteln.**
Verse 18–22	Der Sprecher beauftragt den Falter, sich in einen bestimmten Garten zu begeben, der einem von ihm sehr geschätzten Mädchen als morgendlicher Aufenthaltsort dient, und dort eine Lilie durch einen Kuss mit dem himmlischen Segen zu befruchten.
Verse 23–25	Vorwegnehmend malt sich das lyrische Ich die ekstatische Ergriffenheit der jungen Frau aus, in die die Begegnung mit der Lilie sie versetzen wird.

2 Auffällige formale und sprachlich-stilistische Gestaltungsmittel

Das Gedicht ist nicht in Strophen gegliedert, sondern besteht durchgehend aus 25 **Hexametern**, bei denen die antiken Versregeln mit einer Ausnahme exakt beachtet sind *(einem Abiturienten mit Lateinkenntnissen wird in Vers 11 vielleicht ein so genannter versus spondiacus auffallen, ein Hexameter, dessen vorletzter Versfuß durch einen Spondeus gebildet wird).* Durch dieses unaufgeregte, epische Vermaß wird die betrachtend-reflektierende Haltung des Sprechers unterstrichen; Mörike greift hier auf traditionelle Formen der **Gedankenlyrik** zurück.

Die Struktur des Gedichts ist geprägt von der Korrespondenz zwischen inhaltlicher Gliederung und sorgfältiger rhetorisch-stilistischer Gestaltung; besonders die **Verwendung der Tempora** fällt hier auf. Durch den Beginn im Präteritum tritt der Sprecher in eine zeitliche Distanz, obwohl das Erlebnis „Heut" (V. 2), also zeitnah stattgefunden hat. Die situative Schilderung wird unterbrochen durch den klagenden Anruf an die Tote im Präsens. Mit dem Auftauchen des Schmetterlings wechselt der Sprecher grundsätzlich ins Präsens und hebt damit das Erlebte gewissermaßen in eine zeitlose Gegenwart. Die Verwendung des Präteritums bei den hypothetischen Fragen an den Schmetterling (V. 10–13) drückt unmittelbare Vorzeitigkeit aus. Von dem emphatischen Ausruf in Vers 15 an bekommt das Präsens einen futurischen Aspekt, deutlich ausgesprochen in den Worten „von nun an" (V. 15) und unterstützt durch gelegentlichen tatsächlichen

Gebrauch des Futurs (V. 17, 20). In den letzten drei Versen holt der Dichter die vorweggenommene, lediglich in der Vorstellung existierende zukünftige Ergriffenheit des Mädchens durch die Darstellung im Präsens in die Gegenwart. So bewegt sich das Gedicht in einem gedanklichen Bogen vom Rückblick über die erlebte Gegenwart hin zu futuristischer Gewissheit.

Strukturell bedeutsam ist auch der Einsatz von **Enjambement** und Zeilenstil. Der ruhige epische Fluss des Gedichtes wird in der ersten Hälfte unterstützt durch zahlreiche Zeilensprünge (V. 1–3, 6–9, 12–14), hier werden durch Ausrufe und Fragen (V. 5, 10, 11) rhythmische Akzente gesetzt, der Leser horcht gewissermaßen auf. Im zweiten Teil nimmt die Übereinstimmung von Satz- und Versgrenze immer stärker zu; die Gewissheit des Sprechers spiegelt sich in der formalen Klarheit dieses Teils.

Ein auffälliges Strukturmerkmal ist der **Wechsel zwischen epischer Schilderung und** emphatischen Formulierungen wie **Fragen, Ausrufen und Anreden**. Die klagende Apostrophe in Vers 5, die obendrein in einem Klammereinschub steht, macht die Störung der melancholisch-kontemplativen Situation durch den Einbruch der Erinnerung deutlich. Die hypothetischen Fragen (V. 9–13) im fiktiven Dialog mit dem Schmetterling erwarten keine wirkliche Antwort, sondern dienen dem Erkenntnisgewinn. *(Man könnte hier zudem eine Anspielung auf den antiken philosophischen Dialog erkennen, analog zu der antikisierenden Form des Gedichtes.)* Durch die Aufforderungen an den Schmetterling, gewissermaßen aktiv zu werden (V. 20 f.), drückt sich die Fortwirkung, die Vermittlung der religiösen Inspiration aus.

Die sprachliche Gestaltung ist geprägt von antikisierenden Formulierungen wie etwa dem häufigen, oft parenthetischen Gebrauch von **Partizipien** (V. 2, 4, 5, 11, 14, 16, 22, 23, 24, 25). Dabei wird deutlich, dass in der letzten Passage (V. 21 ff.) eine Häufung des Partizip II festzustellen ist; die Auswirkung des mystischen Befruchtungsaktes „von Stund an“, der Eindruck des Empfangens, drückt sich in den passiven Zustandspartizipien aus.

Die Begegnung mit dem Falter erweist sich als stark stilisiert; vorrangig zu nennen ist hier wohl die mehrmalige Zusammenstellung zweier korrespondierender Ausdrücke – „er hebet und senket“ (V. 7), „er dreht sich und wandelt / Hin und her“ (V. 8 und 9) –, die in ihrer lautmalerischen Wirkung die tänzerisch-leichte Bewegung des Schmetterlings ausdrücken. In den **Vergleichen** – „wie gebannt“, „wie trunken“ (V. 14) – wird der fast ekstatische Zustand des Falters veranschaulicht.

In der Bildlichkeit herrscht eine **antik-christlich geprägte Symbolik** vor. Das Gedicht beginnt „Droben im Weinberg“ (V. 1); durch die erhöhte Position und das neutestamentliche Bild des Weinberges wird bereits die Nähe zum Göttlichen und damit eine theologisch grundierte Bedeutungsebene aufgerufen; unterstützt wird dieser Ansatz durch die zentrale Bedeutung, die die ausdrücklich ästhetisch ansprechende, kostbare Ausgabe des *Neuen Testaments* erhält. Dieses verkennt der Falter zunächst, wie der Sprecher mutmaßt, als „Wunderblume“ (V. 11), also ein eher märchenhaft-heidnisches Symbol; jedoch kommt das lyrische Ich bald zu der Überzeugung, dass den Schmetterling „himmlische Kräfte hernieder[zogen]“ (V. 12); eine Bewegung von oben nach unten, ein Niedersteigen des Göttlichen zeichnet sich ab. Dies setzt sich zu Beginn des dritten Abschnitts in der Aufforderung an den Schmetterling fort: „Jetzt eile hinunter zum Garten“ (V. 18). Dort soll er anstelle der Wunderblume nun die „Lilie“ (V. 20) aufsuchen, das Symbol der unbefleckten Empfängnis.

Mit dem abschließenden Bild des Kelches werden Assoziationen an das christliche Abendmahl geweckt. Das verehrte Mädchen gibt sich einer mystischen Kommunion hin, wobei im Dunkeln bleibt, mit wem.

Auf die strukturelle Bedeutung der Zahl Drei, die Zahl der göttlichen Dreifaltigkeit, sei hier nur am Rande hingewiesen: Das Gedicht gliedert sich inhaltlich in drei Teile, die drei Positionen in der Bewegung von oben nach unten entsprechen, der Sprecher redet den Schmetterling dreimal an und stellt ihm drei Fragen; auch in der Struktur folgt der Dichter einem christlich beeinflussten Grundschema.

3 Interpretation

In dem Gedicht greift der vom Pietismus beeinflusste Dichter eine Thematik auf, die in der deutschen Literatur seit der Barockzeit immer wieder unterschiedlich aufgefasst und dargestellt wurde: die Begegnung mit Gott durch die Begegnung mit der Natur als göttlicher Schöpfung im persönlichen Erleben. Jedoch wird gleich in den ersten Versen die besondere Position des lyrischen Ichs in Mörikes Gedicht deutlich: Zum einen schildert es rückblickend, nimmt also bereits eine gewisse innere Distanz zum Geschehen ein. Zum anderen befindet es sich zwar in der Natur, jedoch „in Gedanken vertieft" (V. 2), es nimmt sie nicht unmittelbar wahr. Vielmehr ist seine Aufmerksamkeit von der kostbaren Ausgabe des *Neuen Testaments* gefangen (V. 6); das Buch, für das lyrische Ich eng verbunden mit der geliebten Verstorbenen, löst eine erste starke Empfindung aus (V. 5) und nicht die Natur.

Mit dem Erscheinen des Schmetterlings kommt Bewegung in die Situation, die Aufmerksamkeit des lyrischen Ichs wird zunächst vom Buch weg auf das lebendige Wesen, auf die Natur gelenkt. Aber das lyrische Ich begegnet diesem Wesen nicht unmittelbar: Es beobachtet und beschreibt, wie der Schmetterling sich auf dem Buch niederlässt, gewissermaßen wie die Natur dem geschriebenen Wort Gottes begegnet, von diesem angezogen. Nun erst tritt das lyrische Ich in Kontakt mit dem Schmetterling, aber nicht intuitiv empfindend, sondern reflektierend, indem es ihn anspricht und Hypothesen über den Grund seines Erscheinens äußert.

In der dritten Frage an den Falter vollzieht sich erneut eine Wandlung beim Sprecher: Er ahnt eine „geheime" Anziehungskraft „Des lebendigen Worts" (V. 13), die ihm alsbald zur Gewissheit wird – „Ich muß so glauben" (V. 13) – und zwar – das ist entscheidend – durch das Verhalten des Schmetterlings. Nicht die eigene unmittelbare Naturerfahrung, sondern die augenfällig wahrgenommene Begegnung der Natur mit dem Buch löst einen Inspirationsvorgang aus, der emphatisch geschildert wird. Durch die Berührung der Bibel wird der göttliche Geist auf die Natur übertragen, so meint das lyrische Ich zu erkennen: „Aber von nun an bist du auf alle Tage gesegnet!" (V. 15)

Von dieser neu gewonnenen Erkenntnis göttlicher Beseelung der Natur aus kann das lyrische Ich einen weiteren Schritt vollziehen, die Aussendung des Schmetterlings, der nun zum Gottesboten wird. Mit der Aufforderung „Eile zur Lilie du" (V. 20) will der Sprecher den Segen der Heilsbotschaft auf den Menschen übertragen wissen, konkret auf eine junge Frau. Hier klingen erotische Bilder an – die sich öffnende Knospe, der Kuss „tief in den Busen" (V. 21) –, die durchaus gewollt sind: Der Akt der natürlichen Befruchtung ist zugleich ein Akt der geistlichen Befruchtung, der „himmlisches Leben" (V. 22) spendet; diese doppelte Schwerpunktsetzung wird einerseits betont durch das Bild der Lilie als traditionelles Symbol der unbefleckten Empfängnis, andererseits durch die Formulierung, dass „die Gute" – bemerkenswert ist hier die erneute Hervorhebung der moralischen Qualität – „vor den hohen Stengel getreten" (V. 23) sei, womit ein deutlich phallisches Symbol evoziert wird.

In der letzten Passage des Gedichts schließt sich für das lyrische Ich auch der Kreislauf von Sterben und Leben, in dem die geliebte verstorbene Person der melancholisch-kontemplativen Ausgangssituation und das verehrte Mädchen der erotisch angehauchten Zukunftsvision eine gedankliche Klammer bilden.

Mit dieser Darstellung der inspirierenden Beseelung als dreifachem Übertragungsvorgang kehrt sich der Dichter sowohl von der Vorstellung des „Buches der Natur“ ab, in dem die göttliche Schöpfung zu lesen ist, als auch von den pantheistischen Konzeptionen in Sturm und Drang oder Klassik, wo sich die Gottheit allenthalben in unmittelbar intuitiver Naturerfahrung offenbart.

4 Vergleich

Die **Ausgangssituation** ist in beiden Werken dieselbe: Das lyrische Ich hält Rückschau auf eine meditativ betrachtende Naturbegegnung. Bei Barthold Heinrich Brockes sitzt es allerdings „an einem kleinen Hügel“ (V. 6), an dem ein Bach den Wiesen zu üppigem Wachstum verhilft, also inmitten der Natur, bei Mörike dagegen „Droben im Weinberg“ (V. 1), der nicht weiter geschildert wird. Das Ich ist bei Mörike also in gewisser Weise aus dem Zusammenhang der Natur herausgehoben. Dementsprechend wirkt die Natur im Gedicht von Brockes auf den lyrischen Sprecher unmittelbar – der Bach, die klare Luft und die üppig wachsenden Wiesen rufen bei ihm Bewunderung hervor –, während bei Mörike nicht die Natur erfahren wird, sondern der lyrische Sprecher die Begegnung des Schmetterlings mit dem Buch, die Begegnung der Natur mit der Bibel betrachtet.

So ist auch die **Wirkung** auf das lyrische Ich jeweils eine andere. Für Brockes bildet die Natur als solche klar und unzweifelhaft das Buch der Schöpfung, in dem man „ganz deutlich lesen“ (V. 19) kann, dass es „von des großen Schöpfers Wesen“ (V. 18) handelt, dass sich Gott dem Menschen in ihm – im Buch der Schöpfung und also in der Natur – unmittelbar offenbart. Brockes fasst zum Schluss, der Form des **Lehrgedichts** entsprechend, die zentrale Aussage zusammen: Wer das Buch der Natur nur aufmerksam liest, dem gibt sich die „Allgegenwart“ Gottes (V. 33) „So wunderbarlich zu verstehen, / So deutlich zu erkennen“ (V. 34 f.). „Der Schöpfer [...] selbst spricht“ zu ihm (V. 38 f). Bei Mörike gewinnt der Betrachter Erkenntnis der Schöpfung, indem er die (vermeintliche) Inspiration der Natur durch die Bibel beobachtet und interpretiert, also einen gedanklichen Akt vollzieht.

Die Unmittelbarkeit und Sicherheit, die die Darstellung Brockes’ prägt, ist somit bei Mörike verloren. Bei Brockes wird die Natur, wie der Mensch, als offenkundiger und begreifbarer Teil der Schöpfung verstanden. Mörike dagegen stellt zwar die Schöpfung selbst nicht infrage, aber es gibt keine unmittelbare Begegnung von Mensch und Natur als göttlicher Ordnung; der Mensch hat jedoch die Möglichkeit, indem er Naturbeobachtungen interpretiert, Erkenntnisse über die Beseelung der Natur durch das Wort Gottes und damit über den Heilsprozess zu gewinnen.

Grundkurs Deutsch (Bayern): Abiturprüfung 2006
Aufgabe 2 – Erschließung eines poetischen Textes

a) Erschließen Sie die folgende Szene, indem Sie Inhalt und Aufbau sowie die dramaturgischen und sprachlichen Gestaltungsmittel untersuchen! Arbeiten Sie insbesondere heraus, inwiefern die Figuren versuchen durch Sprache zu manipulieren oder durch sie manipuliert werden!

b) Zeigen Sie auf, dass die Sprache auch positiv beeinflussen und wirken kann! Greifen Sie dabei auch auf Beispiele aus Ihrer eigenen Erfahrungswelt und ggf. auf Lektüreerfahrungen zurück!

Vorbemerkung

Die vorliegende Szene ist die zweite von insgesamt zwölf Szenen aus Urs Widmers Drama „Top Dogs", das 1996 in Zürich uraufgeführt wurde. In einer so genannten „Outplacement-Agentur" sollen ehemalige Spitzenmanager wie Bihler und Tschudi unter anderem in Rollenspielen den Verlust ihrer Arbeitsplätze verarbeiten und auf eine berufliche Reintegration vorbereitet werden.

Urs Widmer (geb. 1938)

Top Dogs (1996)

2. HEUTE SIND WIEDER DIE CHURCHILLS GEFRAGT

Bihler, Tschudi

BIHLER *Chefpose* Herr Tschudi. Danke, dass Sie gleich rüberkommen konnten. Ich kenne ja Ihren Terminkalender. Ein, zwei Minuten nur. Wir redimensionieren das Management. Sie waren ja selber am Konzept beteiligt und haben ihm zugestimmt. Ich habe jetzt von jedem meiner Mitarbeiter auf der mittleren und höheren Managementebene eine Leistungsanalyse erstellen lassen. Kinley and Finley, Sie haben sich ja mit den Herren unterhalten. Die sind zum Schluß gekommen, daß Sie sich zu sehr auf Ihren Lorbeeren ausruhen, Tschudi. Natürlich haben Sie Leistung erbracht. Selbstverständlich. Aber Lorbeeren gehören auf den Kopf, in die Suppe vielleicht, aber nicht unter den Hintern. Ich muss mich auf den Ersten Dritten von Ihnen trennen.

TSCHUDI Aber wieso, ich habe doch immer …

BIHLER Es ist vorbei mit den fetten Jahren. Da haben wir gerade im Management großzügig eingekauft. Auf Halde sozusagen, nur für den Fall, daß. Und damit die Konkurrenz die nicht kriegt. Leute mit dreihunderttausend per annum und einem Output von plus minus Null. Jetzt sitzen wir mit einem Überhang an Managern da. Die Schweiz ist keine Insel der Seligen mehr. Jetzt bläst auch bei uns ein kalter Wind. Wir müssen ein GLOBAL PLAYER sein, oder die Konkurrenz dreht uns die Luft ab. Wir sind nicht mehr 1980. Wo soll ich einen wie Sie einsetzen, Tschudi, in diesem neuen Klima, das ja schon weit härtere Burschen schier umbringt. Jüngere. Sagen Sie doch selbst.

TSCHUDI Einer in meinem Alter hat ein Know-how, das nicht so leicht …

BIHLER Im Krieg brauche ich andere Männer als im Frieden. Heute brauche ich Generäle, die als allererste in den Dschungel gehen. Die draufhalten können. Heute gibt es echte Tote. Sie müssen mit dem Flammenwerfer in die Konkurrenz rein und die ausräuchern. Sonst sind SIE dran! Churchill[1] war im Frieden eine Niete. Aber im Krieg war er ein As. Heute sind wieder die Churchills gefragt.

TSCHUDI Wie wollen Sie die laufenden Projekte mit Leuten, die keine Ahnung …

BIHLER Ich bin froh, daß Sie das ansprechen. Ich wollte es eben selber tun. Natürlich, die laufenden Projekte. Ich mache Ihnen einen Vorschlag. Ich kenne Ihre Qualitäten, Tschudi. Und unter uns, gerade um Sie tut es mir besonders leid. Ich bin sehr froh, daß ich Ihnen für Ihr laufendes Projekt einen Teilzeitvertrag anbieten kann. Befristet. Übers Gehalt einigen wir uns sicher, da sind sicher fünfzig Prozent Ihrer bisherigen Bezüge drin, wenn nicht mehr.

TSCHUDI Fünfzig Prozent? Aber das sind ja dann ganze …

BIHLER Da draußen sind Hunderte von solchen wie Sie einer sind. WHITE-COLLAR-Schrott. Die kriechen auf den Knien in mein Büro, nur um von mir einen Vertrag zu kriegen, für die Hälfte, ohne Sozialabgaben, ohne Alterssicherung. Ich muß nur so machen. *Schnipst.* Business, das ist Krieg. Blut und Tränen. So ist das.

TSCHUDI *schreit* Sie sind ein Monster. Ein Monster sind Sie. Mit mir machen Sie das nicht. Nicht mit mir. *Will ab. Aber:*

BIHLER *ganz anderer Ton, den Tränen nahe* So hat der mit mir geredet. Wörtlich so. Fast wörtlich. Mehr als zwanzig Jahre lang habe ich ein Know-how für die Firma aufgebaut, da können Sie lange suchen. Und dann eliminiert der ganze Managementebenen mit einem Federstrich. Eine flache und transparente Führungsstruktur, schnelle Entscheidungsprozesse, und dann ein paar junge Spunde, die mit den Flammenwerfern. Die bearbeiten jetzt den asiatischen Raum. Rein in den Markt und ausräuchern. Manche kommen da natürlich im Leichensack zurück, eine Handvoll Kohle. Aber die Hälfte schafft es. Der Markt, das ist ein Schlachtfeld. Der Handel ist Krieg. Blut und Tränen.

TSCHUDI Nehmen Sie es nicht zu tragisch. Herr Bihler. Es spricht für Sie, daß Sie nicht alles mitmachen.

BIHLER *schluchzend* Genau.

TSCHUDI Die sind wie die Säue. Da haben Sie ganz recht. So was wie ne Ethik, eine Moral, das war einmal. Die scheuen vor nichts zurück.

BIHLER *sich allmählich erholend* Woher wissen die überhaupt, daß ich das nicht könnte? Beim Militär war ich Panzerfahrer, da hab ich jede Menge Infanterienester plattgefahren.

TSCHUDI Das haben wir hinter uns, Gott sei Dank.

BIHLER Supponiert[2] natürlich. War ja kein Ernstfall weit und breit.

TSCHUDI Das war ein Festtag, als ich den ganzen Krempel zurückfaßte[3], für immer!

BIHLER Wer sagt, wenn man mir einen Flammenwerfer gibt, daß ich das nicht kann? Gerade im asiatischen Markt. Die Asiaten, die haben auch keine Hemmungen. Hat man in Vietnam gesehen, wie die mit den Amerikanern umgesprungen sind. Draufhalten, einfach draufhalten. Dann rennen die wie die Fackeln.

TSCHUDI Jetzt machen Sie aber einen Punkt.

BIHLER Richtiggehend gern würd ich das machen, voll Rohr den Feind wegfegen, und dann rein in den Markt und die strategischen Positionen besetzen, bevor die paar Überlebenden auch nur den Kopf heben.

TSCHUDI Beruhigen Sie sich doch.

BIHLER Da hätt ich richtiggehend Spaß dran.

TSCHUDI Jetzt gehen Sie aber zu weit.

BIHLER Wieso fragen die mich nicht mal? Können Sie mir das sagen?

TSCHUDI Ich habs gleich gesagt. Ein Monster.

BIHLER *stolz* Ja. Bin ich. Der Markt braucht heute Monster. Monster. Monster …

Er entfernt sich aufgebracht, die Schlacht der Wörter[4] *beginnt.*

Aus: Urs Widmer: Top Dogs. Frankfurt am Main: Verlag der Autoren 1997, 9. Auflage 2005, S. 19–24

1 *Churchill:* britischer Staatsmann (1874–1965), Premier- und Verteidigungsminister im Zweiten Weltkrieg

2 *supponiert: hier* nur simuliert

3 *den ganzen Krempel zurückfasste: hier* die Militärausrüstung zurückgab

4 *die Schlacht der Wörter:* Titel der folgenden Szene

Hinweise und Tipps

Durch die Aufgabenstellung ist die Gliederung beziehungsweise Strukturierung des **ersten Arbeitsauftrags** bereits sehr weitgehend vorgegeben: Die Beschränkung auf den **Operator „Erschließen"** im ersten Teil beinhaltet einen Verzicht auf eine Interpretation, es wird eine **Strukturanalyse** gefordert:
Zu beschreiben und zu erklären sind Inhalt und Aufbau der Szene; zudem sind die dramaturgischen und sprachlichen Gestaltungsmittel herauszuarbeiten und in ihrer Funktion jeweils im Textzusammenhang darzustellen und zu erläutern. Dabei muss stets bedacht werden, dass es mit einer reinen Aufzählung der sprachlichen Mittel nicht getan ist. Um diese Gefahr von vorneherein zu vermeiden, empfiehlt es sich, zunächst den **Gesprächsverlauf** darzulegen und dabei jeweils die charakteristischen **Gestaltungsmittel** miteinzubeziehen.
Die **dramaturgische Gestaltung** sollte in einem eigenen Punkt behandelt werden, da hier die Gesamtstruktur der Szene unter Einbeziehung der Regieanweisungen betrachtet werden muss.
Der zweite Teil des Arbeitsauftrags verlangt einen **Interpretationsansatz** unter einem bestimmten Gesichtspunkt: Darzulegen ist, wie in dieser Szene Manipulation durch Sprache stattfindet. Da sich dieser Teil des Arbeitsauftrags auf das Verhalten der Figuren in der gesamten Szene bezieht, wird man ihn zweckmäßigerweise als eigenen Gliederungspunkt an die Strukturanalyse anschließen, um deren Ergebnisse aufgreifen zu können. Es bietet sich an, die beiden Figuren getrennt zu betrachten.

Der **zweite Arbeitsauftrag** ist nicht ganz eindeutig formuliert, was die geforderte Form betrifft, sodass sich der Abiturient zunächst klarmachen muss, wie er strukturell vorgeht. Die Anweisung **„Zeigen Sie auf"** verlangt wohl die sprachlich eigenständige Darlegung eines Sachverhalts unter Einbeziehung eines argumentativen Gedankenganges im Sinne einer **Erörterung**, ohne dass eine solche im strengen Sinne gefordert wäre; besonders auf die schlüssige Darstellung ist Wert zu legen.
So wird als einleitender Gedanke die **Erschließung des Themas** stehen: Was ist unter positiver Beeinflussung durch Sprache zu verstehen beziehungsweise wann ist eine sprachliche Beeinflussung als positiv zu betrachten? Woher kommt diese Vorstellung, wie wird sie begründet?
Bei der **Ausarbeitung** muss man überlegen, nach welchen **Gliederungskriterien** man vorgeht. Denkbar ist, unterschiedliche Wirkungsweisen positiver Einflussnahme gegeneinander abzugrenzen und sie dann einzeln auszuführen. Eine Alternative stellt die Gliederung nach Lebensbereichen dar, in denen Sprache gezielt verwendet wird und somit positiv eingesetzt werden kann.
In beiden Fällen sollte man unter Umständen darauf hinweisen, dass kein Anspruch auf Vollständigkeit erhoben wird beziehungsweise erhoben werden kann, sondern signifikante Punkte herausgegriffen werden.
Bei der Ausarbeitung ist in jedem Falle zu bedenken, dass die veranschaulichenden **Beispiele** sowohl **aus der persönlichen Erfahrung** als **auch aus Lektürekenntnissen** genommen wer-

den sollen. Bei den persönlichen Erfahrungen ist darauf zu achten, dass sie eine gewisse Allgemeingültigkeit haben müssen.
Ein **Schlussgedanke** im Sinne der Erörterung ist bei dieser Themenformulierung **nicht gefordert**. Dennoch ist darauf zu achten, dass der Aufsatz nicht zu unvermittelt endet.

Man sollte sich bei der Erschließung der Szene stets vor Augen halten – gerade weil es in der Aufgabe auch um Manipulation durch Sprache geht –, dass sie in erster Linie ein **Rollenspiel** zu Bihlers Entlassung darstellt, wobei dieser hier in der Chefposition agiert. Es liegt nicht wirklich ein Dialog zwischen einem Protagonisten und einem Antagonisten vor, sondern beide Gesprächspartner entstammen demselben Milieu, dem oberen Management, und befinden sich in derselben Situation, nämlich arbeitslos geworden zu sein und sich neuerlich auf die Übernahme eines adäquaten Postens vorzubereiten. Somit handelt es sich um ein künstliches Zwiegespräch in einem fiktiven, nahezu irrealen Umfeld, um ein psychologisches Rollen*spiel,* um Theater im Theater; daran ändert auch der Bruch innerhalb der Szene nicht wirklich etwas.
Kennt man das ganze Stück, so weiß man, dass das Stück keine geschlossene Form aufweist und auf eine sich kontinuierlich entwickelnde Handlung verzichtet. Die einzelnen Szenen sind autonom, sie beginnen und enden unvermittelt. Zwar hat die erste Szene einen gewissen expositorischen Charakter – der Ort der Handlung und die Personen werden einem Neuankömmling und damit auch dem Zuschauer vorgestellt –, die vorliegende zweite Szene schließt sich jedoch übergangslos an, der Zuschauer wird unvorbereitet mit der fingierten Kündigungssituation konfrontiert.

Lösungsvorschlag

1 Gesprächsverlauf unter Berücksichtigung sprachlich-stilistischer Gestaltungsmittel

Zeilen 1–46: Rollenspiel zu Bihlers Entlassung

Bihler, laut der knappen Regieanweisung in *„Chefpose"*, eröffnet das Gespräch mit formelhaften Allgemeinplätzen, um dann übergangslos auf die gegenwärtigen Umstrukturierungsmaßnahmen hinzuweisen sowie auf die Tatsache, dass Tschudi diese gebilligt habe. In meist parataktischen Sätzen von militärischer Knappheit legt er diesen Sachverhalt dar, hebt formelhaft reduziert Tschudis Verdienste hervor und versucht dann mit dem derben metaphorischen Trikolon (Dreierfigur) der Lorbeeren eine gemeinsame Verständigungsebene zu fingieren, bevor er in einem knappen Satz die Entlassung ausspricht.

Tschudi versucht eine hilflose Erwiderung, die zur Aposiopese (zum Abbrechen der Rede vor der entscheidenden Aussage) gerät, da **Bihler** ihn sofort unterbricht, indem er die Kündigung rechtfertigt. Dabei reiht er Floskeln der ökonomischen Fachsprache, durchsetzt mit Anglizismen, aneinander, wodurch er einerseits Kompetenz suggeriert und sich andererseits seiner Eigenverantwortung entzieht, indem er die Gründe für die Entlassung in den anonymen Bereich von Wirtschaft und Finanzen verlagert. Anschließend unterstellt er Tschudi in zwei rhetorischen Fragen, nicht mehr mithalten zu können, und versucht durch die so intendierte Zustimmung des Mitarbeiters dessen Erniedrigung zu kaschieren.

Tschudi setzt zu einem Hinweis auf die eigene Berufserfahrung an, der sofort wieder von **Bihler** unterbrochen wird. Dieser greift zwar Tschudis Einwand indirekt auf, entkräftet ihn aber durch die eindeutige Forderung nach aggressivem Geschäftsgebaren, welches „[h]eute" (Z. 21 und 22) erforderlich sei. Diese Forderung illustriert er im Militärjargon mit drastischer Kriegsmetaphorik, wobei er gelegentlich in parolenhafte Landsersprache abgleitet. Seine Ausführungen gipfeln im Hinweis auf den britischen

Premier- und Verteidigungsminister während des Zweiten Weltkriegs, Winston Churchill, der in der gegenwärtigen Situation als Leitbild eines idealen Managers gelten könne. In dieser Überzeichnung der Geschäftsstrategien entlarvt **Bihler** unwillkürlich die Inhumanität des Wirtschaftssystems.

Im dritten Anlauf zeigt **Tschudi** Anzeichen von Widerstand: Mit einer konkreten Frage an Bihler übt er einerseits Kritik an der mangelnden Berufserfahrung seiner Konkurrenten, andererseits auch am Management Bihlers in Bezug auf die „laufenden Projekte" (Z. 26).

Diesem Vorstoß begegnet **Bihler**, indem er Tschudi erneut unterbricht, aber diesmal, um sein Argument aufzugreifen und es sich zu Eigen zu machen: Er formuliert seine Wertschätzung Tschudis und lobt ihn geradezu für seinen Scharfblick, freilich in konversationsartigen Allgemeinplätzen – „Ich bin froh" (Z. 27), „Ich bin sehr froh" (Z. 29) –; ja, er drückt sogar sein Bedauern über den geplanten Abbau von Stellen aus. Nachdem er solchermaßen das Gespräch auf eine scheinbar gemeinsame persönliche Ebene gehoben hat, unterbreitet er Tschudi ein neues, allerdings befristetes Angebot zu wesentlich schlechteren Konditionen bei 50 Prozent seines bisherigen Gehaltes.

Tschudi reagiert fassungslos mit einer Frage – „Fünfzig Prozent?" (Z. 33) – und einem empörten Ausruf über das aus seiner Sicht natürlich unverschämte Angebot.

Sofort fällt **Bihler**, indem er Tschudi ein weiteres Mal unterbricht, in seinen früheren aggressiven Ton zurück: Mit einem derben Hinweis auf das Überangebot an Managern, den er mit zynischen Metaphern veranschaulicht, zeigt er durch diese schlagartige Distanzierung wieder die vermeintliche Sicherheit und Entschlossenheit seiner Position gegenüber dem bewusst gedemütigten Mitarbeiter. Diese Haltung bekräftigt er durch eine Anspielung auf den berühmten Ausspruch Churchills – „blood, sweat and tears", vgl. Z. 37 –, mit der er abschließend seine Auffassung von Wirtschaft als Kriegsschauplatz schlagwortartig zusammenfasst.

Tschudi, der vorher schon Betroffenheit zeigte, reagiert auf diese zynische Schroffheit jedoch unerwartet: Er *„schreit"* laut Regieanweisung und durchbricht so das Rollenspiel. In zwei chiastischen metaphorischen Ausrufen, die noch durch die Wiederholung verstärkt werden, wirft er zunächst Bihler unverhüllt Bestialität vor, um dann knapp seine Weigerung zu formulieren, sich diesen Bedingungen zu unterwerfen. Daraufhin will er den Schauplatz des Gesprächs verlassen.

Zeilen 40–74: Gespräch nach dem Rollenspiel: emotionaler Zusammenbruch Bihlers, anschließende Stabilisierung in Form einer Trotzreaktion

Bihler fällt in diesem Augenblick völlig aus der Rolle. In kurzen, teilweise elliptischen Sätzen erinnert er sich an seine Empörung über seine eigene Entlassung angesichts langjähriger Verdienste und vergegenwärtigt sie, indem er zusammenhanglos die von der Firmenleitung verwendeten Schlagworte wiedergibt. Schwankend zwischen echter emotionaler Betroffenheit und psychischem Gefangensein in seiner beruflich-gesellschaftlichen Rolle wiederholt er schließlich seine Definition des Marktes als „Schlachtfeld" (Z. 47) und rettet sich halbwegs in die formelhafte Sicherheit des abgewandelten Churchill-Zitates.

Tschudi wechselt ebenfalls sofort die Gesprächsebene und findet mitfühlende und anerkennende Worte für Bihlers moralische Integrität, die allerdings floskelhaft und damit distanziert bleiben. Er fühlt sich durch Bihlers hochemotionale, knappe Zustimmung ermutigt, die Unternehmensführung mit vulgärsprachlichen Ausdrücken als moralisch verwerflich zu beschimpfen.

Ohne darauf einzugehen, bezieht sich **Bihler**, laut Regieanweisung *„sich allmählich erholend"*, prahlerisch auf seine eigene militärische Vergangenheit, um seine charakterliche Härte zu veranschaulichen.

Zweimal versucht **Tschudi** noch (Z. 57 und 59), an das scheinbare vorherige Einvernehmen anzuknüpfen, indem er, den derben Soldatenjargon Bihlers aufgreifend, alles Militärische abwertet und Bihlers Gedankengang sogar fortführt.

Bihler steigert sich jedoch monologartig in Beteuerungen seiner eigenen Kämpfernatur, er gibt klischeehafte, undifferenzierte Statements über die Skrupellosigkeit der Asiaten ab und stößt martialische Parolen aus, die nicht an den Gesprächspartner gerichtet sind – dessen Einwürfe ignoriert er völlig –, sondern eher der eigenen mentalen Stabilisierung durch den Rückzug auf gewohntes sprachliches und gedankliches Terrain dienen.
Als er schließlich in abgerissenen emotionalisierten Sätzen auf sein Aggressionspotenzial zum Beweis für seine Konkurrenzfähigkeit verweist (Z. 60–63 und 65–67), wobei er sprachlich völlig im militärischen Jargon bleibt, fordert ihn **Tschudi** zweimal knapp und bestimmt zur Mäßigung auf (Z. 64 und 68).

Der Umstand, dass – nicht wie – der andere sprachlich auf ihn reagiert, lässt **Bihler** noch einen Schritt weitergehen: In einem kurzen Satz erhebt er nicht nur die Rücksichtslosigkeit zum Programm, sondern bekennt seinen Lustgewinn durch Aggression (Z. 69).

Tschudi steigert daraufhin seine Mahnung zur Zurückhaltung zu einem deutlichen Vorwurf (Z. 70), wodurch **Bihler** in die Realität zurückgeholt wird: In einer undifferenzierten doppelten rhetorischen Frage äußert er dem Gesprächspartner gegenüber seine Verständnislosigkeit angesichts der Verkennung seiner Fähigkeiten (Z. 71).

Tschudi reagiert darauf mit einer Bekräftigung seiner Feststellung in Form der übertreibenden Metapher, die Bihlers Zusammenbruch ausgelöst hatte (vgl. Z. 38 ff.), indem er noch einmal feststellt, dass Bihler kein Mensch, sondern eine Bestie sei (Z. 72).

Inzwischen hat sich **Bihler** jedoch durch seinen martialischen Monolog dahin gebracht, dass er diesen Vorwurf *„stolz"* – so die Regieanweisung Zeile 73 – im Sinne einer vorbehaltlosen Identifikation mit der angeblich vom Weltmarkt geforderten Rücksichtslosigkeit umdeutet. Mit dem dreifach bekräftigenden programmatischen Ausruf „[...] Monster. Monster, Monster ..." (Z. 73) entfernt sich Bihler in großer Erregung.

2 Zusammenfassender Überblick über die dramaturgischen und sprachlichen Gestaltungsmittel

In der gesamten Szene **überwiegen die Gesprächsanteile Bihlers**. Besonders drastisch zeigt sich das im Rollenspiel, denn Bihler lässt kein wirkliches Gespräch aufkommen, sondern hat lediglich sein Ziel vor Augen, eben die Entlassung auszusprechen und zu rechtfertigen. So unterbricht er das Gegenüber schon im Ansatz, dessen Gedanken – scheinbar – vorwegnehmend, und greift Tschudis Äußerungen allenfalls als oberflächlichen Gesprächsimpuls auf, um erneut seinen Standpunkt darzulegen. Das **hierarchische Gefälle** zwischen „Arbeitgeber" und „Mitarbeiter" wird schon dadurch augenfällig; ebenso die Distanziertheit der Gesprächspartner, soweit von solchen überhaupt die Rede sein kann, denn zu echter Kommunikation ist keiner von beiden fähig.

Diese Situation wird noch durch die stark **formalisierte Sprechweise** Bihlers verstärkt, dessen Wortschatz sich aus mit Anglizismen durchsetzter ökonomischer Fachsprache und drastischem Militärjargon speist, wobei er die beiden Bereiche unbedenklich vermischt. Auch entwickelt er kaum einen zusammenhängenden Gedankengang, sondern reiht überwiegend knappe, teilweise unvollständige Aussagesätze aneinander, die dem Gesprächspartner kaum eine Möglichkeit geben (sollen), auf deren Inhalt einzugehen.

Im zweiten Teil des Gesprächs zeigt Bihler zunächst persönliche Betroffenheit, was allerdings fast ausschließlich in den **Regieanweisungen** deutlich wird. Während sich diese beim Rollenspiel in dem einzigen Hinweis *„Chefpose"* (Z. 1) erschöpfen, signalisieren sie nun zum einen, wie Bihler von seinen wahren, im Allgemeinen gut verborgenen Gefühlen überwältigt wird – *„ganz anderer Ton, den Tränen nahe"* (Z. 40) –, zum anderen manifestiert sich hier vor allem nonverbal der Wechsel von Selbstmitleid –*„schluchzend"* (Z. 51) – zu enthemmter Aggressivität: *„stolz"* (Z. 72). An Bihlers Sprechweise ändert sich nichts, er bleibt in seiner entpersonalisierten Rollenhaftigkeit gefangen.

Tschudi stellt sich in diesem Rollenspiel eher als eine Art Sparringspartner dar. Seine **Gesprächsanteile sind wesentlich geringer**. In der Rolle des Untergebenen kommt er während der ersten Gesprächsphase lediglich viermal mit einem nicht zu Ende geführten Einwand zu Wort, der jeweils nur eine Reaktion auf Bihlers Ausführungen darstellt; Eigeninitiative entwickelt er in diesem Gesprächsteil nicht.

Allerdings löst er durch seinen emotionalen Ausbruch – hier findet sich die einzige auf ihn bezogenene Regieanweisung: er *„schreit"* und *„Will ab"* (Z. 38 f.) – den Abbruch des Rollenspiels und den unerwarteten Umschwung in Bihlers Verhalten aus. An dieser Stelle tritt er aus seiner Rolle heraus und erscheint als Individuum. Im anschließenden Gespräch zieht er sich jedoch wieder auf die **formalisierte Sprache konventioneller Konversation** zurück, die er bei seinen Versuchen, Bihler zu beschwichtigen, beibehält. Auch er bleibt der Rolle verhaftet, während und nach dem Rollenspiel, zu menschlichem Kontakt auf persönlicher Ebene erweist er sich ebenfalls als unfähig.

3 Zusammenfassung: Manipulation durch Sprache

Für **Bihler** ist Sprache kein Mittel der zwischenmenschlichen Kontaktaufnahme, er instrumentalisiert sie ausschließlich als Werkzeug der Manipulation. Damit ist er Täter und Opfer zugleich, da er im ökonomisch funktionalisierten Diskurs gefangen bleibt, was ihm freilich nicht bewusst wird. Selbstreflexion ist den Top Dogs des Stückes fremd.

Von Anfang des Gespräches an stellt Bihler eine asymmetrische Kommunikationssituation her, um das fingierte Entlassungsgespräch zu beherrschen: Er lässt das Gegenüber nicht zu Wort kommen und kaschiert den eigentlichen Inhalt seiner Äußerungen mit fachsprachlichen Floskeln, die er geläufig aneinanderreiht. Die moralische Fragwürdigkeit seiner Argumentation überspielt er durch suggestive Bildlichkeit und Drastik. Es geht ihm weniger darum, den anderen zu überzeugen als ihn vielmehr zu beeindrucken. Dabei passt er seine rhetorischen Strategien rasch und geschmeidig den Reaktionen des Rollenspielpartners an und gibt so die Gesprächsführung keinen Augenblick aus der Hand.

Aber auch nach dem Rollenspiel kann er sich aus dieser Technik der Gespächsführung nicht lösen. Hier wendet er sie im doppelten Sinne gegen sich selbst: Er redet im Grunde nicht zu dem Gesprächspartner, sondern zu sich, aber im selben Sprachduktus wie vorher, der Mischung aus ökonomischer und martialischer Formelhaftigkeit. Damit hindert er sich selbst daran, seine Lage und seine Gefühle zu reflektieren und auf diesem Wege zu authentischem Sprechen zu gelangen.

Tschudi erweist sich als weitgehend hilfloses Objekt sprachlicher Manipulation, nicht zuletzt deshalb, weil auch er zu keiner Zeit eine Ebene der Selbstreflexion erreicht. So ist er während des Rollenspiels dem versierten, aber skrupellos funktionalisierten Sprachgebrauch Bihlers völlig ausgeliefert; im anschließenden Gespräch zeigt er Ansätze zur Loslösung vom rein ökonomischen Diskurs, beugt sich am Ende jedoch resignierend Bihlers martialischer Sprachgewalt.

4 Positive Seiten und Wirkungen sprachlicher Beeinflussung

Die Beeinflussung anderer Menschen durch den gezielten Einsatz von Sprache im öffentlichen Raum ist seit der Antike Gegenstand intensiver theoretischer und praktischer Bemühungen gewesen. Im 4. Jahrhundert v. Chr. formierte sich die philosophische Richtung der **Sophisten**, die als Erste die Möglichkeiten der Manipulation durch Sprache bewusst einsetzten und lehrten, unter dem Gesichtspunkt „das schwächere Wort zum stärkeren zu machen", also weniger stichhaltige Argumente dennoch überzeugend wirken zu lassen; die Technik der sprachlichen Darstellung stand hier im Vordergrund, die moralische Wertung war der Integrität des Sprechers überlassen. Aus derselben Epoche sind uns die Werke des Athener Philosophen **Plato** überliefert, in denen er unter anderem beschrieben hat, wie sein Lehrmeister **Sokrates** im Dialog bestrebt war, das Gegenüber durch gezielte Fragestellung und Gesprächsführung zu Einsicht und Erkenntnis seiner selbst zu bringen. Für ihn stand also der Einsatz der Sprache im Dienste ethischer Werte. Systematisiert hat diese Kunst der Redegestaltung, die Rhetorik, Platos Schüler **Aristoteles**; auf ihn geht die Anschauung zurück, dass sprachliche Beeinflussung dort als positiv anzusehen ist, wo sie moralischen Grundsätzen folgt. Dieser Standpunkt ist bis heute gültig und in unserer Zeit aktuell, die unter den fatalen Auswirkungen skrupellos, also amoralisch eingesetzter Rhetorik etwa in den Hetzreden des nationalsozialistischen Regimes zu leiden hatte. So lohnt es sich, gerade die positiven Möglichkeiten zu betrachten, die sprachliche Beeinflussung bietet.

Wie seit der Antike bekannt, können durch gezielte Sprachgestaltung Sachverhalte klargestellt und in ihrem Für und Wider abgewogen werden. Durch solche **argumentative Überzeugungsarbeit** wird die Möglichkeit gegeben, sich eine Problematik bewusst zu machen und dann eine rationale Entscheidung zu treffen. Man kennt dies aus vielen Bereichen des Alltagslebens: Der Arzt legt dem Patienten dar, dass sich sein Befinden verschlechtert, wenn er seine Lebensweise nicht ändert, der Lehrer vermittelt dem Schüler, dass er seine Zukunftschancen verbessern kann, wenn er mehr lernt.

Welchen Stellenwert diese rationale Durchdringung von Sachverhalten und ihre sprachliche Gestaltung hat, begründet die **Entwicklungspsychologie**, die davon ausgeht, dass die Fähigkeit zur Abstraktion entscheidend von der Sprachentwicklung und damit von deren gezielter Förderung abhängig ist. Dies schlägt sich auch im Deutschunterricht nieder, in dem von der Mittelstufe an die Vermittlung von argumentativem Sprechen und Schreiben immer wieder trainiert wird.

In diesem Sinne dient Sprache auch der **Aufklärung**: Durch sorgfältig gestaltete, klare Sprache werden Informationen zugänglich gemacht. Jedem ist dies aus dem Schulalltag vertraut: Der Lernerfolg hängt entscheidend davon ab, wie das Unterrichtsgespräch strukturiert ist und verläuft. Das betrifft die Präzision der Formulierungen, aber auch die gezielt altersgemäße Darstellung des Stoffes seitens des Lehrers.

Auch in der **Politik** lässt sich dies feststellen. Erst kürzlich hat der ehemalige Bundeskanzler Helmut Schmidt in einem Fernsehinterview sinngemäß geäußert, dass sich die moralische Integrität eines Politikers im Aussprechen der Wahrheit zeige. Ein Politiker muss also gerade in einer Demokratie verantwortungsbewusst handeln, indem er die Bürger aufklärt, ihnen die Wahrheit „zumutet".

Ähnlich wie im rationalen kann gestaltete Sprache auch im **sensitiven Bereich** positiv eingesetzt werden. Zum einen macht erst die Verbalisierung Sinneseindrücke und die dadurch ausgelösten Emotionen mitteilbar und steigert dadurch das Erleben. Zum anderen ist die Sprache selbst künstlerisches Instrument, wenn man die **Literatur** betrachtet, die von der ästhetisch gestalteten Sprache lebt. In besonderem Maß trifft das für die **Lyrik** zu: Hier werden durch künstlerisch stilisierte Formulierungen Bilder geweckt, die den Rezipienten unmittelbar ansprechen, und zwar durch der Musik abgelauschte Gestaltungsmittel wie Klang, Rhythmus und Melodik. Auch Komponisten haben diesen Aspekt von Sprache bewusst eingesetzt. So hat etwa Arnold Schönberg in seinem Werk *Pierrot lunaire* Sprachklang neu komponiert. Dabei interessiert er sich nicht für die Sprache als Sinnträger, sondern spürt ihren klanglichen Möglichkeiten nach. Aber auch wenn das angesprochene Werk im Musikunterricht behandelt wird, ist dieser Aspekt von gestalteter Sprache eher aus dem Bereich des **Rap** vertraut: Durch rhythmisierte und formalisierte Sprache verleihen die Rapper ihrem Lebensgefühl Ausdruck. Die von ihnen praktizierte Art der Sprachstilisierung erfüllt eine Ventilfunktion, die auch auf die Hörer von Rapmusik – auch wenn ihre Lebenserfahrungen sich oft stark von dem unterscheiden, was die Musiker in ihrer Musik verarbeiten – eine befreiende Wirkung ausübt.

Gerade das letzte Beispiel zeigt, dass bewusst gestaltete Sprache gehobenen **Unterhaltungswert** haben kann. Die Dichter des **Dadaismus** haben es zum Programm erhoben, Sprachspielereien um ihrer selbst willen zu produzieren. Auf ähnliche Weise hat sich der **Komiker Karl Valentin** der Sprache bedient. In seinen nur scheinbar albernen Sketchen, die in sehr hohem Maße von durchdachten Formulierungen leben, schimmert jedoch ein ernsthafter, oft gesellschaftskritischer Hintergrund und Anspruch deutlich durch.

Dieser Aspekt von Sprache wird in besonderem Maße von **Kabarettisten** genutzt. Man denke an die bissigen Szenen von Gerhard Polt, der allein durch die bewusste Überzeichnung sprachlicher Eigenheiten gesellschaftliche Missstände entlarvt; oder an die Auftritte von Dieter Hildebrand, bei denen der Zuschauer beziehungsweise Zuhörer durch die Häufung der Satzabbrüche, bei denen gezielt die wesentliche Aussage wegfiel, unwillkürlich veranlasst wurde, mit- oder sogar vorauszudenken. Die Wirkung des Kabaretts besteht eben genau darin, ernsthafte Sachverhalte oder Missstände durch entsprechende Formulierungen ins Amüsante oder gar ins Lächerliche zu ziehen und so den Rezipienten einerseits zum Nachdenken zu bringen, andererseits aber auch die Ernsthaftigkeit der karikierten Situation zu relativieren und so erträglicher zu machen; der Zuschauer erfährt auf diesem Wege eine seelische Entlastung.

Damit ist ein weiterer Wirkungsbereich von Sprache berührt, der rein zwischenmenschlich-emotionale. Sprachliche Zuwendung kann **Lebenshilfe** sein. Therapeuten und Seelsorger haben diesen Bereich zu ihrem Beruf gemacht und lernen im Zuge ihrer Ausbildung, wie Sprache zu diesem Zweck gezielt eingesetzt werden kann. Aber auch jeder Schüler weiß, dass „gutes Zureden“ durch Lehrer die Laune hebt und mehr bewirken kann als Ermahnungen oder Drohungen. In noch extremerem Maß zeigt sich die Bedeutung menschlichen Zuspruchs im non- oder präverbalen Bereich. Von Komapatienten ist bekannt, dass sie auf Ansprache hin Reaktionen zeigen können, und jeder von uns hat schon erlebt, wie eine Mutter mit ihrem Kleinkind spricht: Losgelöst von der verwendeten Begrifflichkeit stellt Sprache durch den Tonfall und die Sprachmelodie Kommunikation her.

Bewusst gestaltete und bewusst eingesetzte Sprache dient somit nicht nur der Kommunikation, sondern kommt darüber hinaus der Lebensqualität jedes Einzelnen zugute, indem sie das menschliche Miteinander fördert.

a) Erschließen und interpretieren Sie den folgenden Textausschnitt! Berücksichtigen Sie dabei besonders das ‚künstlerische Selbstverständnis' der Hauptfigur!

b) Vergleichen Sie ausgehend von Ihren Ergebnissen das Literaturverständnis des poetischen Realismus mit der Auffassung des Protagonisten!

Vorbemerkung

Viktor Störteler, genannt Viggi, lebt als Kaufmann in der Kleinstadt Seldwyla und ist durch seine Heirat mit Gritli zu einem beachtlichen Vermögen gekommen. Während seiner Lehrzeit in einer größeren Stadt hat er seine Liebe zur Literatur entdeckt und veröffentlicht unter dem Pseudonym „Kurt vom Walde" mehrere Novellen. Als er auf einer Geschäftsreise in einem Gasthaus einige Gleichgesinnte trifft, beschließt man, die zeitgenössische Literatur durch eine neue „Sturm- und Drangperiode" zu revolutionieren.

Gottfried Keller (1819–1890)

Die mißbrauchten Liebesbriefe (1873/74)

[…] So kehrte er ganz aufgebläht von Aussichten und Entwürfen in seine Heimat zurück. Er ließ die Haare lang wachsen, strich sie hinter die Ohren, setzte eine Brille von lauterem Fensterglas auf und trug ein kleines Spitzbärtchen, um sein Äußeres dem bedeutenden Inhalte entsprechen zu lassen, den er durch seine neuen Bekanntschaften mit einem Schlage gewonnen. Seiner Sendung gemäß, die er übernommen, begann er sich mehr unter seinen Mitbürgern umzutun und suchte Anhänger. Wo er wußte, daß Einer ein Histörchen in den Kalender geschickt oder einige spöttische Knittelverse verfaßt hatte, die einzige Literatur, so in Seldwyla betrieben wurde, da strebte er ein Mitglied für die Sturm- und Drangperiode zu erwerben. Allein sobald die wackeren Leute seine Absichten merkten und seine wunderlichen Aufforderungen verstanden, machten sie ihn zum Gegenstande ihres Gelächters und neuer Knittelverse, welche zu seinem Verdruß in den Wirtschaften verlesen wurden. Als er vollends an einem Bürgermahle den Stadtschreiber verblümt fragte, was er von „Kurt vom Walde" für eine Meinung hege, und jener erwiderte: „Kurt vom Walde? was ist das für ein Kalb?" da hatte er für einmal genug und spann sich wieder in seine Häuslichkeit ein.

Dort betrachtete er sein Weib, und da er sah, wie anmutig Gritli in ihrem Häubchen am Spinnrädchen saß, mit rosigem Munde, mit stillbewegtem Busen und mit zierlichem Fuße, da ging ihm ein Licht auf; er beschloß, sie zu erhöhen und zu seiner Muse zu machen. Von Stund an hieß er sie das mit beinernen Ringen und Glöckchen kunstreich gezierte Spinnrad zur Seite stellen und das grüne Band vom seidigen Flachse wickeln[1]. Dafür gab er ihr eine alte Anthropologie in die Hand und befahl ihr, darin zu lesen, während er in seinem Comptoir[2] arbeite, damit die große Angelegenheit in der Zeit nicht brach liege. Hierauf ging er an seine Geschäfte, sehr zufrieden mit seinem Einfall. Als er aber zum Essen kam und begierig war auf die erste geistige Rücksprache mit seiner Muse, da schüttelte sie den Kopf und wußte nichts zu sagen.

„Ich muß zartere Saiten aufziehen für den Anfang!" dachte er und gab ihr nach Tisch einen Band „Frühlingsbriefe von einer Einsamen", darin sollte sie lesen bis zum Abend. Dann ging er in sein Magazin, einen Haufen Farbhölzer wegführen zu lassen, dann in den Wald, um einer Steigerung von Eichenrinde beizuwohnen. Dort machte er einen guten

Handel und, vergnügt darüber, noch einen Spaziergang, aber nicht ohne abermaligen Nutzen. Er steckte das geschäftliche Notizbuch bei Seite und zog ein kleineres hervor mit einem Stahlschlößchen.

Damit stellte er sich vor den ersten besten Baum, besah ihn genau und schrieb: „Ein Buchenstamm. Hellgrau mit noch helleren Flecken und Querstreifen. Zweierlei Moos bekleidet ihn, ein fast schwärzliches und dann ein samtähnliches glänzend grünes. Außerdem gelbliche, rötliche und weiße Flechten, welche öfter in einander spielen. Eine Efeuranke steigt an der einen Seite hinauf. Die Beleuchtung ist ein ander Mal zu studieren, da der Baum im Schatten steht. Vielleicht in Räuberszenen anzuwenden."

Dann blieb er vor einem eingerammelten Pflock stehen, auf welchen irgend ein Kind eine tote Blindschleiche gehängt hatte. Er schrieb: „Interessantes Detail. Kleiner Stab in Erde gesteckt. Leiche von silbergrauer Schlange darum gewunden, gebrochen im Starrkrampf des Todes. Ameisen kommen aus dem hohlen Innern hervor oder gehen hinein, Leben in die tragische Szene bringend. Die Schlagschatten von einigen schwanken Gräsern, deren Spitzen mit rötlichen Ähren versehen sind, spielen über das Ganze. Ist Merkur[3] tot und hat seinen Stab mit toten Schlangen hier stecken lassen? Letztere Anspielung mehr für Handelsnovelle tauglich. NB. Der Stab oder Pflock ist alt und verwittert, von der gleichen Farbe wie die Schlange; wo ihn die Sonne bescheint, ist er wie mit silbergrauen Härchen besetzt. (Die letztere Beobachtung dürfte neu sein.)"

Auch vor einem Karrengeleise stellte er sich auf und schrieb: „Motiv für Dorfgeschichte: Wagenfurche halb mit Wasser gefüllt, in welchem kleine Wassertierchen schwimmen. Hohlweg. Erde feucht, dunkelbraun. Auch die Fußstapfen sind mit Wasser gefüllt, welches rötlich, eisenhaltig. Großer Stein im Wege, zum Teil mit frischen Beschädigungen, wie von Wagenrädern. Hieran ließe sich Exposition knüpfen von umgeworfenen Wagen, Streit und Gewalttat."

Weiter gehend, stieß er auf eine arme Landdirne, hielt sie an, gab ihr einige Münzen und bat sie, fünf Minuten still zu stehen, worauf er, sie vom Kopf zu Füßen beschauend, niederschrieb: „Derbe Gestalt, barfuß, bis über die Knöchel voll Straßenstaub; blaugestreifter Kittel, schwarzes Mieder, Rest von Nationaltracht, Kopf in rotes Tuch gehüllt, weiß gewürfelt –" allein urplötzlich rannte die Dirne davon und warf die Beine auf, als ob ihr der böse Feind im Nacken säße. Viktor, ihr begierig nachsehend, schrieb eifrig: „Köstlich! dämonisch-populäre[4] Gestalt, elementarisches Wesen." Erst in weiter Entfernung stand sie still und schaute zurück; da sie ihn immer noch schreiben sah, kehrte sie ihm den Rücken zu und klopfte sich mit der flachen Hand mehrere Male hinter die Hüften, worauf sie im Walde verschwand.

So kehrte er heimwärts, beladen wie eine Biene mit seiner Ausbeute. „Nun, liebes Mus'chen!" rief er seine Frau an, „hast Du Dein Buch gelesen? Mir ist es sehr gut gegangen, ich bringe treffliche Studien nach Hause, über deren Benutzung wir heute noch plaudern wollen!" Allein sie wußte abermals nichts zu sagen, weil sie den ganzen Nachmittag im Garten gesessen und mit großer Behaglichkeit grüne Erbsen ausgehülst hatte. Diesmal schüttelte er seinerseits den Kopf und dachte: Seltsam! Vielleicht ist es besser, gleich mit der Praxis zu beginnen und sich auf den weiblichen Scharfsinn zu verlassen! Demgemäß las er ihr beim Nachtessen seine heutigen Notizen vor, entwickelte ein Gespräch über den Nutzen solcher Beobachtungen, und indem er ihr riet, sich ebenfalls dergleichen Wahrnehmungen aufzuzeichnen und ihm das Gesammelte mitzuteilen, forderte er sie auf, ihre Meinung über alles dies zu sagen. „Ich verstehe dies alles nicht!" war ihre ganze Antwort. Sich zur Geduld zwingend, sagte er: „So wollen wir gleich ein Ganzes vornehmen, welches Dir vielleicht klarer sein wird und worin Du vielleicht die Verflechtung solcher Teile, so kunstreich sie auch ist, wahrnehmen magst!"

Also nahm er seine neueste Handschrift hervor und begann sie vorzulesen, oft unterbrochen durch die Störungen, welche die allerorts durchstrichene und verbesserte Schreiberei veranlaßte, sowie durch das Hin- und Herrücken der Brille, welche ihn blendete.

Dennoch gewahrte er erst nach einem halben Stündchen, daß seine Gattin eingeschlummert war.
Da klingelte er mit dem Messer gegen den metallenen Leuchter und sagte, als sich Gritli zusammenraffte, ernst und mißfällig: „Das kann so nicht gehen, liebe Frau! Du siehst, wie ich mir alle Mühe gebe, Dich zu mir heranzubilden, und Du kommst mir dennoch nicht entgegen! Du weißt, daß ich die dornenvolle Laufbahn eines Dichters betreten habe, daß ich des Verständnisses, der begeisternden Anregung, des liebevollen Mitempfindens eines weiblichen Wesens, einer gleichgestimmten Gattin bedarf, und Du lässest mich im Stich, Du schläfst ein!"
„Ei, mein lieber Mann!" erwiderte Frau Gritli, indem sie über diese Reden errötete, „mich dünkt, ein rechter Dichter soll seine Kunst verstehen ohne eine solche Einbläserin!"
„Gut!" rief Viggi „verhöhne mich nur noch, statt mich zu erheben und aufzurichten! Gut! Ich werde in Gottes Namen meinen Weg allein wandeln!"
Und er legte sich kummervoll schmollend zu Bett und sein Weib legte sich neben ihn in Sorgen, daß es um seinen Verstand übel stehen möchte. Er schmollte nun mehrere Tage und wandelte seinen Weg allein; doch hielt er das nicht aus, sondern beschloß, nunmehr mit männlicher Strenge seinen Willen durchzusetzen und die Gattin zu dem zu zwingen, wofür sie ihm einst danken würde. [...]

Aus: Gottfried Keller: Sämtliche Werke in sieben Bänden. Band 4. Herausgegeben von Thomas Böning. Frankfurt a. M.: Deutscher Klassiker Verlag 1989, S. 372–376

1 *das grüne Band vom seidigen Flachse wickeln:* die Spinnarbeit einstellen
2 *Comptoir:* Handelsbüro
3 *Merkur:* antiker Gott des Handels, zu seinen Attributen gehört ein Stab mit Schlangen
4 *populär: hier* volkstümlich

Hinweise und Tipps

Die **Aufgabenstellung** ist **zweigeteilt**; bei der Bearbeitung des ersten Arbeitsauftrags ist zu zeigen, dass man einen Text analysieren und interpretieren kann, beim zweiten sind Textverständnis sowie weitergehende Kenntnisse zur Epoche des Realismus beziehungsweise zu dessen Kunstauffassung gefragt.
Der **Operator „Erschließen"** umfasst eine Strukturanalyse, die Form und Inhalt betrifft, sowie eine Untersuchung der erzählerischen und sprachlichen Mittel. Bei der Darstellung der inhaltlichen Struktur empfiehlt es sich, Kriterien wie Wechsel des Handlungsortes, des Blickwinkels, des Personeninventars oder der Erzählzeit anzuwenden und sich in diesem Fall weniger von der äußerlichen Orientierung durch Absätze im Druckbild leiten zu lassen.
Im Zuge einer so durchgeführten Strukturanalyse wird bereits die Bedeutung der erzählerischen Mittel in diesem Text hervortreten, sodass man mit deren genauer Untersuchung fortfahren und somit von der Betrachtung umfassenderer Kriterien wie Erzählhaltung oder Handlungsräumen zu Detailuntersuchungen, etwa zur Wortwahl, fortschreiten sollte. Die Reihenfolge der untersuchten Aspekte kann hier in gewissem Umfang variieren.
Die Interpretation unter Berücksichtigung des künstlerischen Selbstverständnisses des Protagonisten erfordert sorgfältige Planung. Sinnvoll wäre es, zunächst das künstlerische Selbstverständnis Viggis zu untersuchen, da dessen Erfassung eine Voraussetzung für die Interpretation bildet. Man muss jedoch darauf achten, nicht bereits hier in einen Vergleich mit der Literaturauffassung des poetischen Realismus zu geraten.
Wenn (wie in der vorliegenden Aufgabe) herausgearbeitet werden soll, mit welchen Mitteln in einem Text bestimmte Lebenseinstellungen oder Kunstauffassungen typenhaft vorgeführt werden – sei es in schablonenartiger Reduktion oder, wie hier, in ironischer Überzeichnung –, so kann es sich anbieten, Vergleichsstellen aus anderen Werken anzuführen, um auf diese Weise

das Besondere (oder auch das besonders Konventionelle) des vorliegenden Textes zu verdeutlichen. Im Lösungsvorschlag ist diese **Möglichkeit** exemplarisch umgesetzt; in der Aufgabenstellung ist ein solches Vorgehen allerdings nicht gefordert, und man muss daher darauf achten, dass der Blick auf den Vergleichstexte nicht ein zu großes Eigengewicht erhält.
Wenn die oben angeführten Arbeitsschritte sorgfältig durchgeführt sind, wird die Interpretation vorwiegend aus einer Zusammenfassung der bis hierher erarbeiteten Ergebnisse bestehen.

Der **zweiten Aufgabe** sollte man sich durch eine Begriffsdefinition des poetischen Realismus nähern, wovon dann die Auffassung des Protagonisten kontrastiv abgehoben werden kann.
Eine gewisse Gefahr birgt der Begriff *Literaturverständnis.* Man sollte sich nicht dazu hinreißen lassen, sein gesamtes Wissen über den gesellschaftlichen Hintergrund, die bevorzugten Gattungen und die Geisteshaltung der Epoche des Realismus auszubreiten, da die Aufgabenstellung dies nicht vorsieht, sondern stets die für den Vergleich benötigten Kriterien im Auge behalten; hierbei kann man unmittelbar auf die Ergebnisse der Interpretation zurückgreifen.

Lösungsvorschlag

1 Erschließung und Interpretation

1.1 Inhalt und Aufbau

Der Ausschnitt aus Gottfried Kellers Erzählung *Die mißbrauchten Liebesbriefe* lässt sich in **fünf Sinnabschnitte** gliedern.

Eröffnet wird der Text mit **Viggis vergeblichen Bemühungen, bei seinen Seldwyler Mitbürgern für sein Literaturprojekt zu werben** (Z. 1–15).
Der biedere Kaufmann beginnt seine Sturm-und-Drang-Erneuerung damit, sich zunächst äußerlich zum Poeten zu stilisieren, indem er sich mit klischeehaften Attributen eines jugendlichen Dichters ausstaffiert (Z. 2 ff.). In aufdringlicher Manier versucht er, wo immer sich die Gelegenheit bietet, literarisch dilettierende Seldwyler für sein Vorhaben zu gewinnen, erntet aber nur Ablehnung und derben Spott. Gekränkt und beleidigt tritt er den Rückzug ins Private an.

Hier unternimmt er nun **erste Versuche, seine Frau Gritli für seine literarischen Ambitionen einzuspannen** (Z. 16–27).
Angeregt durch den idyllischen Anblick Gritlis am Spinnrad, beschließt Viggi spontan, sie zu seiner Inspirationsquelle zu machen, und stilisiert sie zu seiner Muse. Der erste Schritt besteht darin, dass er ihr befiehlt (Z. 21), sich statt der Hausarbeit wissenschaftlicher Lektüre zu widmen, ohne einen Gedanken daran zu verschwenden, ob sie dazu imstande ist. Er selbst geht gleichzeitig recht prosaisch seiner kaufmännischen Tätigkeit nach.
Nach einigen Stunden stellt sich Gritlis völliges Unvermögen heraus, Viggis intellektuelle Erwartungen zu erfüllen; Viggi scheint davon nicht weiter betroffen, sondern beauftragt sie, zunächst einen trivialen literarischen Text zu lesen (Z. 26 f.).

Viggi selbst widmet sich wieder seinem Beruf (Z. 28–31), um **nach getaner Arbeit literarische Studien anzustellen** (Z. 31–64). Dies besorgt er mit derselben nüchternen Zweckmäßigkeit, die ihm bei seinen Geschäften zugute kommt. Der Schauplatz wechselt erneut, Viggi begibt sich wieder nach draußen, in die Natur.
Zufrieden über die kaufmännischen Erfolge des Tages, vertauscht Viggi das geschäftliche mit dem literarischen Notizbuch und unternimmt einen Spaziergang, der an eine Exkursion erinnert: Wahllos und willkürlich sammelt er Beobachtungen und Eindrücke,

notiert sie stichwortartig und fügt gleich klischeehafte Überlegungen und Hinweise zu ihrer literarischen Verwertung hinzu:
Bei einem Buchenstamm fällt ihm der Flechtenbewuchs auf; er scheint ihm als Requisit für Räuberszenen geeignet; um dies entscheiden zu können, müssen jedoch die Lichtverhältnisse besser sein (Z. 33–38).
Ein Holzpfahl mit einer darübergehängten toten Blindschleiche löst eigenwillige mythologische Assoziationen aus (Z. 39–48). Der Pflock erinnert Viggi an den Stab des Merkur, des römischen Gottes der Kaufleute. Folgerichtig merkt Viggi dieses Motiv für eine „Handelsnovelle" (Z. 46) vor.
Ein schlammiger Feldweg mit Wagenspuren und Pfützen sowie einem verschrammten Stein lässt ihn über einen Raubüberfall spekulieren (Z. 49–54).
Schließlich begegnet er einer Bauernmagd, die er veranlasst stehen zu bleiben, damit er sie betrachten könne. Als die Frau unvermittelt die Flucht ergreift, veranlasst dies Viggi zu begeisterten Notizen über ihre vitale Ursprünglichkeit, ihre obszöne Spottgeste (Z. 63) nimmt er hingegen gar nicht zur Kenntnis.

Nun wechselt der Schauplatz erneut in die häusliche Idylle. Dort muss Viggi allerdings erleben, dass **etliche weitere Erziehungsversuche an Gritli fehlschlagen** (Z. 65–93). Befriedigt über seine Ausbeute an literarischen Beobachtungen, kehrt er – in der Vorfreude auf die Diskussion darüber –nach Hause zurück. Allerdings muss er feststellen, dass Gritli es vorgezogen hat, sich lieber monotoner Hausarbeit zu widmen anstelle der anbefohlenen Lektüre. Viggi ist verwundert, kommt aber gar nicht auf den Gedanken, nach den Gründen für ihr Verhalten zu fragen, sondern beschließt eine neue, gewissermaßen praxisbezogene Methode anzuwenden (vgl. Z. 70 ff.): Er liest ihr seine zuvor gesammelten Aufzeichnungen vor, um sie dazu anzuregen, es ihm gleichzutun und auf diesem Wege ihre Urteilsfähigkeit zu schulen und ihre eigene literarische Produktivität in Gang zu bringen. Auf seine direkte Aufforderung, sich zu seinen Notizen zu äußern, kommt es überhaupt zum ersten Mal zu einer – dem Leser zugänglichen – Reaktion von Gritli: Sie bekennt ohne Gemütsbewegung ihre völlige Verständnislosigkeit (Z. 75).
Allmählich doch leicht verärgert, unternimmt Viggi nichtsdestoweniger den nächsten Versuch und rezitiert ihr stockend und mühselig sein neuestes Werk (Z. 76–81). Als er feststellen muss, dass sie währenddessen eingeschlafen ist, wirft er ihr ungehalten ihre mangelnde Unterstützung seines Künstlertums vor. Gritli verteidigt sich, indem sie unverblümt grundsätzliche Zweifel an Viggis Poetentum äußert.

Dies löst bei Viggi eine **Trotzreaktion** aus, aber auch den **Entschluss, zu härteren Erziehungsmethoden** zu greifen (Z. 94–100).
Beleidigt verkündet er seiner Frau, er werde seine künstlerische Laufbahn allein weiter verfolgen; Gritli ist davon wenig beeindruckt, sie fürchtet lediglich um seine geistige Gesundheit.
Viggi hält seinen Entschluss auch nicht durch, sondern beschließt, seine Frau zu ihrem Glück zu zwingen. An diesem Punkt bricht der Textauszug ab. Auf welche Maßnahmen gegenüber seiner Frau Viggi verfallen ist, bleibt offen.

1.2 Erzählerische und sprachliche Gestaltung

Der Text ist in der **Er-Form** verfasst. Es herrscht eine **auktoriale Erzählsituation** vor, allerdings **mit personalen Anklängen**. Dem Charakter der Hauptfigur entsprechend erfährt der Leser das Geschehen aus dem Blickwinkel beziehungsweise unter der Weltsicht Viggis; besonders deutlich wird dies in den Begegnungen mit seiner Frau. Er nimmt Gritli gar nicht wahr, reflektiert die Gründe ihres Verhaltens auch nicht, sondern sieht sie nur als Werkzeug für seine literarischen Interessen.

Hin und wieder wird das Geschehen kommentiert, etwa wenn der Leser erfährt, dass die Seldwyler Viggi verspotteten, sobald sie „seine wunderlichen Aufforderungen verstanden“ haben (Z. 10), oder dass Viggi „beladen wie eine Biene“ (Z. 65) heimkommt. Diese Kommentare bleiben allerdings sehr zurückhaltend, sodass trotz gelegentlicher Annäherung an die Hauptfigur doch stets Distanz zu ihr und dem Geschehen gewahrt bleibt.

Die **Erzählhaltung** changiert zwischen Ironie und Humor; dies tritt besonders dort zutage, wo es um die literarischen Ambitionen der Hauptfigur geht: sei es, dass Viggi sich mit äußeren Versatzstücken einer künstlerischen Erscheinung schmückt, „um sein Äußeres dem bedeutenden Inhalte entsprechen zu lassen“ (Z. 3 f.) – was ihm angesichts der Banalität dieses Inhaltes durchaus gelingt –; sei es, dass er seine tüchtige, aber literarisch völlig ahnungslose und desinteressierte Frau verniedlichend „liebes Mus'chen“ (Z. 65 f.) nennt, oder dass die Dichterlesung stockend vonstatten geht, weil der Verfasser seine Handschrift nur mühselig entziffern kann (Z. 80–82) – Keller ironisiert hier den bürgerlich-biederen Dilettanten wohlwollend, aber deutlich.

Unterschiede im **Erzähltempo** heben einzelne Passagen aus dem Erzählfluss heraus. Der arbeitsreiche Nachmittag des Holzhändlers, währenddessen er mehrere größere Geschäfte abschließt, wird in zwei Sätzen zusammengefasst (Z. 28–30); bei der minutiösen Darstellung des anschließenden Spaziergangs hingegen verlangsamt sich das Erzähltempo drastisch, der Eindruck der Zeitdehnung wird noch gesteigert durch die wörtliche Wiedergabe von Viggis banalen Notizen zu seinen Naturbeobachtungen. So fokussiert Keller wirkungsvoll den literarischen Dilettantismus der Hauptperson.

In ähnlicher Weise wirkt die Zeitdehnung in Verbindung mit der **Figurenrede** bei der Wiedergabe der häuslichen Szenen. Die Zeitdehnung veranschaulicht dort – durch die szenische Vergegenwärtigung – die Zuspitzung des Konfliktes zwischen den Eheleuten, der durch den Kontrast in der Redeweise der beiden Ehepartner ironisierend verschärft wird: Auf Gritlis schlichtes Bekenntnis „Ich verstehe dies alles nicht!“ (Z. 75) reagiert Viggi mit einem komplexen hypotaktischen Satzungetüm, das die Situation weder klärt noch verbessert (Z. 76–78).

Das Geschehen spielt sich in zwei unterschiedlichen **Handlungsräumen** ab. Den privaten Bereich, die „Häuslichkeit“ (Z. 15), stilisiert Viggi zur künstlerischen Wirkungsstätte, zum idyllischen Rückzugsraum hoch, in den er sich ‚einspinnt‘ (vgl. Z. 15), den er nach seinen Bedürfnissen gestaltet, wobei er seine Frau eher als Ausstattungsstück denn als Person oder gar Partnerin behandelt: „er beschloß, sie zu erhöhen“ (Z. 18); er „gewahrte […] erst nach einem halben Stündchen, daß seine Gattin eingeschlummert war“(Z. 83 f.).

Dieser künstliche, eng umgrenzte Innenraum steht im Gegensatz zum äußeren Handlungsraum der fiktiven Welt, der mehrere Facetten hat: Zu ihm gehört zum einen das **öffentliche Leben in Seldwyla**, das sich in dem „Bürgermahle“ (Z. 12) konkretisiert. Hier scheitert Viktor kläglich mit seinem Literaturprojekt wie mit seinem Künstlertum überhaupt, er hat sehr bald „für einmal genug“ (Z. 14) und zieht sich aus diesem äußeren Bereich zurück. Es bleibt ihm die **Natur** als Außenraum, die er jedoch ganz und gar nicht im Sinne der von ihm favorisierten Sturm-und-Drang-Bewegung als überwältigende Offenbarung oder als Spiegel seiner inneren Befindlichkeit wahrnimmt; er bewegt sich in ihr wie in einer Sammlung literarischer Versatzstücke, denen er eine triviale Symbolik zuordnet.

Bei der **sprachlichen Gestaltung** fällt die Behandlung der **Satzstruktur** auf. In den Erzählerpassagen dient die Art des Satzbaus auch der Personencharakterisierung: Ist von Viggi die Rede, herrschen komplexe Hypotaxen vor, geht es um seine Frau, finden sich eher Satzreihen. Bemerkenswert ist auch die Tendenz zu elliptischen Satzstrukturen und assoziativen Reihungen bei Viggis Naturbeobachtungen; die Tendenz zum Sammeln von fragmentarischen Details, die Viggis Wahrnehmung von Natur aufweist, schlägt sich auch in der Sprache nieder.

Viggis Notizen sind hinsichtlich der sprachlichen Gestaltung noch in anderer Hinsicht aussagekräftig. Hier wechseln **gesuchte, pathetische Sprachbilder** mit **simplen Allerweltsformulierungen** – „Leiche von silbergrauer Schlange [...], gebrochen im Starrkrampf des Todes. Ameisen kommen aus dem hohlen Innern hervor oder gehen hinein" (Z. 41 f.) –, sodass Viggis intensive, aber vergebliche literarische Anstrengungen beziehungsweise die fehlende Qualität derselben offenkundig werden.

Auffällig ist schließlich der häufige Einsatz von **Diminutiven**. Von der Hauptperson, dem Kaufmann Viktor Störteler, ist nur als „Viggi" die Rede, dieser lässt sich ein „kleines Spitzbärtchen" wachsen (Z. 3), seine Frau bezeichnet er als „Mus'chen" (Z. 66); ironisierend bringt der Erzähler hier die wahre literarische Größe des Protagonisten zum Ausdruck. Aber auch zu Viktors Weltsicht beziehungsweise der geringen Weite seines geistigen Horizonts passt diese Sprachverwendung, wenn „Viggi" beispielsweise sein „Mus'chen" (Z. 66) „in ihrem Häubchen am Spinnrädchen" (Z. 15 f.) sitzen sieht.

1.3 „Künstlerisches Selbstverständnis" der Hauptfigur

Gleich zu Beginn des Textes wird deutlich, dass dem ambitionierten Literaten äußerliche Attribute viel bedeuten, wenn er sich als Zeichen seines Künstlertums die Haare lang wachsen und ein Spitzbärtchen stehen lässt und obendrein noch eine völlig unnötige Brille mit Fensterglas trägt, um sich einen intellektuellen Anstrich zu geben. Die äußere Stilisierung seiner Erscheinung ist wesentlicher Ausdruck seiner literarischen Ambitionen. Dabei nimmt er es mit der zeichenhaften Bedeutung der von ihm gewählten Requisiten nicht so genau: Der Widerspruch zwischen der Rolle des Intellektuellen und der von ihm favorisierten Richtung des Sturm und Drang als bewusster Gegenströmung zur Aufklärung stört ihn offensichtlich nicht (oder er ist sich dessen nicht bewusst); wichtig sind künstlerische Versatzstücke.

Die äußerliche Staffierung einer literarischen Figur als Künstler, um deren hohle Ambitionen dem Gelächter der Leser preiszugeben, ist übrigens ein von Schriftstellern – die natürlich empfindlich auf alles angemaßte Künstlertum reagieren – gerne angewendeter Kunstgriff. So steht in Thomas Manns Erzählung **„Tonio Kröger"**, in die viel Lebensmaterial des Autors eingeflossen ist, ein wahrer Künstler im Mittelpunkt, der es ausdrücklich ablehnt, sich so zu kleiden, wie es sich die Normalbürger von einem Künstler erwarten. Im zentralen vierten Kapitel der Erzählung, dem bekenntnishaften Gespräch, das Tonio Kröger mit der ihm befreundeten Malerin Lisaweta Iwanowna führt, reagiert Tonio ungehalten auf deren gutmütigen Spott über seine betont bürgerliche Kleidung, indem er die rhetorische Frage stellt, ob sie wünsche, dass er in einer zerrissenen Samtjacke oder einer rotseidenen Weste herumlaufe, und hinzufügt, als Künstler – gemeint ist: als wahrer Künstler – sei man innerlich immer Abenteurer genug, da solle man sich zumindest gut anziehen und sich wie ein anständiger Mensch benehmen. Als Kontrastfigur fungiert in dieser Beziehung ein Bekannter von Tonio Kröger, Adalbert, der Novellist. Dieser geht in aufdringlicher Weise mit seinem Künstlertum hausieren. Dass er auf diese Weise nur seine Dürftigkeit als schöpferischer Mensch kaschiert, daran besteht nicht nur für Tonio Kröger, sondern auch für den Leser – der sich Tonios abschätzige Sicht auf den Novellisten zu Eigen macht – kein Zweifel.

Gottfried Kellers angemaßter Autor Viggi erweist sich auch, wie schon angedeutet, im Hinblick auf die Inhalte seines künstlerischen Selbstverständnisses als wenig konsequent. Er sieht sich als Vorkämpfer eines neuen Sturm und Drang und damit als Anhänger der Vorstellung vom **Originalgenie**, müsste also als Künstler aus sich heraus, unabhängig von jeglichen Vorbildern schaffen. Ungeachtet dessen sammelt Viggi emsig literarische Stereotypen, die zwar emotional, aber nicht durch ihre Neuartigkeit, sondern nur durch künstliches Pathos wirken.

Sein Selbstbewusstsein, ja, sein Überlegenheitsgefühl ist jedoch beachtlich: Die spöttische Ablehnung seiner Mitbürger lässt ihn ebenso wenig an seinen künstlerischen Fähigkeiten zweifeln wie der Hinweis seiner Frau auf seine Abhängigkeit von äußerer Anregung und äußerem Zuspruch. Dass ausgerechnet Gritli, die allem Literarischen mit offen eingestandenem Unverständnis gegenübersteht, intuitiv den Punkt trifft, an dem sich zeigt, dass ihr Mann weit davon entfernt ist, ein Originalgenie und damit ein würdiger Nachfolger der Stürmer und Dränger zu sein, ist eine besondere Ironie des Textes.

Doch dieser berechtigte Einwand seiner Frau, der ihn eigentlich in seinem künstlerischen Selbstverständnis zutiefst erschüttern müsste, hindert Viggi nicht, seine selbst gesteckten Ziele weiterzuverfolgen. Das zeigt, wie wenig er seine Frau ernst nimmt, aber auch, wie wenig er seine eigene Haltung reflektiert. Seinen künstlerischen Werdegang sieht er durchaus als entbehrungsreichen Weg. Dass er sich von seiner Frau missverstanden, ja verhöhnt fühlt, bereitet ihm zwar Kummer, bringt ihn aber nicht von seinem Weg ab. Dass er mit seinen Bildungsversuchen bei seiner Frau immer wieder Schiffbruch erleidet, hindert ihn nicht daran, diese Versuche – sogar mit verstärkter Kraft – fortzusetzen. In diesem Punkt lebt er durchaus den Bildungsauftrag des Künstlers mit Sendungsbewusstsein, jedoch wiederum in einer trivial verzerrten Variante, wenn er seiner Frau ‚befiehlt' (Z. 21), ein beliebiges Buch zu lesen, und zuletzt beschließt, „die Gattin zu dem zu zwingen, wofür sie ihm einst danken würde" (Z. 99 f.). Hier scheint eher ein biederer Schullehrer als ein begnadetes Originalgenie zu sprechen.

1.4 Zusammenfassende Interpretation

Die gesamte Passage hindurch erweist der Protagonist sich als gänzlich ichbezogen. Er nimmt seine Frau, seine Mitbürger und seine Umwelt nur sehr bedingt beziehungsweise nur in Bezug auf seine Person und seine Ziele wahr; eine angemessene Realitätswahrnehmung oder gar eine Form von Selbstreflexion ist ihm völlig fremd. Sein angemaßtes künstlerisches Sendungsbewusstsein verstärkt diese Haltung noch: Wenn er mit seinen Ansichten bei seiner Umgebung nicht ankommt, überdenkt er nicht seine eigene Haltung, sondern wendet sich einer anderen Personengruppe zu.

So ist es nur konsequent, dass er sich zwar in seinem künstlerischen Streben oberflächlich vom Sturm und Drang beeindrucken lässt – also von einer literarischen Richtung, die in ihrer betonten Emotionalität seinem wohlgeordneten, fast schon langweiligen Dasein fundamental entgegengesetzt ist –, dass er aber gleichzeitig eben aufgrund seiner Persönlichkeitsstruktur weder willens noch imstande ist, den Geniegedanken annähernd zu erfassen und somit in einer geradezu lächerlich anmutenden Epigonalität verharrt.

Hinzu kommt, dass sein kaufmännisches Kosten-Nutzen-Denken sein gesamtes Handeln und somit eben auch sein Vorgehen als Künstler beeinflusst. Dass eine solche utilitaristische Haltung unvereinbar ist mit echtem Künstlertum, wird ihm nicht bewusst. So führt Gottfried Keller in der Figur des Viktor Störteler, genannt Viggi, wohlwollend-humoristisch, aber doch mit deutlich kritischer Tendenz, den etwas behäbigen, nicht wirklich gebildeten, aber von bürgerlichem Selbstbewusstsein geprägten Dilettanten seiner Zeit vor.

2 Vergleich der Literaturauffassung des poetischen Realismus mit der des Protagonisten

Realismus ist nach Theodor Fontane „die Widerspiegelung alles wirklichen Lebens, aller wahren Kräfte und Interessen im Elemente der Kunst." Der poetische Realismus will, wie der Name schon sagt, die Wirklichkeit abbilden, allerdings eben nicht in rein mechanischer, detailgetreuer Wiedergabe. Er geht von einer komplexen Wirklichkeitserfahrung aus, die in die Gestaltung der literarischen Welt miteinfließen soll. Das Harmoniestreben des Idealismus, der die Totalität des Seins hinter der Vielfalt der Erscheinungen zu erkennen meinte, kann in einer Welt des technischen und gesellschaftlichen Wandels keine gültige Grundlage der Kunst mehr sein. Allerdings wird sehr wohl eine künstlerische Erfassung, Verarbeitung und Überformung der Wirklichkeit angestrebt; die Kunst soll die aufbrechenden und bestehenden Widersprüche zwar nicht aufheben, aber poetisch abmildern, was eine minutiöse, möglichst objektive Abbildung der Realität, wie sie der Naturalismus fordert, von vornherein verbietet.

In mehrfacher Hinsicht verstößt Viggi gegen diese Kunstauffassung: Bei seinen literarischen Studien verharrt er in reiner Wiedergabe von Details. Diese wird für ihn beinahe zum Programm, wenn er angesichts des Holzpfahls mit der Blindschleiche eigens notiert: „Interessantes Detail." (Z. 40) Von künstlerischer Verklärung oder auch nur Gestaltung kann hier keine Rede sein, wenn man seine elliptischen Assoziationsketten betrachtet; die vom Realismus geforderte Synthese zwischen Erfassung und Gestaltung der Realität gelingt ihm in seiner Literaturproduktion nicht (wobei zu berücksichtigen ist, dass es sich vorläufig nur um Wirklichkeitssplitter, um Arbeitsmaterial, und noch nicht um Teile eines ausgearbeiteten Werkes handelt).

Aber auch als Rezipient ist ihm ein solcher beziehungsweise überhaupt ein künstlerischer Anspruch fremd: Das Buch, welches er seiner Frau als ‚Einstiegslektüre' anbefiehlt, trägt den bezeichnenden Titel *Frühlingsbriefe von einer Einsamen* (Z. 27) und erinnert damit stark an die zahlreichen künstlerisch minderwertigen Texte, die in der zweiten Hälfte des 19. Jahrhunderts weltschmerzliche Grundstimmung mit künstlichem Pathos verbanden und populären Familienzeitschriften wie der *Gartenlaube* zu hohen Auflagenzahlen verhalfen.

Zu diesem falschen Pathos neigt Viggi ebenfalls; der Anblick der toten Blindschleiche veranlasst ihn zu der stark überzogenen Formulierung „Leiche von silbergrauer Schlange […], gebrochen im Starrkrampf des Todes" (Z. 41); hier ist keine organische Entwicklung zu erkennen, sondern lediglich ein Aufrufen von Versatzstücken; das von Viggi angestrebte Künstlertum wirkt aufgesetzt und unglaubhaft.

Grundkurs Deutsch (Bayern): Abiturprüfung 2006
Aufgabe 4 – Erörterung

„Es ist der Krieg ein roh, gewaltsam Handwerk."
(Friedrich Schiller, *Die Piccolomini,* I.2)

Untersuchen und vergleichen Sie, wie der Krieg und seine Auswirkungen in literarischen Werken unterschiedlicher Entstehungszeit dargestellt werden! Beziehen Sie dabei den jeweiligen literaturgeschichtlichen Hintergrund mit ein!

Hinweise und Tipps

Die Aufgabenstellung lässt sehr viel Freiheit und damit sehr viele Möglichkeiten, die vorhandenen literaturgeschichtlichen Kenntnisse und besonders eindrückliche Lektüreerlebnisse einzubringen. Gerade deshalb verlangt sie jedoch sorgfältige Planung und Organisation; dies beginnt bei der Auswahl geeigneter Werke (die man genau vor Augen haben sollte).
Zum einen muss die Intention der Themenstellung erfasst werden; zum anderen gilt es, textadäquate und transparente Kriterien zu entwickeln, die einen sinnvollen Vergleich ermöglichen. Die Zielrichtung gibt das Zitat aus den *Piccolomini* vor, auf das allerdings in der Ausarbeitung wohl nicht weiter einzugehen ist: Die Darstellung der grausamen, zerstörerischen Aspekte und Auswirkungen des Krieges in literarischen Werken soll untersucht werden, wobei der literaturgeschichtliche Hintergrund – also die Umstände, unter denen das jeweilige Werk entstanden ist – miteinbezogen werden soll.
Als **inhaltliche Untersuchungsaspekte** bieten sich beispielsweise an:
- die Betrachtung des Krieges als unbeeinflussbares Schicksal oder als von Menschen bewusst herbeigeführtes Geschehen,
- die Darstellung des unmittelbaren Kriegsgeschehens oder seiner Auswirkungen,
- die Auswirkungen des Krieges auf das jeweilige Welt- und Menschenbild,
- die Behandlung der Kriegsschuldfrage,
- die Bewertung des Krieges im Rahmen übergreifender politischer oder ideologischer Einstellungen.

Gegebenenfalls sollten auch **formale Kriterien** berücksichtigt werden: etwa gattungsspezifische Eigenheiten oder die Art, wie das Thema behandelt wird – eher konkret-realistisch oder abstrahierend.
In jedem Falle ist die **Auswahl** der Werke sorgsam zu **begründen**.
Die **Gliederung des Aufsatzes** ergibt sich zu einem Teil aus den gewählten Werken. In der Einleitung müssen jedoch unbedingt die Gründe für die Auswahl angeführt werden; unter Umständen kann man hier auch schon kurz auf den jeweiligen Entstehungshintergrund eingehen. Für die Gestaltung des Hauptteils sollte man die Formulierung der Aufgabenstellung im Auge behalten: „**Untersuchen und vergleichen** Sie …". So ist eine interpretatorische Einzelbetrachtung der beiden Werke unter den gewählten Kriterien denkbar, wobei sich hier die Einbeziehung des Entstehungshintergrundes organisch ergibt. Der Vergleich beziehungsweise die Zusammenfassung der wichtigsten Gemeinsamkeiten und Unterschiede wird dann den Abschluss der Arbeit bilden. Ebenfalls einleuchtend wäre eine Anwendung der einzelnen Aspekte jeweils auf beide Werke. In diesem Fall müsste eine zusammenfassende Gesamtwertung den Abschluss bilden.

Lösungsvorschlag

1 Der Krieg und seine Auswirkungen in zwei literarischen Werken unterschiedlicher Epochen – Andreas Gryphius: „Thränen des Vaterlandes“ und Wolfgang Borchert: „Die Küchenuhr“

Deutschland ist zwar derzeit in der glücklichen Lage, auf sechzig Jahre des Friedens zurückblicken zu dürfen, steht aber immer noch unter dem Eindruck und den Nachwirkungen des Zweiten Weltkrieges, der die gesellschaftlichen und politischen Strukturen in Deutschland und Europa grundlegend verändert hat. Vergleichbar in seinen verheerenden Auswirkungen ist – neben dem Ersten Weltkrieg – wohl nur der Dreißigjährige Krieg; und da Literatur stets auch die gesellschaftlichen Zustände ihrer Epoche widerspiegelt, bietet sich ein Vergleich zweier Werke aus diesen Zeiten des Umbruchs an.

Nahezu alle Dichter der Barockzeit haben Werke hinterlassen, die von Krieg und Kriegserlebnissen beeinflusst sind, aber ein Beispiel besonderer Sprachkraft und drastischer Bildlichkeit bietet der schlesische Dichter Andreas Gryphius in seinem Sonett *Thränen des Vaterlandes;* bei versierter Beherrschung der strikten Regeln barocker Poetik setzt er hier seine Erfahrung der völligen Zerstörung materieller Existenz und menschlicher Werte durch den Krieg um.

Das Gesamtwerk Wolfgang Borcherts, der bereits mit 26 Jahren an den Folgen des Krieges starb, ist ganz von den Erlebnissen der Kriegs- und Nachkriegszeit bestimmt. Seine Kurzgeschichte *Die Küchenuhr* zeigt in eindrucksvoller Weise die Hilflosigkeit des Einzelnen gegenüber der Vernichtungsmaschinerie des Bombenkrieges.

1.1 Andreas Gryphius: Thränen des Vaterlandes / Anno 1636

Gryphius eröffnet das Sonett mit einer eigentlich paradoxen hyperbolischen Feststellung: „ganz“ ist in seiner Totalität nicht steigerbar, dennoch formuliert er: „Wir sind doch nunmehr ganz, ja mehr den ganz verheeret.“ Bereits im ersten Vers wird klar, dass dieser Krieg alles bisher Vorstellbare an Gräueln überbietet. In dem „Wir“ spricht das lyrische Ich sozusagen stellvertretend für alle, die vom Krieg betroffen sind – was soll nach diesem Totalitätsanspruch noch kommen? Gryphius führt in gehetzten Halbversen die personifizierten Geißeln des Krieges auf: die marodierenden Soldaten („Der frechen Völker Schar“), die Kriegsposaunen („die rasende Posaun“), die Vernichtungswaffen („Das vom Blut fette Schwert, die donnernde Karthaun“, ein schweres Vorderladergeschütz). Die Werkzeuge des Krieges werden hier zu handelnden Subjekten, denen der Mensch als hilfloses Objekt ausgeliefert ist, die all seine Bemühungen, „Schweiß und Fleiß und Vorrat“ – in einem eindringlichen Trikolon werden die ideelen und materiellen Errungenschaften des Friedens zusammengefasst –, zunichte machen; und zwar die Anstrengungen „aller“ – es scheint, als sei die gesamte Menschheit vom Krieg betroffen.

Das zweite Quartett handelt von den Auswirkungen des Krieges. Mit barocker Symbolik wird, auch hier wieder in atemlosen Halbversen, pars pro toto die völlige Vernichtung der irdischen Ordnung dargestellt: „Die Türme“, der militärische Schutz, „die Kirch“, die geistliche Sicherheit, und „das Rathaus“, die zivile Ordnung, liegen in Schutt und Asche. Im selben Atemzug gewissermaßen wird auch die Vernichtung der Menschen in ihrer Gesamtheit antithetisch genannt, der Starken und der Schwachen, der Männer und der Frauen. Und wie um diese Totalität nochmals zu bekräftigen, fasst der Dichter ruhig verallgemeinernd zusammen: „und wo wir hin nur schauen“, in jedem Bereich des Lebens und der Welt, der der menschlichen Wahrnehmung zugänglich ist, „ist Feuer, Pest und Tod“, wobei es vom Tod, nochmals steigernd, heißt: „der Herz und Geist durchfähret“. Der Tod bedroht den Menschen demnach nicht nur in seiner körperlichen, sondern auch seiner seelischen Existenz.

In einer Häufung barocker Symbole und apokalyptischer Anklänge wird in den Quartetten der Zustand totaler Vernichtung der Welt durch den Krieg verbildlicht. Im ersten Quartett geht es um die Verwüstungen, die stattgefunden haben – Erzähltempus ist das Perfekt –, im zweiten um die gegenwärtigen Zerstörungen; hier herrscht das Präsens vor. Beide Quartette klingen jeweils in einem ruhig resignativen Vers aus, bei dem Satz- und Versgrenze zusammenfallen.

Das erste Terzett beginnt mit einem Aussagesatz, der in schlichter Formulierung ein neues Bild des Grauens bietet: „Hier durch die Schanz und Stadt rinnt allzeit frisches Blut." Der Lebensbereich der Menschen und seine Verteidigungsmöglichkeiten sind gleichsam unterspült von Blut, und zwar von immer neuem Blut: Die Gräuel setzen sich fort und nehmen kein Ende. Symbolisch steht das verrinnende Blut aber auch für das sinnlos verrinnende Leben der kriegsgeplagten Menschen. Dieses entsetzliche Andauern des Schreckens wird im nächsten Vers des Terzetts explizit aufgegriffen: „Dreimal sind schon sechs Jahr". Vordergründig weist diese Angabe auf die Dauer des Krieges im Entstehungsjahr des Gedichtes hin: Der Krieg währt 1636 tatsächlich bereits achtzehn Jahre, ungewöhnlich ist jedoch die Art der Zahlenangabe. In der Formulierung „dreimal sechs", also 666, klingt die „Zahl des Tieres", ein Zahlensymbol für den Teufel, aus der Apokalypse des Johannes an; der Krieg ist für Gryphius die apokalyptische Vernichtung, gleichsam die Hölle auf Erden. Das Bild des Flusses wird aufgegriffen und fortgeführt; achtzehn Jahre haben die „Ströme" sich mühsam vorwärtsgequält, da sie „von Leichen fast verstopft" sind. In der hyperbolischen Metapher wird das Grauen nochmals gesteigert, aber gleichzeitig auch die grässliche Mühsal des menschlichen Lebens in diesen Zeiten des endlos scheinenden Krieges drastisch veranschaulicht. Hier scheint ein Abschluss erreicht, die Gräuel des allumfassenden Welt-Krieges sind erschöpfend dargestellt; aber die Form ist noch nicht erfüllt, das zweite Terzett steht noch aus – was bleibt noch zu schildern, das für den Menschen der Barockzeit noch schlimmer sein könnte als das bisher beschriebene Leid? Der Dichter findet noch eine Steigerung, so bedrohlich, so existenziell, dass er zunächst ankündigt, davon schweigen zu müssen, „von dem, was ärger als der Tod", was also über die bereits dargestellten Bedrohungen durch den Krieg hinausgeht. Da das irdische Leid erschöpfend behandelt wurde, kann jetzt nur noch die Sphäre der Transzendenz betroffen sein. Zuletzt spricht der Dichter das Unaussprechliche dennoch aus: Die schlimmste Auswirkung des Krieges bestehe darin, „dass auch der Seelen-Schatz so vielen abgezwungen". Was ist der Schatz der Seele, den der Krieg gewaltsam nimmt? Für den Menschen der Barockzeit kann die Metapher nur auf den Verlust des religiösen Bezugs verweisen, des Glaubens an Gott und damit die Bedrohung oder gar Verderbnis der unsterblichen Seele – in der Auffassung des Barock, für die das irdische Jammertal gewissermaßen ein Durchgangsstadium zur ewigen Seligkeit bedeutete, wahrhaftig die schlimmste aller existenziellen Bedrohungen, so beängstigend, dass man letztlich nur davon schweigen kann.

So erweist sich zum Schluss, dass mit dem *Vaterland* der Überschrift hier nicht die kriegsgeschüttelte *Nation* im Sinne des 19. Jahrhunderts gemeint ist, sondern die innere, die religiöse Heimat des Menschen, die er zu verlieren droht; ein politischer Bezug ist diesem Gedicht völlig fremd, wie spätestens am Ende deutlich wird.

1.2 Wolfgang Borchert: Die Küchenuhr

Einen völlig anderen Umgang mit der existenziellen Bedrohung durch den Krieg pflegt Wolfgang Borchert in seinem gesamten Werk, so auch in dieser Kurzgeschichte. Sie ist unmittelbar nach dem „Zusammenbruch" Deutschlands nach dem Zweiten Weltkrieg entstanden, als ganze Städte dem Erdboden gleichgemacht waren und die Menschen im direkten wie im übertragenen Sinne vor den Trümmern ihrer Existenz standen; so entstand schon damals die Bezeichnung „Trümmerliteratur" für die Werke der zeitgenössischen Schriftsteller, die sich mit dieser Thematik auseinandersetzten.

Die Geschichte weist wenig äußere Handlung auf. Sie beginnt unvermittelt, ohne dass der Erzähler zuvor in die Situation einführt: Ein junger Mann, etwa zwanzig, nähert sich einer Gruppe nicht näher bezeichneter Menschen. Man erfährt lediglich, dass eine der Personen ein Mann und eine weitere eine Frau mit einem Kinderwagen ist. Die Personen tragen keine Namen, die räumliche Situation bleibt unklar; dass sie auf einer Bank in der Sonne sitzen, ist unwesentlich, allenfalls wird damit angedeutet, dass sie nicht wegstreben, sondern verfügbar bleiben für die Dauer der Geschichte. Der Protagonist wird etwas deutlicher beschrieben: Er fällt auf, weil er „ein ganz altes Gesicht" hat. Er setzt sich ebenfalls auf die Bank und zeigt der Gruppe eine Küchenuhr, die sehr genau beschrieben wird: ein weißer Teller mit blauen Zahlen und Zeigern aus Blech, offensichtlich industriell gefertigte Massenware ohne individuellen Wert. Der Leser bekommt von diesem Gegenstand ein wesentlich genaueres Bild als von den beteiligten Personen, den Besitzer der Uhr eingeschlossen. Diese scheint für den jungen Mann sehr wichtig zu sein, da er sie im nun folgenden Gespräch der Gruppe und damit dem Leser beschreibt und dabei betont, innerlich sei sie kaputt, das stehe fest. Bis hierher wird eine undramatische, fast beschauliche Situation dargestellt, auch wenn der zusammenhanglose Hinweis des jungen Mannes, die Uhr sei übrig geblieben, und die verlegenen Reaktionen der Zuhörer auf diese Äußerung, bereits Fragen aufwerfen und von einer gewissen Beklommenheit zeugen. Aber erst die Frage eines nicht näher bezeichneten, beliebigen Mitglieds der Gruppe macht den Zeitbezug klar und lässt die vermeintliche Idylle für den unvorbereiteten Leser wegbrechen: „Sie haben wohl alles verloren?" Schlagartig wird deutlich, dass hier eine Episode aus der unmittelbaren Nachkriegszeit geschildert wird. Umso verblüffender ist die Reaktion des jungen Mannes, der „freudig" erklärt, dass die Uhr alles sei, was ihm nach einem Bombenangriff geblieben sei, seine Familie eingeschlossen, wie er später verlegen lächelnd mitteilt. Die scheinbare Absurdität der Situation wird noch durch die Mitteilung des Mannes gesteigert, dass die Uhr zwar kaputt sei, aber „sonst doch noch ganz wie immer". Dazu passt, dass er einen weiteren Defekt der Uhr als besonderen Wert hervorhebt, dass sie nämlich genau um halb drei Uhr stehen geblieben sei. Den Versuch eines Zuhörers, hierfür eine rationale Erkärung anzubieten (er vermutet, das Haus sei wohl um halb drei bombardiert worden), wehrt er ab und erklärt, welche persönliche Bedeutung dieser Zeitpunkt für ihn hat. Allerdings haben sich nun die anderen innerlich von ihm zurückgezogen, und so wendet er sich ohne ersichtliche Gemütsbewegung an die Uhr, die – schon zuvor mit mehr Individualität ausgestattet als die Anwesenden – nun auch zum Zuhörer wird. Der junge Mann erzählt davon, wie er immer nachts um diese Zeit von der Arbeit heimgekommen war und seine Mutter dann noch auf ihn wartete, um ihm ein Essen zu machen. Dies vermittelte ihm ein Gefühl der Geborgenheit, von dem er dachte, es könne nie aufhören. Erst jetzt – und dieses „jetzt", die unbehauste Gegenwart, wird mehrmals wiederholt – weiß er, „dass es das Paradies war. Das richtige Paradies". Als der junge Mann aus seinen Erinnerungen wieder auftaucht, findet er keinen Kontakt mehr zu den Umsitzenden. Aber irgendwie hat er sie offensichtlich doch erreicht, denn, so schließt die Geschichte, „der Mann, der neben ihm saß", „dachte immerzu an das Wort Paradies".

Borcherts Erzählung ist undramatisch, was die Art der Darstellung betrifft: Der Autor schildert schlaglichtartig ein Schicksal, das sich nur wenig von dem unterscheidet, womit in der Nachkriegszeit unzählige Menschen leben mussten– gerade dadurch wirkt die Geschichte besonders auf heutige Leser so nachdrücklich. In alltäglicher, ja karger Sprache mit einfachem Wortschatz, kurzen Sätzen und vielen Wiederholungen wird die Situation eines jungen Menschen umrissen, der buchstäblich vor dem Nichts steht und von dem es dennoch heißt, dass er Freude empfinde. Freude worüber eigentlich? Vordergründig darüber, dass ihm die Küchenuhr geblieben ist, wobei vor allem ihre Gewöhnlichkeit und die Tatsache, dass sie kaputt ist, hervorgehoben werden. Sie ist alles, was ihm aus seinem früheren Leben geblieben ist. Jetzt, da sie kaputt ist, erfüllt sie nur noch die für ihn wichtigste Funktion, ihn an früher zu erinnern. An ihr wird dem jungen

Mann der Wert der Normalität, des Alltäglichen bewusst, das er verloren hat. Die Erinnerung an diese verlorene Welt wird im Lauf der Erzählung auch zunehmend wichtiger als die Gegenwart und die austauschbar anonymen Gesprächspartner, die er immer mehr ignoriert. Lieber nickt er der Küchenuhr zu und blickt ihr ins „weißblaue runde Gesicht". Für ihn und für den Leser gewinnt sie zunehmend menschliche Züge; und vor diesem Hintergrund erhält auch die mehrfach zitierte Äußerung, dass die Uhr innerlich kaputt sei, aber noch wie immer aussehe, eine neue Qualität; denn dasselbe lässt sich von dem jungen Mann sagen, der in seiner Typenhaftigkeit für die Generation junger Menschen steht, denen der Krieg alles genommen hat – außer der Erinnerung an eine heile Welt, die es einmal gegeben hat. Jetzt, da sie ihm verloren ist, weiß der junge Mann, „dass es das Paradies war. Das richtige Paradies." Hier gibt es keine Transzendenz, keinen Gott und keine Zukunftsperspektive, nur die kümmerliche Gewissheit der Erinnerung an eine heile – beziehungsweise zumindest rückblickend als solche erscheinende – Welt.

2 Vergleichende Zusammenfassung

Beide Werke behandeln das Thema des Krieges und seiner grauenhaften, alles erfassenden und vernichtenden Auswirkungen. Der barocke Formkünstler Gryphius findet hierfür starke, drastisch wirkende Sprachbilder, die sich in ihrer Bildhaftigkeit steigernd überbieten und in Bezug auf ihre Grausigkeit an die Werke des Malers Hieronymus Bosch erinnern. Jedoch gelingt es Gryphius, das überbordende Chaos des „Welt-Krieges" noch in die **strenge, geschlossene Form des Sonetts** zu fassen, da er bei aller Infragestellung oder sogar Zerstörung der herrschenden Weltordnung doch weiß, dass der Mensch einen „Seelen-Schatz" besitzt, den es zu bewahren gilt. Zwar sieht Gryphius auch diesen bereits bedroht durch die vernichtende Gewalt des Krieges, sodass er lieber davon schweigt – aber letztlich bleibt ihm die Gewissheit der Transzendenz, des Aufgehobenseins in Gott, in der sich der Mensch der Barockzeit so stark geborgen fühlen kann, dass die Bedrohung seiner irdischen Existenz zumindest einen Teil ihres Schreckens verliert.

Ganz anders stellt sich der Umgang mit den Auswirkungen des Krieges in Borcherts Kurzgeschichte dar. Schon in dem **programmatischen Fragmentcharakter** des Textes drückt sich die Gebrochenheit, die Zerstörung und Vernichtung der bis dahin gültigen und in ihrer Gültigkeit nie hinterfragten Weltordnung aus. Der Dichter findet dafür keine drastischen Bilder der Erschütterung; es scheint, als habe der Krieg ihn nahezu sprachlos gemacht, nur ganz reduzierte Möglichkeiten der Kommunikation gelassen. Die spartanische Sprache zeichnet freilich durch den Kontrast mit dem Dargestellten für den Leser die Situation umso schärfer und eindrücklicher. Die handelnden Personen erscheinen nicht als Individuen, genau genommen nicht einmal als wirkliche Menschen, sie sind auf Typen und Funktionen reduziert und im Grunde ihres Menschseins, eben ihrer Individualität und Persönlichkeit beraubt. Anders als in der Barockzeit wird die Allgemeingültigkeit durch verallgemeinernde und verallgemeinerbare Reduktion erreicht. Dinge, wenngleich ebenso durch den Krieg beschädigt wie die Menschen, erhalten selbst in ihrer Defizienz mehr Gewicht als die Menschen. Im Gegensatz zum Barockgedicht bleibt den Menschen aber im modernen Text keine Hoffnung auf ein besseres Jenseits, auf Gott. In seinem Drama *Draußen vor der Tür* lässt Borchert den Kriegsheimkehrer Beckmann dies direkt aussprechen: „Ich kenne keinen, der ein lieber Gott ist. Du bist tot, Gott." So erkennt der Mensch, dass es nach dem ‚totalen Krieg' keine Hoffnung und keine Zukunftsperspektive mehr gibt, sondern nur die Erinnerung an eine verlorene Zeit.

Textgrundlagen der beiden ausgewählten Werke:
Andreas Gryphius: Thränen des Vaterlandes. In: Die deutsche Lyrik. Band 1. Hrsg. von Benno von Wiese. Düsseldorf: August Bagel Verlag 1956. S. 139
Wolfgang Borchert: Das Gesamtwerk. Hamburg: Rowohlt Verlag 1981. S. 201 ff.

Grundkurs Deutsch (Bayern): Abiturprüfung 2007
Aufgabe 1 – Erschließung eines poetischen Textes

a) Erschließen und interpretieren Sie das Gedicht *Wiederfinden* von Johann Wolfgang von Goethe! Erarbeiten Sie insbesondere das zugrunde liegende Welt- und Menschenbild und berücksichtigen Sie dabei auch den beigefügten Auszug aus Goethes *Farbenlehre!*

b) Zeigen Sie, ausgehend von Ihren Ergebnissen, anhand eines literarischen Werks eines anderen Autors vergleichend auf, wie sich naturwissenschaftliche Vorstellungen auf Literatur auswirken!

Johann Wolfgang von Goethe (1749–1832)

Wiederfinden (Entstehung 1815; Erstdruck 1819 im Rahmen der Sammlung *West-östlicher Divan;* Orthographie entsprechend dem Erstdruck)

Ist es möglich, Stern der Sterne,
Drück' ich wieder dich ans Herz!
Ach! was ist die Nacht der Ferne
Für ein Abgrund, für ein Schmerz.
Ja du bist es! meiner Freuden
Süßer, lieber Widerpart;
Eingedenk vergangner Leiden
Schaudr' ich vor der Gegenwart.

Als die Welt im tiefsten Grunde
Lag an Gottes ew'ger Brust,
Ordnet' er die erste Stunde
Mit erhabner Schöpfungslust,
Und er sprach das Wort: Es werde!
Da erklang ein schmerzlich Ach!
Als das All, mit Machtgebärde,
In die Wirklichkeiten brach.

Auf that sich das Licht! sich trennte
Scheu die Finsterniß von ihm,
Und sogleich die Elemente
Scheidend auseinander fliehn.
Rasch, in wilden, wüsten Träumen,
Jedes nach der Weite rang,
Starr, in ungemeßnen Räumen,
Ohne Sehnsucht, ohne Klang.

Stumm war alles, still und öde,
Einsam Gott zum erstenmal!
Da erschuf er Morgenröthe,
Die erbarmte sich der Quaal;
Sie entwickelte dem Trüben
Ein erklingend Farbenspiel
Und nun konnte wieder lieben
Was erst auseinander fiel.

Und mit eiligem Bestreben
Sucht sich was sich angehört,
Und zu ungemeßnem Leben

Ist Gefühl und Blick gekehrt.
Sey's Ergreifen, sey es Raffen,
Wenn es nur sich faßt und hält!
Allah[1] braucht nicht mehr zu schaffen,
Wir erschaffen seine Welt.

So, mit morgenrothen Flügeln
Riß es mich an deinen Mund,
Und die Nacht mit tausend Siegeln
Kräftigt sternenhell den Bund.
Beyde sind wir auf der Erde
Musterhaft in Freud und Quaal
Und ein zweytes Wort: Es werde!
Trennt uns nicht zum zweytenmal.

Aus: Johann Wolfgang von Goethe: Sämtliche Werke. Münchner Ausgabe. Band 11.1.2. Herausgegeben von Karl Richter. München und Wien 1998, S. 88f.

1 *Allah*: hier allgemein für Schöpfergott

Johann Wolfgang von Goethe

Die Farbenlehre (Erstdruck 1810: Auszug aus Paragraph 175)

[…] Wir nennen sie[2] Urphänomene, weil nichts in der Erscheinung über ihnen liegt, sie aber dagegen völlig geeignet sind, daß man stufenweise […] von ihnen herab bis zu dem gemeinsten Falle der täglichen Erfahrung niedersteigen kann. Ein solches Urphänomen ist dasjenige, das wir bisher dargestellt haben. Wir sehen auf der einen Seite das Licht, das Helle, auf der andern die Finsternis, das Dunkle, wir bringen die Trübe zwischen beide, und aus diesen Gegensätzen, mit Hülfe gedachter Vermittlung, entwickeln sich, gleichfalls in einem Gegensatz, die Farben, deuten aber alsbald, durch einen Wechselbezug, unmittelbar auf ein Gemeinsames wieder zurück.

Aus: Johann Wolfgang von Goethe: Sämtliche Werke. Münchner Ausgabe. Band 10. Herausgegeben von Peter Schmidt. München und Wien 1989, S. 74

2 *sie*: als fundamental erkannte Erscheinungsmuster in der Natur

Hinweise und Tipps

An erster Stelle steht hier die **Texterschließung**, also die Untersuchung der inhaltlichen Struktur und der sprachlichen Besonderheiten. In diesem Fall wäre es sinnvoll, die formalen und sprachlichen Gestaltungsmittel bei der Betrachtung des Inhalts mit zu berücksichtigen, da sie, wie es gerade für die Gedankenlyrik typisch ist, strukturbildend sind und man bei einer solchen Vorgehensweise bereits Hinweise auf den interpretatorischen Ansatz gewinnt.

Die **Interpretation** sollte nicht zu weit ausgreifen, sondern sich darauf beschränken, den nicht ganz einfachen Gedankengang des Gedichts mit dem kurzen Auszug aus der Farbenlehre deutend in Beziehung zu setzen; es empfiehlt sich, sich eng an der Schwerpunktsetzung „zugrunde liegende[s] Welt- und Menschenbild" zu orientieren. Bei jedem Schritt ist sorgsam darauf zu achten, nicht pauschal Kenntnisse über die deutsche Klassik und das Weltbild des deutschen Idealismus auszubreiten, sondern auf der Grundlage der vorherigen Analyse in erster Linie die im Gedicht zutage tretenden Aspekte herauszuarbeiten und auszuführen. Möglicherweise kann es hilfreich sein, zunächst die Grundaussagen des Auszugs aus der *Farbenlehre* darzustellen, um damit die gedankliche Schwerpunktsetzung der Gedichtinterpretation vorzubereiten.

Die Auswahl eines weiteren literarischen Werkes, das Einflüsse naturwissenschaftlicher Vorstellungen aufweist, muss sorgsam überlegt und sollte erst nach der Analyse getroffen werden, damit Sie sich darüber im Klaren sind, welche Art von Einflussnahme bei einem **Vergleich** im Mittelpunkt stehen soll. Auch wird aus der Aufgabenstellung nicht ganz deutlich, wie weit der Begriff „naturwissenschaftliche Vorstellungen“ zu fassen ist. Sie können daher wohl entweder vom Inhalt ausgehen und etwa die Auseinandersetzung mit dem positivistischen, von den Naturwissenschaften geprägten Menschenbild im Zeitalter der Industrialisierung sowie mit dem zerstörerischen Potenzial naturwissenschaftlicher Erkenntnisse in den Mittelpunkt stellen oder auch auf den Bereich der naturwissenschaftlichen Utopien ausgreifen; dabei wäre darauf zu achten, dass nicht in erster Linie die Auswirkungen der technischen Errungenschaften, sondern deren naturwissenschaftliche Grundlagen im Vordergrund stehen. Oder aber Sie können die Übertragung naturwissenschaftlicher Methoden auf poetische Verfahren in den Blick nehmen, etwa die exakte Beobachtung als Grundlage für die Figuren- und Gesellschaftsdarstellung beispielsweise im Naturalismus. Entscheidend ist in jedem Falle, die einmal eingeschlagene Betrachtungsweise im Auge zu behalten und stringent durchzuführen.

Lösungsvorschlag

1 Inhalt und Aufbau

Das Gedicht *Wiederfinden* entstammt Goethes lyrischem Alterswerk, dem Gedichtzyklus *West-Östlicher Divan,* der sich in zwölf Bücher gliedert. Das vorliegende Gedicht findet sich in dem *Buch Suleika,* dem umfangreichsten des Zyklus; darin führt ein Paar, Hatem und Suleika, einen Liebesdialog. Hinter Hatem verbirgt sich Goethe selbst, Suleika steht für Marianne von Willemer, die Braut und spätere Ehefrau eines Freundes von Goethe, die er im August 1814 kennen und lieben lernte. Während eines Aufenthaltes auf dem Landsitz Willemers bei Frankfurt entwickelte sich eine heftige Leidenschaft zwischen dem alternden Goethe und der schönen, geistreichen jungen Frau – etliche der „Suleika“-Gedichte stammen von ihr –, die ihren literarischen Niederschlag eben in dem *Buch Suleika* fand.

Das vorliegende Gedicht gliedert sich in sechs gleich lange, jeweils achtversige Strophen mit streng alternierendem **Metrum** – regelmäßigen vierhebigen Trochäen – und ebenso regelmäßig wechselnder männlicher und weiblicher Kadenz. Innerhalb der Strophen sind jeweils zweimal vier Verse durch **Kreuzreim** verbunden, wobei in den letzten Versen der 6. Strophe auf Reimwörter der 4. Strophe zurückgegriffen wird; jeweils zwei aufeinanderfolgende Verse bilden eine **syntaktische Einheit**; teils fallen dabei Vers- und Satzgrenze zusammen, teils sind sie durch Enjambements verbunden. Eine Abweichung hiervon findet sich lediglich in den Versen 13 und 14. In dieser strikten, fast schlicht zu nennenden **Regelmäßigkeit der Form**, geprägt von Gegensätzen (Kadenzen, Hebungen und Senkungen, Zusammenfall von Vers- und Satzgrenze, Aufteilung einer Strophe in zweimal vier Verse), die sich aber durch verbindende Elemente (Kreuzreim, Enjambements) wiederum zu einer Einheit zusammenfügen, kommt die **Vorstellung des Dichters von einer grundlegenden kosmischen Harmonie** durch die Integration getrennter beziehungsweise gegensätzlicher Bereiche zum Ausdruck.

Wenn man die **inhaltliche Struktur** des Textes betrachtet, finden sich Entsprechungen in der Gesamtkonzeption: Die Strophen I und VI geben eine konkrete Situation wieder, deren gleichzeitige Gegenwärtigkeit und Zeitlosigkeit durch das Präsens ausgedrückt werden und in denen ein lyrisches Ich zu einem lyrischen Du spricht, sodass sich auch hier die Harmonie der Dualität niederschlägt. Die dazwischen liegenden zweimal zwei Strophen schildern ein kosmisches Schöpfungsgeschehen, das sich in zwei Stufen vollzieht. Dieser Aufbau ist nun im Einzelnen zu betrachten.

Strophe I **Getrübtes Glücksgefühl des Sprechers bei der Wiederbegegnung mit der Geliebten**

Verse 1–4

In Ausrufen und feierlichen Anreden drückt das lyrische Ich in den ersten beiden Versen sein freudiges Erstaunen über die wiedergewonnene Nähe der Geliebten aus, die mit einer hyperbolischen Metapher – „Stern der Sterne" (V. 1) – bezeichnet wird. In den folgenden zwei Versen verleiht der Sprecher seiner Klage über die Trennungsphase durch den Parallelismus in Vers 4 zusätzlichen Nachdruck.

Verse 5–8

Mit einer erneuten emphatischen Anrede wird die Geliebte bereits zu diesem Zeitpunkt als ergänzender Gegenpol („Widerpart", V. 6) des lyrischen Sprechers programmatisch eingeführt. Auch hier folgen auf zwei Verse überschwänglicher Freude und begeisterter Bestätigung ihrer Anwesenheit zwei Verse tiefer Klage über die Trennungsphase. In den letzten beiden Versen verbinden sich Vergangenheit und Gegenwart für den Sprecher in der Angst vor einer möglichen Wiederholung der Entbehrungen im Hier und Jetzt.

Strophen II–III **Der göttliche Schöpfungsakt als Beginn eines Trennungs- und Polarisationsprozesses**

Verse 9–13

Mit dem Wechsel ins Präteritum vollzieht sich der Wechsel vom unmittelbaren subjektiven Empfinden des Sprechers zum distanzierten Berichten über den Schöpfungsvorgang. In einem einzigen Satzgefüge, das sich über fünf Verse hin erstreckt, wird die Beendigung der ursprünglichen kosmischen Einheit der Welt durch den verbalen Schöpfungsakt Gottes geschildert. Indem der Urzustand durch die Personifikation der Welt, die in der Umarmung Gottes ruht, ausgedrückt wird, deutet sich hier bereits die Parallele zwischen Liebesbeziehung und Schöpfungsgeschehen an; die beiden Verse des untergeordneten Temporalsatzes sind in sich zusätzlich durch ein Enjambement verbunden. Der letzte knappe Hauptsatz, parataktisch gefolgt von dem an Prägnanz nicht zu überbietenden Optativ „Es werde!" (V. 13), bildet inhaltlich und syntaktisch gleichzeitig den Auftakt zur zweiten Hälfte der Strophe.

Verse 14–16

Mit dem Ausruf, der eine gleichsam vorweggenommene Personifikation des erst im nächsten Vers genannten Subjekts („das All") bewirkt, beginnt das zweite Satzgefüge dieser Strophe. Es ist durch das Satzzeichen deutlich von dem folgenden Temporalsatz (V. 15 und 16) getrennt, der dennoch durch die Subjunktion eng angebunden ist. Dieser Temporalsatz umfasst zwei Verse, die durch das Enjambement eine Einheit bilden, obwohl sich inhaltlich die Entstehung der Welt in dem kosmischen Bild des gleichsam zersplitternden Alls als gewaltsamer, dissoziativer Vorgang darstellt.

Verse 17–24

Ganz dem biblischen Vorbild folgend, beginnt mit der Trennung von Licht und Finsternis eine ständig fortschreitende Dissoziation. Am Anfang steht jedoch das personifizierte Licht in einem knappen Ausrufesatz; die ebenfalls personifizierte Dunkelheit stiehlt sich verschämt davon. Hier spielen vielleicht freimaurerische Vorstellungen mit hinein; man denke an die Schlussarie des Sarastro in Mozarts Oper *Die Zauberflöte:* „Die Strahlen der Sonne / vertreiben die Nacht"; dafür würden auch die gehäuften Personifikationen kosmischer Elemente sprechen. Dieser Vorgang der Dissoziation wird mit Begriffen aus dem Wortfeld der Beziehungslosigkeit und Distanz geschildert, die asyndetisch nebeneinander stehen und in einem knappen anaphorischen Parallelismus (V. 24) gipfeln: Der Schöpfungsakt stellt sich hier zunächst als Verlust der ursprünglichen Harmonie dar, der sich im Verlust seelischer und sinnlicher Empfindung – „ohne Sehnsucht, ohne Klang“ (V. 24) – manifestiert.

Strophen IV–V **Ergänzung des Schöpfungsaktes als Impuls zu einem Vereinigungsprozess**

Verse 25–26 Dieser Zustand der ‚Totenstille‘, betont durch die alliterierenden Adjektive „[s]tumm“ und „still“ (V. 25), wird zu Beginn der vierten Strophe aufgegriffen, indem Gott selbst in ihn mit einbezogen wird. Durch die zutiefst menschliche Erfahrung der Isolation wird er zur Vervollkommnung seiner Schöpfung angeregt; eine solche Gottesvorstellung ist weit entfernt von der biblischen.

Verse 27–32 Als Reaktion auf diese Erfahrung erschafft Gott die Morgenröte; der männliche Schöpfergott kreiert ein weibliches Pendant, die Personifikation des Neubeginns, der schon in der griechischen Antike – als „Eos“ – göttlicher Charakter beigelegt wurde. Das weibliche Element bildet eine Farbenvielfalt aus, die zwischen Licht und Finsternis vermittelt, und bringt damit die umfassende sinnliche Erfahrung zurück, eindrucksvoll veranschaulicht in dem synästhetischen Bild „[e]in erklingend Farbenspiel“ (V. 30). Die Phase der Trennung ist aufgehoben durch die Macht des weiblichen Elements, welches eine Phase erneuter Vereinigung einleitet (V. 31 f.). Auch dies lässt an freimaurerische Vorstellungen denken, wie sie in der *Zauberflöte* zum Ausdruck kommen: „Mann und Weib und Weib und Mann / reichen an die Gottheit an“, heißt es dort in einem Duett von Pamina und Papageno.

Verse 33–38 Der größte Teil der fünften Strophe (V. 33–36) ist dem ungebändigten Drang zu erneutem Zusammenhalt gewidmet, was sich auch in der Form zeigt: Die ersten beiden Verspaare sind durch Enjambement verbunden, nicht einmal der Relativsatz in Vers 35 („was sich angehört“) ist durch ein Satzzeichen abgetrennt. In dem steigernden, asyndetischen Parallelismus – „Sey’s Ergreifen, sey es Raffen“ – (V. 37) wird die Heftigkeit des Vereinigungswunsches nochmals hervorgehoben; mit Verben wie „Ergreifen“ und „Raffen“, mit dem Hendiadyoin „faßt und hält“ werden zudem Assoziationen mit dem Liebesakt ausgelöst.

Verse 39–40 In den letzten beiden Versen tritt das Schöpfungsgeschehen in eine dritte Phase: Nun, da die Harmonie der Gegensätze wiederhergestellt ist, übernehmen die Menschen die Schöpfungsaufgabe. In zwei knappen parataktischen Sätzen wechselt die Position des Sprechers von distanziertem Berichten zu personaler Haltung, vom Präteritum zum Präsens: Er ist wieder in der Gegenwart angekommen, aber es gibt kein Ich und Du mehr, sondern nur noch ein Wir.

Strophe VI **Verabsolutierung der Liebesbeziehung aufgrund der wesenhaften Übereinstimmung der Liebenden mit dem Schöpfergott**

Verse 41–44 In der ersten Hälfte der abschließenden Strophe wird in zwei jeweils durch Enjambements verbundenen Verspaaren die Zusammengehörigkeit der Liebenden bekräftigt, indem der Sprecher die Eingebundenheit des Paares ins kosmische Geschehen konstatiert: Der durch die Morgenröte ausgelöste Drang zum Zusammenhalt hat auch sie vereinigt und diese

Verbindung wird im konstatierenden Präsens durch das Siegel der Nacht, die hier wohl für den Liebesakt steht, gefestigt.

Verse 45–48 So stellt der Sprecher in abschließender Steigerung die Modellhaftigkeit ihrer Liebe fest, signifikant eingeleitet durch die Spitzenstellung des Wortes „Beyde" (V. 45). Mit der Antithese „in Freud und Quaal" bereitet er den Bezug zum Schöpfungsgeschehen vor, den er in dem abschließenden Verspaar ausspricht, indem er zugleich die Unauflöslichkeit ihrer Liebe über den göttlichen Schöpfungsakt stellt; der zentrale Imperativ Gottes „Es werde" (V. 47) hat über das liebende Paar keine Macht mehr.

2 Zusammenfassende Interpretation des Gedichts im Hinblick auf das ihm zugrunde liegende Welt- und Menschenbild und unter Bezugnahme auf die „Farbenlehre"

Den ideengeschichtlichen Hintergrund zu diesem Gedicht bildet das **dreiphasige Welt- und Geschichtsbild der Weimarer Klassik**: Der Urzustand ungestalteter Harmonie geht durch die fortschreitende Entwicklung und Zivilisierung des Menschen verloren, doch die Sehnsucht danach ist dem Menschen als Teil der Natur wesenseigen und führt dazu – gerade weil er die Dualität von Vernunft und Gefühl in sich trägt –, dass er hinter diesem nur scheinbaren Gegensatz die Einheit des Weltganzen erkennt, so Harmonie auf höherer Ebene, in geordneter, gestalteter Form gewinnt und dadurch zur Vollendung seines Menschseins gelangt. Im vorliegenden Gedicht wird dieser Dreischritt auf drei Ebenen vollzogen, die für Goethe eng verbunden sind: auf der subjektiv-persönlichen, der religiösen und der naturwissenschaftlichen. Auch für ihn steht hinter allem Seienden ein Schöpfergott; jedoch vollendet eigentlich erst der Mensch im Streben nach Humanität, also nach **wahrem Menschsein**, dessen Werk, indem er das Ideal der Harmonie, der **Einheit der Gegensätze** erreicht. Höchster Ausdruck dieser menschlichen **Ganzheitlichkeit** ist die komplementäre Verbundenheit von Mann und Frau in der **Liebe**.

Für **Goethe**, der sich seit seiner Studienzeit mit den Naturwissenschaften beschäftigte, stellten solche wissenschaftlichen Betrachtungen die Legitimationsbasis seiner Weltsicht dar. Er **fand in der Natur die grundlegenden Bildungsgesetze von Veränderung, Steigerung und Polarität**, wie er in der *Metamorphose der Pflanzen* oder in der *Farbenlehre* darlegt. Der vorliegende Ausschnitt zeigt dies: Die Polarität ist für Goethe ein „Urphänomen", ein Grundmuster der Natur, das man auch in scheinbar banalen Erscheinungen der „täglichen Erfahrung" (Z. 3) wiederfinden kann. Der Gegensatz Hell-Dunkel ist ein solches Grundmuster, aus dem sich „die Farben" „entwickeln" (Z. 6 f.). **Analog** zu dieser wissenschaftlichen Betrachtung und Erklärung der Natur gestaltet Goethe in dem vorliegenden Gedicht **seine poetische Weltsicht**: Am Beginn der Schöpfung, als sich das Urchaos realisiert, indem es sich differenziert, steht das Urphänomen der Scheidung von Licht und Finsternis, aus der sich dann, gemäß der Goethe'schen Theorie, die Farben entwickeln – hier allerdings unter dem Einfluss der Morgenröte; denn naturwissenschaftliche Weltbeschreibung bedeutet für Goethe eben nicht Leugnung der Transzendenz, im Gegenteil: In der beeindruckenden Ordnung und Gesetzmäßigkeit des Naturganzen kann man sie finden. Und wie das Urphänomen der Gegensätzlichkeit in seiner Entwicklung „unmittelbar auf ein Gemeinsames wieder zurück"-deutet (Z. 8), so findet sich die analoge Entwicklung in dem exemplarischen Liebeserlebnis von ursprünglicher Einheit über Trennung hin zu erneuter, gesteigerter Vereinigung.

3 Vergleich

Zum Vergleich herangezogen wird das 1912 veröffentlichte Gedicht *Mann und Frau gehen durch die Krebsbaracke* von **Gottfried Benn**. Dieser Dichter, der gleichzeitig ausgebildeter Arzt, also Naturwissenschaftler war, verbindet in seinen Werken den kühlen sachlichen Blick des Wissenschaftlers mit der Emphase und Bildmächtigkeit dichterischer Sprachkraft.

Bereits in der streng durchkonstruierten **Form** des Goethe'schen Gedichts spiegelt sich die Sichtweise des Dichters wider: der Glauben an die feste Gesetzmäßigkeit und harmonische Ordnung der Natur. Dergleichen findet man bei Benn nicht, er verwendet reimlose Verse unterschiedlicher Länge, die zwar ein überwiegend alternierendes Metrum aufweisen, dessen rhythmische Wirkung jedoch allenfalls sachlich-monoton ist. Hier gibt es **keinen Halt** und **keine Geborgenheit**.

Wiederfinden ist ein Liebesgedicht; der liebende Mann spricht emphatisch zu seiner Geliebten und preist den Zustand der Vereinigung als Vollendung menschlichen Strebens. Dieser wird vom Dichter in Analogie gesetzt zum Streben aller dissoziierten Elemente in der Natur nach Wiedervereinigung. Beides führt zur Harmonie, zum Einswerden aller natürlichen Wesen auf einer höheren Ebene.

Auch in **Benns** Gedicht spricht ein Mann; die **Geschlechterrolle** steht gegenüber seiner Funktion als Arzt eindeutig im Vordergrund. Auch muss ihm die ihn begleitende Frau gut bekannt sein, da er sie duzt. Aber es ist **keine Vertrautheit** zwischen ihnen. Der Mann monologisiert in sachlich knappen Sätzen, die allerdings mit Metaphern durchsetzt sind, welche die ekelerregenden Befunde gleichzeitig plastischer werden lassen und abmildern in ihrer Schockwirkung. Hier ist **keine Emphase** erkennbar, **kein Mitgefühl** mit den todgeweihten Patientinnen, keine emotionale Beziehung zu seiner Begleiterin, sondern lediglich die genaue Wiedergabe empirischer Beobachtungen. Auffällig ist allerdings, dass der Sprecher fast ausschließlich auf Befunde bestimmter Körperregionen eingeht. Seine ständigen Bezugnahmen auf die Geschlechtsmerkmale seiner Patientinnen, auf ihre Schöße und Brüste, lassen den Text als eine Art pervertiertes Liebesgedicht erscheinen, da der Sprecher sein Begehren und Liebesverlangen offenbar nur noch in einer nüchternen Fachsprache und auf betont abstoßende Weise zu äußern vermag.

Für **Goethe** erhöht die naturwissenschaftliche Betrachtungsweise der Welt den Eindruck von der Großartigkeit der Natur. Auf diesem Hintergrund kann er **die Natur verklärt-poetisch darstellen**, denn gerade in der Regelhaftigkeit, die bei wissenschaftlicher Betrachtung offenkundig wird, zeigt sich das Wirken transzendenter Mächte. Die Natur führt vor, dass **Vollendung möglich** ist, dass auch der Mensch sie anstreben und erreichen kann. So vermittelt das Gedicht **Aufbruchsstimmung**, wie sie die Morgenröte symbolisiert; der Mensch hat seinen Platz in der Weltordnung und sein Leben ein Ziel.

Die wissenschaftliche Beschäftigung mit menschlichem Leid lässt den Menschen bei **Benn** hingegen **zynisch und distanziert** werden. Der Arzt degradiert die Krebsopfer sprachlich zu Objekten. Hoffnung auf Heilung, auf Überwindung des Zerstörungswerks, das die Integrität des Körpers zersetzt, gibt es nicht. An die Stelle des Strebens nach Vollendung ist die **Gewissheit des Verfalls**, der körperlichen Auflösung getreten. Das Leben hat seinen Sinn, sein Ziel verloren. Eine aus solchen Eindrücken heraus erwachsene Weltsicht bietet keinen Platz mehr für transzendentale Erfahrungen einer göttlich inspirierten Harmonie des Weltganzen.

Grundkurs Deutsch (Bayern): Abiturprüfung 2007
Aufgabe 2 – Erschließung eines poetischen Textes

a) Erschließen Sie den folgenden Szenenausschnitt, indem Sie Inhalt und Aufbau sowie die dramaturgischen und sprachlich-stilistischen Gestaltungsmittel untersuchen! Arbeiten Sie dabei vor allem die Gesprächsstrategie der Protagonistin heraus!

b) Vergleichen Sie die hier deutlich werdenden geschlechtsspezifischen Gegensätze mit deren Gestaltung in einem anderen literarischen Werk!

Vorbemerkung

Friedrich Hebbels fünfaktige Tragödie *Judith* entstammt dem Stoffkreis des Alten Testaments. Holofernes, der grausame oberste Feldherr des assyrischen Königs Nebukadnezar, lagert mit einer gewaltigen Streitmacht vor der hebräischen Stadt Bethulien, die sich als letzte und einzige der Unterwerfung verweigert. Deshalb hat Holofernes die vollständige Vernichtung der Stadt beschlossen, die sich in einer nahezu ausweglosen Situation befindet. Daraufhin fasst die fromme Hebräerin Judith den Entschluss, die Rettung der Stadt in die Hand zu nehmen und Holofernes zu töten. Auf Gottes Hilfe vertrauend begibt sie sich in Holofernes' Lager. Unter dem Vorwand, ihr Volk verraten zu wollen, gelingt es ihr, zu Holofernes vorgelassen zu werden, der von ihrer Schönheit gefesselt ist. Der vorliegende Textausschnitt ist das Ende des vierten Akts und handelt von der ersten Begegnung Judiths mit Holofernes in dessen Zelt. Judiths Magd Mirza, die sie begleitet, wartet während des Gesprächs vor der Tür.

Friedrich Hebbel (1813–1863)

Judith (1839/40)

(Orthographie und Interpunktion entsprechend dem Erstdruck)

[...]

HOLOFERNES. Was machst du? Ich will nicht, daß du vor mir knien sollst.

JUDITH *(steht auf).* Sie[1] meinen, daß du sie alle töten willst! du lächelst, statt empört zu sein? O, ich vergaß, wer du bist! du kennst die Gemüter der Menschen, dich kann nichts überraschen, dich reizt es nur noch zum Spott, wenn dein Bild in einem trüben Spiegel entstellt und verzerrt erscheint. Aber, dies muß ich doch zum Ruhm der Meinigen sagen: sie selbst hätten einen solchen Gedanken nimmermehr gefaßt. Sie wollten dir das Tor öffnen, da trat Achior, der Moabiter[2]-Hauptmann, unter sie und erschreckte sie; „was wollt ihr tun – rief er – wißt ihr auch, daß Holofernes euch allen den Untergang geschworen hat?" Ich weiß, du hast ihm Leben und Freiheit geschenkt; du hast, weil du dich an einem Unwürdigen nicht rächen mogtest, ihn zu uns hinübergesandt, ihn großmütig in die Reihen deiner Feinde gestellt. Er dankt es dir dadurch, daß er dein Bild in Blut malt und dir jedes Herz abwendig macht. Nicht wahr, mein kleines Volk bildet sich zuviel ein, wenn es sich deines Zorns würdig dünkt? Wie könntest du hassen, die du gar nicht kanntest, die du nur zufällig auf deinem Weg antrafst und die dir nur darum nicht auswichen, weil die Angst sie erstarrte und ihnen Leben und Besinnung raubte? Und wenn wirklich etwas wie Mut sie beseelt hätte, könnte das dich reizen, von dir selbst abzufallen? Könnte Holofernes *sich selbst,* alles, was ihn groß und einzig macht, in anderen anfeinden und verfolgen? Das ist wider die Natur und geschieht nimmermehr! *(Sie sieht ihn an. Er schweigt.)* O, ich mögte du sein! Nur einen Tag, nur eine Stunde! Dann wollt ich dadurch, daß ich das Schwert einsteckte, einen Triumph feiern, wie ihn noch keiner durch das Schwert gefeiert hat. Tausende zittern jetzt vor dir in jener Stadt; ihr habt mir getrotzt – würd ich ihnen zurufen – doch eben, weil ihr mich beleidigt habt, schenk ich euch das Leben; ich will mich rächen an euch, aber durch euch selbst; ich lasse euch frei ausgehen, damit ihr ganz meine Sklaven seid!

HOLOFERNES. Weib, ahnst du auch, daß du mir dies alles unmöglich machst, indem du mich dazu aufforderst? Wäre der Gedanke in mir selbst aufgestiegen, vielleicht hätt ich ihn ausgeführt. Nun ist er dein und kann nimmer mein werden. Es tut mir leid, daß Achior recht behält!

JUDITH *(bricht in ein wildes Gelächter aus).* Vergib; gestatte mir, daß ich mich selbst verhöhne. Es sind Kinder in der Stadt, so unschuldig, daß sie lächeln werden, wenn sie das Eisen blinken sehen, das sie spießen soll. Es sind Jungfrauen in der Stadt, die vor dem Lichtstrahl zittern, der durch ihren Schleier dringen will. Ich dachte an den Tod, der diese Kinder erwartet, ich dachte an die Schmach, die diese Jungfrauen bedroht; ich malte mir das Gräßliche aus, und ich glaubte, niemand könne so stark sein, daß er vor solchen Bildern nicht zusammenschauderte. Verzeih, daß ich dir meine eigne Schwäche unterlegte!

HOLOFERNES: Du wolltest mich schmücken, und das verdient meinen Dank, wenn die Art mir auch nicht ansteht. Judith, wir müssen nicht miteinander rechten. Ich bin bestimmt, Wunden zu schlagen, du, Wunden zu heilen. Wär ich in meinem Beruf lässig, so hättest du keinen Zeitvertreib. Auch mit meinen Kriegern mußt dus nicht so genau nehmen. Leute, die heute nicht wissen, ob sie morgen noch da sind, müssen schon dreist zugreifen und sich den Magen etwas überladen, wenn sie ihren Teil von der Welt haben wollen.

JUDITH: Herr, du übertriffst mich an Weisheit ebenso weit, wie an Mut und Kraft. Ich hatte mich in mir selbst verirrt, und nur dir dank ichs, daß ich mich wieder zurecht fand. Ha, wie törigt war ich! Ich weiß, daß sie alle den Tod verdient haben, daß er ihnen längst verkündigt worden ist; ich weiß, daß der Herr, mein Gott, dir das Rächeramt übertragen hat, und dennoch werf ich mich, von erbärmlichem Mitleid überwältigt, zwischen dich und sie. Heil mir, daß deine Hand das Schwert festhielt, daß du es nicht fallen ließest, um die Tränen eines Weibes zu trocknen. Wie würden sie in ihrem Übermut bestärkt worden sein! Was bliebe ihnen noch zu fürchten, wenn Holofernes an ihnen vorüberzöge, wie ein Gewitter, das nicht zum Ausbruch kommt! Wer weiß, ob sie nicht Feigheit in deiner Großmut sehen und Spottlieder auf deine Barmherzigkeit machen würden! Jetzt sitzen sie im Sack und in der Asche und tun Buße, aber für jede Stunde der Enthaltsamkeit würden sie sich vielleicht durch einen Tag wilder Lust und Raserei entschädigen! Und all ihre Sünden würden auf meine Rechnung kommen, und ich müßte vergehen vor Reue und Scham. Nein, Herr, gedenk deines Schwurs und vertilg sie! Dies läßt der Herr, mein Gott, dir gebieten durch meinen Mund; er will dein Freund sein, wie du ihr Feind bist!

HOLOFERNES. Weib, es kommt mir vor, als ob du mit mir spieltest. Doch nein, ich beleidige mich selbst, indem ich dies für möglich halte. *(Nach einer Pause.)* Du klagst die Deinigen hart an.

JUDITH. Meinst du, daß es mit leichtem Herzen geschieht? Es ist die Strafe meiner eignen Sünden, daß ich sie wegen der ihrigen verklagen muß. Glaube nicht, daß ich bloß darum von ihnen geflohen bin, weil ich dem allgemeinen Untergang, den ich vor Augen sah, entgehen wollte. Wer fühlte sich so rein, daß er, wenn der Herr ein großes Gericht hält, sich ihm zu entziehen wagte? Ich kam zu dir, weil mein Gott es mir gebot. Ich soll dich nach Jerusalem führen, ich soll dir mein Volk in die Hand geben, wie eine Herde, die keinen Hirten hat. Dies hat er mich geheißen in einer Nacht, wo ich im verzweifelnden Gebet vor ihm auf den Knieen lag, wo ich tausendfaches Verderben auf dich und die Deinigen von ihm herabflehte, wo jeder meiner Gedanken dich zu umschnüren und zu erwürgen suchte. Seine Stimme erscholl und ich jauchzte hoch auf, aber er hatte mein Gebet verworfen, er sprach über mein Volk das Todesurteil, er lud auf meine Seele das Henkeramt. O, das war ein Wechsel! Ich erstarrte, aber ich gehorchte, ich verließ eilig die Stadt und schüttelte den Staub von meinen Füßen, ich trat vor dich hin und ermahnte dich, die zu vertilgen, für deren Rettung ich kurz zuvor noch Leib und Blut geopfert hätte. Siehe, sie werden mich schmähen und meinen Namen brandmarken für immer; das ist mehr, als der Tod, dennoch beharr ich und wanke nicht!

HOLOFERNES. Sie werdens nicht tun. Kann dich einer schmähen, wenn ich keinen am Leben lasse? Wahrlich, wenn dein Gott ausrichten wird, was du gesagt hast, so soll er auch mein Gott sein, und dich will ich groß machen, wie noch nie ein Weib! *(Zum Kämmerer.)* Führe sie in die Schatzkammer und speise sie von meinem Tisch.

JUDITH. Herr, ich darf noch nicht essen von deiner Speise, denn ich würde mich versündigen. Ich kam ja nicht zu dir, um von meinem Gott abzufallen, sondern um ihm recht zu dienen. Ich habe etwas mit mir genommen, davon will ich essen.

HOLOFERNES. Und wenn das auf[3] ist?

JUDITH. Sei gewiß, bevor ich dies wenige verzehren kann, wird mein Gott durch mich ausführen, was er vor hat. Auf fünf Tage[4] hab ich genug, und in fünf Tagen bringt ers zu Ende. Noch weiß ich die Stunde nicht und mein Gott wird sie mir nicht eher sagen, als bis sie da ist. Darum gib Befehl, daß ich, ohne von den Deinigen gehindert zu werden, hinaus gehen darf ins Gebirg bis vor die Stadt, damit ich anbete und der Offenbarung harre.

HOLOFERNES. Die Erlaubnis hast du. Ich ließ die Schritte eines Weibes noch nie bewachen! Also in fünf Tagen, Judith!

JUDITH. *(Wirft sich ihm zu Füßen und geht zur Tür).* In fünf Tagen, Holofernes!

MIRZA. *(die ihr Entsetzen und ihren Abscheu längst durch Gebärden zu erkennen gab).* Verfluchte, so bist du gekommen, dein Volk zu verraten?

JUDITH. Sprich laut! Es ist gut, wenn alle hören, daß auch du an meine Worte glaubst!

MIRZA. Sag selbst, Judith, muß ich dir nicht fluchen?

JUDITH. Wohl mir! Wenn du nicht zweifelst, so kann Holofernes gewiß nicht zweifeln!

MIRZA. Du weinst?

JUDITH. Freudentränen darüber, daß ich dich täuschte. Ich schaudere vor der Kraft der Lüge in meinem Munde. *(Ab.)*

Aus: Friedrich Hebbel: Werke. Band 1. Herausgegeben von Gerhard Fricke und anderen. München 1963, S. 50–54

1 *Sie:* Die Bewohner der Stadt Bethulien

2 *Moabiter:* Nachbarvolk der Hebräer, das sich Holofernes zuvor unterworfen hat

3 *auf:* aufgegessen, verbraucht

4 *fünf Tage:* Bethulien kann der Belagerung noch maximal fünf Tage standhalten.

Hinweise und Tipps

Auch diese Aufgabe ist zweigeteilt. Die erste Aufgabenstellung fordert eine **Erschließung** des Textes, dies bedeutet gemäß dem Kriterienkatalog in den *Einheitlichen Prüfungsanforderungen in der Abiturprüfung Deutsch:* eine Textinterpretation. Erläuternd wird ausgeführt: „Die Textinterpretation bedient sich analytischer Mittel und Methoden; die erarbeiteten inhaltlichen und formalen Einzelergebnisse werden als vernetzte Zusammenschau vorgestellt." (EPA, Abschnitt 3.2.1) Man wird also von einer Untersuchung nach Form und Inhalt ausgehen; die **Untersuchungskriterien** sind sehr **konkret vorgegeben** – dramaturgische und sprachlich-stilistische Gestaltungsmittel, Gesprächsstrategie der Protagonistin –, sodass man sich über die methodische Vorgehensweise weniger Gedanken zu machen braucht. Allerdings ist sorgsam darauf zu achten, dass man es nicht bei einer reinen Aufzählung der gefundenen Merkmale bewenden lässt, sondern diese stets in ihrer Funktion betrachtet und darstellt, um eine „vernetzte Zusammenschau" zu bieten. Entsprechend enthält auch der Lösungsvorschlag keinen gesonderten Abschnitt „Interpretation".

Es empfiehlt sich, mit einer **Zusammenfassung des Inhalts** zu beginnen, bei der gleichzeitig die **Struktur der Gesprächsführung** herausgearbeitet wird, die Art und Weise, wie die Gesprächspartner miteinander umgehen und aufeinander reagieren. Damit ist zugleich eine wichtige Vorarbeit für den letzten Teil des ersten Arbeitsauftrags geleistet.

Ob nun zuerst die **sprachlichen** oder die **dramaturgischen Gestaltungsmittel** untersucht werden, ist eine Frage der jeweiligen Konzeption. Beginnt man mit einer Analyse der sprachlich-stilistischen Besonderheiten, so ergibt sich daraus schon ansatzweise eine sprachliche Charakteristik der jeweiligen Dialogpartner, auf die man bei der Untersuchung des dramaturgischen Aufbaus zurückgreifen kann. Betrachtet man zunächst die dramaturgische Gestaltung, so ist der innere und äußere Aufbau des Dialogs bereits verdeutlicht und auf diesem Hintergrund können nun die sprachlich-stilistischen Eigenheiten im Detail beleuchtet werden.

Im Folgenden wird mit der Betrachtung der sprachlich-stilistischen Gestaltung begonnen. Hier sind die üblichen Parameter zu betrachten: Sprachebene, Wortwahl, Satzbau, Stilmittel, sprachliche Besonderheiten. Dabei ist stets die Funktion des untersuchten Parameters im Zusammenhang des Textganzen darzustellen.

Anschließend werden die dramaturgischen Gestaltungsmittel untersucht: Ist die Länge der Sprechpassagen gleichmäßig verteilt oder dominiert ein Partner? Bleibt diese Verteilung über den ganzen Ausschnitt hin gleich oder ändert sie sich? Gibt es Brüche oder Pausen? Welche Regieanweisungen oder sonstige nonverbale Gestaltungsmittel finden sich? Auch hier ist stets nach der Funktion zu fragen: Warum werden gerade diese Mittel an der jeweiligen Stelle verwendet, welche Wirkung haben sie auf den Zuschauer?

Bei der Herausarbeitung von **Judiths Gesprächsstrategie** könnte man sich von Fragen leiten lassen wie: Geht die Protagonistin überlegt oder spontan vor? Verhält sie sich emotional oder rational, rigide oder flexibel, manipulativ oder sachlich argumentierend? Bei sorgfältiger Bearbeitung der vorherigen Arbeitsaufträge wird dieser Punkt eine präzisierende Zusammenfassung bilden.

Die **zweite Teilaufgabe** fordert genaue Vorüberlegungen. Hier geht es um die **Gestaltung geschlechtsspezifischer Gegensätze** in diesem und einem weiteren literarischen Werk; somit gilt es zunächst, diese Gegensätze anhand der vorliegenden Textstelle zu benennen und darzustellen, um auf dieser Basis ein zum Vergleich geeignetes Werk zu finden. Bei der Darstellung ist sorgfältig darauf zu achten, dass man nicht pauschalisierend argumentiert und in Vorurteile verfällt, sondern sich eng an den Text hält. Bei der Entscheidung für einen **Vergleichstext** ist zu bedenken, dass Figuren beiderlei Geschlechts mit Verhaltensweisen darin vorkommen müssen, die nicht nur ihrem Charakter, sondern ihrer Geschlechterrolle zuzuordnen sind. Vordergründig geradezu aufdrängen würde sich wohl Friedrich Schillers *Jungfrau von Orleans,* das Werk, von dem sich Hebbel mit seinem Drama erklärtermaßen absetzen wollte. Schillers Stück wird aber vermutlich nicht jedem bekannt sein. Auch scheint bei dieser Wahl die Gefahr besonders groß, ins Allgemeine abzugleiten. Ebenfalls gute Vergleichsmöglichkeiten böten Dramen wie Lessings *Emilia Galotti* (Emilia – Gonzaga oder Emilia – Odoardo), Schillers *Don Carlos* (Elisabeth – Carlos oder Elisabeth – Philipp), Kleists *Penthesilea* (Penthesilea – Achill) oder auch Horváths *Geschichten aus dem Wienerwald* (Marianne – Alfred). Aber auch Prosawerke wie Fontanes *Effi Briest* (Effi – Innstetten oder Effi – Crampas), Hauptmanns *Bahnwärter Thiel* (Thiel – Lene) oder Heinrich Manns *Professor Unrat* (Raat – Rosa Fröhlich) kommen infrage, um Beispiele aus dem gängigen Lektürekanon des Oberstufenunterrichts Deutsch zu nennen. Im vorliegenden Fall fiel die Entscheidung zugunsten von Goethes *Faust I,* weil dieses Werk wohl den meisten Abiturienten bekannt und anerkanntermaßen von überzeitlicher Allgemeingültigkeit ist.

Lösungsvorschlag

1 Inhalt und Aufbau

Zeilen 1–30: Vergeblicher Appell Judiths an Holofernes' Stolz

Judith, die sich in devoter Haltung Holofernes genähert hat, fordert ihn leidenschaftlich auf, Großzügigkeit gegenüber den Bewohnern Bethuliens zu zeigen und sie dadurch umso stärker zu demütigen und zu strafen. Sie führt beispielhaft Holofernes' Verhalten gegenüber dem Moabiter-Hauptmann Achior an, dem gegenüber er diese Taktik mit eindrucksvoller Wirkung angewendet hat, und appelliert an ihn, sich selber treu zu bleiben, indem er auch hier Großmut walten lässt.
Holofernes lehnt diese Bitte entschieden ab. Als Begründung gibt er an, sein Stolz verbiete es ihm, sich einen fremden Gedanken anzueignen.

Zeilen 31–45: Vergeblicher Appell Judiths an Holofernes' Mitleid

Judith ändert ihre Vorgehensweise sofort: Sie bittet unter wiederholten Selbstdemütigungen um Verzeihung und beschwört übergangslos drastische Bilder vom Untergang der Stadt herauf, um auf diese Weise das Mitleid des Holofernes zu wecken. Dieser zeigt, wenn auch sehr herablassend, Verständnis für ihren zweiten Versuch, ihn in ihrem Sinne zu beeinflussen, rechtfertigt jedoch gleichzeitig das Verhalten marodierender Soldaten und legitimiert damit militärische Grausamkeit als unvermeidliche Begleiterscheinung des Krieges.

Zeilen 46–81: Allmählicher Sieg über Holofernes' Misstrauen durch vermeintliche Wendung Judiths gegen ihr eigenes Volk

Judith federt auch diese Provokation des Holofernes ab, indem sie ihm mit dick aufgetragener Schmeichelei zustimmt und gleichzeitig ihr eigenes Fehlverhalten eingesteht. Sie verweist nun auf ihre angebliche Mission, Holofernes als Racheinstrument Gottes zur Vernichtung der sündhaften Hebräer zu gewinnen, und verstärkt ihre Glaubwürdigkeit durch den Appell, die Tat auch um ihrer, Judiths, Seelenheil willen auszuführen. Holofernes' aufflackerndem Argwohn aufgrund ihres überraschenden Gesinnungswandels begegnet sie selbstsicher mit dem erneuten Hinweis auf ihre göttliche Sendung und bekräftigt diese durch die Erwähnung ihrer eigenen Verfehlungen. In einer erneuten Steigerung betont sie ihren Gehorsam gegenüber Gott, indem sie eingesteht, dass sie die Verachtung ihres Volkes als Verräterin fürchte, der göttliche Auftrag aber mehr zähle.

Zeilen 82–97: Erfolgreicher Abschluss des Gesprächs durch Erwirken eines zeitlichen Aufschubs

Holofernes erklärt knapp, dass er ihre vermeintliche Bitte, als Werkzeug der von Gott gewollten Vergeltung aufzutreten, erfüllen werde, und verspricht, sowohl den fremden Gott anzuerkennen als auch Judith sofort und später zu belohnen. Judith weicht dem Bewirtungsangebot aus, indem sie auf religiöse Vorschriften hinweist. Die beiden vereinbaren eine Frist von fünf Tagen, während derer sich Judith auch außerhalb der Stadt frei bewegen darf. Judith verlässt Holofernes mit der zweideutigen Prophezeiung, Gott werde innerhalb dieser Frist sein Vorhaben, dessen Einzelheiten er ihr rechtzeitig offenbaren werde, zu Ende führen.

Zeilen 98–106: Bestätigung von Judiths erfolgreicher Gesprächstaktik im Dialog mit Mirza

Mirza empfängt Judith mit allen Anzeichen des Entsetzens über ihren scheinbaren Verrat am hebräischen Volk. Judith reagiert hocherfreut, da Mirzas Anklage für sie den besten Beweis für die Überzeugungskraft ihrer List darstellt; gleichzeitig ist sie jedoch erschrocken über ihre Fähigkeit, durch Lüge zu manipulieren.

2 Sprachlich-stilistische Gestaltung

Die drei handelnden Personen sprechen in **Prosa auf gehobenem Niveau**. Bei allen, auch bei der Magd Tirza, überwiegen komplexe Satzstrukturen mit stets korrektem Satzbau und elaborierter Wortwahl; hier wird die Anlehnung an klassische Vorbilder deutlich, mit der der Dichter seinem Werk Allgemeingültigkeit verleihen möchte.

Judiths Sprache bewegt sich zwischen leidenschaftlichem Gefühl und überlegter Argumentation. Ihre Reden sind geprägt von **Ausrufen** – beispielsweise: „Sie meinen, daß du sie alle töten willst!" (Z. 3); „Ha, wie törigt war ich!" (Z. 48); „Nein, Herr, gedenk deines Schwurs und vertilg sie!" (Z. 59 f.) – und **rhetorischen Fragen** – „du lächelst, statt empört zu sein?" (Z. 3 f.); „Meinst du, daß es mit leichtem Herzen geschieht?" (Z. 65) –, mit denen sie in **gezielt eingesetzter Leidenschaftlichkeit** an ihr Gegenüber appelliert. Dieser Sprachgestus wird gelegentlich noch unterstützt durch Asyndeta und Ellipsen: „O, ich mögte du sein! Nur einen Tag, nur eine Stunde!" (Z. 21)

Verstärkend kommen weitere **rhetorische Mittel**, häufig auch miteinander kombiniert, zum Einsatz. Zu nennen ist etwa das **Trikolon** – „Wie könntest du hassen, *die* du gar nicht kanntest, *die* du nur zufällig auf deinem Weg antrafst und *die* dir nur darum nicht auswichen, weil […]" (Z. 15 ff., vgl. auch Z. 71 ff. und 75 ff.) –, welches meist zusätzlich durch die dreifache Anapher verstärkt wird und dem Gesetz der wachsenden Glieder folgt. Dadurch verleiht Judith ihren Darlegungen mehr Nachdruck, ebenso wie durch zahlreiche **Parallelismen**, die steigernd aufgebaut und ebenfalls verbunden sind mit anaphorischen Wiederholungen: „*Ich weiß, daß* sie alle den Tod verdient haben, *daß* er ihnen längst verkündigt worden ist, *ich weiß, daß* der Herr, mein Gott, dir das Rächeramt übertragen hat" (Z. 48 ff.). Ihre scheinbare Unterwürfigkeit erhält stärkeres Gewicht durch **Antithesen** – „Herr, du übertriffst mich an Weisheit ebenso weit, wie an Mut und an Kraft" (Z. 46) und **Kumulationen**: „Vergib; gestatte, daß ich mich selbst verhöhne." (Z. 31 f.) Auch um ihren Argumenten mehr Überzeugungskraft zu geben, setzt sie Antithesen ein: „ich lasse euch *frei ausgehen*, damit ihr ganz *meine Sklaven seid*" (Z. 25 f.). „Er will *dein Freund* sein, wie du *ihr Feind* bist" (Z. 61). Sie veranschaulicht ihre Reden mit **Metaphern** – „Er dankt es dir dadurch, dass er dein Bild in Blut malt" (Z. 12 f.) – und **bildhaften Vergleichen**: „[…] wenn Holofernes an ihnen vorüberzöge, wie ein Gewitter, das nicht zum Ausbruch kommt!" (Z. 53 f.) Auch dadurch steigert sie deren Überzeugungskraft.

Judiths Überredungsversuche erhalten durch eine derart rhetorisch überhöhte Sprechweise eine hohe Eindringlichkeit. Auf den Zuschauer wirken ihre Darlegungen aufgrund ihrer starken rhetorischen Durchformtheit sorgsam kalkuliert. So bringen sie die prekäre Situation treffend zum Ausdruck.

In **Holofernes**' Sprache drückt sich seine unbeschränkte Autorität als oberster Kriegsherr, aber auch seine Überheblichkeit aus, wenn er mit Vorliebe **knappe Imperative** – „Führe sie in die Schatzkammer und speise sie von meinem Tisch" (Z. 85) – und **Aussagesätze** verwendet: „Judith, wir müssen nicht miteinander rechten." (Z. 40) „Du klagst die Deinigen hart an." (Z. 63 f.) Im **Gebrauch des Irrealis** wird sein **Zynismus** deutlich: „Wär ich in meinem Beruf lässig, so hättest du keinen Zeitvertreib." (Z. 41 f.) Wie sich auch an diesem Beispiel zeigt, sind seine Äußerungen geprägt von Sarkasmus, der durch teilweise **elliptische Antithesen** noch verstärkt wird: „Ich bin bestimmt, Wunden zu schlagen, du, Wunden zu heilen." (Z. 40 f.) „Leute, die heute nicht wissen, ob sie morgen noch da sind, müssen schon dreist zugreifen" (Z. 43 f.). Lediglich an einer Stelle flackern kurz Selbstzweifel auf, die allerdings nur im Potentialis ausgedrückt – „Weib, es kommt mir vor, als ob du mit mir spieltest" (Z. 62) – und sofort in einer **Correctio** zurückgenommen werden: „Doch nein, ich beleidige mich selbst, indem ich dies für möglich halte." (Z. 62 f.) In seinen Darlegungen erweist sich seine **emotionale Kälte**, sein Wesen wird von der Ratio beherrscht.

3 Dramaturgische Gestaltung

In der vorliegenden Passage überwiegen die Redeanteile Judiths, die trotz ihrer unterlegenen Position den **Dialog** führt; in langen, ausgefeilten Passagen versucht sie ihren Gesprächspartner zu überzeugen oder wenigstens zu überreden; ihre starke emotionale Beteiligung bleibt dabei stets spürbar. Holofernes' Repliken fallen nach Umfang und Satzbau wesentlich knapper aus, wie bei seiner überlegenen Stellung und seiner kaltblütig-rationalen Haltung auch nicht anders zu erwarten ist. Seine kurze Redepause (Z. 62) verstärkt diesen Eindruck noch: Holofernes zeigt sich zwar einen Moment irritiert, lässt aber Judiths leidenschaftlichen Appell geradezu provokant beiseite, ohne darauf im Mindesten einzugehen. Gegen Ende des Gesprächs kommt es dann zu einem rascheren Wechsel von Rede und Gegenrede: Das Taktieren ist vorbei, das Täuschungsmanöver gelungen, nun geht es konkret, ohne viele Umschweife, um das weitere Vorgehen. Das kurze Abschlussgespräch mit Tirza – hier wechseln die Sprecher fast von Satz zu Satz – charakterisiert den vorangegangenen Dialog in schlagender Prägnanz als absichtliches Täuschungsmanöver.

Mit **Regieanweisungen** wird äußerst sparsam umgegangen. Judith eröffnet das Gespräch mit einem Kniefall und schließt es mit einem solchen ab (vgl. Z. 2 f. und 98), wie es ihrer unterlegenen Position angemessen ist. Diese betont sie ja auch verbal immer wieder, um ihr Täuschungsmanöver glaubhafter zu machen. Nachdem Holofernes ihren ersten Überredungsversuch abgeschmettert hat, bricht sie *„in ein wildes Gelächter aus"* (Z. 31); damit überspielt sie einerseits ihr Entsetzen über Holofernes' kalte Herablassung und leitet andererseits einen abrupten Strategiewechsel ein. Mirza, deren Funktion sich hier weitgehend darin erschöpft, die Glaubwürdigkeit von Judiths Täuschungsmanöver zu bestätigen – sie kennt Judith genau, nimmt sie aber dennoch beim Wort –, unterstreicht ihre Blindheit für die List Judiths auch nonverbal: Schon während des Gesprächs zwischen Judith und Holofernes gibt sie *„ihren Abscheu und ihr Entsetzen [...] durch Gebärden zu erkennen"* (Z. 99), was als beständiger Kontrapunkt zu den Verhandlungen zwischen den beiden Hauptfiguren zu denken ist und ihre empörte Reaktion am Ende der Szene wirksam vorbereitet.

4 Gesprächsstrategie der Protagonistin

Judiths Gesprächsstrategie ist vornehmlich durch **flexible Anpassung** an die jeweilige Reaktion des Holofernes charakterisiert, wobei sie das Ziel der Unterredung nie aus den Augen verliert. Stets ist sie darauf bedacht, Holofernes' Überlegenheit zu beschwören, um ihn in Sicherheit zu wiegen und aus seinem übersteigerten Selbstwertgefühl heraus zu Zugeständnissen bereit zu machen. Gleichzeitig appelliert sie an seine herrscherliche Großmut und sein Mitleid, indem sie die eigene Schwäche immer wieder mit pathetischen Worten betont. Sobald sie merkt, dass ihr Versuch keinen Erfolg hat, stürzt sie sich in devoteste Selbstdemütigungen und überschwängliches Lob für Holofernes, um gleichzeitig sofort die Taktik zu wechseln, seine Ausführungen ohne Rücksicht auf deren Inhalt zu bestätigen und einen neuen Vorstoß einzuleiten. Sie erweckt den Eindruck, als lasse sie sich ganz von ihren jeweiligen Emotionen leiten, ist aber in Wirklichkeit sehr beherrscht und immer bemüht, ihr Gegenüber unmerklich zu manipulieren. Nachdem sie auf diese Weise eine Atmosphäre geschaffen hat, die von dem ungeheuren Machtgefälle zwischen ihr und dem Feldherrn geprägt ist, leitet sie das eigentliche **Täuschungsmanöver** ein: Sie eröffnet Holofernes einen angeblichen göttlichen Racheauftrag, der seiner neurotischen Machtgier entgegenkommt; gleichzeitig **macht** sie **sich** damit in gewisser Weise **zu seiner Verbündeten**, freilich scheinbar widerwillig, aber, da auf göttliche Weisung hin, unausweichlich. Leisen Zweifeln des Gesprächspartners begegnet sie, indem sie ihre Erzählung blumig ausschmückt und ihr so Anschaulichkeit und Überzeugungskraft verleiht. So ist der Boden bereitet für ihr letztes Ziel: Indem sie sich auch hier auf göttliche Gebote beruft, **erlangt** sie **für die nächsten Tage völlige Handlungsfreiheit** und entgeht gleichzeitig einer tatsächlichen moralischen Verpflichtung ihm gegenüber, indem sie es fürs Erste ablehnen kann, die Tafel mit ihm zu teilen.

5 Vergleich

Zum Vergleich wird die Konstellation Gretchen–Faust (unter Einbeziehung von dessen Alter Ego Mephisto) aus **Goethes Drama „Faust I“** herangezogen. Hilfreich, wenn auch nicht zwingend erforderlich, kann es sein, sich die jeweilige Grundsituation kurz vor Augen zu führen.

In beiden Dramen steht eine **tragische Liebesgeschichte** im Mittelpunkt, spielt also der Geschlechterdualismus eine zentrale Rolle.

Unter dem Einfluss des verjüngenden Zaubertrankes aus der Hexenküche verliebt sich **Faust** in das erste weibliche Wesen, das ihm im wahrsten Sinne des Wortes über den Weg läuft. Sein sofortiges heftiges Werben unter Einsatz aller ihm (beziehungsweise Mephisto) zur Verfügung stehenden Mittel ist vornehmlich, wenn nicht ausschließlich getrieben von erotischem Verlangen, da er das Objekt seiner Verliebtheit zunächst nur einige Augenblicke gesehen und gerade zwei belanglose Sätze mit ihm gewechselt hat; von echtem Interesse an dem Menschen Margarete kann da kaum die Rede sein. Das junge, unbedarfte **Gretchen** seinerseits fühlt sich zum einen geschmeichelt und aufgewertet durch das Interesse, das ein gesellschaftlich und intellektuell weit über ihr stehender Mann ihr entgegenbringt, und ist zum anderen auch erotisch von ihm angezogen; inwieweit *sie* den Menschen Faust in seinem Wesen erkennt, sei dahingestellt. Zu einer tieferen menschlichen Begegnung kommt es erst in der Kerkerszene am Ende des Dramas, als Gretchen, auch wenn sie aufgrund der vorherigen Geschehnisse halb wahnsinnig geworden ist, zu eigener Identität und zu Selbstbewusstsein gefunden, sich aber damit von Faust ab- und zu Gott hingewendet hat. Gerade dadurch erkennt auch Faust nun, als es zu spät ist, das ihm menschlich ebenbürtige Wesen in der Frau.

In Hebbels Drama geht die Initiative von **Judith** aus. Sie „glaubt zunächst im Dienst einer religiös-patriotischen Idee zu handeln, doch unbewusst fühlt sie sich von Anfang an zu Holofernes, dem übermächtigen, gottähnlichen Individuum und Widersacher, hingezogen und deutet sich ihr heimliches Begehren in einen göttlichen Auftrag um. Als […] sie sich durch Holofernes immer tiefer gedemütigt fühlt, weil er aus maßloser, auf Überwältigung gerichteter Selbstherrlichkeit in ihr nur ein Ding und nicht die ebenbürtige Seele sehen will, wird sie zu ihrer furchtbaren Tat schließlich nur noch vom Verlangen nach persönlicher Rache getrieben." (U. Huber im Artikel zu *Judith* in: *Hauptwerke der deutschen Literatur.* München: Kindler Verlag. 11. Auflage 1974, S. 354)

Um den Geschlechterdualismus angemessen zu vergleichen, empfiehlt es sich, zunächst wesentliche geschlechtsspezifische Gegensätze in Wesen und Verhalten darzustellen, die Judith und Holofernes im vorliegenden Textausschnitt verkörpern, und dann jeweils zu Wesen und Verhalten der gleichgeschlechtlichen Figur aus Goethes Drama überzugehen. So zeigt **Holofernes** im überheblichen Bewusstsein seiner Stärke beziehungsweise seiner überlegenen Position eine ausgeprägte männlich-arrogante Herablassung gegenüber Frauen: „Weib, es kommt mir vor, als ob du mit mir spieltest. Doch nein, ich beleidige mich selbst, indem ich dies für möglich halte." (Z. 62 f.) „Ich ließ die Schritte eines Weibes noch nie bewachen." (Z. 96 f.) In seinem Denken ist es gar nicht vorgesehen, Frauen in ihren Handlungen ernst zu nehmen. So geht er im Grunde auch nicht auf Judiths Vorschlag, sondern auf den vermeintlichen göttlichen Ratschluss ein.

Faust hat eine vergleichbare Haltung gegenüber Frauen. Betrachtet man exemplarisch die Szene „Marthens Garten", die einzige, in der Faust und Margarete ein längeres Gespräch miteinander führen, so zeigt sich hier, dass er die Frau nicht für voll nimmt; auf Margaretes dringende Fragen nach seiner Religiosität geht er nicht wirklich ein, sondern antwortet ausweichend und beschwichtigend, wobei er sie als „Kind" (V. 3418, 3468) und „Liebe Puppe" (V. 3476) anredet, also als unreifen, nicht ernst zu nehmenden Menschen sieht. Allerdings demütigt er sie nie und kehrt ihr gegenüber auch nicht seine Überlegenheit heraus; vielmehr verursacht ihm sein **egoistisches Verhalten** Selbstzweifel: „Bin ich der Flüchtling nicht? der Unbehauste, / Der Unmensch ohne Zweck und Ruh […] Sie, ihren Frieden musst ich untergraben!" (V. 3348 f., 3360)

Ungeachtet dieser Skrupel zeugt sein Verhalten Gretchen gegenüber von reinem Egoismus. Von der ersten Begegnung an kennt er nur das Ziel, sie zu verführen. Dabei verschwendet er keinen Gedanken darauf, was dies für sie für soziale und existenzielle Konsequenzen haben könnte. Unmittelbar nach der ersten Begegnung droht er Mephisto ungeduldig: „Wenn nicht das süße junge Blut / Heut Nacht in meinen Armen ruht; / So sind wir um Mitternacht geschieden." (V. 2636 ff.)

Auch Holofernes' Verhalten ist von **krassem Egoismus** geprägt. Dieser resultiert jedoch nicht aus erotischem Verlangen, sondern ist lediglich Ausdruck seines Willens zur Unterwerfung der Welt und der Menschen. Erst in dem Moment, als sie ihm nützlich zu werden scheint, begegnet er Judith erstmals nicht ablehnend, wenn auch nach wie vor überheblich: „[…] dich will ich groß machen, wie noch nie ein Weib!" (Z. 84) Frauen sind für ihn allenfalls ein Mittel, sich aufzuwerten. Als Mensch, gar als gleichgestelltes Geschöpf sieht er Judith in keinem Augenblick. Durch genau diese egoistische Überheblichkeit wird er allerdings manipulierbar (vgl. Z. 62 f.): Allein der Gedanke, eine Frau könnte ihn überlisten, würde ihn in seinen Augen bereits herabsetzen; also muss er es sich aus Selbstachtung verbieten, einen solchen Gedanken weiterzuverfolgen – und gerade deshalb kann die List gelingen.

Der von Holofernes demonstrierte unbedingte Wille zur Macht geht einher mit völliger **Menschenverachtung**; neudeutsch salopp ausgedrückt zeigt er sich als ‚cooler Macho', wenn er sagt: „Auch mit meinen Kriegern mußt dus nicht so genau nehmen. Leute, die heute nicht wissen, ob sie morgen noch da sind, müssen schon dreist zugreifen, […] wenn sie ihren Teil von der Welt haben wollen." (Z. 42 ff.) Die Welt wird unter den

Männern aufgeteilt, Gewalt erscheint hierbei als ein legitimes Mittel, Frauen haben da nicht mitzureden und ‚Kollateralschäden' sind eben nicht zu umgehen – so etwa ließe sich seine zynische Haltung zeitgemäß umschreiben.

Eine solche Position ist **Faust** im ersten Teil des Dramas völlig fremd; im Gegenteil, im Osterspaziergang der Szene „Vor dem Tor" äußert er heftige **Gewissensbisse** über die frühere gemeinsam mit seinem Vater ausgeübte Alchimistentätigkeit, welche bei dem Versuch, die Pest zu besiegen, unzählige Menschen das Leben gekostet hat: „Ich habe selbst den Gift an Tausende gegeben, / Sie welkten hin, ich muss erleben / Dass man die frechen Mörder lobt." (V. 1053 ff.) Ihm bedeutet die Bewunderung der Leute gar nichts angesichts eines solchen Preises.

Während also Holofernes eher das Bild des harten Machtmenschen erfüllt, für den Frauen allenfalls Werkzeuge darstellen, verkörpert Faust mehr den unkontrolliert seinen Trieben verfallenen Mann, der Frauen nicht als Instrument seiner Macht, sondern seines Lustgewinns betrachtet.

Auch **Judith** entspricht auf den ersten Blick dem rollenkonformen Frauenbild: Sie tritt in ihrem Reden wie in ihren Handlungen demütig und unterwürfig auf – „gestatte mir, daß ich mich selbst verhöhne. [...] Verzeih, daß ich dir meine eigne Schwäche unterlegte!" (Z. 31 ff.) – und erweist dem Mann und seinen Fähigkeiten rückhaltlose Bewunderung: „Herr, du übertriffst mich an Weisheit ebenso weit, wie an Mut und Kraft." (Z. 46) Allerdings setzt sie dieses erwartete, aber schon **fast übertriebene weibliche Rollenverhalten gezielt** und geschickt **als Mittel der Manipulation** ein und erreicht damit auch ihr Ziel. Beide Seiten dieses weiblichen Rollenverhaltens entsprechen den stereotypen Vorstellungen über die Frau bis ins frühe 20. Jahrhundert oder sogar noch darüber hinaus und werden auch in der Literatur entsprechend dargestellt; man denke beispielsweise an Lessings *Minna von Barnhelm.*

Goethes **Gretchen** liegt hingegen jede Manipulation fern, sie sieht ihre Bestimmung darin, für Haus und Familie zu sorgen und **in allem den gesellschaftlichen Erwartungen** zu **entsprechen**; dies wird ganz deutlich, als sie mit einem gewissen Stolz in der Szene „Garten" Faust von ihrem bisherigen Leben erzählt. Sie betrachtet sich als intellektuell weit unter dem Mann stehend und bewundert ihn rückhaltlos: „Du lieber Gott! was so ein Mann / Nicht alles, alles denken kann! [...] Bin doch ein arm unwissend Kind, / Begreife nicht, was er an mir find't." (V. 3211 ff.)

Auch weitere besonders den Frauen zugeschriebene Attribute wie **Mitgefühl** beziehungsweise generell **Emotionalität** zeigt sie in hohem Maß: Von ihrem verstorbenen Schwesterchen, das sie aufgezogen hat, spricht sie trotz aller Belastung nur mit großer Zuneigung, Faust gegenüber äußert sie unverblümt ihre Liebe: „Bester Mann! von Herzen lieb ich dich!" (V. 3206)

Solche als typisch weiblich empfundene Eigenschaften stellt auch Judith zur Schau, wenn sie vor den vorgestellten Kriegsgräueln schaudert – „ich malte mir das Gräßliche aus, und ich glaubte, niemand könne so stark sein, daß er vor solchen Bildern nicht zusammenschauderte" (Z. 36 f.) – oder wenn sie den vermeintlichen Befehl Gottes aus Mitleid, gewissermaßen ‚aus schöner weiblicher Schwäche', missachtet (vgl. Z. 49 ff.) – doch ist bei ihr echte Empfindung und geschickte Manipulation kaum zu unterscheiden.

Gretchen verkörpert somit in jeder Hinsicht das **traditionelle Rollenbild** der Frau. **Judith** vertritt dies vordergründig ebenfalls, **spielt** aber in gewisser Weise **damit**, indem sie sich ihres Verhaltens bewusst ist und es gezielt als Mittel einsetzt. Diese Eigenständigkeit wird ihr zum Verhängnis werden, denn für Hebbel liegt die Bestimmung der Frau nicht darin, durch aktives Handeln Einfluss auf ihr Schicksal und das ihrer Mitmenschen zu nehmen. Im Gegenteil notierte Hebbel in sein Tagebuch: „Durch Duldung tun: Idee des Weibes" (a. a. O., S. 354).

Grundkurs Deutsch (Bayern): Abiturprüfung 2007
Aufgabe 3 – Erschließung eines poetischen Textes

a) Erschließen und interpretieren Sie den folgenden Textausschnitt! Berücksichtigen Sie dabei besonders, welche Wirkung das Hören der Fußballreportage auf den Ich-Erzähler hat!

b) Legen Sie, ausgehend von Ihren Ergebnissen, vergleichend dar, welche Rolle der hier mehrfach angesprochene Bereich der Religion in einem anderen literarischen Werk spielt!

Vorbemerkung

Der elfjährige Ich-Erzähler, Sohn eines protestantischen Pfarrers im hessischen Dorf Wehrda, darf im Amtszimmer seines Vaters die Radioreportage über das Endspiel der Fußballweltmeisterschaft 1954 anhören. In diesem Spiel besiegte die deutsche Nationalmannschaft überraschend das hochfavorisierte ungarische Team („Wunder von Bern").

F. C. (Friedrich Christian) Delius (* 1943)

Der Sonntag, an dem ich Weltmeister wurde (1994)

[…]

Ecke für Deutschland, und … Tor! Tor! Eckball von Fritz Walter, Tor von Rahn! Aus null zu zwei zwei zu zwei! Ja ist es zu glauben, wir haben ausgeglichen gegen Ungarn, die großartigste Technikerelf, die man kennt!

Die Stimme bebte, ich bebte mit, ich schrie nicht auf, durfte während der Mittagsruhe den Torschrei nicht mit meiner Stimme verstärken, denn der Ofen war durch einen Schacht mit dem Kachelofen im Zimmer der Großeltern verbunden und übertrug jedes auffällige Geräusch direkt nach oben. *Und wieder stürmt Deutschland …* die leise laute Stimme hob mich, peitschte mich zu einer Regung auf, die mich gleichzeitig in einen stimmlosen Stillstand versetzte, ich fühlte den Sturm der Gefühle, den das zweite Tor in mir ausgelöst hatte, aber ich hatte kein Ventil dafür, durfte keins haben, also staute ich alles auf, sammelte, speicherte und hielt still … *Kinder, ist das eine Aufregung!*

Ich hatte noch nie eine Fußballreportage gehört, immer öfter fielen Wörter, die nichts mit Fußball zu tun hatten … *Wunder! … Gott sei Dank! … So haben wir alle gehofft, gebetet!* … und ich staunte, daß der Reporter das Wort *glauben* mit mehr Inbrunst als ein Pfarrer oder Religionslehrer aussprechen konnte. Beinah wieder ein Tor für Ungarn, beinah ein Tor für Deutschland, und wieder hielt Toni Turek einen *unmöglichen* Ball, wieder Gefahr, der Ball im Tor, nein … *Turek, du bist ein Teufelskerl! Turek, du bist ein Fußballgott!*

Ich erschrak über diese Sätze und freute mich gleichzeitig, daß Turek gehalten hatte, aber der Schrecken saß tiefer, und im Abklingen des Echos dieser Rufe begann ich auf die schüchternste Weise zu ahnen, was für Schreie das waren: eine neue Form der Anbetung, ein lästerlicher, unerhörter Gottesdienst, eine heidnische Messe, in der einer gleichzeitig als Teufel und Gott angerufen wurde. Auch wenn es nicht wörtlich gemeint war, Phrasen des Jubels nur, ich drehte die Lautstärke noch ein wenig herunter, weil es mir peinlich gewesen wäre, wenn jemand mich beim Hören von Wörtern wie *Fußballgott* abgehört hätte. Ich sträubte mich gegen diese Lästerung und bot alle meine angelernten Argumente dagegen auf: *Du sollst keine anderen Götter haben neben mir, Du sollst den Namen des Herrn nicht unnützlich führen,* und doch gefiel mir, noch immer gebannt vom Nachklang der drei Silben *Fußballgott*, daß dieser Gott sehr menschlich war, daß da Götter, statt blutend am Kreuz zu hängen, für mich im Tor standen oder Tore schossen, sich abrackerten im strömenden Regen und kämpften wie *Liebrich, Liebrich, immer wieder Liebrich,* und langsam ahnte ich, weshalb meine Eltern für den Fußball und für meine schüchterne Neigung zu diesem Sport nichts übrig hatten und hier vielleicht die Konkurrenz anderer, lebendigerer Götter fürchteten.

Die Spannung des Spiels lockerte meine widerspenstigen Schuldgefühle, gegen das erste Gebot zu verstoßen durch bloßes Zuhören, ich fand von Minute zu Minute mehr Gefallen daran, einen heimlichen Gott, einen *Fußballgott* neben dem Herrgott zu haben. Der Mann der Gebote hing direkt hinter mir an der Wand, ich sah mich um, auf einem postkartengroßen, goldgerahmten Bild hielt ein braundunkler, bärtiger Moses die Feder und nahm das Diktat der Zehn Gebote entgegen, aber er blickte zur Seite, zum Herrn, schrieb mit der Gänsefeder und kümmerte sich um die Gotteslästerung des Reporters und meinen Anflug der Zustimmung nicht.

Ich war allein, aber umstellt von Bildern und Gegenständen, die das Zimmer zum Amts- und Gotteszimmer machten, wo Predigten geschrieben, Andachten gehalten, Anweisungen an Brautpaare und Taufpaten gegeben wurden, wo die Bücher dunkel hinter Glas aufgereiht auf ihre staubige Auferstehung warteten, wo die Strenge zweier Kreuze die Wände markierte und die dreifache Rose als Familienwappen ein Schmuck war, hier mußte man sich jeden Vormittag um elf zu einem kurzen Gebet versammeln, hier wertete mein Vater die Wunder Jesu aus dem heiligen Land für die Bauern von Wehrda, Rhina, Schletzenrod und Wetzlos aus, hier wälzte er das Wort Gottes um und schöpfte Erkenntnisse, Zitate, Stichworte, hier wollte er nicht gestört sein und spielte die bekannten Kirchenlieder auf dem Klavier, hier teilte er Prügel und Geschenke aus: wenn die Zehn Gebote irgendwo galten, dann hier. Die Rufe des Reporters *Ein Wunder! … gebetet! … Fußballgott!* klangen in meinen Ohren nach und rüttelten an allem, was ich in diesem Zimmer sah, aber die Kreuze waren nicht von der Wand gerutscht, der Ermunterungsspruch in halbverständlichem Latein für den Seelsorger VENI SANCTE SPIRITUS / PASCE PASTOREM / DUC DUCEM / APERI APERTURO / DA DATURO[1] prangte in gespreizter Schönschrift unter dem Kreuz, ohne daß der Heilige Geist dazwischengefahren war, die dicke HEILIGE SCHRIFT lag wie ein schwarzer Kindergrabstein auf dem grünen Filz des Schreibtischs, und als der Reporter von unserem *Schutzengel* sprach, rührten sich die Musikengel über dem Klavier so wenig wie der Engel der Verkündigung gegenüber an der Wand, der steif vor der knienden Maria im Säulengang die segnenden Hände hob. Immer besser gefiel mir die Lästerung, und in diesen Minuten rückte ich ab von der Dreieinigen Besatzungsmacht Gott, Jesus und Heiliger Geist und begann an einen Fußballgott und Außenseitergott zu glauben, und nicht nur an einen, denn wenn Turek ein *Fußballgott* war, dann mußten die anderen zehn auch so etwas wie Götter sein. Unentschieden ging es in Bern hin und her … *an den Pfosten, an den Pfosten! Turek war schon geschlagen …* und im schnellen Spiel mit überraschenden Wechseln vom einen in den anderen Strafraum klammerte ich mich weiter an die Namen, die der Reporter nannte, *Kohlmeyer, Posipal, Otmar Walter,* die gerade den Ball führten, schossen, köpften, stoppten, hielten. Ich atmete auf, wenn die guten Namen fielen, *Eckel der Windhund, May mit einem Kämpferherzen ohnegleichen, Rahn aus Essen, Fritz ist überall,* während ich bei den ungarischen Namen zuckte und das Schlimmste erwartete von *Puschkasch, Hidegkuti, Lorant, Butschanski, Zakarias,* jeder dieser zischenden, tückischen Namen schmerzte wie ein Stich … *wieder die Ungarn … die Ungarn sind am Drücker … die Ungarn mit aller Macht.*

Ich lehnte mich zurück im Stuhl, drehte zum Schreibtisch mit Telefon, Tintenfaß, Füllhalter, Bleistiften, Rotstiften und Briefen. … *ein ungeheures Tempo …* nahm den Brieföffner in die Hand, ohne es zu merken, hielt den Elfenbeingriff, suchte meine Gegner, drehte mich nach allen Seiten, sah Kreuze und Engel und Jesus und Moses und das große Foto gerahmt mit dem Portal der Kathedrale von Chartres … *wundervolle Kombination der Deutschen …* und legte den Brieföffner zurück. In meiner Spannung wollte ich

durchs Zimmer gehen, am Bücherregal entlang, zum Sofa in der Ecke oder um die Festung Schreibtisch herum, aber ich blieb auf dem Platz, von dem die väterliche Gewalt ausging, von dem aus er die Gemeinden in vier Dörfern regierte, ich konnte nicht weg vom Gerät, aus dem meine frohe Botschaft kam. Die Stimme hatte mich wieder nah an den Lautsprecher gezogen, unter dem Radio das *Stuttgarter Biblische Nachschlagewerk*, das *Evangelische Kirchenlexikon*, Predigthilfen, Kommentare, Aktenordner, das Werkzeug des Vaters, der schlief oder schon nicht mehr schlief, ich wußte die Uhrzeit nicht, es zählten nur die Spielminuten ... *sechs Minuten noch, zwei zu zwei, das ist mehr, als wir in unsern kühnsten Träumen erwartet haben.*
[...]

Aus: Friedrich Christian Delius: Der Sonntag, an dem ich Weltmeister wurde. Reinbek bei Hamburg: Rowohlt Verlag 1994

1 *Komm, Heiliger Geist / Weide den Hirten / führe den Führer / öffne dem, der öffnen wird / gib dem, der geben wird*

Hinweise und Tipps

Die Aufgabe ist zweigeteilt. Der erste Arbeitsauftrag lautet „Erschließen und interpretieren Sie“, was zunächst eine Analyse des Textes nach Form und Inhalt fordert. Diese sollte, ebenso wie die Deutung, auf die vorgegebene **Schwerpunktsetzung** konzentriert sein, also auf die Wirkung, die das Anhören der Fußballreportage auf den Ich-Erzähler hat.

Es empfiehlt sich, zunächst die **inhaltliche Struktur** des Textausschnittes darzustellen; ist diese sorgfältig ermittelt worden, ergeben sich bereits wertvolle Hinweise auf die gedankliche Entwicklung und damit auf die auf den Ich-Erzähler erzielte Wirkung der Reportage. Anschließend ist es ratsam, die **erzählerische Gestaltung** sowie die **Struktur der Sprache** zu untersuchen, etwa unter den **Leitfragen:**
- Aus welcher Erzählperspektive wird erzählt?
- Welcher Satzbau herrscht vor?
- Welche sprachlichen Bereiche und Ebenen dominieren in der Wortwahl?
- Liegt eine einheitliche Gestaltung vor oder gibt es Brüche oder Kontraste?

Wenn man bei der Bearbeitung dieser Leitfragen stets die Funktion oder Wirkung des jeweiligen Mittels im Auge behält, bedarf es später nur noch einer geringen Transferleistung, um daraus die Interpretation abzuleiten, also darzulegen, was der Autor seinen Lesern vermitteln will.

Bei der Betrachtung der Hörwirkung auf den Ich-Erzähler ist darauf zu achten, dass man nicht in eine allgemeine Charakteristik abgleitet, sondern sich wirklich auf die **Veränderungen in der Einstellung und den Gedanken des Ich-Erzählers** beschränkt, die unmittelbar durch das Hörerlebnis beeinflusst sind.

Besondere Sorgfalt sollte man bei der **Auswahl des zu vergleichenden Werkes** walten lassen (zweiter Arbeitsauftrag); eine Entscheidung wird am besten erst nach der Analyse des vorliegenden Textes getroffen werden, da man dann die Rolle der Religion in demselben herausgearbeitet hat und somit beurteilen kann, ob ein Vergleich mit dem ins Auge gefassten Werk ergiebig ist. Hilfreich können hierbei auch Fragen sein wie:
- Welche spezifische Rolle spielt Religion im Vergleichstext?
- Welchen Einfluss haben religiöse Sichtweisen auf das Denken und Handeln der Figur(en)?
- Welchen Stellenwert haben gesellschaftliche oder politische Rahmenbedingungen auf den Umgang der Hauptfigur(en) mit Religion?

Zumindest zu erwähnen wäre in diesem Zusammenhang auch die Gattung und natürlich die Entstehungszeit des Vergleichstextes. Wie spiegelt sich diese Zeit in dem gewählten Werk?

Natürlich kommen verschiedenste Werke infrage, zumal keine Beschränkung auf deutschsprachige Literatur vorgegeben ist. Im vorliegenden Fall fiel die Entscheidung zugunsten der Erzählung *Gute Vorsätze* von **Ludwig Thoma** aufgrund folgender Überlegungen: Hier wird ebenfalls aus der Sicht eines heranwachsenden Ich-Erzählers berichtet, in dessen Leben die Religion beziehungsweise kirchlich-religiöse Grundanschauungen eine bestimmende Rolle spielen; hier werden diese erstarrten, formalisierten Anschauungen ebenfalls kritisch dargestellt und an der dominanten Person eines Geistlichen verdeutlicht; hier stellt sich der Umgang des Ich-Erzählers mit den äußerlichen Zwängen dieser Religion jedoch grundlegend anders dar.

Lösungsvorschlag

Vorbemerkung

Die Vorbemerkung der Aufgabenstellung gibt lediglich eine unmittelbar situative Einführung, verzichtet jedoch darauf, den Textausschnitt in die Gesamthandlung einzuordnen; dort bildet er den Auftakt zum Höhe- und Wendepunkt der Erzählung, die den Leser minutiös daran teilhaben lässt, wie der Ich-Erzähler diesen denkwürdigen Sonntag vom Erwachen am Morgen bis kurz nach dem Abpfiff des Fußballspiels erlebt. Im Verlauf der Geschichte, die im Grunde nur von innerer Handlung getragen ist, erschließt sich dem Leser in beklemmender Weise das Lebensgefühl des elfjährigen Ich-Erzählers im quälend beengenden Umfeld des evangelischen Pfarrhauses, auf die dieser nur durch somatisierende ‚Hilfeschreie' wie krankhaftes Stottern und die Ausprägung von Schuppenflechte oder die starke Neigung zu Nasenbluten reagieren kann. Das Anhören der Fußballreportage eröffnet ihm eine völlig neue Erfahrung der Welt, die noch verstärkt wird durch die historisch-gesellschaftliche Einbettung des „Wunders von Bern" in die Situation Deutschlands nach dem verlorenen Weltkrieg.

1 Inhalt und Aufbau

Die Wirkung der Radioübertragung auf den Ich-Erzähler – der Textausschnitt setzt während der ersten Halbzeit ein – verläuft in **vier Phasen**:

Zeilen 1–19: Faszination des Ich-Erzählers durch die Fußballreportage

Der Text wird durch die euphorische Berichterstattung des Radioreporters über den überraschenden deutschen Ausgleichstreffer durch Rahn eröffnet. Die Begeisterung des Reporters überträgt sich geradezu physisch auf den Jungen, er unterdrückt sie jedoch aus Rücksicht auf die sonntägliche Mittagsruhe der Familie. Allerdings kommt bei ihm zaghafte Verwunderung darüber auf, dass hier ein so profanes Thema wie ein Fußballspiel mit religiösen Begriffen und Vorstellungen in Verbindung gebracht wird.

Zeilen 20–35: Wahrnehmung des inneren Konflikts zwischen den elterlich vermittelten Glaubensformeln und der religiösen Stilisierung der Fußballspieler

Als der Reporter den deutschen Torwart überschwänglich als *„Teufelskerl"* und *„Fußballgott"* (Z. 18 f.) bezeichnet, erschrickt der Ich-Erzähler nicht nur über den ihn blasphemisch anmutenden Wortgebrauch, sondern auch über die aufkeimende Ahnung der Rolle, die dem Fußball in seinem Gefühlshaushalt zuwachsen könnte. Er versucht fast reflexartig, angelernte Glaubensformeln dagegenzusetzen, ist jedoch von den lebensnahen Idolen unweigerlich fasziniert. Damit keimt in ihm eine erste Einsicht in die Gründe, aus denen seine Eltern diesen Sport ablehnen; der Boden für die Relativierung der vermeintlichen elterlichen, zumindest väterlichen Allmacht ist bereitet.

Zeilen 36–67: Zunehmende Abkehr vom väterlich vermittelten Gottesbild hin zur Vergötterung beziehungsweise Vergottung der Fußballspieler

Der Ich-Erzähler entkommt zunächst dem moralischen Dilemma, indem er sich voll auf die Übertragung konzentriert. Dennoch nimmt er unwillkürlich die Passivität und Gleichgültigkeit der ihn umgebenden religiösen Symbolfiguren wahr. Aufgrund dieser doppelten Perspektive kommt es zur Vergegenwärtigung der morbiden, lebensfremden Atmosphäre des väterlichen Arbeitszimmers. Angesichts der mit religiöser Inbrunst (vgl. Z. 15 f.) zelebrierten Fußballreportage erfährt der Ich-Erzähler intensiv die Machtlosigkeit der väterlichen und religiösen Machtinsignien. So distanziert er sich schließlich von dem nur noch als bedrückend empfundenen traditionellen christlichen Gottesbild und wendet sich demonstrativ den vergötterten Fußballidolen zu.

Zeilen 68–92: Erstmaliger Distanzgewinn zur väterlichen Autorität durch völlige Hingabe an die Fußballübertragung

Indem der Erzähler nun gänzlich in der Berichterstattung aufgeht, sich fast mit den Spielern identifiziert, gewinnt das Geschehen im fernen Bern dieselbe Realität wie das väterliche Zimmer. Von da ist es nur noch ein kleiner Schritt bis zur Gleichgültigkeit gegenüber dem väterlichen Einflussbereich zugunsten des als ebenso real und wesentlich lebensnäher wahrgenommenen Spielgeschehens.

2 Erzählerische und sprachliche Gestaltung

Die gesamte Passage ist nahezu vollständig getragen von **innerer Handlung**; dem Leser wird das Geschehen hier – wie in der gesamten Erzählung – ausschließlich aus der **Sicht des Ich-Erzählers** dargeboten. Dieser stellt sich **unter zwei Aspekten** dar: zum einen als **unmittelbar erlebendes Ich**, welches scheinbar unreflektiert und distanzlos akustische und visuelle Wahrnehmungen sowie seine Reaktionen darauf ‚hervorsprudelt': „Die Stimme [des Reporters] bebte, ich bebte mit, ich schrie nicht auf" (Z. 5). Auffällig sind dabei die äußerst sparsamen, zurückgenommenen Reaktionen des Jungen: „ich schrie nicht auf, durfte während der Mittagsruhe den Torschrei nicht mit meiner Stimme verstärken" (Z. 5 f.).

Zum anderen präsentiert sich der Ich-Erzähler, meist übergangslos ins Erleben hinein geflochten, als **erinnerndes Ich**, welches rückblickend aus der Perspektive des Erwachsenen die Innensicht des Elfjährigen beschreibt, kommentiert und analysiert: „ich fühlte den Sturm der Gefühle […], aber ich hatte kein Ventil dafür, durfte keins haben, also staute ich alles auf" (Z. 10–12); „im Abklingen […] begann ich auf die schüchternste Weise zu ahnen, was für Schreie das waren: eine neue Form der Anbetung" (Z. 21 f.). Durch diesen unvermittelten **Perspektivenwechsel** wird der Leser gewissermaßen mit hineingenommen in die beklemmende Stimmung des Pfarrhauses wie auch in die Spannung zwischen dem realen engen Raum des väterlichen Arbeitszimmers und dem nur akustisch vermittelten virtuellen Raum des Berner Fußballfeldes. Er erlebt die Persönlichkeit des Ich-Erzählers reduziert auf das innere Geschehen, da dieser durch das häusliche Umfeld buchstäblich an der Entfaltung seines Wesens gehindert wird.

Dieser Eindruck wird dadurch verstärkt, dass sich die **äußere Handlung** auf minimale Bewegungen des Ich-Erzählers beschränkt, in denen sich die Enge und Begrenztheit des kindlichen Lebensraumes manifestiert: „Ich sah mich um" (Z. 39); „Ich war allein, aber umstellt von Bildern und Gegenständen […]" (Z. 44); „Ich lehnte mich zurück im Stuhl, […] nahm den Brieföffner in die Hand […]" (Z. 78 ff.); „In meiner Spannung wollte ich durchs Zimmer gehen […], aber ich blieb auf dem Platz, von dem die väterliche Gewalt ausging" (Z. 83 ff.). Der Elfjährige ist wie erstarrt, fast gelähmt durch die Autorität des – seinen Mittagsschlaf haltenden? – Pastorenvaters. Dieser Eindruck wird beim Leser noch verstärkt durch das gleichzeitig ablaufende, von Dynamik und Körperlichkeit geprägte, aber nur akustisch präsente Fußballspiel.

Das intensive innere Geschehen bringt der Ich-Erzähler jedoch in einer **unemotionalen, weitgehend deskriptiven Sprache** vor. Auffallend ist der stark **hypotaktische Stil**, der zusätzlich mit vielen syndetischen und asyndetischen **Aufzählungen** angereichert ist: „Ich lehnte mich zurück im Stuhl, drehte zum Schreibtisch mit Telefon, Tintenfaß, Füllhalter, Bleistiften, Rotstiften und Briefen. [...] ... nahm den Brieföffner in die Hand, [...] hielt den Elfenbeingriff, suchte meine Gegner, drehte mich nach allen Seiten, sah Kreuze und Engel und Jesus und Moses und das große Foto [...]“ (Z. 78 ff.). Der Eindruck der Ruhelosigkeit und Getriebenheit, aber auch der fast unkindlichen Selbstkontrolle innerhalb des familiären Raumes wird hier geradezu hörbar. Die Bedeutung des Innenraumes mit dem väterlichen Arbeitstisch als Zentrum veranschaulicht die anaphorische Reihung „hier [...], hier [...], hier [...], hier“ (Z. 48 ff.), die dem Leser die erdrückende Präsenz selbst noch des abwesenden Vaters vermittelt.

Dieser Sprachgestaltung steht **kontrastiv** die **emphatische Sprache der Fußballübertragung** gegenüber, die den nahezu hysterischen Enthusiasmus des Reporters wiedergibt. **Geminationen** – *„Tor! Tor!“* (Z. 2); *„an den Pfosten, an den Pfosten!“* (Z. 68) –, **Anaphern** – *„die Ungarn sind am Drücker ... die Ungarn mit aller Macht“* (Z. 76 f.) –, **Häufungen** – *„Liebrich, Liebrich, immer wieder Liebrich“* (Z. 32) – und **Ausrufe** – *„Ja ist es zu glauben“* (Z. 3); *„Turek, du bist ein Teufelskerl!“* (Z. 18) –, deren Material der Umgangssprache entnommen ist, simulieren Authentizität und Lebendigkeit, die dem Pfarrhaus völlig fremd sind. Die ungezügelte Emotionalität der Übertragung kommt in den oft **metaphorischen Hyperbeln** zum Ausdruck: *„Fußballgott!“* (Z. 18 f. und 55); *„Ein Wunder!“* (Z. 54); dass diese meist dem religiösen Bereich entnommen sind, verstärkt die Diskrepanz zwischen der lebendigen Welt des Fußballs und der erstarrten häuslichen Umgebung.

Auffällig ist in diesem Zusammenhang auch das Vorherrschen **negativ besetzter Attribute**, teilweise aus dem kriegerischen Bereich, bei der Beschreibung von religiösen Insignien und Glaubensinhalten: Der „Ermunterungsspruch“ in nur „halbverständlichem“ Latein prangt in „gespreizter Schönschrift“ unter dem Kreuz, die Bibel liegt „wie ein schwarzer Kindergrabstein“ auf dem Schreibtisch (Z. 56 ff.). Hier wird deutlich, dass sich die elterlichen Glaubensvorstellungen als schwer nachvollziehbar erweisen, als künstlich und lebensfeindlich. Noch drastischer wird die **ironisierende Metaphorik**, wenn der Ich-Erzähler von der „Dreieinigen Besatzungsmacht“ (Z. 65) spricht und damit den repressiven Charakter des väterlichen Gottesbildes mit einem aggressiv kriegerischen Bild zum Ausdruck bringt.

3 Wirkung des Hörens der Fußballreportage auf den Ich-Erzähler

Im Anhören der Übertragung eröffnet sich dem Ich-Erzähler eine völlig neue, unbekannte Welt beziehungsweise Weltsicht: „Ich hatte noch nie eine Fußballreportage gehört, immer öfter fielen Wörter, die nichts mit Fußball zu tun hatten“ (Z. 13 f.). Hier werden Begriffe verwendet, die für ihn eindeutig konnotiert sind: negativ, aber tabuisiert durch die Person und den Beruf des übermächtigen Pastorenvaters. Recht schnell – die Passage spielt während der ersten Halbzeit – wird ihm ansatzweise bewusst, dass er hier eine Gegenwelt zu seiner eigenen engen, fest gefügten erlebt, die seine bisherigen, nie hinterfragten Werte infrage stellt: „eine neue Form der Anbetung, ein lästerlicher, unerhörter Gottesdienst, eine heidnische Messe“ (Z. 22 f.). In den „drei Silben *Fußballgott*“ (Z. 30) manifestiert sich für ihn der Konflikt zwischen tradierter, in sinnentleerter Symbolik erstarrter Religion und den neuen, lebensnahen Fußballhelden. **Schrittweise vollzieht sich seine Befreiung von** den **aufgezwungenen**, aber wirkungs- und machtlosen **Glaubensvorstellungen**, zunächst symbolisch im Bild der Übervaterfigur Moses:

„[…] er blickte zur Seite, zum Herrn […] und kümmerte sich um die Gotteslästerung des Reporters und meinen Anflug der Zustimmung nicht.“ (Z. 41 f.) Solchermaßen ermutigt, gesteht sich der Elfjährige zu, sich mehr und mehr auf die pseudoreligiöse Begrifflichkeit des Reporters einzulassen *„Ein Wunder! … gebetet! … Fußballgott!“* (Z. 54 f.). Gleichzeitig wird ihm die Leblosigkeit beziehungsweise Lebensferne der väterlichen Welt bewusst, als er nun das Inventar des Arbeitszimmers des Vaters betrachtet. So kann er den ersten Schritt zur Distanzierung von den bislang übermächtigen väterlichen Wertvorstellungen vollziehen und diese durch andere Werte ersetzen: „[…] in diesen Minuten rückte ich ab von der Dreieinigen Besatzungsmacht Gott, Jesus und Heiliger Geist und begann an einen Fußballgott und Außenseitergott zu glauben“ (Z. 64 ff.). Dieser Prozess vollzieht sich **rapide** durch die völlige Hingabe des Jungen an das Gegenwartsgeschehen – „ich wußte die Uhrzeit nicht, es zählten nur die Spielminuten“ (Z. 90 f.) – und geht mit einer Relativierung der dominanten Vaterfigur einher, denn der Ich-Erzähler nimmt für den Rest der ersten Halbzeit buchstäblich die Position seines Vaters ein – „[…] ich blieb auf dem Platz, von dem die väterliche Gewalt ausging“ (Z. 85 f.) – und hört hier seine eigene, neue „frohe Botschaft“ (Z. 87), die nichts mehr mit den Wertvorstellungen der Eltern gemein hat.

4 Zusammenfassende Interpretation

Die vorliegende Textstelle bildet den Auftakt zum Höhepunkt der Erzählung, gewissermaßen den **Kulminationspunkt**, auf den das Geschehen, so weit man von einem solchen sprechen kann, zustrebt. F. C. Delius zeigt hier an der Person des Ich-Erzählers exemplarisch einen Weg, wie die erste Nachkriegsgeneration mit der Vergangenheit umgeht. Denn für die jüngeren Erwachsenen, die das Dritte Reich und seinen „Zusammenbruch“, wie das Kriegsende ja auch im Volksmund bezeichnet wurde, bereits miterlebt hatten, ohne jedoch bleibend durch den Nationalsozialismus geprägt worden zu sein, bedeutete der Gewinn der Fußballweltmeisterschaft 1954 eben das „Wunder von Bern“, das erste Ereignis der Nachkriegszeit, durch das Deutschland wieder so etwas wie ein nationales Selbstbewusstsein erfuhr. Diese gesellschaftliche Bedeutung des Endspiels wird von der elfjährigen Hauptfigur der Erzählung verständlicherweise völlig ausgeblendet. Ihre Schilderung gilt einem **persönlichen Befreiungsakt**. Betrachtet man die gesamte Erzählung, so ist diese Betrachtungsweise nicht nur auf das kindliche Alter des Ich-Erzählers zurückzuführen; an anderer Stelle deutet dieser an, dass ihn die für ihn nicht nachvollziehbaren Traumatisierungen der Erwachsenen aus der Kriegs- und Nachkriegszeit ebenso langweilen beziehungsweise abstoßen wie die mentale Präsenz des Großvaters, der als hoch dekorierter Marineoffizier in der Familie als Held und Vorbild verehrt wird. Der Großvater wählt unbewusst den Weg der Verdrängung, exemplarisch für große Teile einer ganzen Generation.

So übt Delius hier deutliche **Kritik am moralischen Rigorismus** der autoritären Erziehung einer Generation, aufgewachsen in den **hierarchisch-patriarchalischen Strukturen**, die bereits in wilhelminischer Zeit entstanden. Indem der Ich-Erzähler, stellvertretend für große Teile der Nachkriegsgeneration, den starken Kontrast zwischen dem von Lebendigkeit, Dynamik und Körperlichkeit geprägten Bereich des Fußballs und dem sinnenfeindlichen, bigotten Elternhaus eindringlich erlebt und empfindet, erwächst in ihm das Empfinden dafür, dass **authentisches emotionales Erleben** den bis dahin weitgehend unreflektiert übernommenen Glaubens- und Erziehungsinhalten bei weitem überlegen ist. Unterstützt wird diese Herausbildung einer eigenen Haltung durch die ausschließlich **positiv gezeichnete Rolle des modernen Mediums Rundfunk**; das mediale Geschehen gewinnt eine zunehmend stärkere Wirkung und Unmittelbarkeit, ja, einen höheren Grad an Realität als die tatsächlich vorhandene Umgebung des Ich-Erzählers. Hier werden **Anfänge eskapistischer Möglichkeiten durch die elektronischen**

Massenmedien angedeutet, die heute, 50 Jahre später, unseren Alltag in mittlerweile kritischem Maß prägen.

Bei aller Distanzierung von elterlichen Maßstäben geht dem Ich-Erzähler der transzendente Bereich nicht völlig verloren; der Dualismus von Gut und Böse wird vom religiösen Bereich auf den des Fußballs übertragen, der **Fußball** wird deutlich zu einer Art **Ersatzreligion** hochstilisiert – auch dies eine Entwicklung, die in ‚unserer Zeit' noch an Bedeutung gewonnen hat. So stellt F. C. Delius hier ein **Initiationserlebnis in der Tradition des Adoleszenzromans** dar, welches beispielhaft vorführt, wie sich Wertsetzungen in der Moderne herausgebildet und verschoben haben.

5 Vergleich

Zum Vergleich wird die Erzählung „**Gute Vorsätze**" herangezogen, eine Episode aus den *Lausbubengeschichten* von **Ludwig Thoma**. Das 1904 erschienene Werk gehört zu den erfolgreichsten des oberbayerischen Heimatkunstdichters. Das hat damit zu tun, dass der Autor sich nicht darauf beschränkt, in äußerst lebendiger Weise mutwillige Lausbubenstreiche zu schildern, sondern diesem unterhaltsamen Stoff eine scharfe Kritik an bürgerlicher Selbstgefälligkeit unterlegt, die aber wiederum durch die vermeintliche Naivität des Ganzen gut kaschiert ist. So nimmt Thoma in lose zusammenhängenden, autobiografisch gefärbten Geschichten einzelne Bereiche des gesellschaftlichen Lebens vor dem Ersten Weltkrieg aufs Korn, in der vorliegenden die sinnentleerte, auf die Erfüllung äußerlicher Riten beschränkte und zu überheblicher Selbstdarstellung missbrauchte Religiosität.

In *Gute Vorsätze* schildert der **Ich-Erzähler in der Rolle des etwa zehnjährigen Ludwig Thoma**, wie er während der dreiwöchigen Vorbereitung auf seine Erstkommunion sich selbst und das Verhalten seiner Umgebung, vor allem seiner Verwandtschaft erlebt, welches von Geltungssucht und unterschwelliger Missgunst geprägt ist.

Die etwa gleichaltrigen Erzähler beider Texte wachsen demnach in einer **von religiösen Glaubensformeln geprägten Umgebung** auf. Auch wenn diese bei Delius eine evangelische Pfarrerfamilie in einem evangelischen Dorf in Hessen ist, bei Thoma dagegen eine katholische Sippe kleiner Beamten in einem Dorf im katholischen Oberbayern, so ähneln sie sich doch stark in der Intensität, mit der eine rigide praktizierte Religiosität das Alltagsleben durchdringt; die Religion bestimmt den Ablauf und die Wertmaßstäbe des Lebens.

In beiden Texten haben die Zentralfiguren eine Art **Initiationserlebnis**, das ihrer kindlichen Weltsicht eine andere Richtung gibt. F. C. Delius bereitet dieses jedoch die gesamte Erzählung hindurch vor; der vorliegende Ausschnitt bildet den Höhe- und Wendepunkt des Erlebens. Thoma hingegen konfrontiert die Hauptperson und den Leser sehr unvermittelt damit, seine Geschichte beginnt: „Ich war auf einmal furchtbar fromm. Drei Wochen lang hat uns der Religionslehrer Falkenberg vorbereitet auf die heilige Kommunion, und ich habe zum Fritz gesagt: ‚Wir müssen ein anderes Leben anfangen.'" (Ludwig Thoma: *Die schönsten Romane und Erzählungen.* Band 1. Jubiläumsausgabe in sechs Bänden. Herausgegeben von Richard Lemp. München: Piper Verlag 1978, S. 312.) Mit dieser Bemerkung befindet sich der Ich-Erzähler von vornherein erkennbar in einer gewissen inneren Distanz zu der herrschenden aufdringlichen Alltagsreligiosität, die hier unvermittelt aufgehoben wird. Der kindliche Protagonist bemüht sich aber ernsthaft um eine Art innere Läuterung und Hinwendung zu den angebotenen religiösen Inhalten, obwohl er deren Verlogenheit immer wieder erlebt. Selbst als seine Kusine ihn unmittelbar vor dem feierlichen Hochamt mit einer überheblichen, selbstgerechten Bemerkung provoziert, reagiert er anders als gewohnt: „Ich habe mich nicht geärgert, weil ich so friedfertig war, und in der Kirche war ich nicht wie sonst.

[…] Ich habe gemeint, es ist jetzt alles anders." In fast magischer Weise glaubt der Ich-Erzähler, im Grunde wider besseres Wissen und konkrete Erfahrung, doch noch an die transzendente Macht der rituellen Handlung jenseits der Verlogenheit ihrer ausführenden Organe. Ein Wendepunkt scheint eingetreten. Doch unmittelbar nach dem Ende der Messe holt ihn die Realität ein; die ersten Worte, die seine Tanten an ihn richten, rücken Materielles in den Vordergrund: „Du hast die dickste Kerze gehabt." Der Erzähler kommentiert: „da habe ich gesehen, dass sie einen nicht fromm sein lassen" (S. 317); die **Chance des religiösen Initiationserlebnisses** ist mit einem Schlag endgültig **vorbei**.

Der Ich-Erzähler **bei Delius** empfindet „widerspenstige Schuldgefühle, gegen das erste Gebot zu verstoßen durch bloßes Zuhören" (Z. 37 f.), sträubt sich also innerlich gegen die beginnende Haltung der Distanz und die Relativierung des verinnerlichten Wertesystems. Durch das Hören der Fußballreportage, in der ihm eine Gegenwelt zu der Lebensferne seines Elternhauses angeboten wird, rückt er jedoch zunehmend „von der Dreieinigen Besatzungsmacht Gott, Jesus und Heiliger Geist" (Z. 65) ab; die zunächst erschrocken abgewehrte Distanz zu der beengenden Religiosität seiner Umwelt bedeutet für ihn letztlich **Befreiung**, zumal sie durch ein **neues Wertesystem** ersetzt wird: Er beginnt „an einen Fußballgott und Außenseitergott zu glauben und nicht nur an einen […]. Ich atmete auf, wenn die guten Namen fielen, […] während ich bei den ungarischen Namen zuckte" (Z. 65 f. und 72 ff.). Der Dualismus von Gut und Böse ist also gewahrt, der Ich-Erzähler erfährt und empfindet die Außenwelt – allerdings nur vermittelt durch das elektronische Medium Radio – als spannend, als positiv.

Ludwig **Thomas Hauptfigur** bekommt hingegen **keine Alternative angeboten**. Das einzig akzeptierte Wertesystem ist die Moral, die die Religion beziehungsweise deren Umsetzung durch seine Umwelt vermittelt. Und hier erfährt der Ich-Erzähler, dass die Menschen seiner Umgebung Religion instrumentalisieren, um sich selbst auf- und ihre Mitmenschen abzuwerten und zu unterdrücken. Er erkennt, dass sich hinter den religiösen Floskeln in Wahrheit lediglich Geldgier und Materialismus verbergen: „Die Tante Fanny hat Obacht gegeben, dass ich nicht auslasse [mit den Bußübungen]. Sie hat mir recht wenig zum Essen gegeben, weil man sich täglich einmal abtöten muss, aber die Magd hat zu mir gesagt, daß sie ein Knack [eine Knauser] ist und sparen will." (S. 313) So bleibt ihm nur die Rückbesinnung auf sich selbst beziehungsweise auf sein archaisches Prinzip von Rache und Vergeltung: „Ich war furchtbar zornig, aber ich durfte es nicht merken lassen. Ich dachte, wenn die Kommunion vorbei ist, dann will ich ihn schon ärgern, dass er blau wird. Vielleicht mache ich seine Goldfische kaputt oder etwas anderes." (S. 312)

Für F. C. Delius bieten sich in der Zeit des Wirtschaftswunders Alternativen zu erstarrten religiösen Werten, er zeigt in seiner Erzählung einen positiven Weg in die Zukunft. Für Ludwig Thoma steht die Kritik an dem verlogenen bestehenden Wertesystem im Vordergrund; eine Chance dafür, dass sich die Verhältnisse wandeln, sieht er nur in der Aufklärung und Selbstbestimmung des Einzelnen.

Grundkurs Deutsch (Bayern): Abiturprüfung 2007
Aufgabe 4 – Erörterung

„Jede Provinz liebt ihren Dialekt: denn er ist doch eigentlich das Element, in welchem die Seele ihren Atem schöpft."
(Johann Wolfgang von Goethe, *Dichtung und Wahrheit*)

Erörtern Sie, ausgehend von einer Definition des Begriffs „Dialekt", sprachliche und kommunikative Leistungen sowie mögliche Probleme des Dialektgebrauchs!
Berücksichtigen Sie dabei auch Ihre eigenen Erfahrungen!

Hinweise und Tipps

Bei dieser Aufgabenstellung handelt es sich um eine traditionelle dialektische Erörterung; die Aufgabenstellung ist so präzise gefasst, dass die Funktion des vorangestellten Goethe-Zitats nicht ganz augenfällig wird. Man sollte dieses daher auch nicht überbewerten, sondern eher als inhaltlich richtungweisend betrachten.

Am Anfang des Aufsatzes steht, der Aufgabenstellung entsprechend, eine Klärung des Begriffes „Dialekt". Zwar ist „Dialekt" kein ausgewiesenes Thema des Grundkurses. Jedoch steht zu Beginn des Kurshalbjahres 13/1 die Beschäftigung mit Gegenwartssprache in ihren unterschiedlichen Ausprägungen im Lehrplan. Außerdem ist dem Dialekt und seiner Abgrenzung zur Hochsprache im Lehrplan der 9. Jahrgangsstufe Raum gegeben, sodass entsprechendes Hintergrundwissen zur Verfügung stehen müsste. Hier kann auch das Goethe-Zitat hilfreich sein, welches mit dem Begriff „Provinz" bereits auf die regionale Bedingtheit dieser Sprachvarietät hindeutet.

Nach der Definition des Begriffs sind positive und negative Aspekte des Dialektgebrauchs differenziert aufzuzeigen. Dabei sollte man, besonders wenn man selbst Dialektsprecher ist, stets im Auge behalten, dass nicht ein bestimmter Dialekt, sondern die Betrachtung der Mundart als solcher in der Aufgabenstellung gefordert ist. Natürlich kann man unter Bezugnahme auf den letzten Satz der Aufgabenstellung exemplarisch von seinem eigenen Dialekt ausgehen, sollte jedoch darauf achten, dass sich der Horizont der Argumentation dadurch nicht zu sehr verengt.

Die Argumentation muss jeweils mit **Beispielen** belegt werden. Letzteres ist in diesem Fall besonders zu beachten, da eigens verlangt wird, dass eigene Erfahrungen berücksichtigt werden. Hierbei muss man sich vor allem vor dem verbreiteten Fehler hüten, Argument und Beispiel gleichzusetzen oder zu vermischen, und bedenken, dass ein (konkretes) Beispiel ein Argument veranschaulicht, aber, da es eben einen Einzelfall wiedergibt, dieses niemals ersetzen kann. Ebenso ist stets sorgfältig zu prüfen, ob mit dem angeführten Beispiel auch wirklich das jeweilige Argument unterstützt und nicht etwa schon ein neuer Gesichtspunkt eingeführt wird.

Nach einer umsichtigen – möglichst breit angelegten und dennoch zusammenhängenden – Erörterung des Themas wird der Schluss in einer resümeeartigen Stellungnahme bestehen, die als wirkliche Zusammenfassung keine bloße Wiederholung bereits vorgebrachter Argumente sein darf.

Insgesamt ist – wie immer bei einer Erörterung – auf angemessene Begrifflichkeit sowie auf sprachliche Gewandtheit und Korrektheit zu achten.

Lösungsvorschlag

1 Begriffsbestimmung und Problematik

Der Begriff „**Dialekt**“ existiert bereits in der Antike; im Altgriechischen bedeutet „diálektos“ „Redeweise“. Das deutsche Wort „Mundart“, ein in der Barockzeit geschaffenes Neuwort, hat den gleichen Begriffsinhalt. Beide Wörter bezeichnen eine ortsgebundene Sprachform, die sich von der Hoch- oder Standardsprache unterscheidet. Darauf bezieht sich auch der erste Satz des Zitats aus Goethes Autobiografie *Dichtung und Wahrheit*. Allerdings meint Goethe wohl mit „Provinz“ weniger die politisch definierte Verwaltungseinheit als vielmehr ein Gebiet, das durch natürliche Grenzen wie Flüsse oder Gebirge von den Nachbarn getrennt ist, sodass sich dort eine eigene Sprachrichtung ausprägen konnte.

Die Zahl der deutschen Dialekte, die sich nach der Völkerwanderung aus dem Fränkischen, Baierischen, Alemannischen und Altsächsischen entwickelt haben, ist schier unübersehbar, wie ein Blick in den *Deutschen Sprachatlas* zeigt. Unterscheidet man die verschiedenen Sprechweisen ganz genau, so lässt sich vor allem auf dem Land beinahe von Dorf zu Dorf eine eigene Dialektform beschreiben. Diese **ethnisch-geografische Definition** hebt den Dialekt von anderen Varietäten der gesprochenen Sprache ab, etwa der Jugendsprache oder auch der Umgangssprache. Auch dies sind Sprachformen, die sich in der Kommunikation entwickelt haben und entwickeln. Allerdings sind sie nicht räumlich begrenzt, sondern auf bestimmte Bevölkerungsgruppen (Soziolekte) oder Kommunikationssituationen beschränkt.

Dialekte gelten als ausdrucksstark. Sie erlauben dem Sprecher, Gefühle, aber auch Sachverhalte zu formulieren, die sich in der Hoch- oder Standardsprache nicht sagen ließen. Die **Standardsprache** ist die Sprache der Institutionen, eine die Dialektgrenzen überschreitende Verkehrs- und Einheitssprache, in der geregelt wird, was alle angeht. Sie ist eine künstlich geschaffene, keine gewachsene Sprache. Obwohl der Dialekt ihr an Differenziertheit seines Ausdrucksvermögens oft überlegen ist, ist sie unaufhaltsam auf dem Vormarsch. In den meisten Gegenden nimmt die Zahl der Dialekt-Sprecher seit Beginn des 19. Jahrhunderts – man kann wohl auch sagen: seit der flächendeckenden Durchsetzung der allgemeinen Schulpflicht – kontinuierlich ab. Inzwischen gibt es niemanden mehr, der lediglich seinen Dialekt versteht und spricht, wie es früher oft der Fall war.

Ausgehend von diesem ersten Überblick soll im Folgenden detaillierter erörtert werden, welche besonderen sprachlichen und kommunikativen Möglichkeiten im Gebrauch des Dialekts liegen, aber auch, in welcher Hinsicht sich aus der Verwendung des Dialekts Probleme ergeben können. Als Beispiel wird dabei vor allem auf den bayerischen Dialekt zurückgegriffen, da dieser der Verfasserin am besten vertraut ist.

2 Sprachliche und kommunikative Leistungen des Dialektgebrauchs

Die augenfälligste Stärke des Dialekts liegt sicher in dem bereits erwähnten Aspekt, dass er, verglichen mit der Hochsprache, sehr intensive und **nuancierte Ausdrucksformen** zur Verfügung hat. Die Hochsprache ist naturgemäß standardisiert, individuelle emotionale Varianten sind hier zugunsten der allgemeinen Verständlichkeit und Verwendbarkeit vernachlässigt und auch nicht erforderlich. Der Dialekt hat sich über lange Zeiträume hin ohne Verschriftlichung aus dem Leben heraus entwickelt und ist damit unmittelbarer Ausdruck desselben, mit allen Facetten und Varianten, die oft nicht oder nur in ausufernden Paraphrasen und damit unter Verlust der knappen Treffsicherheit ins Hochdeutsche übertragbar sind. Betrachtet man den bayerischen Ausdruck „A so a verreckta Hund!", so würde dieser, wörtlich übertragen, bedeuten: „Nein, so ein toter (oder: kniffliger) Hund!", was natürlich nicht gemeint ist. Vielmehr handelt es sich um eine bewundernde Bezeichnung für einen gerissenen Menschen, der eine überaus erstaunliche Leistung vollbracht hat. Diese korrekte, aber mühselige Umschreibung gibt nicht im Mindesten das hohe Maß der Verblüffung und Bewunderung wieder, das der Sprecher empfindet; hierfür hat das Hochdeutsche kein Äquivalent.

Aber nicht nur die emotionale Intensivität ist kennzeichnend für die Mundart, sondern darüber hinaus eine stärker **differenzierte Begrifflichkeit** sowie in vielen Bereichen eine eigene **Bildlichkeit** gegenüber der Standardsprache. Im Hochdeutschen gibt es für eine Dualität ausschließlich das Zahlwort „zwei", ohne weitere Differenzierung nach Geschlecht oder Ähnlichem. Im Oberbayerischen wird hingegen zwischen „zwo" für eine feminine Zweiheit, „zwee" für eine maskuline und „zwoa" – wenn das Geschlecht unwichtig ist – unterschieden. Für die hochdeutschen Ausdrücke „Rausch" oder „Trunkenheit", die eher wertneutral verwendet werden, existieren im Bayerischen „Suri", „Draher", „Spitzl", „Fetzenrausch", um nur einige zu nennen, welche, ohne dass man sie im Einzelnen erklären muss, sowohl die Intensität der Trunkenheit als auch ihre Auswirkungen plastisch ausdrücken. Und allgemein geläufig, spätestens seit der „Brandner Kaspar" durch das Medium Fernsehen allgemeine Verbreitung fand, ist der fast liebevolle ironisch-metaphorische Mundartausdruck „Boandlkramer", also eigentlich „Knochenhändler", für den Tod.

Das letzte Beispiel ist im gesamten bayerischen Sprachraum, also einer relativ großen Region, verbreitet; die Tatsache, dass es jedoch noch viel enger gefasste regionale Dialektunterschiede gibt, zeugt davon, dass sich mit dem **Sprachschatz einer bestimmten Region** auch der besondere Charakter ihrer Bewohner erhält. Diese regionale Prägung wirkt der viel beklagten Uniformierung der Bevölkeurng unseres Landes durch eine charakteristische Form der Kommunikation ebenso entgegen wie der oft angeführten Verkümmerung der sprachlichen Ausdrucksformen.

Mit dem Erhalt des gewachsenen Dialekts geht demnach untrennbar ein vertieftes **Verständnis für die regionale Kultur und Tradition** einher. Dialekt lebt nicht nur in der unmittelbaren Kommunikationssituation, sondern ist über Jahrhunderte gewachsen und transportiert damit auch kulturgeschichtliche Güter seiner Gegend wie Volkslied oder Volksdichtung. Dass in den Lesebüchern aller Schularten in allen Bundesländern für nahezu alle Jahrgangsstufen Mundarttexte behandelt werden, spricht dafür, dass gerade in Zeiten, in denen ein vereintes Europa angestrebt wird, regionale Besonderheiten als wertvoll angesehen werden. Eine gesamteuropäische Identität kann sich in tragfähiger Weise nur auf dem Fundament bewusst gelebter regionaler Identitäten ausbilden. Dass dies von vielen Menschen auch so empfunden wird, davon zeugt der zunehmende Zulauf, den Volksmusikgruppen verzeichnen können, in denen das mundartliche Liedgut gepflegt und tradiert wird. Angesichts dieses verstärkten Interesses an lokalem Bezug in einer globalisierten Welt ist es ein Glück, dass gerade im letzten Jahrhundert – ungeachtet oder gerade aufgrund des unseligen „völkischen Bewusstseins", welches vom nationalsozialistischen Regime propagiert wurde – unermüdliche Heimatpfleger wie Kiem Pauli oder Wastl Fanderl im bayerischen Sprachraum die alten Liedtexte bewahrten. Diese Bewegung griff auch auf die akademische Welt über: An vielen Hochschulen wurden Lehrstühle für Dialektforschung eingerichtet, zudem fand die Mundartdichtung Eingang in die literaturwissenschaftliche Forschung. So beschäftigte sich in den Siebzigerjahren an der Universität Regensburg ein Professor für Neuere Deutsche Literatur in seinen Forschungen über Jahre hin erfolgreich mit dem bayerischen Heimatkunstdichter Ludwig Thoma.

Ein wesentlicher Grund für diese Bewegungen ist, wie schon angedeutet, aber vor allem darin zu suchen, dass in einer zunehmend komplexeren Welt ein **gemeinsames Kommunikationssystem identitätsstiftend** wirkt. Der Mensch ist ein Gemeinschaftswesen und braucht die Gemeinschaft und die wechselseitige Versicherung einer solchen Identität. Das ist es wohl auch, was **Goethe** andeutet, wenn er sagt, der Dialekt sei „doch eigentlich das Element, in welchem die Seele ihren Atem schöpft". Hier wird Abgrenzung gegenüber anderen (Mundart-)Gruppen nicht durch Provokation oder gar militante Aktionen erreicht, sondern durch Betonung des Eigenen, wodurch der Sprecher im Sinne Goethes Geborgenheit findet. Dass die Gemeinschaft stiftende Macht der Muttersprache stets erkannt wurde, zeigt ein Blick in die Geschichte: Als das Saarland französisch wurde, stand der Gebrauch der deutschen Sprache, selbst im privaten Bereich, alsbald unter Strafe. Ähnlich verfuhr die ungarische Regierung vor dem Zweiten Weltkrieg mit den deutschen Sprachinseln: Wer einen ungarischen oder serbischen Namen trug, musste den Schulunterricht in dieser Sprache besuchen, auch wenn er ihrer gar nicht oder nur sehr bedingt mächtig war, da er eben deutscher Abstammung war. Was aber für die Nationalsprache gilt, lässt sich auch auf den wesentlich individueller geprägten Dialekt übertragen, der als gesprochene, im Kindesalter erlernte Sprache die eigentliche Muttersprache darstellt, mit deren Gebrauch sich die Sprecher ihrer Identität versichern.

3 Mögliche Probleme des Dialektgebrauchs

So ausdrucksstark die Mundart in den Bereichen des Alltags ist, aus dem sie sich gebildet hat, so ist sie aufgrund dieser Entstehung eben auch im Wesentlichen auf diese Sphäre beschränkt. In anderen Bereichen **fehlt** ihr die **Begrifflichkeit**. Dies betrifft in erster Linie komplexere **Gebiete wie Forschung und Technik**, die aber im modernen Leben auch in den Alltag hineinreichen; die **Fachsprachen** sind naturgemäß standardisiert, da überregional, und drängen aufgrund der zunehmenden Technisierung unseres Lebens auch in die gesprochene Sprache; hier schwindet die Mundart. So wurde ein Fahrrad vor gut hundert Jahren im Bayerischen noch zum „Radl", ein heruntergekommenes Auto zur „Schäs'n" – gerade das letzte Beispiel zeigt, dass zu Beginn der Technisierung auch Fremdwörter noch in die Mundart integriert wurden. Mit dem zunehmenden Tempo der immer komplexer werdenden Entwicklung wurde dies unmöglich; für einen „Dieseleinspritzer" oder auch nur ein ‚simples' Cabrio gibt es kein mundartliches Äquivalent. Auch die Breite des Angebots von Konsumgütern findet in den dialektsprachlichen Bezeichnungen keine Entsprechung mehr: Der Ausdruck „Kuchl" umfasst zwar auch die moderne Einbauküche, unterscheidet sie aber nicht von der traditionell ausgestatteten Wohnküche des Bauernhauses; hier werden neu entstandene Wörter in den Dialekt übernommen und allenfalls mit mundartlichem Akzent angepasst. Von den Bereichen von EDV und moderner Unterhaltungs- und Kommunikationstechnologie ist der Dialekt völlig ausgeschlossen, hier wird auch der Alltag von Fachausdrücken und Fremdwörtern (vor allem Übernahmen aus dem Englischen) beherrscht. Dies ist sicherlich einer der Gründe, weswegen es heutzutage keine reinen Dialektsprecher mehr gibt: Auch der Mundartnutzer muss sich in unserer Welt gewissermaßen zweisprachig ausdrücken können.

Damit ergeben sich für den Dialektsprecher aber oft **Schwierigkeiten in der korrekten Aussprache der Standardsprache**. Dies beginnt bei der Lautung, wenn man etwa bedenkt, dass das Fränkische ausschließlich weiche Konsonanten kennt, sodass hier die „Pappe" zur „Babbe" wird, oder dass dem Bayerischen das stimmhafte „s" ebenso fehlt wie die Differenzierung von „w" und „f" im Anlaut. Im Dialekt aufgewachsene Kinder haben hier mit größeren Schwierigkeiten zu kämpfen als Kinder aus Familien, die die Hochsprache benutzen. Gravierender wird dies im grammatischen Bereich. Das Bayerische hat seine eigene Grammatik, die mit der der Hochsprache nicht immer übereinstimmt. In vielen Fällen weicht das Geschlecht eines Wortes von dem der Standardsprache ab: So ist etwa die „Butter“ im Hochdeutschen feminin, im Bayerischen dagegen maskulin. Aber auch im Gebrauch von Kasus und Kasusrektion bestehen deutliche Unterschiede: Die Formulierung „I lern' da des“, also wörtlich „Ich lerne dir das“, ist grammatisch korrektes Bayerisch, während „lernen“ im Hochdeutschen bekanntermaßen überhaupt nicht mit Dativ konstruiert werden kann. Defizite in der Sprachkompetenz, die sich aus diesen Diskrepanzen ergeben, zeigen sich bei Schülern aller Schularten, die dadurch deutlich benachteiligt sind, da sie gewissermaßen das Hochdeutsche als Fremdsprache lernen müssen.

Durch solche Abweichungen von der Standardsprache ist für den Mundartnutzer die **Kommunikation mit Nicht-Dialektsprechern** oder Sprechern anderer Dialekte **erschwert**. Nicht nur im schulischen Bereich, sondern auch im Alltagsleben kann dies gravierende Folgen haben. Als während des Dritten Reiches im Zuge der sogenannten Kinderlandverschickung Kinder aus Mittel- und Ostdeutschland, vor allem aus dem Ruhrgebiet, nach Bayern kamen, war zunächst buchstäblich keine Verständigung zwischen den Einheimischen und den Gästen möglich, da in vielen, besonders in ländlichen Gebieten die Bevölkerung nahezu ausschließlich Dialekt sprach; was es für ein Kind bedeutet, nicht verstanden zu werden, liegt auf der Hand. Ein ähnliches Phänomen, wenn auch nicht in dieser Schärfe, war nach der ‚Wende‘, also nach der Auflösung der ehemaligen DDR zu beobachten, als viele Bewohner der neuen Bundesländer auf der Suche nach Arbeit in den Westen kamen: Wen es als Dialektsprecher etwa aus der Gegend von Cottbus ins bayerische Hinterland verschlug, der verstand zunächst so gut wie nichts und konnte sich auch nur bedingt verständlich machen.

Die ‚Ossis‘ wurden damals oft belächelt oder sogar verspottet. Daran wird einmal mehr ein häufig auftretendes Phänomen deutlich, nämlich die **gesellschaftliche Tendenz zur Stigmatisierung reiner Dialektsprecher**, die zur **Verfestigung sozialer Barrieren** führt. Fremdes wird häufig unreflektiert abgelehnt, auch wenn es sich ‚nur‘ um einen fremden Dialekt handelt, also eine Variante der eigenen Muttersprache. Nutzung von Mundart wird zudem häufig auch mit Zugehörigkeit zur Unterschicht assoziiert, da eben komplexere Bereiche des Lebens häufig von der Mundart ausgeschlossen sind. Diese Erscheinung wird auch in der Literatur und in den Medien teilweise – wenn auch meist in erkennbar satirischer oder kritischer Absicht – aufgegriffen: Der große bayerische Kabarettist Gerhard Polt, der selbst ein Sprachenstudium absolviert hat, karikiert im Dialekt und durch diesen den bayerischen „Grattler“, also einen völlig ungebildeten Menschen, der sich nahe am Asozialen bewegt. Aber auch im konkreten Alltagsleben ist diese Einstellung zu beobachten. Als nach dem Zweiten Weltkrieg und später im Zuge des Ungarnaufstandes Ungarndeutsche und Donauschwaben nach Bayern flüchteten, die, wie der Name schon sagt, schwäbische, hessische oder pfälzische Dialekte sprachen, wurden sie von der bayerischen Bevölkerung als „Zigeuner“ oder „Rucksackdeutsche“ beschimpft, nicht nur wegen ihres teilweise andersartigen Aussehens, sondern eben auch wegen des unbekannten oder doch ungewohnten Dialektes. Auch heute tritt dieses Phänomen leider verstärkt auf, wenn man an die Spätaussiedler aus Russland und der Ukraine denkt, die mit massiven Schwierigkeiten zu kämpfen haben. Die Sprachregelung „Menschen mit Migrationshintergrund“, die sie in einem Atemzug mit Mitbürgern nennt, die tatsächlich nicht muttersprachlich deutsch sind, sagt hier viel aus. Hinzu kommt, dass die ‚Russlanddeutschen‘ Teilen der Bevölkerung pauschal als kriminell gelten. So zeigt sich, dass die mangelnde Beherrschung der deutschen Standardsprache auch heute noch zu massiver sozialer Ausgrenzung führt.

4 Zusammenfassung

Die Überlegungen zum Thema Dialektgebrauch haben gezeigt, dass Probleme immer dann entstehen, wenn die Standardsprache nur unvollkommen beherrscht wird, sodass der Sprecher auch in Situationen, in denen das unpassend erscheint und es ihm in der Wahrnehmung durch andere zum Nachteil gereicht, in den Dialekt fällt. Das ist aber heutzutage mehr und mehr die Ausnahme. Wie eingangs bereits angedeutet, ist auch der Dialektsprecher mittlerweile fast automatisch ‚zweisprachig', was ihm nicht nur hilft, mit vielen Situationen, in denen ein reiner Dialektsprecher in Schwierigkeiten geraten würde, unbefangen umzugehen, sondern auch seine geistige Flexibilität fördert. Wer nicht nur in seinem Horizont gefangen bleibt, sondern von früh an verschiedene Kulturbereiche – repräsentiert durch verschiedene Sprachformen – erlebt, wird selbst weniger engstirnig denken und in der Lage sein, eine Brücke zwischen Tradition und Moderne schaffen. Ähnliches drückt der bayerische Ministerpräsident mit seinem vielzitierten Schlagwort „Mit Laptop und Lederhose" aus. Mundart ist gewachsene Tradition und gehört zur Geschichte und zum Kulturgut eines Volkes. Somit sollte man sie in ihrer Eigenart schätzen und pflegen. Damit Mundart jedoch nicht zum Handicap wird, darf sie nicht Ausdruck von Fortschrittsfeindlichkeit und Angst vor der Zukunft sein. Man sollte immer wissen, wo man herkommt, und diese Wurzeln nicht verleugnen. Man sollte aber ebenso bereit sein, sich weiterzuentwickeln, den oft engen Horizont des aus der Kindheit Vertrauten zu überschreiten und sich auf die sich fortwährend verändernde Welt jenseits der engeren Heimat einzulassen.

Grundkurs Deutsch (Bayern): Abiturprüfung 2008
Aufgabe 1 – Erschließung eines poetischen Textes

a) Erschließen und interpretieren Sie das Gedicht *Ballade von des Cortez Leuten* von Bertolt Brecht! Arbeiten Sie dabei insbesondere heraus, welche Rolle der Natur zukommt!

b) Zeigen Sie, ausgehend von Ihren Ergebnissen, vergleichend auf, wie die Begegnung mit dem Unbegreiflichen in einem anderen literarischen Werk gestaltet wird!

Vorbemerkung

Das vorliegende Gedicht entstammt der dritten, mit der Überschrift „Chroniken" versehenen „Lektion" der Gedichtsammlung „Hauspostille"[1]. Der spanische Heerführer Cortés eroberte zu Beginn des 16. Jahrhunderts das Aztekenreich in Mittelamerika.

1 Unter einer Hauspostille versteht man im ursprünglichen Sinn eine religiöse Erbauungsschrift.

Bertolt Brecht (1898–1956)

Ballade von des Cortez Leuten (Entstehung 1919; Erstdruck 1927; Interpunktion und Orthographie entsprechend der Großen kommentierten Berliner und Frankfurter Ausgabe)

Am siebten Tage unter leichten Winden
Wurden die Wiesen heller. Da die Sonne gut war
Gedachten sie zu rasten. Rollen Branntwein
Von den Gefährten, koppeln Ochsen los.
Die schlachten sie gen Abend. Als es kühl ward
Schlug man vom Holz des nachbarlichen Sumpfes
Armdicke Äste, knorrig, gut zu brennen.
Dann schlingen sie gewürztes Fleisch hinunter
Und fangen singend um die neunte Stunde
Mit Trinken an. Die Nacht war kühl und grün.
Mit heisrer Kehle, tüchtig vollgesogen
Mit einem letzten, kühlen Blick nach großen Sternen
Entschliefen sie gen Mitternacht am Feuer.
Sie schlafen schwer, doch mancher wußte morgens
Daß er die Ochsen einmal brüllen hörte.
Erwacht gen Mittag, sind sie schon im Wald.
Mit glasigen Augen, schweren Gliedern, heben
Sie ächzend sich aufs Knie und sehen staunend
Armdicke Äste, knorrig, um sie stehen
Höher als mannshoch, sehr verwirrt, mit Blattwerk
Und kleinen Blüten süßlichen Geruchs.
Es ist sehr schwül schon unter ihrem Dach
Das sich zu dichten scheint. Die heiße Sonne
Ist nicht zu sehen, auch der Himmel nicht.
Der Hauptmann brüllte wie ein Stier nach Äxten.
Die lagen drüben, wo die Ochsen brüllten.
Man sah sie nicht. Mit rauhem Fluchen stolpern
Die Leute im Geviert, ans Astwerk stoßend
Das zwischen ihnen durchgekrochen war.
Mit schlaffen Armen werfen sie sich wild
In die Gewächse, die leicht zitterten

Als ginge leichter Wind von außen durch sie.
Nach Stunden Arbeit pressen sie die Stirnen
Schweißglänzend finster an die fremden Äste.
Die Äste wuchsen und vermehrten langsam
Das schreckliche Gewirr. Später, am Abend
Der dunkler war, weil oben Blattwerk wuchs
Sitzen sie schweigend, angstvoll und wie Affen
In ihren Käfigen, von Hunger matt.
Nachts wuchs das Astwerk. Doch es mußte Mond sein
Es war noch ziemlich hell, sie sahn sich noch.
Erst gegen Morgen war das Zeug so dick
Daß sie sich nimmer sahen, bis sie starben.
Den nächsten Tag stieg Singen aus dem Wald.
Dumpf und verhallt. Sie sangen sich wohl zu.
Nachts ward es stiller. Auch die Ochsen schwiegen.
Gen Morgen war es, als ob Tiere brüllten
Doch ziemlich weit weg. Später kamen Stunden
Wo es ganz still war. Langsam fraß der Wald
In leichtem Wind, bei guter Sonne, still
Die Wiesen in den nächsten Wochen auf.

Aus: Bertolt Brecht: Werke. Große kommentierte Berliner und Frankfurter Ausgabe. Frankfurt am Main: Suhrkamp 2003

Hinweise und Tipps

Die Aufgabenstellung folgt dem üblichen Aufbau: Sie ist zweigeteilt, der erste Arbeitsauftrag lautet:„Erschließen und interpretieren Sie“, was eine umfassende Analyse des Textes mit anschließender Deutung fordert. An dieser Stelle soll auf die besonderen Anforderungen eingegangen werden.

Der Operator „**Erschließen**“ erfordert sinnvollerweise eine Berücksichtigung gattungs- und epochenspezifischer Eigenheiten. Es ist also zu beachten, dass der Titel das Gedicht als „Ballade“ kennzeichnet, die Vorbemerkung aber Hinweise auf die Verbindung mit anderen Gattungen – „Chronik“, „Hauspostille“ – gibt. Dies sollten Sie bereits bei der Untersuchung der formalen und sprachlichen Gestaltungsmittel und stärker noch bei der Interpretation im Auge behalten, da es sich um vordergründig sehr unterschiedliche Gattungen handelt, deren Intention und demzufolge auch deren Gestaltung einander zunächst auszuschließen scheinen. So muss hier besonderes Augenmerk auf die Identifizierung und vor allem die Funktion der dichterischen Mittel gerichtet werden.

Bei der **Interpretation** wird durch den Hinweis auf die Rolle der Natur zwar ein gewisser Schwerpunkt gesetzt, jedoch dürfen Sie sich nicht ausschließlich darauf beschränken; der historische Aspekt, der im Titel und in der Vorbemerkung angesprochen wird, sollte nicht unberücksichtigt bleiben. Auf der anderen Seite ist von einem ausgreifenden historischen Exkurs ebenfalls abzuraten, im Zentrum muss der literarische Text stehen.

Bei der Auswahl eines literarischen Werkes, das sich für einen **Vergleich** eignet, ist es unabdingbar, zunächst den sehr abstrakten Begriff des Unbegreiflichen inhaltlich zu bestimmen, um sich dann für ein Werk entscheiden zu können, welches geeignete Vergleichskriterien für die Begegnung mit dem Unbegreiflichen zulässt. Wenn man „unbegreiflich“ dem allgemeinen Sprachgebrauch folgend als „rational nicht erklärbar“ versteht, öffnet sich ein schwer überschaubares Feld von literarischen Möglichkeiten. Hilfreich bei der Auswahl kann hier der Hinweis aus dem ersten Teil der Aufgabenstellung auf die zentrale Rolle der Natur sein.

Des Weiteren müssen Sie sich über geeignete Vergleichskriterien bezüglich des Unbegreiflichen klar werden; als solche sind beispielsweise denkbar
- seine Manifestation,
- die Art seines Eindringens in die dargestellte Realität,
- seine Wahrnehmung durch den Menschen,
- die Reaktion des Menschen,
- das Ergebnis der Begegnung,
- die dichterische Umsetzung des Aufeinandertreffens.

Die Auswahl sowie die logische Abfolge der Kriterien bietet gleichzeitig eine Orientierung für die Strukturierung der Ausgestaltung. In jedem Fall müssen Sie Ihre Auswahl überzeugend begründen.

Lösungsvorschlag

1 Inhalt und Aufbau

V. 1–15: Inbesitznahme der unberührten Natur durch den Menschen

V. 1–7: Eine anonyme Menschengruppe – nur aus dem Titel des Gedichts kann man schließen, dass es sich um spanische Soldaten handelt – findet nach einem mehrtägigen Marsch einen Lagerplatz und bereitet ein primitives Gelage vor; dazu schlagen sie in der unmittelbaren Umgebung Holz für ein Lagerfeuer. Dabei ist ihnen anscheinend lediglich wichtig, dass sich die Umgebung aus nicht näher genannten Gründen für ein Biwak eignet, denn man erfährt nichts darüber, außer dass in der Nähe ein Sumpf mit Bäumen liegt.

V. 8–13: Nach einem ausgelassenen Mahl mit exzessivem Alkoholkonsum und lautem Gesang schlafen sie am Feuer ein.

V. 14–15: Trotz der Betäubung durch den Alkohol ist einigen Mitgliedern der Gruppe das nächtliche Brüllen der Ochsen in Erinnerung, offenbar ein ungewöhnliches Verhalten; es wird ihm aber keine weitere Aufmerksamkeit geschenkt.

V. 16–34: Konfrontation des Menschen mit unbegreiflichen, feindlichen Naturkräften

V. 16–24: Erst gegen Mittag kommen sie mühsam wieder zu sich, noch unter den Nachwirkungen des Alkoholkonsums leidend, und finden sich zu ihrer größten Verwunderung in einer bedrohlich wirkenden Wildnis aus urwüchsigen Bäumen mit aufdringlich riechenden Blüten wieder, die ihnen das Atmen schwer macht.

V. 25–32: Der Anführer der Gruppe – der „Hauptmann“ wird als einziges Individuum von den übrigen abgehoben – reagiert zunächst wütend und steckt damit die anderen an. Der Versuch, sich mit Gewalt zu befreien, scheitert aber bereits daran, dass sich sämtliches Werkzeug wie auch die Ochsen außerhalb des Astgestrüpps befindet und es keine Möglichkeit gibt, dorthin zu gelangen.

V. 33–34: Als sie sich völlig verausgabt haben, resignieren sie schließlich angesichts der unbezwingbaren Natur.

V. 35–51: Vernichtung des Menschen durch die übermächtige Natur

V. 35–39: Buchstäblich zusehends wächst das Dickicht stetig weiter. Die Eingeschlossenen sind mittlerweile stumm und fast apathisch geworden; zum ersten Mal verspüren sie Angst angesichts der im wahrsten Sinn des Wortes ausweglosen Situation: sie sind von Nahrung und technischen Hilfsmitteln abgeschnitten.

V. 40–46: Nach einer weiteren Nacht müssen sie feststellen, dass die wuchernde Natur sie nicht nur von der Außenwelt, sondern auch voneinander getrennt und damit nahezu völlig isoliert hat: Sie sehen einander nicht mehr, sondern können nur noch akustisch kommunizieren. Allerdings sprechen oder rufen sie nicht, sondern singen; es bleibt offen, ob es sich um einen kommunikativen Akt oder das sprichwörtliche Singen des verängstigten Kindes im Wald handelt. Schließlich verstummen Menschen und Tiere.

V. 47–51: Am dritten Tag gibt es keinerlei Lebenszeichen der Eindringlinge mehr. Die unerbittliche Natur hat gesiegt und breitet sich unaufhaltsam weiter aus.

2 Auffällige formale und sprachlich-stilistische Gestaltungsmittel

Das Gedicht ist nicht in Strophen gegliedert, sondern besteht aus 51 reimlosen Versen unterschiedlicher Länge ohne festes Metrum, jedoch überwiegt der jambische Fünfheber, also der klassische Sprechvers. Der Erzählfluss wird durch zahlreiche Enjambements unterstützt (z. B. V. 1/2, V. 3/4, V. 6/7, V. 9/10, V. 12/13), aber nahezu ebenso häufig verzichtet der Dichter auf syntaktisch erforderliche Kommata am Versende (z. B. V. 2, V. 5, V. 14). So werden auf der einen Seite das gattungstypische erzählende Moment wie auch der lyrische Charakter betont, auf der anderen Seite die **traditionellen Formmuster gebrochen oder verfremdet**.

Dies ist jedoch ein gestalterisches Grundelement des gesamten Werkes: Wie der Vorbemerkung zu entnehmen ist, handelt es sich um eine „Lektion" der „Hauspostille", also eigentlich eine Lerneinheit, ein Lehrstück mit religiös-erbaulichem Charakter. Diese Erwartung des Lesers wird konterkariert: Wohl erhält er eine Lektion, allerdings in völlig anderem Sinn als bei den einschlägigen Predigtsammlungen, die, an eine wenig intellektuell geprägte Leserschaft gerichtet, eine unmissverständliche Moral mit christlicher Sinngebung vermittelten. Obendrein trägt diese Lektion den Titel „Chroniken", womit eine zeitlich genaue Aufzeichnung historischer Ereignisse bezeichnet wird. Davon ist im Gedicht nichts zu finden: Dass es um die Eroberung des Aztekenreichs geht, ist allenfalls der Gedichtüberschrift zu entnehmen, der Text selbst enthält nur sehr sparsame Informationen über Zeit und Ort der Handlung. Auch hier wird der Leser irritiert, seine Erwartungshaltung bewusst getäuscht.

Eine **Zeitstruktur** ist jedoch durchaus erkennbar; nach den bisherigen Erkenntnissen verwundert es nicht, dass sie von **christlicher Symbolsprache** geprägt ist. „Am siebten Tage" machen die Soldaten Rast, hier werden deutliche Assoziationen zur alttestamentarischen Schöpfungsgeschichte geweckt, gemäß der Gott am siebten Tage ruhte. In diesem Zusammenhang ist auch zu beachten, dass die Handlung sich über drei Tage erstreckt; am dritten Tag sind die einstigen Eroberer allerdings besiegt und tot, während nach der christlichen Heilsgeschichte Jesus am dritten Tage von den Toten auferstanden ist und damit eben den Tod überwunden hat. Die Gliederung des Gedichts in drei Sinnabschnitte ist dabei ebenfalls zu beachten, da die Drei nach christlichem Mythos die Vollkommenheit in der Dreieinigkeit bzw. Dreifaltigkeit Gottes symbolisiert. Auch die Verwendung von **Archaismen** wäre hier zu erwähnen („Gedachten" V. 3, „ward" V. 5, V. 46), die sowohl die religiös-metaphysischen Bezüge betonen als auch eine Art von Historizität suggerieren. Freilich steht, wie dargelegt, die Episode in keinem erkennbaren historischen Rahmen, auch wird das heilsgeschichtliche Sinnangebot eben verweigert.

Bei der Gestaltung der Zeitstruktur fällt weiterhin der **Gebrauch der Tempora** auf. Der sehr häufige Wechsel zwischen Präsens und Präteritum wirkt zunächst verwirrend auf den Leser und zwingt ihn zu ständiger Konzentration und Reflexion – ein Grundanliegen Brechts. Darüber hinaus wird die zeitlose Gültigkeit des vorgeblich historischen Geschehens augenfällig gemacht. Ab V. 40, der dritten Nacht, die den unabänderlichen Untergang der Eroberer einleitet, herrscht durchgängig das Präteritum; der Dichter distanziert sich und den Leser innerlich vom Geschehen.

Die Allgemeingültigkeit wird auch durch die **Darstellung der Personen** hervorgehoben. Die Eroberer werden lediglich mit dem Personalpronomen bezeichnet, der Leser erfährt nichts von irgendeinem Individuum, sie bilden gewissermaßen eine amorphe Masse. Lediglich der Hauptmann wird ein einziges Mal (V. 25) näher bezeichnet, allerdings auch nur mit seinem militärischen Rang, seiner Funktion und damit eben nicht als menschliches Individuum, und im nächsten Satz „die Leute“ (V. 28), was ebenfalls militärischen Charakter trägt. Diese Passage steht jedoch auch an zentraler Stelle: Die Männer konstatieren die Lage und nehmen, ihrem Beruf oder sogar ihrem Wesen entsprechend, den Kampf gegen die Natur mit vollem körperlichem Einsatz auf.

Darüber hinaus werden die Menschen lediglich durch **Vergleiche** mit Tieren charakterisiert: Der Hauptmann brüllt „wie ein Stier“ (V. 25), ein vielleicht nicht schmeichelhaftes, aber äußerst kraftvolles Bild. Am Abend des zweiten Tages sitzen dann alle „wie Affen/In ihren Käfigen“ (V. 38 f.), die Hilflosigkeit und Lächerlichkeit des Menschen in seinem Kampf gegen die übermächtige Natur wird hier augenfällig.

Diese ihrerseits wird sehr häufig **personifiziert**, signifikanterweise zum ersten Mal am Morgen nach dem Gelage: Die Männer sehen nach dem Erwachen „Armdicke Äste, knorrig, um sie stehen“ (V. 19). Hier wird die Formulierung aus V. 7 aufgegriffen, wo die Soldaten Holz heranschafften: „Armdicke Äste, knorrig, gut zu brennen“. Das „Material“ bleibt dasselbe, sprachlich wie inhaltlich, und dennoch wandelt sich die Rolle der Natur durch die Änderung des letzten Versteiles für die Männer buchstäblich über Nacht vom beherrschbaren Element zur unbeherrschbaren Bedrohung. Das Astwerk ist hier bereits „zwischen ihnen durchgekrochen“ (V. 29), im weiteren Verlauf fällt in erster Linie das stetige, unbeirrbare Wachsen auf (V. 35, V. 40). Am Ende, als die Natur gesiegt hat und die Menschen tot sind, steigert sich die Intensität der Personifikation nochmals: „Langsam fraß der Wald“ (V. 49) die Umgebung auf.

Obwohl der Dichter das Geschehen nirgends kommentiert, sondern strikt den deskriptiven Sprachgestus durchhält, ist die Betrachtung der Wortwahl aufschlussreich, besonders die **leitmotivische Verwendung von Begriffen** aus dem Bereich der optischen und akustischen Wahrnehmung. Den ersten Abend beschließen die Männer mit einem „letzten, kühlen Blick“ (V. 12), am nächsten Morgen ist der Blick bereits getrübt („Mit glasigen Augen“ V. 17), die Sonne ist „nicht zu sehen“ (V. 24). „Man sah“ auch die Ochsen schon „nicht“ mehr (V. 27), in der letzten Nacht sahen sie wenigstens „sich noch“ (V. 41), bis die Natur so mächtig ist, „daß sie sich nimmer sahen“ (V. 43) bis zu ihrem Tod. Ihr Blickfeld, ihre Weltwahrnehmung wird zunehmend eingeengt, beschränkt und schließlich völlig von der Natur unterdrückt.

Bei den akustischen Wahrnehmungen und Äußerungen kommt in ähnlicher Weise der Wandel im Verhältnis Mensch – Natur zum Ausdruck. Die Männer beginnen ihre Rast „singend“ (V. 9), unbeschwert und unreflektiert. Als sich die Situation zuspitzt, steigert sich die Artikulation zu Gebrüll (V. 25), um dann in dem Maß zu verebben, in dem die Natur die Oberhand gewinnt: Am zweiten Abend sitzen sie „schweigend“ (V. 38), in der letzten Nacht „ward es stiller“ (V. 46), schließlich „kamen Stunden / Wo es ganz still war“ (V. 49 f.). Die letzte Lautäußerung der unterlegenen Eroberer ist ebenfalls Gesang, aber „[d]umpf und verhallt“ (V. 45); das wirkliche Motiv dafür bleibt, wie bereits dargelegt, im Ungewissen, die Menschen verschwinden gleichsam sang- und klanglos.

3 Zusammenfassende Interpretation unter besonderer Berücksichtigung der Natur

Die Ballade unterläuft zunächst die Rezeptionserwartung des Lesers, die von der Überschrift hervorgerufen wird, indem sie die anzitierte historische Eroberung des Aztekenreichs völlig ausspart. Im Verlauf des Geschehens wird deutlich, dass es hier um eine ganz andere Art von Eroberung geht. Die Hybris des Menschen, die Natur unreflektiert auszunützen, zu „erobern", wird durch diese selbst ins Gegenteil verkehrt: Nicht nur, dass die Natur die Rolle des Eroberers übernimmt, sie bleibt dem Menschen auch völlig unverständlich, unerklärbar und unfassbar. Der Mensch wird vom Nutznießer der passiv wirkenden Natur zum Opfer einer Natur, die sich als unerbittlich überlegen erweist; die traditionelle Hierarchie (vgl. 1. Mose, 28: „Macht euch die Erde untertan.") kehrt sich hier um. Durch diese Herauslösung aus jeglichem konkret historischen Kontext erhält der geschilderte unfassbare Vorfall Überzeitlichkeit und Allgemeingültigkeit.

Damit wird auch das gerade in der Geschichtsschreibung bis dahin übliche heroische Menschenbild demontiert – das Gedicht ist 1919, also unter dem unmittelbaren Eindruck des Zusammenbruchs des Wilhelminischen Kaiserreiches entstanden, mit dem auch das deutsche Selbstbild vom Übermenschen vorübergehend zusammenbrach. Ebenso wird jedoch die traditionelle christliche Auffassung vom Menschen als Krone der Schöpfung hier gestürzt, indem der Atheist Brecht der Schöpfung, also der Natur Allmacht zuweist; die biblischen Anklänge verleihen dieser Darstellung fast schon zynische Schärfe.

Allerdings fehlt jedes Sinnangebot, da keinerlei sinnstiftende Instanz hinter dem Wirken der Natur erkennbar ist. Das Motiv für diese unerwartete und gänzliche Vernichtung bleibt weitgehend im Dunkeln, der Mensch ist Naturgesetzen ausgeliefert, die er nicht erfassen kann. Durch die Fokussierung auf den nach menschlichen Erfahrungen unnatürlich schnellen und unaufhaltsamen Pflanzenwuchs – die Tierwelt wird völlig ausgeblendet, abgesehen von den Ochsen, die als Haustiere gewissermaßen zum Menschen gehören und ja auch mit ihm sterben – erfährt er die Natur ausschließlich als unbegreifliche, bedrohliche und nicht beherrschbare Macht.

4 Vergleich mit einem anderen Werk, in dem die Begegnung mit dem Unbegreiflichen gestaltet wird

Geht man von der Grundbedeutung des Ausdrucks „**Unbegreiflich**" aus, so bezeichnet er etwas, was der Mensch weder intellektuell erfassen, also verstehen und erklären, noch technisch „in den Griff bekommen", also kontrollieren oder beherrschen kann. Unter diesem Aspekt bietet sich zum Vergleich die Novelle „**Der Schimmelreiter**" von **Theodor Storm** an, denn „sie beschreibt das Ausgeliefertsein des Menschen an die Natur, seine Herausforderung durch ihre Gewalten und seine Antworten darauf: hilfloser Aberglaube und Festhalten am Althergebrachten einerseits und energisches Handeln mithilfe technischer Mittel andererseits." (Interpretationshilfe Deutsch, Th. Storm, Der Schimmelreiter, Interpretiert von Manfred Eisenbeis, Stark Verlag, Band 2400381). Wie die Begegnung mit dem Unbegreiflichen im Einzelnen gestaltet wird, wo Gemeinsamkeiten und Unterschiede in der Weltsicht liegen, ist nun zu untersuchen.

In **Brechts Ballade** manifestiert sich das Unbegreifliche in der **belebten Natur**, verkörpert in der Pflanzenwelt. Ihr Erscheinungsbild, das rapide Wachstum wie das aggressive „Verhalten", stimmt nicht mit den empirischen Erfahrungen des Menschen überein und ist damit rational nicht erklärbar; die Realität des Phänomens wird jedoch nie in Zweifel gezogen. Auch das **Motiv** oder ob es überhaupt ein solches gibt, wird nicht einmal angedeutet geschweige denn thematisiert, es entzieht sich dem Verständnis des Menschen völlig. Die **Menschen** spielen in dem Gedicht ohnehin eine untergeordnete, ja, unterlegene Rolle: Sie sind entindividualisiert und auf ihre Rolle reduziert, sie werden mit Tieren verglichen und ihr Verhalten erweist sich auch durchweg als animalisch, sowohl in ihrer Lebensgestaltung als auch im Umgang mit dem Unerklärlichen. Hier gibt es kein rationales Vorgehen, kein Planen oder Abwägen, allerdings auch nicht den Schauder vor dem Numinosen oder irgendeinen Versuch der mystisch-rituellen Einflussnahme. Die menschlichen **Handlungsmöglichkeiten** sind reduziert auf spontane physische Reaktionen. Erst als diese versagen, entsteht Angst, nicht so sehr vor dem Unerklärlichen als vielmehr vor dem nun unausweichlichen Untergang. Am Ende erweist sich die Natur als überlegen und unkontrollierbar, der Mensch ist ausgelöscht.

Auch in **Storms Novelle** tritt das Unbegreifliche dem Menschen in der **Natur** gegenüber, allerdings in ganz anderer Weise und wesentlich **ambivalenter**. Das Dämonische, mit dem Verstand allein nicht Erfassbare manifestiert sich in der unbelebten wie in der belebten Natur, jedoch gehen die Menschen unterschiedlich damit um. Die ständige Gefährdung der menschlichen Existenz durch das Meer wird augenfällig bei der Auffindung von Wasserleichen: Für die Dorfbewohner sehen sie aus wie Seeteufel, Haukes rational geprägter Vater erklärt das Phänomen nachvollziehbar mit der langen Verweildauer im Wasser, Hauke selbst ist sich nicht schlüssig. Der Leser tendiert aufgrund der Darstellungsweise eher zu der rationalen Erklärung: Die junge Dorfbewohnerin, die von dem Fund erzählt, wird als sensationsgierig eingeführt, auch formuliert sie selbst, dass die Ertrunkenen „wie die Seeteufel" (a. a. O. S. 14) ausgesehen hätten, nicht, dass sie welche seien. Und genau in dieser Situation sieht Hauke Haien in der Abenddämmerung über dem Watt seltsame Erscheinungen: „(…) in dem Nebel schritten dunkle Gestalten (…) Würdevoll, aber mit erschreckenden Gebärden (…) sah er sie (…) auf und ab spazieren." (a. a. O. S. 15) Unmittelbar hintereinander wird die Erscheinung im Indikativ, also als real existierend, und dann nur in der Wahrnehmung des Protagonisten dargestellt – der Leser bleibt im Unklaren darüber, ob sich hier Dämonisches manifestiert oder nur in Haukes Fantasie existiert.

Noch deutlicher wird diese Ambivalenz in den Ereignissen um das Pferdegerippe, das auf einer kleinen Hallig liegt und sich in Mondnächten in einen lebenden Schimmel zu verwandeln scheint. Haukes vernunftbetonter Knecht Iven tut es zwar als „Altweiberglaube" (a. a. 0. S. 77) ab, als ihn der abergläubische Dienstjunge Carsten eines Abends auf das Phänomen hinweist. Und wieder wird der Verstandesmensch und mit ihm der Leser irritiert und verunsichert. Denn als die beiden sich abends aufmachen, um der Angelegenheit empirisch auf den Grund zu gehen, sieht Iven, der an Land bleibt, ein lebendes Pferd; Carsten hingegen findet nach seiner Aussage auf der Hallig nur die Knochen vor und Iven muss zugeben: „(…) das ist mehr, als du und ich begreifen können." (a. a. O. S. 80) „Storm macht auf diese Weise deutlich, dass sich die Welt des Menschen nicht nur im realen, vernünftigen Bereich erschöpft, sondern dass zu ihr auch Dinge gehören, die über die erfahrbare Wirklichkeit hinausgehen." (a. a. O. S. 57)

Allerdings stehen dem Menschen mehr und differenzierte **Handlungsmöglichkeiten** zur Verfügung, um mit der Bedrohung durch die unbegreifliche Natur umzugehen: zum einen die intuitiv-unreflektierte Akzeptanz des Unfassbaren, Übernatürlichen, welches man allenfalls durch mystisch-rituelle Bräuche, etwa Opferhandlungen, zu beeinflussen versuchen kann. Auf der anderen Seite wird die Möglichkeit gezeigt, sich mithilfe seines Verstandes sowie technischer Hilfsmittel einen gewissen Freiraum, eine relative Sicherheit zu schaffen, indem man die Natur zeitweilig zurückdrängt. Besiegen oder auch nur beliebig steuern lässt sie sich nicht: Haukes Ehe bleibt neun Jahre kinderlos, dann stellt sich heraus, dass ausgerechnet das Kind des begabten Rationalisten schwachsinnig ist. Auch kann der Protagonist nicht verhindern, dass das Meer am Ende Frau und Kind verschlingt, und opfert sich selbst – auch hier ist die Natur letztendlich überlegen und zeigt sich siegreich.

a) Erschließen Sie die folgende Szene, indem Sie Inhalt und Aufbau sowie die dramaturgischen und sprachlich-stilistischen Gestaltungsmittel untersuchen! Arbeiten Sie dabei das Selbstbild des Protagonisten heraus!

b) Zeigen Sie, ausgehend von Ihren Ergebnissen, vergleichend auf, wie das Thema enttäuschter Erwartung in einem anderen literarischen Werk gestaltet wird!

Vorbemerkung

Botho Strauß' Drama „Sieben Türen – Bagatellen“ besteht aus elf kurzen, in sich weitgehend abgeschlossenen Szenen. Der vorliegende Text ist die achte Szene.

Botho Strauß (* 1944)

Sieben Türen – Bagatellen (1988)

Der Selbstmörder und das Nichts

Im leeren Raum der Sieben Türen[1] stehen sich der Selbstmörder und Das Nichts gegenüber.

SELBSTMÖRDER. Du bist also das Nichts.

DAS NICHTS. Und du bist also der Selbstmörder.

SELBSTMÖRDER. Und du das Nichts, wie?

DAS NICHTS. Tja.

Der Selbstmörder bricht in Gelächter aus. Das Nichts muss mitlachen. Der Selbstmörder schlägt dem Nichts auf die Schulter.

SELBSTMÖRDER. Genauso habe ich mir das Nichts vorgestellt! Ein Männlein.

DAS NICHTS. Es tut mir leid, wenn ich dich enttäusche.

SELBSTMÖRDER. Aber das Nichts, Menschenskind, etwas Großartiges, zumindest doch etwas Unvorstellbares!

DAS NICHTS. Ich denke, wir gönnen uns erst mal ein halbes Stündchen, in dem wir uns ein wenig beschnuppern können.

SELBSTMÖRDER. Eine unendlich durchschnittliche Begegnung! Damit hatte ich nicht gerechnet. Und mit dir für alle Ewigkeit?

DAS NICHTS. Du bist hinüber.

SELBSTMÖRDER. Ja. Das merke ich wohl. Ich bin hinüber. Ich kann nicht mehr zurück. Ich kann's nicht noch einmal probieren. Und an eine vorzeitige Trennung von uns beiden ist wohl nicht zu denken, wie?

DAS NICHTS. Ich bin dein Nichts und bleibe es.

SELBSTMÖRDER. Es könnte der Fall eintreten, dass ich an dir verzweifle.

DAS NICHTS. Damit müssen wir beide fertig werden.

SELBSTMÖRDER. Aber es ist doch bei Gott nicht einzusehen, dass ein Mann wie ich, eben noch eine tragische Größe, die sich entleibt, nun an ein Wesen gekettet wird, das sich das Nichts nennt und in Wahrheit, von Miene und Statur, mich für die Dauer der Ewigkeit an meinen verschwitzten Labordiener, den Hugenstock, erinnert. Das kann doch nicht alles sein, was das Nichts zu bieten hat!

DAS NICHTS. Du solltest dir einmal das Grau-in-Grau an mir etwas feuerroter ausmalen. Du solltest einmal versuchen, in dem, was du an mir so durchschnittlich findest, dein ganz persönliches Strafgericht zu erblicken, vorsichtigerweise.

SELBSTMÖRDER. Mit anderen Worten: So wie ich mich mit dir langweilen werde, unaufhörlich und unentrinnbar, das habe ich als mein Purgatorium anzusehen?

DAS NICHTS *kichert.* Was für'n Ding?

SELBSTMÖRDER. Mein Purgatorium. Sei doch nicht so albern!

DAS NICHTS. Entschuldige. Klingt so komisch. Na gut. Ich verkneif's mir. Verkneif du dir's auch! *Prustet vor Lachen.*

SELBSTMÖRDER. Ich frage dich, ob deine Begleitung, du minderbemittelter Wicht, mein Purgatorium ist?

DAS NICHTS *schreit vor Lachen.* Ha!

SELBSTMÖRDER. Meine Vorhölle! Mein Fegefeuer, wenn du das besser verstehst!

DAS NICHTS *ernst.* Da kenn ich mich nicht aus. Da bin ich überfragt.

SELBSTMÖRDER. Du bist ungebildet! Das Nichts ist einfältig, katzbucklig, albern, langweilig und ungebildet. Es ist alles mögliche mir Bekannte, nur eines ist es nicht: das große Nichts. Hör zu, es fällt mir nicht leicht, ich war auf etwas Erhabenes gefasst, ich fühle mich von der Ewigkeit hereingelegt –

DAS NICHTS. Jeder bekommt das Nichts, das er verdient.

SELBSTMÖRDER. Dann bin ich das Opfer einer Verwechslung! Ich bin der Mann, dem die Elektrographie der Träume gelang. Ich bin als Schlafforscher die Nummer eins gewesen da drüben. Ich bin der Mann, der das TAV entwickelt hat, bis kurz vor seine Vollendung, und es nicht vollenden durfte – nicht wollte!

DAS NICHTS. Ja, aber wer war dieser Hugenstock, dein Labordiener, was war das für einer?

SELBSTMÖRDER. Mir scheint, du interessierst dich nur für deinesgleichen. Hugenstock wär dir der rechte! Der wär in etwa dein Format! Ich habe eine Anlage entwickelt, mit der man die Träume des Menschen, seine tiefsten Abgründe hätte aufzeichnen können, sichtbar machen auf dem Videoschirm, speichern, sammeln, wieder abspielen, wie jeden beliebigen Film. Das geht dir wohl über den Verstand? Über den meinen ging es auch …

DAS NICHTS. Es ist sehr interessant, was du erzählst. Ich höre dir gern zu.

SELBSTMÖRDER. Ach, was hast du schon für einen Begriff vom menschlichen Dasein! Der Mensch ist ein Wesen, das sich ernährt, arbeitet und schläft. In groben Zügen ist das jedes Menschen Tagesablauf. Wenn er schläft, träumt er. Jeder tut es. Verstehst du mich?

DAS NICHTS. Ja. Frag mich nur, was Hugenstock für einer war.

SELBSTMÖRDER. Du quälst mich! Ich versuche dir einen Begriff davon zu geben, was ein forschender, denkender Mensch vollbringen kann, an welch fürchterliche Grenze ein vom Forschungsdrang beseeltes Individuum stößt und weshalb es dann unter unglücklichen Umständen zu jener Tat kommen muss, die ich schließlich zu tun bereit war. Ich versuche dir einen Begriff davon zu geben, dass ich in dem Augenblick, als ich vor meinem Gerät, vor dem Traumadapter, kurz vor seiner Vollendung stand, dass ich in diesem Augenblick der einsamste Mensch auf der ganzen Erde war.

DAS NICHTS. Aber Hugenstock war auch dabei?

SELBSTMÖRDER. Hugenstock! Eine bedeutungslose Kreatur! Ein Student! Eine Hilfskraft! Ein Handlanger, dazu noch ungeschickt. Ein Nichts!

DAS NICHTS. Besser als niemand.

SELBSTMÖRDER. Gut, gut. Wie du meinst. Ich wollte dir nicht zu nahe treten. Setz dich. Mir ist traurig zumute. Du musst wissen, dass es mir schließlich im Selbstversuch gelang, sämtliche Traumphasen einer Nacht lückenlos aufzuzeichnen. Ich habe mir die Schlacht am nächsten Morgen angesehen. Mein Freund! Fünf Stunden später war alles vorbei. Aus, zerstört, gelöscht, vernichtet: alles, was die geistig-technische Entwicklung dieser Teufelsmaschine ermöglicht hatte: Software, Hardware, und, um ganz sicher zu gehen, die eigene Existenz. Keine Spur mehr unter den Menschen von meinem Traum.

Das Nichts wippt mit dem übergeschlagenen Bein.

SELBSTMÖRDER. Interessiert dich nicht, wie?

DAS NICHTS. Doch. Ich bewundere dich. Alle Welt bewundert dich.

SELBSTMÖRDER. Ich war die meiste Zeit von Speichelleckern umgeben, die sich bei näherem Hinsehen als Sadisten entpuppten. Davon habe ich genug. Von den ‚kleinen menschlichen Schwächen', die man so gerne entschuldigt – ich entschuldige sie nicht!

DAS NICHTS. Man darf nicht so streng sein. Man muss immer Kompromisse machen, sonst kommt man mit niemandem aus.

SELBSTMÖRDER. Ich möchte wirklich wissen, worin die Erlösung vom Leben besteht, wenn ich hier dieselben Phrasen aufgetischt bekomme wie drüben.

DAS NICHTS. Du polterst immer noch deine Empörung gegen den Himmel. Du brauchst nicht mehr nach oben zu gucken. Hier gibt's nur mich. Nichts davor und nichts dahinter. Nichts drüber, nichts drunter. Auch hier kommt niemand mit dem Kopf durch die Wand. Der einzige Unterschied ist der, dass man es hier unendlich viele Male versuchen kann, während drüben –

SELBSTMÖRDER. Es muss doch irgendetwas geben, womit wir beide uns beschäftigen können, ohne uns andauernd auf die Nerven zu gehen!

DAS NICHTS. Tja. Was gibt es hier sonst? … Ich meine, es gibt hier im Prinzip nichts anderes, als sich ein bisschen zu unterhalten. Essen, Schlafen, Träumen – fällt alles weg. Was soll man groß tun? Man redet eben miteinander. Ist ja nicht das Schlimmste.

SELBSTMÖRDER. Die Hölle ist es! Die Hölle!

DAS NICHTS. Natürlich, natürlich.

SELBSTMÖRDER. Und du wirst mich keinen Augenblick allein lassen?

DAS NICHTS. Das kann ich nicht. Das gibt mein Naturell nicht her.

SELBSTMÖRDER. Also reden wir. Reden wir und reden. Reden wir bis zum Gehtnichtmehr.

DAS NICHTS. Gibt's hier nicht.

SELBSTMÖRDER. Dann eben bis zum Wahnsinn!

DAS NICHTS. Also wir haben hier eigentlich nur das Immergleiche. Das ist praktisch alles, was ich dir anbieten kann. Wahnsinn und dieser andere Sinn, wie heißt er gleich, der Hm, hm, hm-Sinn.

SELBSTMÖRDER. Eigensinn?

DAS NICHTS. Nein.

SELBSTMÖRDER. Frohsinn, Spürsinn, Scharfsinn, Feinsinn, Leichtsinn, Trübsinn, Gemeinsinn.

DAS NICHTS. Nein, nein. Wahnsinn und – na, komm jetzt nicht drauf. Also das hält sich alles hier nicht auf Dauer. Dafür haben wir einfach nicht das richtige Klima. *Findet das Wort.* Größenwahn! Wahnsinn und Größenwahn. Wie gesagt, hält sich hier nicht. Na, das ging ja noch. Kann 'ne halbe Ewigkeit dauern, wenn einem hier mal ein Wort fehlt und man kommt nicht drauf, 'ne halbe Ewigkeit manchmal.

Aus: Botho Strauß: Besucher. Drei Stücke. Besucher / Die Zeit und das Zimmer / Sieben Türen. München: Hanser 1992

[1] Als Bühnenanweisung ist zu Beginn des Dramas angegeben: „Die Szenen spielen vor einem Halbrund vor Sieben Türen mit Milchglasscheiben in der oberen Füllung."

Hinweise und Tipps

Erwartungsgemäß ist die Aufgabenstellung zweigeteilt. Gefordert ist im **ersten Arbeitsauftrag** eine **Erschließung**, allerdings unter genau **vorgegebenen Kriterien**: Inhalt, Aufbau, dramaturgische und sprachlich-stilistische Gestaltung. Eine Interpretation im engeren Sinne, wie sie der Operator „Erschließen" eigentlich beinhalten würde, muss somit nicht erfolgen; diese wird sich aber nach sorgfältig durchgeführter Analyse ansatzweise ergeben, wenn das Selbstbild des Protagonisten betrachtet wird.

Somit empfiehlt es sich, zunächst die **inhaltliche Struktur** der Szene zu betrachten, um sich so einen Überblick zu verschaffen, worum es in der absurd anmutenden Szene denn eigentlich geht. Die gewonnenen Erkenntnisse werden durch eine anschließende Analyse der **dramaturgischen Gestaltung** konkretisiert und verdeutlicht. Dabei ist besonders darauf zu achten, dass nicht nur die Dialogführung, sondern auch die nonverbalen Gestaltungsmittel, gerade weil sie extrem sparsam eingesetzt sind, in ihrer Funktion berücksichtigt werden.

Ob die **sprachlichen Gestaltungsmittel** hier bereits mit betrachtet oder in einem eigenen Punkt behandelt werden, hängt von der Konzeption Ihrer Arbeit und Ihrer bevorzugten Technik ab. Empfehlenswert wäre, sie gesondert zu behandeln, da es so leichter fällt, alle erforderlichen Parameter (Sprachebene, Wortwahl, Satzbau, Stilmittel und sprachliche Besonderheiten) zu berücksichtigen. Auch hier darf keinesfalls eine bloße Aufzählung erfolgen, sondern es muss stets die Funktion des untersuchten Parameters im Textganzen dargestellt werden.

Allerdings sollten Sie sich stets vor Augen halten, dass der Text 1988 entstanden ist, also der **Gegenwartsliteratur** angehört und somit die Kriterien gängiger Dramenkonzepte nicht unbedingt übertragbar sind. Im Zweifelsfalle sollte **werkimmanent** gearbeitet, also strikt vom vorliegenden Text ausgegangen werden, zumal die Vorbemerkung darauf hinweist, dass es sich um die achte von elf „in sich weitgehend abgeschlossenen Szenen" handelt, was eine solche Vorgehensweise rechtfertigt bzw. sogar intendiert.

Ist diese Analyse sorgfältig geleistet, so können Sie das geforderte **Selbstbild des Protagonisten** zusammenfassend darstellen, indem Sie auf die bisherigen Ergebnisse zurückgreifen. Es wird sich so ein sinnvoller schwerpunktbezogener Interpretationsansatz ergeben.

Besondere Sorgfalt ist beim **zweiten Arbeitsauftrag** geboten, dem **Vergleich** mit einem anderen Werk, in dem das Thema enttäuschter Erwartung gestaltet wird. Bei der Auswahl sollten Sie zunächst entscheiden, ob die enttäuschte Erwartung in Bezug auf eine oder mehrere Figuren herausgearbeitet werden soll, und sich bei der Strukturierung von Fragen leiten lassen wie

- Welche Erwartung besteht, die enttäuscht wird?
- Worin liegt die Ursache der Enttäuschung – in äußeren Umständen, im Verhalten der Umwelt, in Selbsttäuschung bzw. eingeschränkter oder unrealistischer Weltsicht o. Ä.?
- Auf welche Art und Weise wird die Enttäuschung ins Bewusstsein gerückt?
- Welche Folgen hat sie für den betroffenen Menschen bzw. seine Umwelt?
- Wie wirkt die Darstellung auf den Leser?

Entscheidend ist in jedem Falle, dass Sie im Hinblick auf den Vergleichstext relevante Kriterien heranziehen und Ihre Auswahl überzeugend begründen.

Lösungsvorschlag

1 Inhalt und Aufbau

Zeilen 1–26: Überraschung des Selbstmörders über die unerwartet banale Begegnung mit dem als Nichts personifizierten Jenseits

Der Selbstmörder und das Nichts begrüßen sich lapidar; nachdem sich der Selbstmörder von seinem ungläubigen Gelächter erholt hat, äußert er seine Verblüffung über die Durchschnittlichkeit seines Gegenübers, das er als unwürdig empfindet. Er erkundigt sich mit beginnender Verzweiflung nach der Endgültigkeit seiner Situation und beklagt die Diskrepanz zwischen der erwarteten und der tatsächlichen Aufnahme im Jenseits. Besonders schlecht kann er sich damit abfinden, dass ihn das Nichts an einen verachteten, wenig begabten Mitarbeiter erinnert. Das Nichts bestätigt ihm lakonisch und unbewegt immer wieder die Unabänderlichkeit seiner Lage.

Zeilen 27–45: Empörung des Selbstmörders über die vermeintliche Unangemessenheit und Art der Sühne

Das Nichts fordert den Selbstmörder nun nachdrücklich auf, seinen Standpunkt zu überdenken und die Umstände als adäquat und gerecht zu begreifen. Daraufhin unternimmt dieser mehrere vergebliche Versuche, die Situation begrifflich zu fassen, ruft damit jedoch beim Gegenüber nur verständnisloses Gelächter hervor, was ihn noch mehr aufbringt. So verspottet und provoziert er das Nichts, da er sich betrogen fühlt. Das Nichts quittiert dies aber völlig gleichmütig.

Zeilen 46–81: Begründung seiner Entrüstung durch die Darstellung der Hintergründe für den Selbstmord

Der Selbstmörder versucht sich nun in die Erklärung zu flüchten, dass seine Situation auf einem Missverständnis beruht. Deshalb legt er dem Nichts seine wissenschaftlichen Verdienste im Bereich der Schlafforschung dar sowie die beängstigenden Folgen seiner bahnbrechenden Erfindung. In larmoyant-vertraulichem Ton leitet er daraus die Erklärung für seinen Freitod ab und ist umso heftiger irritiert durch das ausschließliche und wiederholt geäußerte Interesse des Nichts an seinem von ihm verachteten Assistenten Hugenstock.

Zeilen 81–118: Hadern mit dem Schicksal und vergeblicher Versuch, sich mit der Situation zu arrangieren

Ungehalten stellt der Selbstmörder daraufhin frustrierende Parallelen zwischen dem Leben und dem Dasein im Jenseits fest, v. a. was die Banalität der Kommunikation betrifft. Das Nichts betont ungerührt die völlige Erfolglosigkeit jeglichen Aufbegehrens. Zum ersten Mal scheint dem Selbstmörder jetzt zu dämmern, dass er unentrinnbar dieser Situation zeitlich unbegrenzt ausgeliefert ist. Er stellt nun Überlegungen an, wie die Ewigkeit erträglich gestaltet werden könnte, hat allerdings das Un-Wesen des Nichts, welches *qua definitione* eben die Negation alles Seienden ist, immer noch nicht erfasst. Denn seine Vorschläge zielen darauf, trotz des allgegenwärtigen, zeitlich unbegrenzten Nichts irgendwelche Gemütsbewegungen zu bewahren. Jedoch bekräftigt das Nichts abschließend noch einmal, dass das Jenseits ausschließlich geprägt ist von der unabänderlichen, jegliche wie auch immer geartete heftigere Emotion ausschließenden, endlos dauernden Monotonie.

2 Dramaturgische Gestaltung

In dieser Szene überwiegen die Redeanteile des **Selbstmörders**. Er führt den **Dialog**, wobei er in erster Linie seine Person bzw. sein Selbstbild darstellt und weniger ein echtes Zwiegespräch führt. Im Gespräch zeigt er zunächst beredt und mit einer gewissen Selbstgerechtigkeit seine Fassungslosigkeit und Entrüstung („Aber es ist doch bei Gott nicht einzusehen, dass ein Mann wie ich, eben noch eine tragische Größe, [...] nun an ein Wesen gekettet wird, das sich das Nichts nennt" Z. 22 ff.). Wortreich und selbstbewusst stellt er seine Handlungen sowie deren Motive und Hintergründe dar („Ich bin als Schlafforscher die Nummer eins gewesen da drüben. Ich bin der Mann, der das TAV entwickelt hat [...] und es nicht vollenden durfte – nicht wollte!" Z. 47 ff.).

Das **Nichts** begnügt sich mit knappen Repliken („Tja." Z. 4; „Du bist hinüber." Z. 15), es reagiert unaufgeregt („Damit müssen wir beide fertig werden." Z. 21) und zeigt sich von den Leistungen des Selbstmörders zu Lebzeiten unbeeindruckt, ja, es hat überhaupt wenig Interesse am dessen Schicksal, dafür aber umso mehr an dem des Labordieners Hugenstock. Die Botschaft an den Zuschauer wird auf den Punkt gebracht, wenn der Selbstmörder überheblich äußert: „Das Nichts ist einfältig, katzbucklig, albern, langweilig und ungebildet. [...] Ich war auf etwas Erhabenes gefasst, ich fühle mich von der Ewigkeit hereingelegt." (Z. 41 ff.), und das Nichts lakonisch erwidert: „Jeder bekommt das Nichts, das er verdient." (Z. 45), auch wenn das Gegenüber selbst diese metaphysische Abwertung noch lange nicht akzeptiert („Dann bin ich das Opfer einer Verwechslung!" Z. 46). Der **Selbstmörder** ist verunsichert durch die unerwartete Situation, es wird zunehmend deutlich, dass seine „diesseitigen" Wertvorstellungen hier nicht greifen und er angewiesen ist auf Interesse und Aufmerksamkeit, auch wenn dies nur von einem Nichts kommt – immer wieder versucht er sich, eben vergeblich, Klarheit zu verschaffen („das habe ich als mein Purgatorium anzusehen?" Z. 31; „Ich frage dich, ob deine Begleitung, du minderbemittelter Wicht, mein Purgatorium ist?" Z. 36 f.). Das **Nichts** reagiert unberechenbar teils ernsthaft, teils ironisch, sodass sich Irritation und Beklommenheit des Selbstmörders wie des Zuschauers steigern, bis hin zu dem entsetzten Ausruf des Selbstmörders „Die Hölle ist es! Die Hölle!" (Z. 100), was das Nichts mit erschreckender Selbstverständlichkeit bestätigt: „Natürlich! Natürlich!" (Z. 101)

Entsprechend der Aussage des Nichts: „es gibt hier im Prinzip nichts anderes, als sich ein bisschen zu unterhalten." (Z. 97 f.), beschränkt sich die Szene auch weitgehend auf verbale Kommunikation. Der Selbstmörder bricht lediglich bei seiner Ankunft *„in Gelächter aus"* (Z. 5), er ist überrascht und nimmt das Nichts nicht ernst; das **Lachen** vergeht ihm allerdings buchstäblich im Laufe des Gesprächs. Ganz anders das Verhalten des Nichts: Dessen Heiterkeit steigert sich *(„Prustet vor Lachen."* Z. 35; *„schreit vor Lachen"* Z. 38) – es nimmt weder sein Gegenüber noch dessen drängende existenzielle Fragen ernst. Auch als der Selbstmörder voller Selbstmitleid die Tragik seines Lebens darlegt, lässt sich das Nichts nicht verbal-reflektierend auf ihn ein, sondern es *„wippt mit dem übergeschlagenen Bein"*, in einer Geste distanzierter Langeweile. Der absurden Situation angemessen, wird jeder Ansatz eines rational nachvollziehbaren Gesprächs stets skurril gebrochen, obwohl die Szene aus einem fortlaufenden, durch **keinerlei wirkliche Aktion** unterbrochenen Dialog besteht.

3 Zusammenfassender Überblick über die sprachlich-stilistischen Gestaltungsmittel

Der groteske Gegensatz der beiden Figuren schlägt sich auch in der Sprachgestaltung nieder: Wohl drücken sich beide in **gegenwartssprachlicher Prosa** aus, aber auf unterschiedlichem Niveau.

Der **Selbstmörder** formuliert elaborierte Sätze, er ist von Anfang an bestrebt, seine wissenschaftliche Kompetenz vorzuführen und sich von seinem Gesprächspartner abzuheben. So verwendet er **Fachausdrücke** („die *Elektrographie* der Träume“ Z. 47) und **Fremdwörter** („Mein *Purgatorium.*“ Z. 33), um sein Gegenüber zu beeindrucken. Ähnlichen Zwecken dienen die verwendeten **rhetorischen Mittel**; hier fallen vor allem die **Parallelismen** auf, häufig mit **Anaphern**, besonders dem anaphorisch gebrauchten „ich“ kombiniert („*Ich bin* der Mann, dem [...] gelang, *ich bin* als Schlafforscher die Nummer eins gewesen [...], *ich bin* der Mann, der das TAV entwickelt hat“ Z. 46 ff.). Mit derartigen Wiederholungen einerseits, scheinbar prägnanten **elliptischen Ausdrücken** andererseits („Aus, zerstört, gelöscht, vernichtet; [...] Keine Spur mehr unter den Menschen von meinem Traum.“ Z. 76 ff.), versucht er das Nichts von der eigenen Wichtigkeit zu überzeugen. Gleichzeitig erweckt er damit auch den Eindruck berechtigter Entrüstung und leicht exaltierter Ungläubigkeit, der durch **Exklamationen**, ebenfalls oft mit **Wiederholungen** kombiniert, verstärkt wird („Hugenstock! Eine bedeutungslose Kreatur! Ein Student! Eine Hilfskraft!“ Z. 69; „Die Hölle ist es! Die Hölle!“ Z. 99). Besonders auffällig häufen sich dem entsprechend die Stilmittel bei Passagen der Selbstdarstellung oder eigentlich der Selbststilisierung, bei der er sich geradezu in Pathos steigert. Auf das anaphorisch auftretende „ich“ wurde bereits hingewiesen; weiterhin bedient sich der Sprecher hier gerne **superlativischer Wendungen**, teilweise in Verbindung mit **Hyperbeln** („Ich bin als Schlafforscher *die Nummer eins* gewesen“ Z. 47; „[...] dass ich in diesem Augenblick der *einsamste* Mensch *auf der ganzen Erde* war“ Z. 67). Konsequent apostrophiert er das Nichts mit pathetisch abwertenden **Archaismen** („du minderbemittelter Wicht“ Z. 36).

Das **Nichts** bedient sich einer gänzlich konträren Sprachgestaltung: Es drückt sich ausschließlich in Alltags-, oft in **Umgangssprache** aus, formuliert lapidare Antworten in kurzen Hauptsätzen oder Hauptsatzreihen, die teilweise stark elliptisch gebaut sind („Du bist hinüber.“ Z. 15; „Entschuldige. Klingt so komisch. Na gut. Ich verkneif’s mir. Verkneif du dir’s auch!“ Z. 34 f.). Auch die Wortwahl ist umgangssprachlich geprägt. So schlüpft es zum einen in die Rolle des Antagonisten, indem es sich den Anschein mangelnder Bildung gibt, zum anderen verdeutlicht es so die Banalität der Situation in der Banalität der Sprache. Nur wenn es die Unabänderlichkeit der Lage anspricht oder betont, wird seine Ausdrucksweise elaborierter, etwa durch **Anaphern** („*Das* kann ich nicht. *Das* gibt mein Naturell nicht her.“ Z. 102), aber auch durch **Sentenzen** („Man muss immer Kompromisse machen, sonst kommt man mit niemandem aus.“ Z. 85 f.) oder **apodiktische Aussagen** („Damit müssen wir beide fertig werden.“ Z. 21), die jedoch angelernt und damit auch wieder ein Stück weit banal wirken. Auffallend ist allerdings das **leitmotivische Nachfragen** nach dem Gehilfen Hugenstock. Da diese Frage regelmäßig auf eine pathetische Suada des Selbstmörders folgt (Z. 50, Z. 60, Z. 68), unterläuft das Nichts damit umso drastischer die Erwartungen des Gegenübers und wertet gleichzeitig dessen Selbstdarstellung nachdrücklich ab.

4 Das Selbstbild des Protagonisten

Der Selbstmörder sieht sich als einen Menschen, der **sich unter tragischen Umständen für die Menschheit geopfert** und sich damit ein hohes Maß an Anteilnahme und Würdigung verdient hat. Wie die Analyse besonders der dramaturgischen und sprachlichen Gestaltung gezeigt hat, schätzt er die eigene Person von ihrer persönlichen und wissenschaftlichen Bedeutung sehr hoch ein, seine Mitmenschen dagegen prinzipiell sehr gering. Sein Selbst- und Menschenbild ist in erster Linie geprägt vom **Stolz auf die eigenen wissenschaftlichen Leistungen**; diese bilden für ihn den wichtigsten, eigentlich den einzigen Maßstab für die Einschätzung der Menschen. Irgendwelche humanitären Werte spielen für sein Leben anscheinend keine Rolle, innerpsychische Vorgänge galten ihm lediglich als Forschungsobjekt, losgelöst von den menschlichen Bezügen. Dass er aufgrund seiner bahnbrechenden Forschungsergebnisse einsam geworden ist, hat er als Preis für dieselben akzeptiert; seine persönliche Besonderheit wurde in seiner

Wahrnehmung dadurch eher noch unterstützt. Erst als er dank seiner eigenen Erfindung unvermutet mit seinen seelischen Abgründen konfrontiert wird, wird das schlagartige **Entsetzen** über dieselben zum **Auslöser für seine Tat**. Mit der kompromisslosen Konsequenz, die er sich als oberste Verhaltensmaxime gesetzt hat („[die] ‚kleinen menschlichen Schwächen', die man so gerne entschuldigt – ich entschuldige sie nicht!" Z. 83 f.), vernichtet er seine Forschungsergebnisse, seine Erfindung und „die eigene Existenz" (Z. 78). Seine abschließende Aussage dem Nichts gegenüber ist von signifikanter Doppeldeutigkeit: „Keine Spur mehr unter den Menschen von meinem Traum." (Z. 78) Damit bezeichnet er zum einen die Vernichtung seiner visionären Forschung, die er vor sich selbst als Opferbereitschaft im Dienste der Menschheit deklariert, zum anderen aber auch seine eigenen seelischen Abgründe, die eben nicht in sein Selbstbild passen und die er so vor sich und der Welt unsichtbar zu machen oder zumindest dem Zugriff anderer ein für allemal zu entziehen versucht. So wird sein Selbstmord auch zum indirekten Eingeständnis, dass er seine menschliche Seite bzw. deren vermeintliche Schwächen nicht erträgt, wie er sie auch bei anderen nicht zu akzeptieren bereit ist. Umso gnadenloser fällt die Relativierung seiner Maßstäbe im Jenseits aus, wenn das Nichts seinen Eröffnungen nur gelangweiltes Desinteresse oder alberne Belustigung entgegenbringt und ihm schließlich die überzeitliche Einschätzung seiner Existenz mitteilt: „Das ist praktisch alles, was ich dir anbieten kann. [...] Wahnsinn und Größenwahn." (Z. 106 ff.)

5 Vergleich mit der Gestaltung enttäuschter Erwartung in einem anderen literarischen Werk

Zum Vergleich werden „**Die Physiker**" von Friedrich Dürrenmatt herangezogen, ausgehend von zwei Grundüberlegungen: Die Ausgangssituation des Protagonisten, seine Handlungen sowie die dafür ausschlaggebenden Motive weisen Ähnlichkeiten auf, die Ergebnisse dieser Handlungen und die daraus resultierende Enttäuschung sind jedoch völlig gegensätzlich und lassen Ausblicke auf signifikante Unterschiede in der Weltsicht des Autors zu.

In beiden Werken hat der Protagonist eine **bahnbrechende Erfindung** bzw. Entdeckung gemacht, die für den Fortbestand der Menschheit eine grundlegende Bedrohung darstellt: Der **Physiker Möbius** hat die „Weltformel", das System aller möglichen Entdeckungen, gefunden und damit die Möglichkeit einer technokratischen Weltherrschaft. Dies hätte, würde die Entdeckung in die falschen Hände gelangen, den Untergang der Menschheit zur Folge. Es geht ihm in erster Linie um die Konsequenzen für die Menschheit, allenfalls noch für die Wissenschaft, weniger um seine eigene Person.

Der **Selbstmörder** hat „eine Anlage entwickelt, mit der man die Träume der Menschen, seine tiefsten Abgründe hätte aufzeichnen können" (Z. 53 f.). Dies hätte weniger eine physische Bedrohung der Menschheit zur Folge gehabt als vielmehr jede Privatsphäre, jede Individualität ausgemerzt und der psychologischen Manipulation Tür und Tor geöffnet, also letztlich die Menschenrechte außer Kraft gesetzt.

Beide Wissenschaftler haben die **Konsequenz** gezogen, ihre Erfindung zu vernichten und sich selbst aus der Welt zurückzuziehen: **Möbius** verbrennt sämtliche Unterlagen und lässt sich als vermeintlich Geistesgestörter in einer Irrenanstalt internieren. Die bewusste Wahl dieser absurden Lebensform lässt als dramaturgischer Kunstgriff auch den Zuschauer irre werden an den Maßstäben für Normalität und Irrsinn, wie Möbius selbst engagiert, aber sachlich aus einer rationalen Erkenntnis heraus andeutet: „Es gibt Risiken, die man nie eingehen darf. Der Untergang der Menschheit ist ein solches. [...] Dieser Einsicht habe ich mein Handeln untergeordnet." „Entweder bleiben wir im Irrenhaus oder die Welt wird eins." Mit seinem Vorgehen versucht er aus **altruistischen**, allenfalls pragmatischen **Motiven** die unausweichliche Selbstvernichtung einer buchstäblich verrückten Menschheit zu verhindern – vergeblich, wie sich herausstellen wird.

Auch der **Selbstmörder** hat seine Forschungsunterlagen vernichtet: „alles, was die geistig-technische Entwicklung dieser Teufelsmaschine ermöglicht hatte: Software, Hardware, […] die eigene Existenz." (Z. 76 ff.) Er stellt allerdings seine Tat als tragisches Opfer für die Menschheit dar und ist nie frei von Selbstmitleid und Larmoyanz. Das eigentliche **Motiv** für seine Tat erfährt man fast unmerklich zwischen den Zeilen, als er berichtet, dass er im gelungenen Selbstversuch zunächst seine eigenen Träume aufgezeichnet hat: „Ich habe mir die Schlacht am nächsten Morgen angesehen. Mein Freund! Fünf Stunden später war alles vorbei." (Z. 74 ff.) Tiefenpsychologisch betrachtet ertrug er die **Konfrontation mit den eigenen unterbewussten Verdrängungen** nicht, sein Ich war so schwach, dass ihm nur den Ausweg des Suizids blieb, den er im Nachhinein – ebenfalls psychologisch konsequent – als heroische Tat rationalisiert. Während also der geistig vollkommen klare Möbius bewusst den Paranoiker spielt, ist der Selbstmörder, „ein forschender, denkender Mensch" (Z. 62), in Wirklichkeit hochneurotisch.

Aus dieser gegensätzlichen Ausgangssituation resultiert auch eine unterschiedliche **Erwartungshaltung**. **Möbius** geht davon aus, dass sein Plan gelungen ist, als er die beiden Mitinsassen, die ihn ausspionieren, überzeugt hat und sie gemeinsam beschließen, „als Narren das Geheimnis unserer Wissenschaft treu zu bewahren". Sie erwarten nichts mehr vom Leben als das Paradoxe: „Verrückt, aber weise" – „Gefangen, aber frei" – „Physiker, aber unschuldig" und gehen davon aus, mit einem solchen rationalen Willensakt Erfolg zu haben. Von Reflexionen des **Selbstmörders** erfährt der Zuschauer überhaupt nichts; aus dessen erster empörter Reaktion kann er nur rückschließen, dass dieser fast kindlich-naiv, aber bei einem Ich-schwachen Menschen völlig folgerichtig, fest mit einer Rehabilitation im Jenseits gerechnet hatte: „Aber es ist doch bei Gott nicht einzusehen, dass ein Mann wie ich, eben noch eine tragische Größe, die sich entleibt, nun an ein Wesen gekettet wird, das sich das Nichts nennt!" (Z. 22 ff.); „Ich war auf etwas Erhabenes gefasst" (Z. 43). Da aber bereits die oben erwähnte Rationalisierung ein Akt der Selbsttäuschung war, bleibt die **Enttäuschung** unweigerlich nicht aus: „Eine unendlich durchschnittliche Begegnung! Damit hatte ich nicht gerechnet." (Z. 13 f.), die er etwas später schärfer formuliert: „ich fühle mich von der Ewigkeit hereingelegt –" (Z. 43). Gnadenlos lapidar erwidert sein Gegenüber: „Jeder bekommt das Nichts, das er verdient." (Z. 45) Die Verdrängungen oder letztlich die innere Leere („Ich versuche dir einen Begriff davon zu geben, […] dass ich in diesem Augenblick […] der einsamste Mensch auf der ganzen Welt war." Z. 65 f.), der er durch den Suizid zu entkommen glaubte, ist ihm nun für alle Ewigkeit präsent, die Enttäuschung des Selbstbildes wie der Fluchtmöglichkeit wird perpetuiert, jedoch liegt beides letztlich folgerichtig in seiner eigenen Person bzw. Psyche begründet.

Die **Enttäuschung der Physiker** findet auf einer ganz anderen Ebene statt. Möbius ging bis zum bitteren Ende davon aus, dass rationales Handeln auch in einer vorwiegend irrational geprägten Welt sinnvoll und kalkulierbar ist („Wir sind in unserer Wissenschaft an die Grenzen des Erkennbaren gestoßen. […] Aber die Menschheit ist noch nicht so weit."). Und genau darin täuscht er sich, denn die „schlimmstmögliche Wendung ist nicht voraussehbar. Sie tritt durch Zufall ein" (Punkt 4 der 21 Punkte zu den „Physikern"), kommentiert Dürrenmatt selbst sein Werk; „Je planmäßiger die Menschen vorgehen, desto wirksamer mag sie der Zufall zu treffen." (Punkt 8) Mit dem unkalkulierbaren Element einer verrückten Irrenärztin und ihren damit ebenso unkalkulierbaren Manövern haben die Wissenschaftler eben nicht gerechnet und nicht rechnen können. Für den Erkenntnisakt der Enttäuschung gibt es keine Worte, nur die Regieanweisung: *„Die drei Physiker sind allein. Stille. Alles ist ausgespielt. Schweigen."*

Während allerdings der schwache, ich-bezogene Selbstmörder zwar seiner privaten Hölle ausgeliefert ist, die Menschheit aber vor seiner Erfindung bewahrt hat, müssen die verantwortungsbewussten Physiker damit leben, dass ihre bewusste Entscheidung für ein im Grunde menschenunwürdiges Dasein völlig umsonst und wirkungslos war.

a) Erschließen und interpretieren Sie den folgenden Textausschnitt! Berücksichtigen Sie dabei besonders die Gesprächs- und Handlungsstrategien der beiden Hauptfiguren!

b) Legen Sie, ausgehend von Ihren Ergebnissen, vergleichend dar, wie das Thema „Versuchung“ in einem anderen literarischen Werk gestaltet wird!

Vorbemerkung

Ein sonderbarer Mann im grauen Rock verführt Peter Schlemihl dazu, gegen ein Glückssäckel, das stets mit Dukaten gefüllt ist, seinen Schatten einzutauschen. Nach einer vereinbarten Frist will der Mann wiederkehren und einen vermeintlich besseren Handel vorschlagen. Kurz nach dem Tausch stellt sich heraus, dass die Schattenlosigkeit zu einer Ächtung Schlemihls durch die Mitwelt führt; nur der Diener Bendel bleibt seinem Herrn aufrichtig ergeben. Schlemihl, der sich nunmehr als Graf ausgibt, läuft schließlich Gefahr, die von ihm geliebte Försterstochter Mina zu verlieren: Wenn er nicht innerhalb von drei Tagen seinen Schatten wiedererlangt, soll Mina dem niederträchtigen Rascal zur Frau gegeben werden. Verzweifelt flüchtet Schlemihl auf eine einsame Heide, wo ihm erneut der Mann im grauen Rock begegnet und das Wort an ihn richtet.

Der abgedruckte Text bildet den Schluss des fünften von elf Kapiteln.

Adelbert von Chamisso (1781–1838)

Peter Schlemihl's wundersame Geschichte (1814)
(Interpunktion und Orthographie entsprechend dem Erstdruck)

[…] Er nahm sogleich das Wort:

„Ich hatte mich auf dem heutigen Tage angemeldet, Sie haben die Zeit nicht erwarten können. Es steht aber Alles noch gut, Sie nehmen Rath an, tauschen Ihren Schatten wieder ein, der Ihnen zu Gebote steht, und kehren sogleich wieder um. Sie sollen in dem Förstergarten willkommen seyn, und Alles ist nur ein Scherz gewesen; den *Rascal*, der Sie verrathen hat, und um Ihre Braut wirbt, nehm' ich auf mich, der Kerl ist reif.“

Ich stand noch wie im Schlafe da. – „Auf den heutigen Tag angemeldet –?“ ich überdachte noch einmal die Zeit – er hatte Recht, ich hatte mich stets um einen Tag verrechnet. Ich suchte mit der rechten Hand nach dem Seckel auf meiner Brust, – er errieth meine Meinung, und trat zwei Schritte zurück.

„Nein, Herr Graf, der ist in zu guten Händen, den behalten Sie. –“ Ich sah ihn mit stieren Augen, verwundert fragend an, er fuhr fort: „Ich erbitte mir blos eine Kleinigkeit zum Andenken: Sie sind nur so gut, und unterschreiben mir den Zettel da.“ – auf dem Pergament standen die Worte:

„Kraft dieser meiner Unterschrift vermache ich dem Inhaber dieses[1] meine Seele nach ihrer natürlichen Trennung von meinem Leibe.“

Ich sah mit stummen Staunen die Schrift und den grauen Unbekannten abwechselnd an – Er hatte unterdessen mit einer neu geschnittenen Feder einen Tropfen Bluts aufgefangen, der mir aus einem frischen Dornenriß auf die Hand floß, und hielt sie mir hin. –

„Wer sind Sie denn?“ frug ich ihn endlich: „was thut's“, gab er mir zur Antwort, „und sieht man es mir nicht an? ein armer Teufel, gleichsam so eine Art von Gelehrten und Physikus[2], der von seinen Freunden für vortreffliche Künste schlechten Dank erntet, und für sich selber auf Erden keinen andern Spaß hat, als sein Bißchen Experimentiren – aber unterschreiben Sie doch. Rechts, da unten. *Peter Schlemihl.*“ –

Ich schüttelte mit dem Kopf, und sagte: „Verzeihen Sie, mein Herr, das unterschreibe ich nicht.“ – „Nicht!“ wiederholte er verwundert, „und warum nicht?“ –

„Es scheint mir doch gewissermassen bedenklich, meine Seele an meinen Schatten zu setzen. – –“ „So, so!“ wiederholte er, „bedenklich,“ und er brach in ein lautes Gelächter gegen mich aus. „Und, wenn ich fragen darf, was ist denn das für ein Ding, Ihre Seele? haben Sie es je gesehen, und was denken Sie damit anzufangen, wenn Sie einst todt sind. Seien Sie doch froh, einen Liebhaber zu finden, der Ihnen bei Lebenszeit noch, den Nachlaß dieses X., dieser galvanischen Kraft[3] oder polarisirenden Wirksamkeit[4], und was alles das närrische Ding seyn soll, mit etwas Wirklichem bezahlen will, nemlich mit Ihrem leibhaftigen Schatten, durch den Sie zu der Hand Ihrer Geliebten und zu der Erfüllung aller Ihrer Wünsche gelangen können. Wollen Sie lieber selbst das arme junge Blut dem niederträchtigen Schurken, dem *Rascal* zustoßen und ausliefern? – Nein, das müssen Sie doch mit eigenen Augen ansehen; kommen Sie, ich leihe Ihnen die Tarnkappe hier,“ (er zog etwas aus der Tasche) „und wir wallfahrten ungesehen nach dem Förstergarten. –“

Ich muß gestehen, daß ich mich überaus schämte, von diesem Manne ausgelacht zu werden. Er war mir von Herzensgrunde verhaßt, und ich glaube, daß mich dieser persönliche Widerwille mehr als Grundsätze oder Vorurtheile abhielt, meinen Schatten, so nothwendig er mir auch war, mit der begehrten Unterschrift zu erkaufen. Auch war mir der Gedanke unerträglich, den Gang, den er mir antrug, in seiner Gesellschaft zu unternehmen. Diesen häßlichen Schleicher[5], diesen hohnlächelnden Kobold, zwischen mich und meine Geliebte, zwei blutig zerrissene Herzen, spöttisch hintreten zu sehen, empörte mein innigstes Gefühl. Ich nahm, was geschehen war, als verhängt an, mein Elend als unabwendbar, und mich zu dem Manne kehrend, sagte ich ihm:

„Mein Herr, ich habe Ihnen meinen Schatten für diesen, an sich sehr vorzüglichen Seckel verkauft, und es hat mich genug gereut. Kann der Handel zurückgehen, in Gottes Namen!“ Er schüttelte mit dem Kopf und zog ein sehr finsteres Gesicht. Ich fuhr fort: – „So will ich Ihnen auch weiter nichts von meiner Habe verkaufen, sei es auch um den angebotenen Preis meines Schattens, und unterschreibe also nichts. Daraus läßt sich auch abnehmen, daß die Verkappung, zu der Sie mich einladen, ungleich belustigender für Sie als für mich ausfallen müßte; halten Sie mich also für entschuldigt, und da es einmal nicht anders ist, – laßt uns scheiden!“

„Es ist mir leid, Monsieur *Schlemihl,* daß Sie eigensinnig das Geschäft von der Hand weisen, das ich Ihnen freundschaftlich anbot. Indessen, vielleicht bin ich ein andermal glücklicher. Auf baldiges Wiedersehen! – A propos, erlauben Sie mir noch, Ihnen zu zeigen, daß ich die Sachen, die ich kaufe, keineswegs verschimmeln lasse, sondern in Ehren halte, und daß sie bei mir gut aufgehoben sind.“ –

Er zog sogleich meinen Schatten aus seiner Tasche, und ihn mit einem geschickten Wurf auf der Haide entfaltend, breitete er ihn auf der Sonnenseite zu seinen Füßen aus, so daß er zwischen den beiden ihm aufwartenden Schatten, dem meinen und dem seinen, daher ging, denn meiner mußte ihm gleichfalls gehorchen und nach allen seinen Bewegungen sich richten und bequemen.

Als ich nach so langer Zeit einmal meinen armen Schatten wieder sah, und ihn zu solchem schnöden Dienst herabgewürdigt fand, eben als ich um seinetwillen in so namenloser Noth war, da brach mir das Herz, und ich fing bitterlich zu weinen an. Der Verhaßte stolzirte mit dem mir abgejagten Raub, und erneuerte unverschämt seinen Antrag:

„Noch ist er für Sie zu haben, ein Federzug, und Sie retten damit die arme unglückliche *Mina* aus des Schuftes Klauen in des hochgeehrten Herrn Grafen Arme – wie gesagt, nur ein Federzug.“ Meine Thränen brachen mit erneuter Kraft hervor, aber ich wandte mich weg, und winkte ihm, sich zu entfernen.

Bendel, der voller Sorgen meine Spuren bis hieher verfolgt hatte, traf in diesem Augenblick ein. Als mich die treue fromme Seele weinend fand, und meinen Schatten, denn er war nicht zu verkennen, in der Gewalt des wunderlichen grauen Unbekannten sah, beschloß er gleich, sei es auch mit Gewalt, mich in den Besitz meines Eigenthums wieder herzustellen, und da er selbst mit dem zarten Dinge nicht umzugehen verstand, griff er gleich den Mann mit Worten an, und ohne vieles Fragen, gebot er ihm stracks, mir das Meine unverzüglich verabfolgen zu lassen. Dieser, statt aller Antwort; kehrte dem unschuldigen Burschen den Rücken und ging. *Bendel* aber erhob den Kreuzdornknüttel[6], den er trug, und, ihm auf den Fersen folgend, ließ er ihn schonungslos unter wiederholtem Befehl, den Schatten herzugeben, die volle Kraft seines nervigten[7] Armes fühlen. Jener, als sei er solcher Behandlung gewohnt, bückte den Kopf, wölbte die Schultern, und zog stillschweigend ruhigen Schrittes seinen Weg über die Haide weiter, mir meinen Schatten zugleich und meinen treuen Diener entführend. Ich hörte lange noch den dumpfen Schall durch die Einöde drönen, bis er sich endlich in der Entfernung verlor. Einsam war ich wie vorher mit meinem Unglück.

Adelbert von Chamisso, Peter Schlemihl's wundersame Geschichte, Nürnberg 1814, hrsg. von Joseph Kiermeier-Debre, München 1999, S. 53–57

1 *dieses:* dieses Pergaments
2 *Physikus:* Arzt
3 *galvanischen Kraft:* elektrischen Kraft
4 *polarisierenden Wirksamkeit:* Gegensätze schaffenden Substanz
5 *Schleicher:* jemand, der meist heimlich verfährt, Heuchler
6 *Kreuzdornknüttel:* Knüppel aus dem harten, dornigen Holz des Kreuzdorns
7 *nervigten:* sehnigen, muskulösen, kraftvollen

Hinweise und Tipps

Bei dieser Aufgabe gilt in besonderem Maße, was grundsätzlich zu beachten ist, nämlich die gesamte Aufgabe mit äußerster Sorgfalt zu lesen. Die Aufgabenstellung ist wie üblich zweigeteilt, der erste Arbeitsauftrag lautet „Erschließen und interpretieren Sie". „Erschließen" fordert stets eine Analyse nach Form und Inhalt. Sinnvollerweise wird man damit beginnen, den **Inhalt** des Textes zu erfassen, ihn also zunächst genau zu lesen unter **Leitfragen** wie
- Was geschieht in dieser Passage?
- Was wird mitgeteilt?

Dabei könnte bereits auffallen, dass es sich hier fast durchgängig um einen Dialog handelt, was für die Schwerpunktsetzung „Berücksichtigung der Gesprächs- und Handlungsstrategien" von Nutzen ist. Besondere Beachtung verdient die ausführliche **Vorbemerkung**. Da eine genaue Kenntnis dieses Werkes nicht vorausgesetzt werden kann, erhalten Sie hier wichtige Informationen über die Figur des Mannes im grauen Rock, über die derzeitige Lebenssituation Schlemihls, aus der heraus dieser argumentieren wird, sowie über die Position der Passage innerhalb des Werkes und damit Hinweise auf ihre Bedeutung.

So wird man den Aufsatz mit einer Darlegung der **inhaltlichen Struktur** beginnen, um dann in einem weiteren Durchgang die **erzählerischen Mittel** wie Erzählperspektive, Satzbau und Wortwahl zu untersuchen. Wenn dies sorgfältig erledigt wird, sind bereits wertvolle Hinweise auf die **Gesprächsstrategien** gewonnen. Diese sowie die **Handlungsstrategien** sollten im dritten Schritt bearbeitet werden. Hierbei ist darauf zu achten, dass nun nicht mehr die *Art* der sprachlichen Darstellung, sondern in besonderem Maße ihre *Funktion* dargestellt werden soll, und dass außerdem **nonverbale Ausdrucksmittel** mit berücksichtigt werden müssen. Die Darstellung darf allerdings keinesfalls in eine allgemeine Charakterisierung der beiden Figuren abgleiten.

Vor der Auswahl eines **Vergleichswerkes** sollten Sie sich zunächst sorgfältig über den **Begriff „Versuchung"** Klarheit verschaffen und die entsprechenden Überlegungen auch in Ihre Arbeit einbringen. Hier ist besonders auf die Nähe des Begriffes zu dem der Verführung

hinzuweisen, auch wenn im konkreten Fall eine ganz eindeutige Trennung nicht unbedingt erwartet werden kann. Bedeutsam ist jedoch, dass Versuchungssituationen nicht nur im religiösen Bereich auftreten, sondern beispielsweise auch in zwischenmenschlichem, wirtschaftlichem oder politischem Zusammenhang. Hilfreich könnten **Leitfragen** sein wie
- Was für eine Figur löst die Versuchungssituation aus? Wie agiert sie?
- Welcher Hilfsmittel oder Requisiten bedient sie sich?
- Welches Wertesystem liegt zugrunde, auf dessen Hintergrund die Versuchung überhaupt möglich wird?
- Wie reagiert die in Versuchung geführte Figur?
- Aufgrund welcher Motive geht sie auf die Versuchung ein oder widersteht ihr?
- Wie reagiert ggf. die Umwelt?
- Was sind die Folgen?

Dabei sollten Gattung und Entstehungszeit des Vergleichstextes nicht außer Acht gelassen werden, zumal keine Beschränkung auf deutschsprachige Literatur gegeben ist.

Natürlich bieten sich sämtliche Rezeptionen des Faust-Stoffes unmittelbar an. Denkbar wären aber auch Werke wie „Die Elixiere des Teufels“ von E. T. A. Hoffmann (Versuchung durch Macht), „Kleider machen Leute“ von G. Keller (gesellschaftliche Versuchung), „Der Besuch der alten Dame“ von F. Dürrenmatt (politisch-ethische Versuchung), „Effi Briest“ von Th. Fontane oder „Geschichten aus dem Wienerwald“ von Ö. v. Horvath (erotische Versuchung), um eine bescheidene Auswahl zu nennen. Die Entscheidung hängt im Einzelfall stark von der Begriffsdefinition ab, an der Sie sich dann allerdings sorgsam orientieren sollten.

Lösungsvorschlag

1 Inhalt und Aufbau

Wie in der Vorbemerkung angegeben, steht diese Szene buchstäblich im Mittelpunkt der Erzählung und bildet damit formal und inhaltlich den Höhe- und Wendepunkt von Chamissos „phantastischer Novelle“, wie Thomas Mann sie nennt. Diese zentrale Position wird auch durch den separierten Raum der Begegnung, die einsame Heide, hervorgehoben. Der Verlauf der schicksalhaften Begegnung lässt sich in fünf Sinnabschnitte gliedern:

Die Szene beginnt scheinbar positiv: Für Schlemihl bietet sich die **Auflösung seiner persönlichen Konfliktsituation durch Versprechungen des Mannes im grauen Rock** (Z. 1–11). Dieser eröffnet das Gespräch, indem er Schlemihl vorspiegelt, das Tauschgeschäft sei problemlos zu stornieren, und ihm gleichzeitig eine verlockende Zukunftsperspektive entwirft: Noch am selben Tag könne er Mina zurückgewinnen, das Problem des Nebenbuhlers werde der Graue ihm abnehmen. Schlemihl ist völlig überrascht, aber sofort bereit zum Rücktausch des Glückssäckels gegen den Schatten. Der Graue steigert die vorgeblich positive Gesprächsatmosphäre noch, indem er konziliant auf die Rückgabe des „Seckels“ verzichtet.

Übergangslos konfrontiert er dann Schlemihl mit dem **Angebot, den Schatten gegen seine Seele einzutauschen** (Z. 11–26). Wie beiläufig legt er ihm einen vorbereiteten schriftlichen Vertrag vor, mit dem Schlemihl ihm nach dem Tod seine Seele übereignen soll. Dieser nimmt dazu zunächst gar nicht Stellung, sondern stellt die ahnungsvolle Frage nach der Identität seines Geschäftspartners. Der Graue antwortet indirekt mit einer vagen Selbstcharakterisierung, bei der aber die signifikant doppeldeutige Formulierung „ein armer Teufel“ (Z. 21) auffällt, und schließt mit der nachdrücklichen Bitte um die Unterschrift, die Schlemihl knapp und entschlossen abschlägt.

Daraufhin unternimmt der Mann einen **Überredungsversuch**, indem er den **Wert des Tauschobjektes Seele herunterspielt** (Z. 26–55). Zunächst zweifelt er die Bedeutung der Seele, dann sogar ihre Existenz an, um dem dann die unmittelbare Trieberfüllung verlockend gegenüberzustellen. Gleichzeitig appelliert er an Schlemihls Männlichkeit, indem er ihm das derzeitige Unglück seiner Geliebten vor Augen führen will; auch hierfür hat er sogleich einen magischen Gegenstand, eine Tarnkappe, zur Hand, die eine unbemerkte Beobachtung ermöglichen würde.

Seine Bemühungen bewirken allerdings das Gegenteil: Schlemihl fühlt sich zwar verunsichert und beschämt wegen der Ablehnung, wird sich aber zum ersten Mal seiner heftigen Antipathie gegen den Geschäftspartner bewusst und erkennt diese Empfindung, nicht seine moralischen Grundsätze, als eigentliche Ursache für die Verweigerung der Unterschrift. Als ihm dies klar wird, ringt er sich zu dem Entschluss durch, sich in die Konsequenzen der Schattenlosigkeit zu fügen und damit gefeit zu sein gegen weitere Verlockungen des „armen Teufels". So macht er einen letzten vergeblichen Vorschlag, das ursprüngliche Tauschgeschäft rückgängig zu machen, und konstatiert daraufhin das Scheitern der Verhandlungen.

Nichtsdestotrotz startet der Graue einen weiteren **Überredungsversuch unter Vorführung des Schattens** (Z. 56–73). Er findet sich scheinbar mit der Entscheidung ab und führt gleichsam zum Abschied Schlemihl zum letzten Mal seinen Schatten vor. Daraufhin bricht Schlemihl emotional zusammen, schafft es aber dennoch, das verlockende Angebot des anderen zurückzuweisen, indem er ihn unter Tränen wegschickt.

In dieser ultimativen Spannungssituation erscheint der **Diener Bendel** (Z. 74–88), erfasst sofort die Lage und versucht ohne Zögern den Schatten mit verbalen und körperlichen Attacken zurückzuerlangen. Der Graue ignoriert die Angriffe völlig und entfernt sich gleichmütig, verfolgt von Bendel; Schlemihl bleibt in trostloser Lage allein zurück.

2 Erzählerische und sprachliche Gestaltung

Die **Erzählperspektive** ist ausschließlich die des Ich-Erzählers, der als erlebendes Ich vorrangig Vergangenes darstellt. Anders als in den romantischen Märchennovellen eines E.T.A. Hoffmann oder Ludwig Tieck wird hier minutiös der Verlauf der Verhandlung fast distanziert wiedergegeben, auf symbolische Requisiten wird, mit Ausnahme der drei magischen Gegenstände Glückssäckel, Tarnkappe und Schatten, ebenso verzichtet wie auf die unmittelbare Einbeziehung des Raumes. Nur punktuell analysiert der Ich-Erzähler seine Beweggründe („ich glaube, daß mich dieser persönliche Widerwille mehr als Grundsätze oder Vorurtheile abhielt, meinen Schatten [...] zu erkaufen" Z. 40 f.) oder lässt seine emotionale Befindlichkeit in der Erzählweise erkennen („Diesen hässlichen Schleicher, diesen hohnlächelnden Kobold" Z. 44). Die Textstelle wird dominiert von **szenischem Erzählen**, erst gegen Ende, mit dem Auftreten Bendels, fokussiert der Erzählerbericht stärker die äußere Handlung. Dem Gesprächsverlauf entsprechend ändert sich auch der **Satzbau**: Zu Beginn der Szene, als der Anschein einer mühelosen Konfliktlösung geboten wird, überwiegt deutlich die Parataxe; je komplexer und manipulativer sich die Verhandlungen gestalten, desto stärker tritt hypotaktischer Satzbau in den Vordergrund, teilweise ziehen sich die Satzgefüge über mehrere Zeilen (Z. 61 ff.).

Jedoch lassen sich deutliche Unterschiede in der Sprachverwendung der beiden Verhandlungspartner ausmachen:

Die **Sprechweise des Mannes im grauen Rock** ist stark von Ironie und Sarkasmen geprägt. Schon zu Beginn des Gespräches drückt er in der ironischen Anrede („Herr Graf" Z. 11) seine Überlegenheit durch das Wissen um Schlemihls Hochstapelei aus. Zynisch provokant führt er ihm den Wert oder vielmehr die Minderwertigkeit der Seele vor Augen in der rhetorischen Frage „was ist denn das für ein Ding, Ihre Seele?" (Z. 29), die durch den falschen Höflichkeitstopos („wenn ich fragen darf" Z. 29) noch in ihrer Wirkung verstärkt wird; so gibt er gezielt und wirkungsvoll den Gesprächspartner der Lächerlichkeit preis. Ganz anders drückt er sich aus, wenn es um seine eigene Person oder vielmehr um die Verschleierung seiner Identität geht: Hier dominieren Euphemismen ([...] der [...] für sich selber auf Erden keinen andern Spaß hat, als sein Bißchen Experimentiren" Z. 22 f.) und Untertreibungen („ein armer Teufel" Z. 21), die seine tatsächliche Machtposition verharmlosen sollen.

Schlemihls Ausdrucksweise bewegt sich zwischen bildhaftem Sprechen und betont höflicher Distanzierung, je nachdem, ob er seine eigene Befindlichkeit, seinen übermächtigen Leidensdruck zum Ausdruck bringt („Diesen häßlichen Schleicher, diesen hohnlächelnden Kobold, zwischen mich und meine Geliebte, zwei blutig zerrissene Herzen, spöttisch hintreten zu sehen, empörte mein innigstes Gefühl." Z. 44 ff.) oder ob er den hoffnungslosen Versuch unternimmt, kommunikative Überlegenheit über den Gesprächspartner zu demonstrieren („Mein Herr, ich habe Ihnen meinen Schatten für diesen, an sich sehr vorzüglichen Seckel verkauft" Z. 48).

3 Gesprächs- und Handlungsstrategien

Der **Mann im grauen Rock** dominiert und lenkt das Gespräch, dabei zeichnet er sich durch **Flexibilität** in seinen Strategien aus und behält stets sein Ziel im Auge. Zunächst schafft er eine positive Gesprächsatmosphäre, indem er auf der einen Seite die vorteilhaften Folgen eines neuerlichen Vertragsabschlusses euphemistisch darstellt („Ich erbitte mir blos eine Kleinigkeit zum Andenken" Z. 12 f.), auf der anderen die negativen Konsequenzen verharmlost. Als sein Gegenüber darauf nicht eingeht, ändert er seine Taktik und **appelliert an dessen Emotionen**: Er verunsichert ihn, indem er sein Wertesystem lächerlich macht („und was alles dieses närrische Ding [die Seele] seyn soll" Z. 32 f.), und evoziert anschließend seine Eifersucht bzw. die Trauer über die verlorene Liebesbeziehung („Wollen Sie lieber selbst das arme junge Blut dem niederträchtigen Schurken, dem *Rascal* zustoßen und ausliefern?" Z. 35 f.). Diese Vorgehensweise unterstützt er durch das **Angebot attraktiver magischer Objekte** wie z. B. der Tarnkappe und setzt, allerdings sparsam, Körpersprache ein, um seine verbalen Überredungsversuche zu ergänzen („Er zog sogleich meinen Schatten aus seiner Tasche, und ihn mit einem geschickten Wurf auf der Haide entfaltend, breitete er ihn auf der Sonnenseite zu seinen Füßen aus" Z. 61 f.). Auch seine **Selbstdarstellung** passt er der jeweiligen Gesprächssituation an: Einerseits stellt er sich als harmlosen Forscher dar, der „auf Erden keinen anderen Spaß hat, als sein Bißchen Experimentiren" (Z. 23), andererseits als Vollstrecker der Gerechtigkeit und Rächer des schurkischen Nebenbuhlers („den *Rascal,* der Sie verrathen hat, und um Ihre Braut wirbt, nehm' ich auf mich, der Kerl ist reif" Z. 5 f.) Dabei geht er stets kontrolliert vor, nichts wirkt hier spontan oder ungeplant, von einer einzigen nonverbalen Reaktion abgesehen: Als Schlemihl seinen letzten vergeblichen Versuch unternimmt, den ersten Handel rückgängig zu machen („Kann der Handel zurückgehen, in Gottes Namen!" Z. 49 f.), zieht der Graue „ein sehr finsteres Gesicht" (Z. 50) – es bleibt offen, ob wegen des Angebotes oder wegen der Nennung des Namens Gottes.

Peter Schlemihl ist in der unterlegenen Verhandlungsposition, er kann im Grunde nur auf seiner Forderung beharren, den bestehenden Vertrag rückgängig zu machen. So reagiert er zunächst **überwiegend nonverbal**, indem er durch Gestik Handlungsbereitschaft signalisiert („Ich suchte mit der rechten Hand nach dem Seckel auf meiner Brust" Z. 9) und mimisch sein Erstaunen ausdrückt („Ich sah mit stummen Staunen die Schrift und den grauen Unbekannten abwechselnd an" Z. 17). Im Fortgang der Verhandlung versucht er die eigene Position durch knappes, **sachlich-distanziertes Argumentieren** zu stärken („Es scheint mir doch gewissermassen bedenklich, meine Seele an meinen

Schatten zu setzen" Z. 27 f.), freilich vergeblich. So bleibt ihm nur die gemessene Resignation, um wenigstens sein Gesicht zu wahren; er erklärt knapp und sachlich den Verzicht auf seinen Schatten („So will ich Ihnen auch weiter nichts von meiner Habe verkaufen, sei es auch um den angebotenen Preis meines Schattens, und unterschreibe also nichts [...] – laßt uns scheiden!" Z. 51 ff.). Schließlich fällt er, gleichsam als Ausdruck seiner Kapitulation, in die **Körpersprache** zurück und signalisiert damit den Abbruch des Gespräches („Meine Thränen brachen mit erneuter Kraft hervor, aber ich wandte mich weg, und winkte ihm, sich zu entfernen." Z. 72 f.).

4 Zusammenfassende Interpretation

Wie eingangs gesagt, bildet die Szene den **Höhe- und Wendepunkt** der Erzählung; das Dilemma spitzt sich schrittweise zu, indem der ursprüngliche Tauschhandel, dessen fatale Konsequenzen der Protagonist nicht abgeschätzt hat, mit einem weiteren **Teufelspakt** verknüpft wird. Dieses Motiv des Paktes wird jedoch **verfremdet** durch die völlige Aussparung der religiösen Sinnebene: Der für die Seele gebotene Preis ist keine übermenschliche Macht, keine Allwissenheit, sondern der Schatten und damit die soziale Akzeptanz und der Gewinn der Geliebten, ein konkreter, diesseitsbezogener Gegenwert. Mit Ausnahme der floskelhaften Exclamatio „in Gottes Namen!" (Z. 49 f.) wird eine höhere Macht überhaupt nicht erwähnt.

Auch ein **transzendenter Stellenwert der Seele wird angezweifelt**, sowohl von dem Mann im grauen Rock, der sie unter Anspielung auf zeitgenössische Erkenntnisse der Naturwissenschaften als „galvanische Kraft oder polarisirende Wirksamkeit" (Z. 32) bezeichnet und ihr den Schatten, also ebenfalls etwas nicht Greifbares, als „etwas Wirkliche[s]" (Z. 33) gegenüberstellt; aber auch von Schlemihl selbst, der allenfalls gewisse Bedenken hat, seine Seele aufs Spiel zu setzen, den aber letztlich seine Aversion gegen den Geschäftspartner, also emotional geprägte persönliche Motive und nicht religiöse Bedenken, von dem Pakt abhalten.

Die **Teufelsgestalt** wird auffällig verfremdet, indem der Dichter sie **trivialisiert**: Der Versucher trägt keinerlei dämonische Züge, sondern stellt sich als harmloser, unauffälliger Mann, eine „Art von Gelehrten und Physikus" (Z. 21 f.) dar, der auf dramatische Effekte völlig verzichtet. Auch sein Abgang erfolgt unspektakulär, er lässt sich von einem Subalternen buchstäblich in die Flucht schlagen; befremdlich wirkt höchstens die Tatsache, dass er, anscheinend unempfindlich gegen die brachiale Gewalt Bendels, „stillschweigend ruhigen Schrittes" (Z. 85) davongeht.

Hierin eine Kritik Chamissos an den aufblühenden Naturwissenschaften sehen zu wollen, wäre jedoch, v. a. unter Berücksichtigung der Biografie des Dichters, sicherlich verfehlt. Vielmehr zeigt sich hier **die für Chamisso typische Weltsicht**: Wohl ist der Protagonist subjektiv-emotional bestimmt, also durchaus in romantischer Tradition, aber er bewegt sich in einer durch und durch bürgerlichen Welt und leidet, ganz anders als etwa Eichendorffs Taugenichts, schwer daran, von dieser ausgeschlossen zu sein. Wohl bedient er sich magisch märchenhafter Hilfsmittel, die aber isoliert in der realen Welt stehen. Es gibt nur diese und sie wird nicht romantisiert wie bei Novalis oder Hoffmann. Auch weiß Schlemihl, gut bürgerlich, den Wert des Geldes in Gestalt des „an sich sehr vorzüglichen Seckel" (Z. 48) durchaus zu schätzen, ein bereits biedermeierlicher Zug. Diese materiell geprägte Welt ist nicht mehr mit den Mitteln der Fantasie zu erfassen und zu bewältigen, sondern mit denen der aufkommenden Naturwissenschaften, wie der weitere Weg Schlemihls demonstriert.

5 Gestaltung des Themas „Versuchung" – Vergleich mit einem anderen literarischen Werk

Der Begriff „**Versuchung**" ist zunächst schwierig zu fassen; auch wenn er heutzutage eine **Bedeutungserweiterung** erfahren hat, stammen er wie auch die daran gebundenen Konnotationen aus dem **religiösen Bereich**. Das deutsche Wort geht letztlich zurück auf die Bibelübersetzung Luthers über die Versuchung Christi (z. B. Matthäus 4,1 ff.); hier wird berichtet, wie Jesus, bevor er sein missionarisches Wirken beginnt, sich zu einem meditativen Fasten in die Wüste zurückzieht, wo ihn der Teufel aufsucht und „versucht", so die wörtliche Wiedergabe des lateinischen „tentare". Das Wort bedeutet schlicht „**einen Versuch unternehmen**", ohne weitere Spezifizierung bezüglich des Inhalts. In der modernen Einheitsübersetzung des Neuen Testamentes wird es mit „**auf die Probe stellen**" wiedergegeben. Gemeint ist in diesem Zusammenhang stets eine Situation, wo der Teufel, der Diabolus, was wörtlich „Verwirrer" bedeutet, das Gegenüber dazu zu bringen versucht, um eines scheinbaren Vorteils willen von den göttlichen Maßstäben abweichend zu handeln.

Einem Menschen wird also ein Anreiz materieller oder ideeller Art geboten, der so stark, so verlockend ist, dass das eigene Wertesystem dadurch geschwächt, umgewertet oder außer Kraft gesetzt werden kann. Stets steht jedoch die mehr oder weniger deutliche Drohung im Hintergrund, dass der Preis hoch, meist zu hoch ist.

Damit rückt der Begriff in die Nähe des Begriffs „**Verführung**", der ebenfalls eine Vorgehensweise bezeichnet, mit der man jemanden zu rechtlich oder moralisch unkorrekten Handlungen bringt. Im allgemeinen Sprachgebrauch verschwimmen die Unterschiede; jedoch bezeichnet genau genommen die „Versuchung" eben das Bemühen, das erfolgreich sein kann, aber nicht muss, während die „Verführung", die außerdem stärker erotisch konnotiert ist, meist den Vollzug mit einschließt.

6 Vergleich mit „Faust I"

Die **Ausgangssituation** beider Werke zeigt vordergründig strukturell auffällige Parallelen: Der Protagonist befindet sich in einer verzweifelten, ausweglos scheinenden Situation, in die er, ohne dass ihm dies wirklich bewusst wäre, bereits durch den Einfluss des Bösen geraten ist. Da tritt der **Teufel** in harmloser Verkörperung an ihn heran und bietet ihm eine Lösung um den Preis seiner Seele an. Der Umgang mit dieser Versuchung unterscheidet sich jedoch grundlegend.

Schlemihl begegnet dem Leser zu Beginn des Romans als mittelloser, etwas naiver junger Mann, dessen Wertesystem stark **materiell** bestimmt ist. In dieser Haltung wird er durch seine Umgebung bestärkt, die die Höhe des Besitzes als Maß für die moralische Integrität setzt. So verfällt er dem Angebot, seinen Schatten, ein immaterielles und damit für ihn wertlos scheinendes Attribut, gegen einen stets gefüllten Geldbeutel, also eine Quelle unerschöpflichen Reichtums und menschlicher Aufwertung, einzutauschen, zumal der Versucher ihm in harmloser, geradezu biederer Gestalt begegnet. Der tatsächliche Preis wird rasch offenkundig: Die Schattenlosigkeit hat die soziale Isolation zur Folge. Dies führt bei Schlemihl allerdings nicht zu einer Reflexion seiner Wertvorstellungen, allenfalls zu einer gewissen Verunsicherung, da er nun in **ständiger Angst** vor der Entdeckung der Schattenlosigkeit und damit immer neuer menschlicher Enttäuschung lebt. Die Situation spitzt sich zu in der Liebesbeziehung zu der Försterstocher Mina, wo er zum ersten Mal die **Grenzen materieller Möglichkeiten** erfährt. In dieser Lage ist er empfänglich für nahezu jedes Angebot, das ihm einen konkreten Ausweg aus einer konkreten Situation zu liefern scheint.

Faust hat ein Leben hinter sich, welches ausschließlich geprägt war von dem unstillbaren, übermenschlichen **Drang nach Erkenntnis**; er ist ein Getriebener, der auf jede nur mögliche Art versucht hat, die menschliche Begrenztheit zu überwinden und in die Transzendenz vorzustoßen. Materielles bedeutet ihm nichts, wie er im ersten Monolog sagt: „Auch hab ich weder Gut noch Geld / noch Ehr und Herrlichkeit der Welt" (V. 374 f.). Er strebt nur danach, zu „erkenne[n], was die Welt / im Innersten zusammenhält" (V. 382 f.). Auch menschliche Wertschätzung ist ihm gleichgültig, seine Sozialkontakte beschränken sich auf seinen Famulus Wagner, der ihn aber eher langweilt. Auch in der Religion findet er keinen Trost, sie bedeutet nur wehmütige Erinnerung. Somit sieht er, von Lebensüberdruss geprägt, zu Beginn des Dramas keine Zukunftsperspektive und keinen Sinn in seinem Leben.

Allerdings muss man sich vor Augen halten, dass Goethe dem Drama den **Prolog im Himmel** vorangestellt hat; bereits vor Beginn der eigentlichen Handlung sind gewissermaßen die weltanschaulichen Weichen gestellt: Mephisto charakterisiert das faustische Wesen präzise, wenn er sagt: „Vom Himmel fordert er die höchsten Sterne / und von der Erde jede höchste Lust" (V. 304 f.), und der Herr antwortet: „Wenn er mir jetzt auch nur verworren dient / So werd ich ihn bald in die Klarheit führen." (V. 308 f.) So wird zum einen der transzendente Charakter dieses Menschen- und Weltbildes von Anfang an eingeführt, zum anderen die Anfälligkeit Fausts für eine Versuchung relativiert, denn „Ein guter Mensch in seinem dunklen Drange / ist sich des rechten Weges wohl bewusst" (V. 327 f.).

Dem biedermeierlichen Umfeld entsprechend nähert sich der **Versucher Schlemihl** geradezu devot und in unauffälliger Gestalt und tritt sofort in **Geschäftsverhandlungen** ein: Zunächst versucht er ihn zu überrumpeln, als dies misslingt, wendet er die übliche Praktik an, den Preis der Ware herunterzuspielen und diese selbst mit allen Mitteln als begehrenswert darzustellen. Hier geht es um einen Handel, nicht mehr und nicht weniger. Schlemihl lehnt denn auch zunächst aus vagem Unbehagen heraus ab. Es scheint ihm „doch gewissermassen bedenklich" (Z. 28), seine Seele einzusetzen, doch führt er diese Bedenken nicht weiter aus; es gibt keinen Hinweis auf religiöse Skrupel. Er widersteht der Versuchung, wie bereits in der Analyse dargelegt, aus subjektiv-emotionalen Beweggründen, nicht aufgrund einer weltanschaulichen Reflexion. Mit der Ablehnung opfert er zwar seine Liebesbeziehung und seinen Schatten, bewahrt aber seine Seele. Dies ist ihm jedoch in keiner Weise bewusst, es hat auch keinen Einfluss auf seine weiterhin bürgerlich-materiell geprägte Weltanschauung. Mit der endgültigen Verweigerung der Unterschrift ist die Sache dann auch zunächst abgetan.

Wohl stellt Schlemihl die Frage nach der **Identität** seines Gegenübers, allerdings nicht aus einem mystischen Grauen, sondern aus Erstaunen über den ungewöhnlichen Vorschlag. Auf dessen doppeldeutige Antwort „ein armer Teufel" (Z. 21) geht er auch nicht weiter ein; die gesamte Szene trägt trotz ihrer zentralen dramaturgischen Bedeutung eindeutig trivialisierende Züge.

Auch **Mephisto** tritt zunächst in der harmlosen Gestalt eines Pudels auf und gibt dann Faust die Genugtuung, ihn durch eine aufwändige Beschwörung zur Preisgabe seiner Identität zu bringen – allerdings in der Gestalt eines fahrenden Scholasten, der Faust enttäuschend harmlos erscheint und ihm Überlegenheit suggeriert. Dementsprechend zeigt er sich wenig beeindruckt und beharrt auf der Frage nach der **Identität** des Gegenübers.

Es entwickelt sich ein fast sachliches Gespräch über Mephistos Person und die Möglichkeiten, die sich daraus ergeben. Hier sieht Faust endlich eine Chance, sein Verlangen nach Entgrenzung stillen zu können, zumal als er erfährt, dass selbst die Hölle sich an Vorschriften halten muss. Nicht der Versucher bietet einen Vertrag an oder buhlt um die Seele des anderen, sondern Faust selbst provoziert ein solches Angebot geradezu.

Diese Verführung läuft subtil ab: Mephisto nützt genau den Moment aus, in dem Faust im wahrsten Sinn des Wortes am Ende seines Lateins ist, und stellt sachlich-realistisch seine Fähigkeiten dar. Von einer Versuchung im eigentlichen Sinn kann hier fast nicht die Rede sein; der traditionelle Pakt um den Preis der Seele wird zwar geschlossen und mit Blut besiegelt, aber Faust modifiziert ihn im letzten Moment: „Die *Wette* biet ich!“ (V. 1697), er knüpft die Erfüllung an eine unvorstellbare Dienstleistung, eigentlich an die Aufhebung der Naturgesetze, nämlich die Perpetuierung des Augenblicks.

Somit sind Faust und der Teufel nicht Betrogener und Verführer, sondern gleichberechtigte Vertragspartner. Der Pakt bildet genau genommen nicht die Versuchung selbst, sondern den Auftakt zu einer Reihe von Anläufen, eben von Versuchen Mephistos, gemäß der Erlaubnis des Herrn im Prolog: „Zieh diesen Geist von seinem Urquell ab, / Und führ ihn, kannst du ihn erfassen / Auf deinem Wege mit herab.“ (V. 324 ff.)

Der **ersten Versuchung in Auerbachs Keller** widersteht Faust mühelos, eine andere Bewandtnis hat es mit der Liebesbeziehung zu Gretchen. Der **Versuchung, Gretchen zu verführen**, widersteht Faust nicht, ganz im Gegenteil – als dann aus der reinen Trieberfüllung Liebe, aus der körperlichen Befriedigung ein zutiefst menschliches Gefühl wird, werden die Umstände für Mephisto problematisch: Zwar ist es ihm gelungen, Faust in **Versuchung** zu führen, so dass sich dieser mit Gretchen einlässt, doch als Faust an den Punkt kommt, „[s]ich hinzugeben ganz und eine Wonne / Zu fühlen, die ewig sein muss! / Ewig!“ (V. 3190 ff.), ergibt sich das Paradox, dass Mephisto durch seine eigene Verpflichtung zwar den Pakt erfüllt, aber die Wette verloren hätte. Nun muss er eingreifen, damit Faust eben nicht zur Ruhe kommt: Er führt ihm vor Augen, dass Faust allein unvollkommen ist, ohne das diabolische Alter Ego nicht auskommt, und evoziert damit erneut getriebene Suche. Somit hat Faust der konkreten Versuchung der Trieberfüllung, des eher vordergründigen Genusses nachgegeben, der existenziellen Versuchung, „zum Augenblicke [zu] sagen: / Verweile doch! Du bist so schön!“ (V. 1699 f.), jedoch widerstanden, allerdings paradoxerweise durch das Eingreifen des Versuchers selbst.

Grundkurs Deutsch (Bayern): Abiturprüfung 2008
Aufgabe 4 – Erörterung

„Betrug ist überall"
(Schiller, *Wallensteins Tod*)

Untersuchen und vergleichen Sie, wie das Thema „Betrug" bzw. „Intrige" in zwei literarischen Werken gestaltet wird! Beziehen Sie dabei den jeweiligen literaturhistorischen Hintergrund mit ein!

Hinweise und Tipps

Da das Thema schon begrifflich sehr weit gefasst ist und Ihnen damit sehr viel Spielraum bei der Auswahl der Werke und der Gestaltung lässt, sind **sorgfältige Vorüberlegungen** und eine **strukturierte Planung der Arbeit** erforderlich.

Das eher verallgemeinernde Zitat aus „Wallensteins Tod" gibt in diesem Fall wenig Hilfen, zumal in der Aufgabenstellung von „Betrug bzw. Intrige" gesprochen wird, zwei Begriffe, die nicht synonym zu verstehen sind. So wird es sinnvoll sein, zunächst diese gegeneinander abzugrenzen, um anschließend textadäquate und transparente Kriterien zu entwickeln, die eine plausible Auswahl und einen sinnvollen Vergleich ermöglichen. Im Gegensatz zu ähnlichen Aufgabenstellungen in den Vorjahren sind nicht dezidiert Werke aus unterschiedlichen Epochen gefordert, jedoch legt der Arbeitsauftrag, den jeweiligen literaturhistorischen Hintergrund mit einzubeziehen, dies nahe, zumal sich damit bereits ein Vergleichskriterium ergibt.

Formale Gesichtspunkte für die Untersuchung werden sich gegebenenfalls aus der Gattung des gewählten Werkes ergeben; als **inhaltliche Untersuchungsaspekte** könnten etwa herangezogen werden:
- die Motivation bzw. das auslösende Moment für den Betrug,
- die Umstände seiner Planung und seine Durchführung,
- die Charakterisierung der jeweils agierenden bzw. der hintergangenen Figur,
- die Folgen für das Individuum, für sein Umfeld bzw. für die Gesellschaft,
- die Funktion innerhalb der Handlung,
- das zugrunde liegende Menschenbild,
- die moralische Bewertung.

Mit einer logischen Abfolge dieser Kriterien ist bereits wesentliche Vorarbeit für den strukturellen **Aufbau** des Aufsatzes geleistet. Dessen ungeachtet muss in der Einleitung eine Begriffsabgrenzung stattfinden und darauf basierend die Auswahl der Werke begründet werden; ggf. kann man hier auch bereits den Epochenhintergrund mit einbeziehen. Hinsichtlich der Gestaltung des Hauptteils lässt der Arbeitsauftrag „**Untersuchen und vergleichen** Sie" mehrere Möglichkeiten zu. So wäre eine Orientierung an den gewählten Untersuchungsaspekten einleuchtend, die dann jeweils auf beide Werke angewendet werden; eine wertende Zusammenschau könnte hier den Schluss der Arbeit bilden. Ebenfalls denkbar wäre eine Einzelinterpretation beider Werke unter den jeweiligen Untersuchungsaspekten, wobei hier eine vergleichende Zusammenschau der wesentlichen Gemeinsamkeiten und Unterschiede am Ende stehen müsste.

Unter den o. g. Untersuchungsaspekten eröffnet sich ein weites Feld vergleichbarer Werke. Um eine sinnvolle **Auswahl** zu treffen, ist es hilfreich, sich bei den in Betracht gezogenen Werken jeweils Motiv und Art des Betruges sowie die Folgen in Grundzügen zu vergegenwärtigen, da diese sich auf den Kern der Aufgabe beziehen. So werden sich folgerichtig die eher für den Vergleich geeigneten Werke herauskristallisieren. Es darf nicht verwundern, dass Dramen besonders zahlreich vertreten sein werden, da sich dramaturgisch für die Schürzung des Knotens Intrigen anbieten. Bei den folgenden exemplarischen Vorschlägen bilden die angeführten Kriterien ein überblicksmäßiges und damit naturgemäß unvollständiges Grobraster:

- W. Shakespeare: *Othello* (Betrug eines falschen Freundes aus Eifersucht, der in die Katastrophe mündet)
- F. Schiller: *Die Räuber* (Betrug des Bruders aus Eifersucht und Neid, der mit der Bestrafung des Bösen endet)
- F. Schiller: *Kabale und Liebe* (Betrug eines Untergebenen aus Eifersucht, der in die Katastrophe führt)
- F. Schiller: *Der Gang nach dem Eisenhammer* (Betrug eines Konkurrenten aus Neid, der mit der Bestrafung des Bösen endet)
- G. Büchner: *Leonce und Lena* (Betrug eines Dieners im Interesse seines Herren, der diesem den Weg in eine glückliche Beziehung ebnet)
- G. Hauptmann: *Die Ratten* (Betrug einer Frau an ihrem Ehemann führt in die Katastrophe; Motive: Angst um ihre Ehe und Angst vor sozialem Prestigeverlust)
- W. Borchert: *Das Brot* (Betrug eines Mannes an seiner Ehefrau aus Existenzangst, der die Beziehung schädigt)

Lösungsvorschlag

1 Begriffsbestimmung und Auswahl der Werke

Den Begriff „**Betrug**“ kennt man heute nur noch im Bereich des Strafrechts und daraus abgeleitet in dem der Moral. Rechtlich wird damit ein Tatbestand bezeichnet, bei dem man sich durch Vorspiegelung falscher Tatsachen, einfacher ausgedrückt: durch Lüge, einen meist materiellen Vorteil verschafft; im moralischen Bereich meint der Begriff ein heimliches sexuelles Verhältnis außerhalb der gesellschaftlich akzeptierten Partnerschaft. Weiter gefasst ist der inzwischen als leicht antiquiert empfundene Ausdruck „**Intrige**“, der hinterhältig bewerkstelligte Verwicklungen meint, meist zum eigenen Vorteil. Auch wenn im modernen Scheidungsrecht das Schuldprinzip keine Rolle mehr spielt, sind beide Wörter doch moralisch verwerflich konnotiert.

Ob diese landläufige Auffassung sich auch in der Literatur widerspiegelt, soll anhand des **Vergleiches zweier Werke** untersucht werden: Lessings Lustspiel „Minna von Barnhelm“, 1767, also zur Zeit der Aufklärung entstanden und das erste deutsche Drama mit Bezügen zum aktuellen Zeitgeschehen, und Schillers Schauspiel „Die Räuber“, das wohl bekannteste Drama des Sturm und Drang, das bei seiner Uraufführung 1782 einen Skandal hervorrief.

2 Einzelanalyse I: Gotthold Ephraim Lessing „Minna von Barnhelm“

Im Zentrum der Handlung von Lessings Lustspiel steht die Liebesgeschichte zwischen dem sächsischen Edelfräulein Minna von Barnhelm und dem preußischen Major von Tellheim. Minna ist ihrem Verlobten nachgereist und findet ihn zufällig in einem Berliner Gasthof. Sie ist außer sich vor Glück, hat aber nicht mit den widrigen Umständen und dem Charakter des Majors gerechnet. Dieser ist nach unehrenhafter Entlassung aus dem Kriegsdienst in so beengten finanziellen Verhältnissen, dass er sogar seinen Verlobungsring versetzen musste. Als Minna durch den Wirt davon erfährt, reagiert sie spontan mit dem Angebot seine Schulden zu bezahlen und den Ring auszulösen, nicht bedenkend, wie dies auf ihren Verlobten wirken muss. Dieser fühlt sich aufgrund der ungerechten Umstände seiner Entlassung zutiefst in seiner Ehre gekränkt und obendrein wegen einer Armverletzung menschlich minderwertig. So ist sein Verhalten bei dem mehr oder weniger erzwungenen Zusammentreffen nachvollziehbar: Er verhält sich reserviert, das Fräulein reagiert verunsichert und setzt ihn unter Druck, sodass er ihr schließlich mit dem Geständnis seiner Liebe wieder emotionale Sicherheit verschafft.

Lessing zeichnet hier zwei Personen, die adligen Standes, gebildet und vernunftbegabt sind, jedoch zu sehr ihren jeweils eigenen Standpunkt im Auge haben und die Situation noch nicht mit der Toleranz des aufgeklärten Menschen angehen: Minna ist ganz von dem Gefühl ihrer Freude beherrscht und dadurch nicht imstande, die Lage Tellheims angemessen einzuschätzen und darauf einzugehen. Der Major dagegen kennt auf der einen Seite nur seine Grundsätze, die er nicht reflektiert, wie es aufklärerisch angemessen wäre, auf der anderen Seite gibt er sich seinem Selbstmitleid hin und bedenkt dessen Auswirkungen auf die Mitmenschen ebenso wenig. Erst wenn beide ihre Einstellung relativieren, kann es zu einer positiven Lösung kommen.

Minna, zumindest von den äußeren Umständen her in der besseren Position, überdenkt nun die Lage, erkennt, dass sie auf direktem Weg ihr Ziel nicht erreichen wird – der erste Versuch ist ja bereits gründlich fehlgeschlagen –, und geht nun als „große Liebhaberin von Vernunft“ (II,9) überlegt und taktisch geschickt vor: Sie entwickelt einen Plan, Tellheim gewissermaßen mit seinen eigenen Waffen zu schlagen, indem sie an genau das übersteigerte Ehrgefühl appelliert, das die glückliche Vereinigung der beiden Liebenden eben gerade zu verhindern droht. Zwar äußert sie ihrer Zofe gegenüber das durchaus schalkhafte Verlangen, „ihn wegen dieses Stolzes mit ähnlichem Stolz ein wenig zu martern“ (III,12), dahinter steht jedoch bereits die erzieherische Absicht, ihn zur Einsicht, zur Selbsterkenntnis und damit zu angemessen vernünftigem Verhalten zu bewegen.

Aus diesen Erwägungen heraus fädelt sie eine doppelte **Intrige** ein: Als Tellheim einem letzten Überzeugungsversuch erbitterten Widerstand leistet, gibt sie ihm seinen vom Wirt ausgelösten Verlobungsring zurück, stellt sich dabei aber, als wenn es ihr eigener sei und sie nun ihrerseits die Verlobung lösen wolle. Dabei ergeht sie sich mit weiblicher Raffinesse in tränenreichen Andeutungen, selbst in finanziellen Nöten zu stecken, und geht wirkungsvoll mit dem Ausruf „Verräter“ (IV,6) ab, bevor er weiter nachfragen kann. Nun ist seine Neugier geweckt – den Ringtausch, durch den die Verbindung der beiden bereits symbolisch wieder gefestigt wurde, bemerkt er in der Aufregung gar nicht. Als er dann über ihre Zofe die Auskunft erhält, dass ihr Oheim sie enterbt habe, weil sie gegen dessen Willen auf ihn gewartet habe, schlägt seine Haltung, wie von Minna vorhergesehen, ins genaue Gegenteil um: der vermeintlich Mittellosen durch eine Heirat eine Existenzgrundlage zu bieten, ist für ihn Ehrensache. Überdies erreicht ihn just in dieser Situation die Nachricht, dass er voll und ganz rehabilitiert sowie finanziell entschädigt wird.

Dramaturgisch ist damit der Zweck der Intrige erreicht, die Ehe könnte geschlossen werden. Von der erzieherischen Wirkung her ist allerdings eine gewisse Pattsituation gegeben: Tellheim hat ja nicht seine Weltsicht verändert, im Gegenteil, so würde er ja eher darin bestärkt. Deshalb spielt das Fräulein bei einer vom Major erbetenen Aussprache ihre abweisende Rolle weiter, sodass er nun gewissermaßen am eigenen Leib die Wirkung eines so rigide vertretenen Ehrbegriffs verspürt. Damit ist dem aufklärerischen Anspruch Genüge getan; die Auflösung des Knotens erfolgt durch die Meldung von der Ankunft des Onkels, angesichts derer Minna schlagartig ihr Verhalten ändert und das Ganze aufklärt. Tellheim ist überwältigt, einem glücklichen Ausgang steht nichts mehr im Wege.

So ist die Intrige letztendlich gescheitert, aber gerade dadurch nähern sich die Liebenden äußerlich und innerlich einander an: Minna erkennt, dass nicht alles mit dem Verstand zu erreichen ist – für das Drama der Aufklärung eine erstaunliche Quintessenz –, während Tellheim erfährt, dass sein etwas blutloser, verabsolutierter Ehrbegriff nicht alles im Leben ist. So endet das Drama hoffnungsvoll im Sinne des aufklärerischen Menschenbildes.

3 Einzelanalyse II: Friedrich Schiller „Die Räuber“

In Schillers Jugenddrama „Die Räuber“ finden sich zwei Themenkreise, die Räuberhandlung und das Familiendrama im Hause Moor. Hier stehen sich zu Beginn des Stückes – selbst für die Auffassung des Sturm und Drang geradezu plakativ – im Brüderpaar Karl und Franz die Inkarnationen von Gut und Böse gegenüber, mit dem bis zur Trotteligkeit gutgläubigen Vater im Hintergrund, den Schiller in seiner Selbstrezension als „klagend und kindisch“ bezeichnet. Eine Ausnahme bildet Amalia, eine Verwandte des alten Moor und Karls Verlobte, die im Hause des Onkels erzogen wurde und bereits Züge des klassischen Menschenbildes ahnen lässt.

Das Drama wird bestimmt von dem Grundkonflikt zwischen den beiden Brüdern: Franz, der Zweitgeborene, überdies körperlich unansehnlich und nicht von gewinnendem Wesen, fühlt sich von der Natur benachteiligt gegenüber dem älteren Bruder, der alle körperlichen und geistigen Vorzüge aufweist, die ihm, Franz, versagt sind, und obendrein bessere soziale Chancen hat: Er ist als Erstgeborner allein erbberechtigt und hat zudem noch eine attraktive Frau für sich gewonnen. Franz ist allerdings nicht bereit, dies als natur- oder gottgegeben zu akzeptieren, wie er gleich zu Beginn des Dramas in seinem ersten großen Monolog (I,1) deutlich macht, sondern will selbstherrlich die Natur korrigieren, indem er das einzige einsetzt, was sie ihm seiner Ansicht nach gegönnt hat: seinen Verstand. Typisch für die Entstehungsepoche des Sturm und Drang wird hier der aufklärerische Grundgedanke der Herrschaft der Vernunft in der Gefahr seines Absolutheitsanspruches dargestellt, wenn er zum Recht des Stärkeren pervertiert.

So entwickelt sich das Drama von Beginn an aus der von Franz eingefädelten **Intrige**: Er hat einen Brief Karls aus Leipzig abgefangen, in welchem dieser um Verzeihung für studentische Jugendstreiche bittet, und durch einen von ihm gefälschten ersetzt, der dem Vater mitteilt, dass sein Erstgeborener wegen eines verbotenen Duells von der Justiz gesucht werde. Den Antwortbrief des Vaters, in welchem dieser ihn verstößt, hat er ebenfalls schon vorbereitet. Durch psychologisch geschickte Gesprächsführung bringt er den Vater dazu, Karl zu verfluchen, heftige Schuldgefühle wegen seiner Schwäche für ihn zu entwickeln und das mahnende Antwortschreiben Franz zu überlassen; allerdings mit der wiederholten Bitte „Aber bring meinen Sohn nicht zur Verzweiflung!“ (I,1), welcher Franz natürlich nicht nachkommt.

In dieser Hinsicht scheint er sein Ziel auch zunächst zu erreichen, denn Karl sieht durch den Erhalt des Briefes sein Weltbild erschüttert und reagiert, indem er nun seinerseits die Gerechtigkeit in die eigenen Hände nehmen will und die Räuberbande gründet. Obendrein bringt der fortgesetzte Psychoterror des jüngeren Sohnes den Vater an den Rand des Todes.

Weniger Erfolg hat Franz dagegen bei Amalia: Zunächst versucht er ihr einzureden, dass Karl in seiner Lasterhaftigkeit so weit gegangen sei, ihren Verlobungsring, das Symbol der Liebe und Treue, zu verpfänden. Sie wird jedoch trotz vorübergehender Zweifel nicht wankend in ihrer Überzeugung von seiner Liebe. So ändert er seine Taktik und erklärt, alles erfunden zu haben, um sie zu prüfen: Karl habe ihn am Abend seiner Abreise gebeten, sich um sie zu kümmern, falls er stürbe. Aber genau damit verspielt er bei Amalia, die als Liebende überzeugt ist, ihren Karl zu kennen, damit einen solchen Auftrag für unvereinbar mit seinem Wesen hält und Franz davonjagt.

Der Vater als Vertreter der älteren Generation, deren Weltordnung morsch geworden ist, scheint also anfällig für die Machenschaften einer pervertierten Vernunft. In Amalia wird jedoch ein anderes Menschenbild entworfen, welches, geprägt von der Empfindsamkeit, aber bereits vorausweisend auf das Humanitätsideal der Klassik, an der Liebe als einzig gültigem Wert in einer brüchigen Welt festhält.

Die weitere Entwicklung scheint dies zu bestätigen: Bei Karl, dem impulsiven Stürmer und Dränger, wirkt die Initialzündung durch die Briefintrige, er erkennt zu spät die verheerenden Auswirkungen einer von Hybris geprägten Selbstgerechtigkeit und Selbstjustiz. Der Vater, dem Tode nah, bleibt wirkohnmächtig, hält aber am Leben fest. Einzig Amalia widersetzt sich standhaft auch dem zweiten Annäherungsversuch von Franz, obwohl dieser sie nun mit deutlichen Drohungen umzustimmen versucht; ihrer inneren Überzeugung ist weder durch Lüge noch durch Gewalt beizukommen. Diese Haltung wird bekräftigt, als Karl wehmütig und reuevoll als Graf von Brand verkleidet in sein Vaterhaus zurückkehrt und mit der Geliebten zusammentrifft. Auch wenn es real gesehen unwahrscheinlich ist, dass sie den Geliebten nicht erkennt, bietet dieser dramaturgische Kunstgriff die erneute Möglichkeit, ihre Standhaftigkeit zu beweisen: Trotz der Andeutungen Karls, dass sie einen schuldbeladenen Verbrecher liebe, bleibt sie bei ihrer Überzeugung „Mein Einziger ist Nachstrahl der Gottheit, und die Gottheit ist Huld und Erbarmen!" (IV,4). Hier ist die Sturm-und-Drang-Vorstellung des Menschen als alter deus, als zweiter Schöpfergott, in die Verantwortung genommen, sich seiner Verpflichtung zur Menschlichkeit bewusst zu bleiben. Amalia wird daran zerbrechen, dass sie erkennen muss, dass ihr Geliebter diesem Anspruch nicht gerecht geworden ist.

Die Katastrophe ist freilich nicht mehr aufzuhalten, ausgelöst durch die Intrige, aber verursacht durch Karls Schuldigwerden. Dieser erkennt in der Begegnung mit dem Vater seine Schuld und schwört, die gestörte Weltordnung durch das Werkzeug seiner Verfehlungen, die Räuberbande, wieder herzustellen, was freilich fehlschlagen muss. So steigert er seine Schuld durch die Tötung Amalias und übergibt sich der Justiz, gegen die er in Verkennung der Verhältnisse gekämpft hat, nicht ohne hier noch in einem letzten Anlauf der Überzeugung seiner Geliebten zu entsprechen: Ein armer Taglöhner soll ihn ausliefern und sich damit das Kopfgeld verdienen, ein letzter Akt der Nächstenliebe, nachdem er sich außerdem auch noch mit seinem Vater ausgesöhnt hat.

Amalia bleibt kein Ausweg als der Tod, als sie die Wahrheit über ihren Geliebten erkennt und damit ihre Überzeugung verraten sieht; dass sie sich von diesem töten lässt, ist ein letzter dramaturgischer Kunstgriff.

Franz selbst bleibt konsequent. Zwar wird er, der vehemente Gottesleugner, schließlich doch von Todesängsten vor einer höheren Macht heimgesucht, dennoch ist ihm eine Umkehr unmöglich. Wohl empfindet er am Ende die innere Leere, die eine Abkehr von transzendenten Werten verursacht („hier hier! *[auf Brust und Stirn schlagend]* alles so öd – so verdorret!" V,1), aber „diesen Sieg soll der Himmel nicht haben" (V,1) und er erhängt sich.

4 Zusammenfassender Vergleich

In beiden Werken ist eine Intrige das Moment, welches die Handlung voranbringt. Während jedoch Minna von Barnhelm erst zur List greift, als sie keine Möglichkeit sieht, ihr Ziel auf direktem Weg zu erreichen, sind Franz Moors Pläne von Anfang an auf Betrug ausgerichtet, da sein Ziel alles andere als lauter ist. Minna ist nicht durch eigene oder fremde Schuld in ihre Zwangslage geraten, sondern durch die Zeitläufe, die Wirren nach dem Siebenjährigen Krieg, und durch die zwar übersteigerten, aber im Grunde äußerst achtbaren Wertvorstellungen ihres Geliebten, und versucht zunächst alles, um diese unglücklichen Zustände offen zu bereinigen. Franz Moor befindet sich hingegen in keiner Notsituation, sondern empfindet aus rein egoistischen Maßstäben heraus seine Lage als ungerecht. Er setzt sich von Anfang an bewusst über Moral und Menschlichkeit hinweg.

Minna hat bereits zu Beginn des Dramas einen aufrechten Charakter. Wohl macht sie, wie auch Tellheim, durch die Wirkung ihrer Intrige eine Wandlung durch, aber im Sinne einer Weiterentwicklung, einer Annäherung an das Menschenbild des aufklärerischen

Ideals. Franz tritt im Stück von Anfang an körperlich hässlich und mental bösartig auf und bleibt es; am Ende seines Lebens erfährt er keine Läuterung, sondern lediglich Verzweiflung bis hin zum Wahnsinn über das Misslingen seiner Machenschaften, nicht über seine moralischen Verfehlungen.

Entsprechend wendet sich durch die Intrige des Fräuleins auch die Handlung zum Positiven, die Liebenden finden sich in einem klassischen Happyend. Franz Moors Manipulationen führen unaufhaltsam in die Katastrophe, wie es nach der Auffassung der Zeit, selbst des Sturm und Drang, der herkömmliche Werte vielfach in Frage stellt, aufgrund des moralischen Erziehungsanspruches des Theaters zu erwarten ist.

Grundkurs Deutsch (Bayern): Abiturprüfung 2009
Aufgabe 1 – Erschließung eines poetischen Textes

a) Erschließen und interpretieren Sie das Gedicht *Glosse* (Text A) von Ludwig Tieck! Arbeiten Sie unter Berücksichtigung von Text B sowie Ihrer Epochenkenntnisse die hier erkennbare Vorstellung von Dichtung heraus!

b) Zeigen Sie ausgehend von Ihren Ergebnissen vergleichend auf, wie das Thema „Liebe" in einem anderen literarischen Werk dargestellt wird!

Text A: Ludwig Tieck (1773–1853)

Glosse[1] (entstanden 1803; Orthographie und Interpunktion entsprechend der Werkausgabe)

Liebe denkt in süßen Tönen,
Denn Gedanken stehn zu fern,
Nur in Tönen mag sie gern
Alles, was sie will, verschönen.

Wenn im tiefen Schmerz verloren
Alle Geister in mir klagen,
Und gerührt die Freunde fragen:
„Welch ein Leid ist dir geboren?"
Kann ich keine Antwort sagen,
Ob sich Freuden wollen finden,
Leiden in mein Herz gewöhnen,
Geister, die sich liebend binden,
Kann kein Wort niemals verkünden,
Liebe denkt in süßen Tönen.

Warum hat Gesangessüße
Immer sich von mir geschieden?
Zornig hat sie mich vermieden,
Wie ich auch die Holde grüße.
So geschieht es, daß ich büße,
Schweigen ist mir vorgeschrieben,
Und ich sagte doch so gern
Was dem Herzen sei sein Lieben,
Aber stumm bin ich geblieben,
Denn Gedanken stehn zu fern.

Ach, wo kann ich doch ein Zeichen,
Meiner Liebe ew'ges Leben
Mir nur selber kund zu geben,
Wie ein Lebenswort erreichen?
Wenn dann Alles will entweichen,
Muß ich oft in Trauer wähnen,
Liebe sei dem Herzen fern,
Dann weckt sie das tiefste Sehnen,
Sprechen mag sie nur in Tränen,
Nur in Tönen mag sie gern.

Will die Liebe in mir weinen,
Bringt sie Jammer, bringt sie Wonne,
Will sie Nacht sein, oder Sonne,
Sollen Glückessterne scheinen?
Tausend Wunder sich vereinen:
Ihr Gedanken, schweiget stille,
Denn die Liebe will mich krönen,
Und was sich an mir erfülle,
Weiß ich das, es wird ihr Wille
Alles, was sie will, verschönen.

Aus: Ludwig Tieck, Schriften in zwölf Bänden, Bd. 7: Gedichte, hrsg. von Ruprecht Wimmer, Frankfurt am Main 1995, S. 152f.

1 Unter *Glosse* ist hier eine spanische Gedichtform zu verstehen, einsetzend mit einem meist vierzeiligen Motto, dessen Einzelzeilen dann nacheinander den Schlussvers von meist vier zehnzeiligen Strophen bilden.

Text B: Ludwig Tieck / Wilhelm Wackenroder (1773–1798)
Phantasien über die Kunst (1798)

[…] Wer das, was sich nur von innen heraus fühlen läßt, mit der Wünschelrute des untersuchenden Verstandes entdecken will, der wird ewig nur Gedanken über das Gefühl und nicht das Gefühl selber entdecken. Eine ewige feindselige Kluft ist zwischen dem fühlenden Herzen und den Untersuchungen des Forschens befestigt, und jenes ist ein selbständiges, verschlossenes, göttliches Wesen, das von der Vernunft nicht aufgeschlossen und gelöst werden kann. – Wie jedes einzelne Kunstwerk nur durch dasselbe Gefühl, von dem es hervorgebracht ward, erfaßt und innerlich ergriffen werden kann, so kann auch das Gefühl überhaupt nur vom Gefühl erfaßt und ergriffen werden. […]

Aus: Wilhelm Heinrich Wackenroder und Ludwig Tieck, Phantasien über die Kunst, hrsg. von Wolfgang Nehring, Stuttgart 1973, S. 81

Hinweise und Tipps

Die Aufgabenstellung zeigt den üblichen zweigeteilten Aufbau: Der erste Arbeitsauftrag lautet „Erschließen und interpretieren Sie" – hier ist also eine umfassende Analyse des Textes gefordert. Allerdings wird eine bestimmte Schwerpunktsetzung vorgegeben mit dem Hinweis auf Text B sowie auf die „hier erkennbare Vorstellung von Dichtung". Die Einbringung der Epochenkenntnisse ist unerlässlich. An dieser Stelle soll auf die besonderen Anforderungen eingegangen werden.

Es empfiehlt sich, die **Erschließung** mit einer strukturierten Inhaltszusammenfassung zu beginnen, um zunächst das Textverständnis zu sichern. Anschließend sollten Sie sich der Betrachtung formaler und epochenspezifischer Eigenheiten widmen. Auch wenn Ihnen die Form der Glosse nicht bekannt ist – die Aufgabenstellung geht davon aus, wie die Fußnote zeigt –, sollten Sie die Wirkungsweise dieses Kompositionsprinzips mit einbeziehen. Wenn Sie diese Arbeitsschritte sorgfältig erledigt haben, ergeben sich bereits deutliche Hinweise auf den thematisierten Zusammenhang zwischen dichterischem Prozess und Liebesempfinden.

Diesen gilt es nun in der **Interpretation** herauszustellen; es bietet sich an, hierbei Text B verstärkt heranzuziehen. Achten Sie jedoch darauf, dass die Aufgabenstellung die Vorstellung von Dichtung ins Zentrum rückt und nicht primär die Liebesthematik. Auch hier sollten Sie auf Ihre Epochenkenntnisse zurückgreifen; von einem ausgreifenden poetologischen Exkurs ist jedoch abzusehen, der literarische Text muss im Mittelpunkt stehen.

Besondere Sorgfalt ist aufzuwenden bei der Auswahl eines literarischen Werkes, das sich für einen **Vergleich** eignet. Die Aufgabenstellung sieht vor, dass sich dieser auf die Bearbeitung des Themas „Liebe“ beziehen soll; da aber in diesem Gedicht, wie dargelegt, der Zusammenhang zwischen Liebe und Kunstschaffen im Mittelpunkt steht, wird man sich nach einem Text mit ähnlicher Thematik umsehen. Damit sind Texte, die die Person der oder des Geliebten oder schwerpunktmäßig die Entwicklung oder Auswirkung einer Liebesbeziehung zum Thema haben, weniger geeignet. In jedem Falle müssen Sie sich über die Vergleichskriterien klar sein, bevor Sie eine Entscheidung treffen. Diese können zum Beispiel sein:

- auslösender Faktor und Ausprägungen der Liebe;
- Personalisierung bzw. Abstrahierung der Liebe;
- Charakterisierung der Liebeserfahrung durch die Personen;
- Auswirkungen auf den oder die Liebenden;
- Rolle des gesellschaftlichen Umfeldes.

Unter diesen Aspekten wären Texte denkbar wie Goethes *Torquato Tasso, Wilhelm Meisters Lehrjahre,* aber auch seine *Römischen Elegien* oder Gedichte aus dem *West-östlichen Divan,* weiterhin E.T.A. Hoffmanns *Die Elixiere des Teufels* oder *Das Fräulein von Scuderi* oder auch Grillparzers *Der arme Spielmann*, um nur einige zu nennen. Auf der Grundlage der Untersuchung sollte abschließend bestimmt werden, welches Liebeskonzept der jeweilige Text entwirft. Dazu kann auch der jeweilige literaturgeschichtliche Hintergrund herangezogen werden.

Lösungsvorschlag

1 Inhalt und Aufbau

V. 1–4: **Ansprechen des Themas: Die Poetizität der Liebe**

In der **Mottostrophe** der Glosse wird sentenzartig die Liebe charakterisiert: Jegliche Ratio ist ihr wesensfremd, sie bewegt sich im Bereich musikalischer Synästhesie.

V. 5–31: **Schrittweises Entfalten einer Leidenssituation: Diskrepanz zwischen Empfinden und dem Unvermögen, diesem Ausdruck zu verleihen**

V. 5–14: In der **ersten Liedstrophe** formuliert das lyrische Ich eine emotionale Krise: Es leidet an der Unfähigkeit, selbst Vertrauten gegenüber seine Gefühle bzw. deren Gegensätzlichkeit zu artikulieren. Zusammenfassend betont der Sprecher dann die prinzipielle Unmöglichkeit, das Phänomen Liebe verbal zu fassen. Mit dem abschließenden Aufgreifen des ersten Mottoverses wird der musikalische Charakter der Liebe bekräftigt.

V. 15–24: Die **zweite Liedstrophe** beschäftigt sich mit den Gründen der Kommunikationsunfähigkeit. Sie wird eröffnet mit der verzweifelten rhetorischen Frage des lyrischen Ichs nach der Ursache seiner „Tonlosigkeit“, seines sprachlichen und musikalischen Verstummens. Eine mögliche Antwort findet der Sprecher darin, dass es sich um eine Strafe handeln könnte für seinen drängenden Wunsch nach Verbalisierung. Er erkennt jedoch die unüberbrückbare Distanz zwischen emotionaler und rationaler Ausdrucksfähigkeit.

V. 25–31: Nach der Resignation über die Unmöglichkeit, sich anderen mitzuteilen, wendet sich der Sprecher in der **dritten Liedstrophe** mit einer erneuten rhetorischen Frage dem Problem zu, dass er durch die Unfähigkeit, die Liebe überhaupt auszudrücken, sich dieses Gefühls auch selbst nicht mehr sicher ist. So ergreift ihn immer wieder Verzweiflung über den vermeintlichen Verlust der Liebesfähigkeit als solcher.

V. 32–44: **Allmähliches Erkennen eines Auswegs: Einsicht in die Allmacht der Liebe, in ihre Überlegenheit über die Ratio, und bedingungslose Hingabe an ihr Wirken**

V. 32–34: Auf dem emotionalen Tiefpunkt erfährt der Sprecher das Wirken der Liebe neu und anders: Der unreflektierte Gefühlsausbruch selbst ist das einzig angemessene Mittel, Liebe auszudrücken, nur unartikulierte Äußerungen sind ihr gemäß.

V. 35–44: Diese Erkenntnis versetzt das lyrische Ich in eine geradezu euphorische Erwartungshaltung. Zu Beginn der **vierten Liedstrophe** zählt es die vielfältigen und gegensätzlichen Wirkungen der Liebe auf, indem es sich gespannt fragt, welche davon sich ihm offenbaren werden. Mit dem Befehl zu schweigen erteilt der Sprecher der Ratio eine klare Absage, um nun sein blindes Vertrauen in die alles veredelnde Allmacht der Liebe zu bekennen.

2 Auffällige formale und sprachlich-stilistische Gestaltungsmittel

Der **Formvorgabe der Glosse** folgend beginnt das durchgängig in vierhebigen Trochäen rhythmisierte Gedicht mit einer vierzeiligen Mottostrophe, welcher vier zehnversige Liedstrophen folgen, von denen jede mit dem entsprechenden Vers der Mottostrophe endet. Auch das regelmäßige **Reimschema** weist keinerlei Abweichung auf: Ein umarmender Reim in der Mottostrophe wiederholt sich in den ersten vier Versen jeder Liedstrophe. Hieran schließt sich in den folgenden sechs Versen ein Schweifreim an. Formal sind die Strophen also deutlich von einander abgesetzt und bilden jeweils in sich eine Einheit. Diese strenge, komplexe Form, die bruchlos durchgehalten wird, steht in deutlichem Kontrast zu der im Gedicht thematisierten Sprachlosigkeit.

Jedoch mischen sich in das strikte Bauprinzip Elemente, die es abmildern, ohne es zu durchbrechen. So schwingt die Mehrzahl der Verse weich in weibliche Kadenzen aus, es finden sich unreine Reime (V. 12/13, 32/33, 42/43) und in der Lautung überwiegen lange, offene Vokale und Diphthonge, was dem ganzen Gedicht einen **Klangcharakter** von harmonischer Musikalität verleiht.

Auch im **Satzbau** spiegelt sich auf den ersten Blick das rational geprägte, ja, von der Angst vor der Unfähigkeit, überhaupt Gefühle zu empfinden, gequälte lyrische Ich: Es dominieren komplexe Hypotaxen mit Konditionalgefügen im Indikativ, der „Wirklichkeitsform". Nur dreimal wird Konjunktiv verwendet: als Optativ in V. 21, um das Wunschdenken des Sprechers darzustellen, in V. 31, um seinen Wahn, seinen Irrtum zu verdeutlichen, und schließlich in V. 42 als Potentialis, um die Möglichkeiten zu veranschaulichen, die die Zukunft für ihn bereithält. Gleichzeitig mit der Komplexität des Satzbaus fällt jedoch eine eigenartige Verwischung der Satzgrenzen durch mehrdeutige Interpunktion auf: Vollendet der Satz „Geister, die sich liebend binden" (V. 12) das Trikolon indirekter Fragesätze ab V. 10 oder bildet er bereits das Objekt zum Hauptsatz in V. 13? Die Problematik des künstlerisch angemessenen Ausdrucks oder sogar der Unzulänglichkeit der Sprache wird dem Leser hier unmittelbar vorgeführt.

Die erwähnte **Unzulänglichkeit der Sprache** spiegelt sich auch in der Wortwahl: An zentralen Stellen muss der Sprecher zu Neologismen greifen, beispielsweise, wenn er beklagt, dass ihm die „Gesangessüße" (V. 15) entwichen sei, oder wenn er um ein „Lebenswort" (V. 28) ringt. Im Grunde ist diese Unzulänglichkeit und damit das ständige gedankliche Kreisen um angemessenen emotionalen und künstlerischen Ausdruck ja ein, wenn nicht das zentrale Thema des Gedichts, wie bereits in der programmatischen Synästhesie der Mottostrophe deutlich wird: „Liebe denkt in süßen Tönen“ (V. 1). Das lyrische Ich formuliert dieses Problem expressis verbis in eben dem Satz, der syntaktisch verwirrt: „Geister, die sich liebend binden, / *Kann kein Wort niemals verkünden*“ (V. 12/13), noch verstärkt durch die im Deutschen unübliche Negationshäufung, um die Unmöglichkeit zu unterstreichen.

Dieser implizite Widerspruch zieht sich fast leitmotivisch durch das Gedicht: Sein Leid äußert der Sprecher, der angeblich an der Unfähigkeit, darüber zu kommunizieren, leidet, zu Beginn jeder Liedstrophe in hochemotionalen Fragen an ein anonymes Schicksal bzw. in der letzten Strophe an die personifizierte Liebe selbst; so wird dem Leser die Verzweiflung des Sprechers geradezu szenisch vergegenwärtigt.

Gerade durch die bereits in der Mottostrophe auffällige **Personifikation der Liebe**, die sich durch das ganze Gedicht zieht, billigt ihr der Sprecher Eigenständigkeit und Macht zu – anfangs eher widerwillig oder verzweifelt, am Ende mit euphorischer Hingabe. Man gewinnt den Eindruck, dass dieses Liebesgedicht nicht an ein menschliches Du, an eine weibliche Angebetete gerichtet ist, sondern an die Liebe selber, dass der Sprecher daran krankt, dass sie sich ihm entzieht, dass er eben des Gefühls als solchem nicht mehr mächtig bzw. fähig ist, dass ihm der emotionale Bereich verschlossen bleibt – und dass ihn das in seinem Schaffensprozess, eben dem Dichten hindert: „Warum hat Gesangessüße / Immer sich von mir geschieden? […] So geschieht es, daß ich büße, / Schweigen ist mir vorgeschrieben“ (V. 15–20).

Das lyrische Ich beklagt ja im ersten Teil des Gedichts seine Unfähigkeit, Gefühle auszusprechen, auf besorgte Fragen kann es „keine Antwort sagen“ (V. 9), „[d]enn Gedanken stehn zu fern“ (V. 24), Gefühle entziehen sich der eher rational geprägten verbalen Kommunikation. Jedoch sind die Liedstrophen insgesamt weniger von klarer Gedankenführung geprägt als vielmehr von syntaktischen Mehrdeutigkeiten, von Synästhesien und Klangelementen – das Ergebnis des Prozesses, die Hingabe an das Gefühl, an die Liebe ist von Anfang an inhärent, sodass wohl weniger von einem Erkenntnis- als vielmehr von einem **Bewusstwerdungsprozess** gesprochen werden kann: Dichterisches Sprechen ist nur möglich in der völligen Hingabe an die Liebe.

3 Zusammenfassende Interpretation unter Berücksichtigung von Text B mit Berücksichtigung der zugrunde liegenden Vorstellung von Dichtung

Der Gegensatz, ja, Widerstreit von Vernunft und Gefühl, von rationalem und poetischem Sprechen ist nicht nur eine **Grundthematik des Gedichts**, sondern auch von Tiecks gesamtem Leben und Werk. Der Dichter, der in seiner Frühzeit Kant und der Aufklärung nahestand und dessen Spätwerk bereits dem Realismus zuzuordnen ist, wurde durch die Freundschaft mit Wackenroder von der romantischen Kunstbegeisterung fasziniert und kämpfte darum, diese in ihrem Wesen zu erfassen und umzusetzen. „Eine ewig feindselige Kluft ist zwischen dem fühlenden Herzen und den Untersuchungen des Forschens befestigt“ (Text B, Z. 3 f.) und an dieser „ewige[n] […] Kluft“ leidet der Dichter. Wohl werden Einfühlungsvermögen und eben Irrationalität als Grundbedingungen künstlerischen Schaffens gesehen, ganz im Sinne von Friedrich Schlegels Äußerung von der „selbstbewussten Vereitelung des Objektiven“; wohl erkennt der Dichter, dass die Unmittelbarkeit des dichterischen Ausdrucks in unvereinbarem Gegensatz zu dem Versuch steht, das Phänomen analytisch zu durchdringen, aber auch in der Schlussstrophe hat er diese Unmittelbarkeit noch nicht erreicht: „Ihr Gedanken, schweiget stille / Denn die Liebe *will mich krönen*“ (V. 40–41). Sie hat es also noch nicht getan, sein ersehntes Ziel der Hingabe an das Gefühl ist noch nicht erreicht.

Diese Emotionalität bildet jedoch die **Grundbedingung für poetisches Sprechen**: Die Liebe wird als Wegbereiter der Ästhetisierung gesehen („es wird ihr Wille / Alles, was sie will, verschönen“ V. 43 f.) – hier spürt man Novalis' Vision vom Dichter-Priester sowie seine epochenprägende Forderung, die Welt müsse romantisiert und damit poetisiert werden. Diese Vorstellung klingt auch in der schon zitierten letzten Strophe an: „[D]ie Liebe will mich krönen.“ (V. 41) Der Dichter sieht sich selbst als auserwähltes Medium, an dem sich das rational eben nicht fassbare Phänomen ‚Liebe‘ gleichsam offenbaren wird. Ob seine Sprachlosigkeit, seine Ohnmacht, sich zu artikulieren, damit ebenfalls ‚geheilt‘ wird, geht aus der Schlussstrophe nicht hervor. Die verzweifelte Dringlichkeit der Anfangsstrophen („Und ich sagte doch so gern / Was dem Herzen sei sein Lieben“, V. 21 f.) scheint völlig in den Hintergrund zu treten vor einer neuartigen, synästhetisch-gefühlsmäßigen Kunsterfahrung, die Schlegels Anspruch, die romantische Poesie sei eine „progressive Universalpoesie“ (116. Athenäumsfragment), in einem etwas anderen Licht erscheinen lässt: Unabdingbare Voraussetzung für jedes künstlerische Schaffen ist das Gefühl, im Besonderen das des Liebens, denn „jedes einzelne Kunstwerk [kann] nur durch dasselbe Gefühl, von dem es hervorgebracht ward, erfaßt und innerlich ergriffen werden“ (Text B, Z. 6 f.).

Tieck thematisiert in seinem Gedicht eine **künstlerische Schaffenskrise**. Das Motiv des Künstlers, dem es gewissermaßen die Sprache verschlagen hat, mutet ein Stück weit wie ein Vorgriff auf die Moderne an, wenn man etwa an Helmut Heißenbüttels programmatisches *Einerseitsgedicht* denkt. In dem wegweisenden poetologischen Text geht es darum, was Sprache zu leisten imstande ist. Auch er kommt zu dem Ergebnis: Viele Facetten des Lebens können mit Sprache eben nicht erfasst werden, denn das Unbewusste, der Bereich, der der Ratio entzogen ist, stellt sich allemal in Bildern dar, die sich der Versprachlichung entziehen. Auch Wackenroder leidet, wie gezeigt, an der Unzulänglichkeit der Sprache und der daraus resultierenden künstlerischen Sprachlosigkeit, auch er krankt an der Erfahrung, wie unzulänglich das Medium Sprache sein kann. Seine Erkenntnis und damit sein Lösungsansatz ist jedoch ein anderer: Das Problem liegt in der falschen Weltwahrnehmung. Nur wenn man sich den Phänomenen der Welt und des Lebens gefühlsmäßig nähert, kann man sie erfassen, und Kunst wird, wie er in den *Phantasien über die Kunst* wortwörtlich sagt, immer nur vom Gefühl hervorgebracht (vgl. Text B, Z. 6 f.). In der *Glosse* pointiert er das Gefühl allgemein auf das der Liebe – nicht nur die Liebe zu einem Du, wie in den ersten beiden Liedstrophen angedeutet, sondern in einem höheren Sinne dann die Liebe als solche, wie in den letzten beiden Strophen thematisiert, welche künstlerischen Ausdruck und damit poetisches Sprechen ermöglicht.

4 Darstellung des Themas „Liebe“ in einem anderen literarischen Werk

Ein sinnvoller Vergleich ist wohl nur möglich, wenn die spezielle Behandlung bzw. Funktion des Themas Liebe dabei herausgearbeitet werden kann. Hierzu eignet sich ein Werk, das sowohl die persönliche, individuelle Liebe als auch die Liebe in einem höheren Sinn thematisiert, so z. B. die fünfte Elegie von **Goethes „Römischen Elegien“**. Dieser Gedichtzyklus wurde von Goethe unmittelbar nach der Rückkehr von seiner Italienreise im Jahre 1788 verfasst und ist damit der klassischen Epoche zuzuordnen.

- Beide Gedichte sind in **strenger metrischer Form** abgefasst.
  Tieck wählt allerdings die Glosse, die ihre Wurzeln in Spanien hat und außerhalb der Romantik in der deutschen Literatur nicht sonderlich verbreitet ist, während Goethe an die Tradition der antiken Elegie anknüpft. Damit werden sogenannte Distichen bezeichnet, Doppelverse aus einem daktylischen Hexameter und einem Pentameter, ein hochklassisches Versmaß, welches die großen römischen Liebesdichter Catull, Tibull und Properz für ihre Gedichte verwendeten.

- Beide Gedichte verbinden die **Liebesthematik** mit der des **künstlerischen Erlebens**. Der romantische Dichter formuliert bereits in der Mottostrophe das Liebesmotiv und entwickelt im Verlauf der Liedstrophen die **Verbindung zwischen Liebesklage und dichterischer Schaffensproblematik**, die in einer hymnischen Apostrophe auf die Liebe als eine Art abstrakte Größe gipfelt. Das konkrete Du tritt völlig in den Hintergrund. Sein Liebeserlebnis bewegt sich auf der mentalen Ebene und ist zumindest im ersten Teil des Gedichts eher von Frustration geprägt. Ob er am Ende seine künstlerische Kreativität wiedererlangt, bleibt dahingestellt.
  Goethes Elegie hingegen strahlt von Anfang an eine positive Grundstimmung aus. „Froh empfind ich mich nun" eröffnet er sein Gedicht. Darin geht es ihm allerdings nicht in erster Linie um den künstlerischen Schaffensakt, sondern um kulturelles Erleben: „[…] durchblättre die Werke der Alten / […] täglich mit neuem Genuß." Neben der Freude an der Rezeption antiker Kunst, ja, in unmittelbarer Wechselwirkung mit ihr verbunden, steht das konkrete erotische Liebeserlebnis: „Und belehr ich mich nicht, indem ich des lieblichen Busens / Formen spähe, die Hand leite die Hüften hinab? […] Sehe mit fühlendem Aug', fühle mit sehender Hand." Auch Goethe setzt die Synästhesie ein, aber um die Intensität der **Wechselwirkung zwischen erotischer Erfahrung und Kunsterlebnis** hervorzuheben. Das dichterische Schaffen fügt sich organisch in diese Atmosphäre von Kunst- und Liebeserlebnis ein: „Oftmals hab ich auch schon […] / […] des Hexameters Maß leise mit fingernder Hand / ihr auf den Rücken gezählt."
- Beide Gedichte thematisieren die Unmöglichkeit, sich der Kunst wie der Liebe mit rationalen Mitteln zu nähern. Während allerdings Tieck durch die Gefühls- und Schaffenskrise zu einem höheren, abstrakteren Liebesbegriff gelangt, erfährt Goethe die Universalität von Liebe und Kunst im fühlenden Begreifen.

(Textgrundlage: S. Braun u. H. Lobentanzer [Hg.]: Deutsche Liebesgedichte. Stuttgart, Reclam 1985, S. 23f.)

Grundkurs Deutsch (Bayern): Abiturprüfung 2009
Aufgabe 2 – Erschließung eines poetischen Textes

a) Erschließen und interpretieren Sie den folgenden Dramenbeginn! Arbeiten Sie dabei insbesondere die Konfliktstrategien der Figuren heraus!

b) Zeigen Sie ausgehend von Ihren Ergebnissen vergleichend auf, wie das Thema „gesellschaftliches Ansehen“ in einem anderen literarischen Werk gestaltet wird!

Vorbemerkung

Das bürgerliche Lustspiel „Die Hose“, das sich in vier Akte gliedert, spielt im Jahr 1900 ausschließlich in einer Wohnstube, in der der Beamte Theobald Maske und seine Frau Luise leben. Diese hat während einer Parade in der Kleinstadt unfreiwillig ihre Unterhose verloren. Nachdem die beiden nach Hause zurückgekehrt sind, setzt das Drama ein.

Carl Sternheim (1878–1942)

Die Hose (1911; Orthographie und Interpunktion entsprechend der Gesamtausgabe von 1963)

Erster Auftritt

Theobald und Luise treten auf:

THEOBALD. Daß ich nicht närrisch werde!

LUISE. Tu den Stock fort!

THEOBALD *schlägt sie.* Geschändet im Maul der Nachbarn, des ganzen Viertels. Frau Maske verliert die Hose!

LUISE. Au! Ach!

THEOBALD. Auf offener Straße, vor den Augen des Königs sozusagen. Ich, ein einfacher Beamter!

LUISE *schreiend.* Genug.

THEOBALD. Ist nicht zu Haus Zeit Bänder zu binden, Knöpfe zu knöpfen? Unmaß, Traum, Phantasien im Leib, nach außen Liederlichkeit und Verwahrlosung.

LUISE. Ich hatte eine feste Doppelschleife gebunden.

THEOBALD *lacht auf.* Eine feste Doppelschleife. Herrgott, hör das niederträchtige Geschnatter. Eine feste – da hast du eine feste Doppelohrfeige. Die Folgen! Ich wage nicht, zu denken. Entehrt, aus Brot und Dienst gejagt.

LUISE. Beruhige dich.

THEOBALD. – Rasend …

LUISE. Du bist unschuldig.

THEOBALD. Schuldig, ein solches Weib zu haben, solchen Schlampen, Trulle[1], Sternguckerin.
Außer sich.
Wo ist die Welt?
Er packt sie beim Kopf und schlägt ihn auf den Tisch.
Unten, im Kochtopf, auf dem mit Staub bedeckten Boden deiner Stube, nicht im Himmel, hörst du? Ist dieser Stuhl blank? Nein – Dreck! Hat diese Tasse einen Henkel? Wohin ich fasse, klafft Welt. Loch an Loch in solcher Existenz. Schauerlich!

Mensch, bedenke doch! Ein gütiges Schicksal gab mir ein Amt, das siebenhundert Taler einbringt.
Schreit.
Siebenhundert Taler! Dafür können wir ein paar Stuben halten[2], uns tüchtig nähren, Kleidung kaufen, im Winter heizen. Erschwingen eine Karte in die Komödie, Gesundheit spart uns Arzt und Apotheker – der Himmel lacht zu unserm Dasein.
Da trittst du auf mit deiner Art und zerstörst unser Leben, das gesegnet wäre. Warum noch nicht geheizt, warum die Tür auf, jene zu? Warum nicht umgekehrt? Warum läuft die Uhr nicht?
Er zieht sie auf.
Warum laufen Töpfe und Kannen? Wo ist mein Hut, wo blieb ein wichtiges Papier, und wie kann deine Hose auf offener Straße fallen, wie konnte sie?

LUISE. Du weißt, kanntest mich als junges Mädchen.

THEOBALD. Nun?

LUISE. Und mochtest gern, ich träumte.

THEOBALD. Für ein junges Mädchen gibt es nichts Besseres dem Unmaß freier Zeit gegenüber. Es ist sein Los, weil es an Wirklichkeit nicht herandarf. Du aber hast sie, und damit ist der Traum vorbei.

LUISE. Ja!

THEOBALD. Luise, sieh meine tiefe Bewegung.

LUISE. Ich will dir glauben, lieber Mann.

THEOBALD. Auf offener Straße!

LUISE. Bleibt unbegreiflich.

THEOBALD. Lachende Grimassen, Gassenbuben, Laffen[3]. Daß ich nicht närrisch werde!

LUISE. Fängst du wieder an.

THEOBALD. Das Herz stand mir still. Jedem Aufsehen abhold, wie du weißt. Erlaube ich dir ein Kleid, einen Hut nach der Mode? Warum mußt du dich so unvorteilhaft herausputzen? Weil dein niedliches Gesicht viel zu pochend für meine bescheidene Stellung ist, dein Busen, deine Augen zu herausfordernd. Könnte ich dir doch begreiflich machen, jedes Ärgernis der Welt stammt aus dem Nichtzusammengehen zweier ein Ding bildenden Faktoren.

LUISE. Hör auf; ich ertrage es nicht länger.

THEOBALD *laut.* Zweier ein Ding bildenden Faktoren! Mein Amt, dein Aussehen gehen nicht zusammen.

LUISE. Ich kann nicht dafür, Gott schuf mich so.

THEOBALD. Gott ist nicht schuld. Eine schamlose Erziehung, die die Haare wellt und rollt, eine an sich harmlose Brust durch den Schnürleib[4] hinausdrängt. Die Pest über kupplerische Mütter!

LUISE. Mutter war eine ehrenwerte Frau.

THEOBALD. Verlöre ich mein Amt!

LUISE. Warum?

THEOBALD. Die königliche Majestät soll nicht weit gewesen sein. Jesus!

LUISE. Theobald!

THEOBALD. Ein Zucken seiner Braue, ich sinke in den Staub, aus dem ich mich nicht erheben könnte. Not, Schande, Hunger, das Ende eines Lebens voll Mühsal.

LUISE. Du marterst mich.

THEOBALD *das Haupt in die Hände*. Oh, oh – – oh!

LUISE *nach einer Pause*. Ist dir ein Hammelschlegel und grüne Bohnen recht?

THEOBALD. Auf offener Straße! Welches Glück, daß kein Kind drohende Folgen mitzuerwarten hat.

LUISE. Ich dachte an eine Himbeerschüssel.

THEOBALD. Die Majestät!

LUISE. Vater schreibt, er schickt neuen Wein.

THEOBALD. Wieviel Flaschen?

LUISE. Eine Mandel[5].

THEOBALD. Haben wir noch?

LUISE. Fünf Flaschen.

THEOBALD. Hm. Hammelschlegel. Und gut gesalzen. Frau, Dämonen sind aus unserer Seele wirkend. Knechten wir sie nicht mit unseres Willens ganzer Gewalt – man sieht nicht ab, wie weit sie es bringen. Himbeeren mit Sahne. Wo willst du die Sahne so schnell herbekommen?

LUISE. Die Deuter[6] läßt mir ab.

THEOBALD. Glaubst du? – Putzsucht! ja, ja – –
Er setzt sich in einen Lehnstuhl ans Fenster und nimmt die Zeitung.

LUISE *am Herd beschäftigt.*

THEOBALD. Da – auch die Seeschlange soll in den indischen Meeren wieder aufgetaucht sein!

LUISE. Grundgütiger, kann man das glauben!

THEOBALD. Der Kurier meldet es.

LUISE. Z. Z.

THEOBALD. Gottlob sind die dortigen Gegenden wenig oder gar nicht belebt.

LUISE. Wovon ernährt sich solch ein Tier?

THEOBALD. Ja – die Gelehrten streiten. Es muß einen furchtbaren Anblick bieten. Da bin ich lieber in gesicherten Bezirken, meinem Städtchen. Man soll sich sehr auf das Seine beschränken, es festhalten und darüber wachen. Was habe ich mit dieser Schlange gemein? Regt sie nicht höchstens meine Phantasie auf? Wozu das alles?
Erhebt sich.
Hat man seine Stübchen. Da ist einem alles bekannt, nacheinander hinzugekommen, lieb und wert geworden. Muß man fürchten, unsere Uhr speit Feuer, der Vogel stürzt sich aus dem Käfig gierig auf den Hund? Nein. Es schlägt sechs, wenn es wie seit dreitausend Jahren sechs ist. Das nenne ich Ordnung. Das liebt man, ist man selbst.

[...]

Aus: Carl Sternheim, Gesamtwerk, Bd. 1: Dramen 1, hrsg. von Wilhelm Emrich, Neuwied: Luchterhand 1963, S. 28–33

1 *Trulle: (Schimpfwort für)* Mädchen, Dirne

2 *halten:* finanzieren, sich leisten

3 *Laffe:* oberflächlicher oder unreifer, eitler junger Mann

4 *Schnürleib:* Mieder zum Schnüren

5 *Mandel:* altes Zählmaß, hier wohl eine kleine Mandel, also 15 Flaschen

6 *Die Deuter:* die Nachbarin des Ehepaars Maske

Hinweise und Tipps

Die zweigeteilte Aufgabenstellung enthält wie üblich die Arbeitsaufträge „Erschließen und interpretieren Sie". Da die Schwerpunktsetzung auf die Konfliktstrategien der Figuren abhebt, empfiehlt es sich mit einer **strukturierten Inhaltszusammenfassung** zu beginnen und dabei bereits auf die Entwicklung und ggf. Lösung des Konflikts besonderes Augenmerk zu richten.

Bei der **Erschließung** ist weiterhin zu bedenken, dass es sich um einen Dramentext handelt. Somit sollten Sie der dramaturgischen Gestaltung besondere Aufmerksamkeit schenken und auch die Informationen aus der Vorbemerkung mit einbeziehen.

Bei der obligaten Untersuchung der **sprachlich-stilistischen Mittel** reicht es nicht, nur darzulegen, wie die einzelnen Figuren durch ihre Sprache charakterisiert werden, sondern es muss auch berücksichtigt werden, was damit über die Art ihrer Beziehung bzw. ihres Umgangs miteinander ausgedrückt wird. Einmal mehr sei an dieser Stelle betont, dass man sich keinesfalls auf eine bloße Aufzählung der untersuchten Parameter beschränken darf, sondern stets die Funktion derselben im Textganzen darstellen sollte.

Dieser Teil der ersten Aufgabe ist standardisiert; bei der Bearbeitung der Schwerpunktsetzung, in diesem Fall der **Konfliktstrategien**, ist darauf zu achten, dass es nicht bei einer Auflistung der Verhaltensmechanismen bleibt, sondern dass Sie die Beweggründe der Figuren und die Auswirkungen der Handlungsweisen auf die Interaktionen mit berücksichtigen und darlegen. Hier können Sie ggf. auf die Inhaltszusammenfassung zurückgreifen.

Die **Interpretation** wird dann eher eine Zusammenfassung der bisherigen Ergebnisse beinhalten, die Sie aber in einen plausiblen Zusammenhang bringen müssen. Hier gilt es vor allem, die Allgemeingültigkeit, die Aussageintention des Werkes darzulegen, so weit sie aus diesem Textausschnitt abzuleiten ist. Die Entstehungszeit sollte dabei nicht außer Acht gelassen werden, stützen Sie sich dabei auf Ihre Epochenkenntnisse.

Bei der Auswahl eines literarischen Werkes, das sich für einen **Vergleich** eignet, sollten Sie sich zunächst darüber klar werden, welche Aspekte des sehr weit gefassten Begriffes „gesellschaftliches Ansehen" Sie beleuchten wollen. Geeignete Vergleichskriterien könnten zum Beispiel sein:

- Art und Weise, wie das gesellschaftliche Ansehen thematisiert wird;
- Bezugnahme des gesellschaftlichen Ansehens auf bestimmte Normen;
- Bewertung des gesellschaftlichen Ansehens durch die Figuren und Einfluss auf deren Handeln;
- Konsequenzen der Berücksichtigung oder Nichtberücksichtigung des gesellschaftlichen Ansehens.

Damit kämen Werke in Frage wie etwa F. Schillers *Die Räuber* oder *Kabale und Liebe,* J. W. v. Goethes *Stella,* E. T. A. Hoffmanns *Die Königsbraut,* W. Hauffs *Der Affe als Mensch,* F. Grillparzers *Der arme Spielmann,* F. Hebbels *Maria Magdalene,* Th. Fontanes *Effi Briest* oder M. Frischs *Andorra,* um nur einige zu nennen.

Unter der gewählten **Schwerpunktsetzung** ist dann die Darstellung des gesellschaftlichen Ansehens in Bezug auf die Handlung und bestimmte Figuren des Werkes zu konkretisieren und herauszuarbeiten; Parallelen und Unterschiede zum vorliegenden Textausschnitt sind entsprechend zu erläutern. Abschließend sollten Sie auf dieser Grundlage zu einer Gesamtbeurteilung der Behandlung des Themas – ggf. vor dem zeitgeschichtlichen bzw. literaturgeschichtlichen Hintergrund – gelangen.

Lösungsvorschlag

1 Inhalt und Aufbau

Zeilen 1–40: Beginn der Auseinandersetzung: Empörung Theobalds über das gerade Geschehene, dessen mögliche Ursachen und vermeintliche Folgen

Theobald macht seiner Wut über die öffentliche Bloßstellung ungehemmt Luft, indem er seine Gattin nicht nur verbal beschimpft, sondern auch körperlich züchtigt. In grober Weise wirft er ihr mangelnde Sorgfalt als Grund für den peinlichen Vorfall vor, wobei er ihr einerseits ihre Träumereien, also ihre Abkehr von der Realität, ankreidet, auf der anderen Seite „Liederlichkeit" (Z. 10), was er noch steigert, indem er sie „Schlampen" (Z. 18) nennt. Den Vorwurf der „Verwahrlosung" (Z. 10) weitet er dann auf die gesamte Haushaltsführung aus, womit er sich im wahrsten Sinn des Wortes wieder auf den sicheren Boden der Realität zurückbegibt: „Wo ist die Welt? […] auf dem mit Staub bedeckten Boden deiner Stube" (Z. 21 ff.). Gleichzeitig lamentiert er lautstark über die möglichen Konsequenzen für seine Beamtenstellung und damit für ihrer beider Lebensstandard.
Luises Gesprächsbeiträge beschränken sich auf flehentliche Appelle, von ihr abzulassen. Sie versucht, den Gatten zu besänftigen und sich zu rechtfertigen mit dem Hinweis, dass ihre Träumereien ihm früher reizvoll erschienen seien, doch beides verhallt ungehört.

Zeilen 41–72: Thematische Ausweitung der Auseinandersetzung – Suche Theobalds nach allgemeinen Erklärungen für Luises angeblich gesellschaftliches Versagen

Theobald steigert sich nahezu hysterisch in seine Verzweiflung über den Grad der Blamage hinein und fordert von Luise ein Verhalten, wie es seiner Ansicht nach ihrer jetzigen Rolle als Ehefrau angemessen ist. Gewissermaßen als Begründung dafür versucht er, ihr klarzumachen, dass seine berufliche Position unvereinbar sei mit ihrer aufreizenden Aufmachung, wie sie ihr durch ihre angeblich schamlose Erziehung selbstverständlich sei. Übergangslos malt er sich das Ausmaß der möglichen Auswirkungen für seine Person und seinen Status aus, da der Monarch bei dem Vorfall zugegen war.
Luise versucht weiterhin vergeblich, den Ehemann zu beruhigen, leugnet aber ihre Verfehlung nicht mehr direkt, sondern versucht, sie mit dem Verweis auf ihre Natur zu entschuldigen, beides wiederum ohne Erfolg.

Zeilen 73–106: Entspannung des Konflikts – allmähliche Beruhigung Theobalds durch Themenwechsel vonseiten Luises

Unvermittelt ergreift Luise die Initiative und unterbreitet dem Gatten einen Menüvorschlag. Nun entwickelt sich zum ersten Mal ein, wenn auch skurriler Dialog, da Theobald in Gedanken immer noch bei dem vermeintlichen Skandal ist. Erst Luises Hinweis auf eine Weinsendung des Vaters weckt sein Interesse; schrittweise lässt er sich auf ihre Anregungen und damit auf unverfängliche Alltagsthemen ein, nachdem er entlarvend über die „Dämonen" sinniert hat, die in der Seele wirken und nur mit des „Willens ganzer Gewalt" zu „[k]nechten" (Z. 84) sind. Schließlich wendet er sich der Zeitungslektüre zu, wobei er ausgerechnet einen Artikel kommentiert, der das Auftauchen einer Seeschlange zum Thema hat. Nach einiger Zeit wird ihm allerdings selbst die Müßigkeit dieser Thematik bewusst.
Luise geht bereitwillig auf ihren Mann ein, indem sie nun bemerkenswerter Weise die realistischere Position vertritt: „Wovon ernährt sich solch ein Tier?" (Z. 97) Mit der abschließenden Feststellung Theobalds, dass die Ordnung wieder hergestellt sei, schließt der Szenenausschnitt.

2 Dramaturgische Gestaltung

Die Handlung des Szenenausschnitts und damit des Dramas setzt unvermittelt ein, der Zuschauer wird unmittelbar, ohne den Anlass oder die Vorgeschichte zu kennen, mit der Wesensart bzw. den Umgangsformen der Hauptfiguren konfrontiert: Theobald stößt eine Verwünschung aus, seine Gattin rechnet mit körperlicher Gewalt, die er auch sofort anwendet. Bei dieser Gelegenheit erhält man zugleich eine präzise Information über den Anlass von Theobalds Ausbruch: „Frau Maske verliert die Hose!" (Z. 3 f.) Bei aller Knappheit – oder gerade dadurch – hat dieser unvermittelte Einstieg **expositorischen Charakter**.

Im Verlauf der Szene überwiegen die Redeanteile Theobalds bei weitem. Das entspricht ganz der Verteilung der ehelichen Machtverhältnisse: Der Ehemann dominiert und kann diese Position ungestraft despotisch ausnützen, die Frau hat buchstäblich wenig zu sagen. In der vorliegenden Szene macht er obendrein seiner nach den Moralvorstellungen der Zeit nur allzu berechtigten Empörung Luft. Ein echter Dialog kommt damit freilich nicht zustande, denn Theobalds Suaden dienen im Grunde nur der bewussten oder auch unfreiwilligen **Selbstdarstellung**. Sie sind kaum von logischer Gedankenführung geprägt, sondern eher frei assoziierend: „Ist dieser Stuhl blank? Nein – Dreck! Hat diese Tasse einen Henkel? Wohin ich fasse, klafft Welt." (Z. 24 f.) Nur aus dem situativen Kontext wird erkennbar, dass er Luises Haushaltsführung kritisiert und – auf einer zweiten, unbewussten Ebene – dass die banalen Defizite derselben, ein staubiger Stuhl, ein fehlender Tassenhenkel, seine Weltordnung erschüttern. Deutlicher wird diese Doppelbödigkeit seiner Tiraden, als Theobald sich weiter in seine Empörung hineingesteigert hat, sich damit noch weniger kontrolliert und obendrein zur ‚Ursachenforschung' für Luises Fauxpas vorgedrungen ist: „Gott ist nicht schuld. Eine schamlose Erziehung, die […] eine an sich harmlose Brust durch den Schnürleib hinausdrängt. Die Pest über kupplerische Mütter!" (Z. 61 ff.) Dass er Müttern, insbesondere seiner Schwiegermutter, zu große Freizügigkeit in der Erziehung vorwirft, wäre mit der Situation noch in Einklang zu bringen. Dass er sie hier allerdings mit dem Attribut „kupplerisch" bezeichnet, lässt schlagartig aufscheinen, dass er selbst wohl einst eben diesen körperlichen Reizen erlegen ist, die er jetzt so verdammt. Diese Assoziation wird in der letzten Phase des Konflikts nochmals aufgegriffen, als sich das Ehepaar bereits der Menüwahl zugewendet hat und Theobald unvermittelt äußert: „Dämonen sind aus unserer Seele wirkend. Knechten wir sie nicht mit unseres Willens ganzer Gewalt – man sieht nicht ab, wie weit sie es bringen. Himbeeren mit Sahne." (Z. 83 ff.) Hier legt er unfreiwillig offen, wie verkrampft und verlogen seine vorgeblich strenge bürgerliche Moralvorstellung ist, wenn sie nur mit äußerster Willenskraft aufrecht zu erhalten ist.

Diese kleinbürgerliche Fassadenhaftigkeit spiegelt sich in seinem **sprechenden Namen**: Er heißt nicht nur Maske, er verbirgt auch sein wahres Ich krampfhaft hinter der Maske bürgerlicher Regeln.

In diesem Zusammenhang bekommt auch der **Schauplatz** eine tiefere Bedeutung. Das Stück spielt, wie in der Vorbemerkung angegeben, in einer Kleinstadt, das Bühnengeschehen ausschließlich in einer Wohnstube. Hier hat man im wahrsten Sinne des Wortes wenig Spielraum, die räumliche Beschränktheit versinnbildlicht die geistige Enge des kleinbürgerlichen Daseins, in dem Banalitäten wie ein abgebrochener Tassenhenkel existenzielle Bedeutung erhalten und man sich vom Himmel begünstigt fühlt, wenn nur die Grundbedürfnisse erfüllt sind (vgl. Z. 29 ff.).

Bei der Betrachtung der nonverbalen Gestaltungsmittel spielen weiterhin die **Regieanweisungen** eine bedeutsame Rolle. Sie beziehen sich ausschließlich auf Theobald mit der einzigen Ausnahme: „LUISE *am Herd beschäftigt*" (Z. 90). Da hat sich die Situation bereits wieder entspannt, Luise nimmt den Platz ein, der ihr gebührt: Sie steht am Herd, ohne ein Wort zu sagen. Ganz anders Theobald, dessen Aktionen sich hauptsächlich auf die Ausübung körperlicher Gewalt beschränken: „THEOBALD *schlägt sie.*“ (Z. 3) *„Er packt sie beim Kopf und schlägt ihn auf den Tisch.“* (Z. 22) Abgesehen von der raschen Eskalation der Gewalt würde der Zuschauer damals wie heute einen so brutalen Umgang zwischen Eheleuten wohl eher mit Angehörigen der unteren sozialen Schichten in Verbindung bringen als mit solchen des bürgerlichen Mittelstandes. Jedoch drückt sich darin das patriarchalische Rollenverständnis Theobalds ebenso aus wie seine Unbeherrschtheit, besonders im Erregungszustand, wenn er die bereits angesprochenen Dämonen in seiner Seele nicht mehr mit seines „Willens ganzer Kraft“ (Z. 84) kontrollieren kann.

Die Karikierung der engstirnigen Moralvorstellungen wird noch verschärft durch die Diskrepanz zwischen Theobalds brutalem Handeln und seinen ständigen Versuchen, gewählt zu sprechen.

3 Zusammenfassender Überblick über die sprachlich-stilistischen Gestaltungsmittel

Das Verhältnis der beiden Figuren zueinander wie auch ihre jeweilige Persönlichkeit schlägt sich in der Sprachgestaltung nieder:

Luise hat im direkten wie im übertragenen Sinn wenig zu sagen. Ihre Äußerungen beschränken sich auf **Ausrufe** als Ausdruck von Angst und Schmerz („Au! Ach!“ Z. 5; „Genug.“ Z. 8) und **knappe**, teilweise elliptische **Aussagesätze** („Du bist unschuldig.“ Z. 17; „Bleibt unbegreiflich.“ Z. 48), wenn sie mit wenig Erfolg ihren tobenden Ehemann zu besänftigen oder wenigstens nicht noch mehr aufzubringen versucht.

Ganz anders **Theobald**: Sein kleinbürgerlicher Geltungsanspruch drückt sich in – meist unangemessen – **pathetischer**, oft **phrasenhafter Sprache** aus: „Entehrt, aus Brot und Dienst gejagt.“ (Z. 14) Die Hohlheit dieses Anspruches wird jedoch satirisch entlarvt, wenn ihn die Wut aus der Rolle bzw. in sein eigentliches Sprachniveau fallen lässt: „Schuldig, ein solches Weib zu haben, solchen Schlampen, Trulle, Sternguckerin.“ (Z. 18 f.) Zu aufdringlicher Penetranz steigert sich sein Pathos, wenn von der königlichen Majestät die Rede ist, wobei gerade die Häufung der abgegriffenen Bilder diese umso kitschiger und banaler wirken lässt: „Ein Zucken seiner Braue, ich sinke in den Staub, aus dem ich mich nicht erheben könnte. Not, Schande, Hunger, das Ende eines Lebens voll Mühsal.“ (Z. 69 f., **hyperbolisches Bild**, **asyndetische Hauptsatzreihung**, **Trikolon mit Klimax**).

Authentischer wirkt seine Sprache, wenn Theobald seiner Frau Vorwürfe macht: Hier häufen sich **rhetorische Fragen** („Ist dieser Stuhl blank? […] Hat diese Tasse einen Henkel?“ Z. 24; „Warum laufen Töpfe und Kannen? Wo ist mein Hut, wo blieb ein wichtiges Papier, und wie kann deine Hose auf offener Straße fallen, wie konnte sie?“ Z. 36 f.), wobei der logische Zusammenhang völlig unwichtig ist. Sein Entsetzen über den Skandal und seine gewähnten Folgen ist buchstäblich unsäglich und lässt ihn nur noch **elliptische Ausrufe** stammeln: „Die Folgen!“ (Z. 13), „Schauerlich!“ (Z. 25), „Verlöre ich mein Amt!“ (Z. 65) Die Diskrepanz zwischen dem Vorfall und Theobalds Bewertung desselben verstärkt dabei die satirisch-komische Wirkung der Szene.

4 Konfliktstrategien der beteiligten Personen

Die beiden beteiligten Personen zeigen unterschiedliche Konfliktstrategien, wobei sich Theobalds aggressive und Luises defensive Haltung gegenseitig bedingen.

Theobalds gesamtes Verhalten, zumindest im häuslichen Umfeld, ist darauf ausgerichtet, seine **Macht zu demonstrieren** und seine Geltungssucht zu befriedigen; dazu ist ihm jedes Mittel recht. Die Anwendung körperlicher Gewalt ist für ihn selbstverständlich, wie man gleich zu Beginn der Szene erfährt. Ebenso wenig zögert er, seine Ehefrau verbal einzuschüchtern, indem er sie beschimpft und abwertet („[…] nach außen Liederlichkeit und Verwahrlosung.“ Z. 10; „[…] solchen Schlampen, Trulle, Sterngückerin.“ Z. 18 f.). Auffällig dabei ist, dass Theobald seiner Gattin das versehentliche Missgeschick als Sittenlosigkeit, ja, fast als aufreizend erotisches Verhalten ankreidet („Warum mußt du dich so unvorteilhaft herausputzen? Weil dein niedliches Gesicht viel zu pochend […] ist, dein Busen, deine Augen zu herausfordernd.“ Z. 52 ff.), obwohl Dessous von der Art, um die es sich hier wohl handelt, nicht umsonst im Volksmund „Liebestöter“ genannt wurden. Auf der anderen Seite demonstriert er seine Überlegenheit durch scheinbar rationales Argumentieren, dem sie nicht folgen könne („Könnte ich dir doch begreiflich machen, jedes Ärgernis der Welt stammt aus dem Nichtzusammengehen zweier ein Ding bildender Faktoren.“ Z. 54 ff.), sowie durch pseudophilosophische Ausführungen, die allerdings ebenfalls inhaltslos sind („Wohin ich fasse, klafft Welt. Loch an Loch in solcher Existenz.“ Z. 25).

Auch schreckt er nicht davor zurück, sie zu manipulieren, indem er bei ihr Schuldgefühle hervorruft durch das Ausmalen einer düsteren Zukunftsperspektive („[…] der Himmel lacht zu unserm Dasein. Da trittst du auf mit deiner Art und zerstörst unser Leben, das gesegnet wäre.“ Z. 31 f.). Ihre vermeintliche moralische Schuld steigert er hier zur Sünde wider Gottes Gnade und unterstützt diese **Manipulation** durch hemmungslose Übertreibung der eigenen Erschütterung („Luise, sieh meine tiefe Bewegung.“ Z. 45; „[…] ich sinke in den Staub, aus dem ich mich nicht erheben könnte.“ Z. 69 f.; *„das Haupt in die Hände*. Oh, oh – – oh!“ Z. 72). Nachdem er sich allerdings abreagiert und seinem Ärger Luft gemacht hat, ist er recht schnell bereit, auf Luises pragmatisch genussbezogenen Beschwichtigungsversuch einzugehen: „THEOBALD. Die Majestät! LUISE. Vater schreibt, er schickt neuen Wein. THEOBALD. Wieviel Flaschen?“ (Z. 77 ff.)

Theobald zeigt sich in seinem Verhalten als wenig reflektierter, egoistischer Mensch, der sich nicht kontrollieren kann oder will; allerdings lässt die permanente Demonstration von Macht auf einen im Inneren unsicheren, eher schwachen Charakter schließen.

Luises Strategie zielt überwiegend auf Schadensbegrenzung ab; sie **reagiert** mehr, als dass sie selbst die Initiative ergreift. Zunächst versucht sie mit geringem Erfolg, seine brachialen Attacken zu beenden („Genug.“ Z. 8; „Beruhige dich.“ Z. 15) oder ihn zu beschwichtigen, indem sie ihm zustimmt und sich **unterwürfig** zeigt („Du bist unschuldig.“ Z. 17; „Ich will dir glauben, lieber Mann.“ Z. 46). Auf direkte Vorwürfe reagiert sie mit knappen Versuchen, sie zu entkräften („Ich hatte eine feste Doppelschleife gebunden.“ Z. 11) oder sich zu rechtfertigen („Ich kann nicht dafür, Gott schuf mich so.“ Z. 60), womit sie allerdings gleichzeitig ein partielles Schuldeingeständnis liefert.

Mit sicherem Instinkt, mutmaßlich wohl auch aus Erfahrung, erfasst sie den Moment, als der Gatte sich abreagiert hat, und unternimmt übergangslos einen Ablenkungsversuch, der sich an seine Genusssucht richtet – die Situation normalisiert sich rapide. Sie intensiviert diese Strategie noch, indem sie auf seine Kommentare zu der Sensationsmeldung in der Zeitung eingeht („Z. Z.“ Z. 95; „Wovon ernährt sich solch ein Tier?“ Z. 97) und damit den häuslichen Alltag neu inszeniert. Der Gatte bestätigt dies: „Das nenne ich Ordnung. Das liebt man, ist man selbst.“ (Z. 106)

Luise erweist sich in ihrem Verhalten als typische angepasste Ehefrau, deren Rolle auf eine **dienende Funktion** beschränkt ist; ihre Strategien sind darauf fokussiert, ihr Leben in dem Maß angenehm oder wenigstens erträglich zu gestalten, wie es ihr gelingt, die Willkür des Ehemannes zu manipulieren.

5 Zusammenfassende Interpretation

Das „bürgerliche Lustspiel“ erweist sich bereits in dieser ersten Szene als **satirische Komödie auf das Wilhelminische Kleinbürgertum**; sie arbeitet, wie oben dargelegt, vielfach mit Elementen der Gesprächs- und Situationskomik, bedingt durch die Banalität des Konflikts und die unangemessenen Reaktionen darauf, aber auch mit parodistischer Überzeichnung gesellschaftlicher Strukturen und zwischenmenschlicher Beziehungen.

Luise und Theobald stellen sich in ihrer selbstzufriedenen, unreflektierten Beschränkung auf das Provinzielle als typische Vertreter ihres Standes dar. Politisch-gesellschaftliches Bewusstsein reduziert sich hier auf Untertanenmentalität und tief verwurzelte Angst vor der Übervaterfigur der „königliche[n] Majestät“ (Z. 67), die der Protagonist nur in eingelernten, situationsunangemessenen Stereotypen artikulieren kann.

Gleichzeitig wird vorgeführt, wie sich ein derartiger Charakter im häuslichen Umfeld als Despot benimmt und wie infolgedessen die Ehe, wenn auch hier satirisch überzeichnet, ähnlichen Strukturen folgt: Sie ist reduziert auf eine Versorgungsgemeinschaft, in der Zuneigung kaum eine Rolle spielt – was bei dem hierarchischen Gefälle zwischen Mann und Frau auch kaum vorstellbar wäre – und in der folgerichtig überwiegend auf trivialer Ebene kommuniziert wird.

Es kommt zu keinem echten Dialog, auch der Konflikt ist keine Auseinandersetzung im eigentlichen Sinn, da beide Partner geradezu zwanghaft in ihrem Rollenverhalten gefangen sind: Der Ehemann, der das familiäre System dominiert, legt ohne jede Rücksicht seine Sichtweise der Dinge dar und wertet, ohne zu reflektieren oder auf eine Reaktion zu achten. Seine Frau hat keine Möglichkeit, hier lenkend einzugreifen oder gar einen eigenen Standpunkt zu entwickeln.

Damit werden auch Werte und sogenannte Tugenden auf die formale Erfüllung gesellschaftlicher Normen reduziert, den peinlichen, aber keinesfalls obszönen Verlust der Unterhose rückt der Protagonist in die Nähe einer erotischen Verfehlung, der er als anzustrebende Tugenden Ordnung, Sauberkeit und Disziplin gegenüberstellt – allerdings im karikaturhaft trivialen Sinn eines sauberen Fußbodens und einer sorgfältig zugeknöpften Hose. Hier wird Scheinmoral demaskiert und die **Pervertierung der Idee eines freien, gebildeten Bürgertums** satirisch vorgeführt.

6 Gestaltung des Themas „gesellschaftliches Ansehen“ – Vergleich mit einem anderen literarischen Werk

Zum Vergleich wird „**Biedermann und die Brandstifter**“ von Max Frisch herangezogen, ein Stück, das 1958 uraufgeführt wurde. Dabei lagen folgende Überlegungen zugrunde: Die Protagonisten beider Werke gehören dem Bürgertum an und definieren sich, allerdings unreflektiert, über diese Standeszugehörigkeit, eben über ihr gesellschaftliches Ansehen. Die daraus resultierenden Auswüchse werden in beiden Werken satirisch vorgeführt, aber auf unterschiedliche Art und mit unterschiedlichem Resultat.

In beiden Werken erlebt der Zuschauer ein Ehepaar, welches sich in seiner wirtschaftlich **gesicherten, wohlangesehenen Position** eingerichtet hat. Theobald spricht es selber aus: „Ich, ein einfacher Beamter!“ (Z. 6 f.) „Ein gütiges Schicksal gab mir ein Amt, das siebenhundert Taler einbringt.“ (Z. 26 f.) Im Drama Frischs wird es gezeigt, etwa, wenn in der 5. Szene der Tisch für ein gewöhnliches Abendessen in der Familie mit Silber und Kristall eingedeckt ist. In beiden Stücken wird diese feste Verhaftung in der gesellschaftlichen Rolle durch die sprechenden Namen des Protagonistenpaares unterstrichen, „Maske“ bzw. „Biedermann“.

In diese geordnete Welt bricht nun eine **Störung** ein: In Sternheims Komödie verliert Luise Maske bei einem halboffiziellen Anlass die Unterhose, ein Missgeschick, für welches sie nur bedingt verantwortlich ist, das ihr allerdings vom Gatten als Schuld angerechnet wird. Die Störung ist in diesem Fall geschehen und nicht mehr rückgängig zu machen, die Eheleute müssen nun damit umgehen. Theobald nimmt das Problem und die, wenn auch vermeintliche Gefahr sehr wohl wahr: Er sieht den Verlust an Ansehen und bauscht ihn und die evtl. daraus resultierenden Folgen für ihrer beider Lebensstandard eher noch auf. Allerdings sucht er nicht nach Lösungsmöglichkeiten, sondern ergeht sich darin, einen Schuldigen zu suchen.

In Frischs „Lehrstück ohne Lehre" ist die Sachlage subtiler. Biedermann kann ebenfalls nicht umhin, die Störung wahrzunehmen. Er kann faktisch nicht ignorieren, dass unverhofft ein arbeitsloser Schwergewichtsringer in seinem Wohnzimmer steht. Aber damit ist sein Schicksal noch nicht besiegelt, sondern es wird ein Prozess in Gang gesetzt, den der Unternehmer prinzipiell jederzeit unterbrechen könnte. Allerdings kann er der Schmeichelei wie dem Auslösen von Schuldgefühlen nichts entgegensetzen, womit der Brandstifter Schmitz seinen Egoismus, seine Spießermentalität, seine fehlende Zivilcourage und sein Sicherheitsdenken manipuliert. In diesem Fall *befürchtet* Biedermann überhaupt erst einen Verlust an gesellschaftlichem Ansehen, wenn er sich nicht in trivialer Weise politisch korrekt verhält, indem er sich anbiedernd mit den Verbrechern verbrüdert; für ihn gibt es nur Konformismus. Die daraus resultierende faktische Existenzbedrohung verdrängt bzw. rationalisiert er; er sucht ebenfalls keine Lösungsmöglichkeiten, allerdings weil er das Problem gar nicht sehen will.

In beiden Fällen liegt also eine **Fehleinschätzung der Situation** vor, ausgelöst durch Angst vor Verlust an gesellschaftlichem Ansehen, allerdings von völlig konträren Standpunkten aus. Im Falle Maske führt die Angst vor Imageverlust und der damit verbundenen Minderung des Lebensstandards im weiteren Verlauf des Stückes dazu, dass tatsächlich bürgerliche Moralvorstellungen durchbrochen werden – die befürchteten Folgen des Fauxpas bleiben allerdings aus. Im Falle Biedermann führt die Angst vor Nonkonformismus dazu, umso krampfhafter an bürgerlichen Moralklischees festzuhalten, wodurch die Katastrophe überhaupt erst ermöglicht wird, die am Ende auch eintritt.

a) Erschließen und interpretieren Sie den folgenden Textausschnitt! Berücksichtigen Sie dabei besonders, wie sich die Extremsituation auf das Verhalten der Figuren auswirkt!

b) Zeigen Sie ausgehend von Ihren Ergebnissen vergleichend auf, wie der Drang nach Erkenntnis in einem anderen literarischen Werk gestaltet wird!

Vorbemerkung

Zu Beginn des 19. Jahrhunderts versuchen der Naturforscher Alexander von Humboldt und sein Begleiter, der Botaniker Aimé Bonpland, im Zuge einer Südamerikaexpedition als erste Menschen den höchsten Berg Ecuadors zu besteigen. Diese Unternehmung erscheint den beiden Pionieren so wagnisreich, dass sie vor dem Aufstieg Abschiedsbriefe verfassen. Nachdem eine gefährliche Schneebrücke sie bereits über eine erste Schlucht geführt hat, hindert die Forscher nun eine weitere Schlucht daran, ihren Weg fortzusetzen. Überdies haben sie während des Aufstiegs zunehmend mit der Höhenkrankheit zu kämpfen, zu deren Symptomen unter anderem Halluzination gehören.

Daniel Kehlmann (geb. 1975)

Die Vermessung der Welt (2005)

[…]

Humboldt blieb abrupt stehen.

Was denn, rief Bonpland wütend.

Humboldt fragte, ob er das auch sehe.

Na aber sicher doch, sagte Bonpland, ohne zu wissen, wovon die Rede war.

Er müsse das fragen, sagte Humboldt. Er könne seinen Sinnen nicht trauen. Zudem mische der Hund[1] sich ständig ein.

Den Hund, sagte Bonpland, habe er nie leiden können.

Diese Schlucht hier, sagte Humboldt, sei doch eine Schlucht, oder?

Bonpland sah hinab. Vor ihren Füßen fiel ein Spalt wohl vierhundert Fuß[2] in die Tiefe. Drüben ging es weiter, und von dort schien der Gipfel nicht mehr weit.

Da kämen sie nie hinüber!

Bonpland erschrak, weil nicht er, sondern der Mann rechts von ihm[3] das gesagt hatte. Damit es trotzdem seine Gültigkeit hatte, mußte er es wiederholen. Da kämen sie nie hinüber!

Niemals, bestätigte der Mann zu seiner Linken. Es sei denn, sie flögen.

Langsam, wie gegen einen Widerstand, ging Humboldt in die Knie und öffnete den Behälter mit dem Barometer. Seine Hände zitterten so stark, daß es fast heruntergefallen wäre. Blut lief nun auch ihm aus der Nase und tropfte auf seine Jacke. Jetzt keinen Fehler machen, sagte er beschwörend.

Sehr gern, antwortete Bonpland.

Irgendwie brachte es Humboldt fertig, ein Feuer anzuzünden und einen kleinen Topf mit Wasser zu erhitzen. Er könne sich nicht auf das Barometer verlassen, erklärte er, und auch nicht auf seinen Kopf, er müsse die Höhe nach dem Siedepunkt bestimmen. Seine Augen waren schmal, seine Lippen zitterten von der Anstrengung der Konzentration. Als das Wasser kochte, maß er die Temperatur und las die Uhr ab. Dann holte er den Schreibblock hervor. Er zerknüllte ein halbes Dutzend Blätter, bis seine Hand ihm soweit gehorchte, daß er Zahlen schreiben konnte.

Bonpland sah mißtrauisch in die Schlucht. Der Himmel hing tief unter ihnen und war aufgerauht. Man konnte sich einigermaßen daran gewöhnen, auf dem Kopf zu stehen. Nicht allerdings daran, daß Humboldt so langsam rechnete. Bonpland fragte, ob das heute noch etwas werde.

Verzeihung, sagte Humboldt. Ihm falle es schwer, sich zu sammeln. Ob bitte irgendwer den Hund an die Leine nehmen könne!

Den Hund, sagte Bonpland, habe er nie leiden können. Sofort schämte er sich, weil er das schon gesagt hatte. Es war ihm so peinlich, daß ihm schlecht wurde. Er beugte sich vornüber und übergab sich erneut.

Fertig, fragte Humboldt. Dann dürfe er ihm nämlich mitteilen, daß sie sich auf einer Höhe von achtzehntausendsechshundertneunzig Fuß[4] befänden.

Ja halleluja, sagte Bonpland.

Das mache sie zu den Menschen, die am weitesten nach oben vorgedrungen seien. Keiner habe sich je so weit von der Meereshöhe entfernt.

Aber der Gipfel?

Mit oder ohne Gipfel, es sei der Weltrekord.

Er wolle auf den Gipfel, sagte Bonpland.

Ob er denn nicht die Schlucht sehe, schrie Humboldt. Sie seien beide nicht mehr bei Sinnen. Wenn sie jetzt nicht abstiegen, kämen sie nie zurück.

Man könnte, sagte Bonpland, auch einfach behaupten, man wäre oben gewesen.

Humboldt sagte, er wolle das nicht gehört haben.

Er habe das auch nicht gesagt. Das sei der andere gewesen!

Überprüfen könne es ja keiner, sagte Humboldt nachdenklich.

Eben, sagte Bonpland.

Er habe das nicht gesagt, rief Humboldt.

Was gesagt, fragte Bonpland.

Sie sahen einander ratlos an.

Die Höhe sei notiert, sagte Humboldt dann. Die Gesteinsproben gesammelt. Jetzt schnell hinunter!

Der Abstieg dauerte lange. Sie mußten die Schlucht, über die sie vorhin die Schneebrücke gebracht hatte, in weitem Bogen umgehen. Doch die Sicht war jetzt klar, und Humboldt fand den Weg ohne Schwierigkeiten. Bonpland stolperte ihm nach. Seine Knie kamen ihm unverläßlich vor. Immer wieder war ihm, als ginge er in fließendem Wasser, und eine optische Brechung verschob seine Beine auf das lästigste. Auch verhielt der Stock in seiner Hand sich ungebührlich: Er schwang aus, stach in den Schnee, betastete Felsbrocken, ohne daß Bonpland etwas anderes tun konnte, als ihm zu folgen. Die Sonne stand bereits niedrig. Humboldt rutschte ein Schotterfeld hinab. Seine Hände und sein Gesicht waren aufgeschürft, sein Mantel zerrissen, doch das Barometer war ganz geblieben.

Der Schmerz habe auch sein Gutes, sagte er mit zusammengebissenen Zähnen.

Für den Moment sehe er wieder klar. Der Hund sei verschwunden.

Den Hund, sagte Bonpland, habe er wirklich nie leiden können.

Sie müßten es heute noch schaffen, sagte Humboldt. Die Nacht werde kalt. Sie seien verwirrt. Sie würden nicht überleben. Er spuckte Blut. Um den Hund tue es ihm leid. Den habe er geliebt.

Da sie gerade aufrichtig seien, sagte Bonpland, und man morgen alles auf die Höhenkrankheit schieben könne, wolle er wissen, was Humboldt dort auf der Schneebrücke gedacht habe.

Er habe sich das Nichtdenken befohlen, sagte Humboldt. Also habe er nichts gedacht.

Wirklich gar nichts?

Nicht das geringste.

Bonpland blinzelte in Richtung der allmählich verblassenden Bienenwabe[5]. Zwei seiner Begleiter waren davongegangen. Einen mußte er noch loswerden. Vielleicht war das auch gar nicht nötig. Er hatte den Verdacht, daß er es selbst war.

Sie beide, sagte Humboldt, hätten den höchsten Berg der Welt bestiegen. Das werde bleiben, was auch immer in ihrem Leben noch geschehe.

Nicht ganz bestiegen, sagte Bonpland.

Unsinn!

Wer einen Berg besteige, erreiche die Spitze. Wer die Spitze nicht erreiche, habe den Berg nicht bestiegen.

Humboldt betrachtete schweigend seine blutenden Hände.

Dort auf der Brücke, sagte Bonpland, habe er auf einmal bedauert, als zweiter gehen zu müssen.

Das sei nur menschlich, sagte Humboldt.

Aber nicht bloß, weil der erste früher in Sicherheit sei. Ihm seien seltsame Vorstellungen gekommen. Wäre er der erste gewesen, etwas in ihm hätte gern der Brücke, sobald er hinüber gewesen wäre, einen Tritt versetzt. Der Wunsch sei stark gewesen.

Humboldt antwortete nicht. Er schien in eigene Gedanken versunken.

Bonplands Kopf tat weh, auch fühlte er wieder sein Fieber. Er war todmüde. Es würde lange dauern, bis er sich von diesem Tag erholt hätte. Wer weit reise, sagte er, erfahre viele Dinge. Ein paar davon über sich selbst.

Humboldt bat um Entschuldigung. Er habe leider nichts verstanden. Der Wind!

Bonpland schwieg ein paar Sekunden. Nichts Wichtiges, sagte er dankbar. Geschwätz, Gerede.

Na dann, sagte Humboldt mit unbewegtem Gesicht. Kein Grund zum Trödeln!

Zwei Stunden später stießen sie auf ihre wartenden Führer. Humboldt verlangte seinen Brief zurück und zerriß ihn sofort. In diesen Dingen dürfe man nicht nachlässig sein. Nichts sei peinlicher als ein Abschiedsschreiben, dessen Verfasser noch lebe.

Ihm sei es egal, sagte Bonpland und hielt sich den schmerzenden Kopf. Sie sollten den seinen behalten oder wegwerfen, sie könnten ihn auch abschicken.

In der Nacht schrieb Humboldt, zum Schutz gegen das Schneetreiben zusammengekauert unter einer Decke, zwei Dutzend Briefe, in denen er Europa die Mitteilung machte, daß von allen Sterblichen er am höchsten gelangt sei. Sorgfältig versiegelte er jeden einzelnen. Dann erst schwanden ihm die Sinne.

Aus: D. Kehlmann, Die Vermessung der Welt, Reinbek bei Hamburg: Rowohlt 2005

1 *der Hund:* eine Halluzination Humboldts. Das Tier hatte die Expeditionsgruppe bei der vorangehenden Erkundung des Orinoko-Stroms begleitet, war dann jedoch im Urwald verschwunden.

2 *vierhundert Fuß:* ca. 122 Meter

3 *der Mann rechts von ihm:* Bonpland glaubt aufgrund der Höhenkrankheit aus drei Personen zu bestehen.

4 *achtzehntausendsechshundertneunzig Fuß:* ca. 5700 Meter. Damit sind sie noch etwa 570 Höhenmeter vom Gipfel entfernt.

5 *Bienenwabe:* eine von Bonplands wiederkehrenden Halluzinationen während des Aufstiegs

Hinweise und Tipps

Die erwartungsgemäß zweigeteilte Aufgabenstellung beginnt mit dem üblichen Arbeitsauftrag „Erschließen und interpretieren Sie“, also mit einer Analyse nach Form und Inhalt. Es empfiehlt sich auch hier, mit einer **Strukturanalyse** zu beginnen, dabei sollten Sie jedoch schon im Auge behalten, dass die Schwerpunktsetzung auf das Verhalten der Figuren abzielt. Da auch beim ersten Lesen bereits auffällt, dass die äußere Handlung sehr reduziert ist, ist es hilfreich, sich bei der Inhaltsanalyse von Fragen leiten zu lassen wie: Was geschieht mit den Figuren? Was geschieht zwischen ihnen?

Anschließend werden Sie sich, wie bei der Erschließung üblich, den **sprachlichen und erzählerischen Gestaltungsmitteln** widmen. Hier darf man sich nicht von der reduzierten Sprache zu Oberflächlichkeit verführen lassen, sondern muss die erforderlichen Parameter (Wortwahl, Satzbau, Sprachebene) gerade im Hinblick auf die Art der Reduzierung und ihrer Wirkungsweise genau untersuchen. Wiederum im Hinblick auf die Schwerpunktsetzung sollten Sie mitberücksichtigen, ob Unterschiede zwischen den beiden Figuren in der sprachlichen oder erzähltechnischen Gestaltung erkennbar werden.

Damit haben Sie schon viel Vorarbeit für die Auswirkung der Situation auf das **Verhalten der Figuren** geleistet. Wenn Sie sich vergegenwärtigen, dass die Figuren ja nur in dieser Situation dargestellt werden, sollten Sie darauf achten, dass Sie keinesfalls in eine bloße Beschreibung verfallen, sondern stets im Auge behalten, inwieweit eine Aktion oder Reaktion durch die Situation mitbedingt ist. Es empfiehlt sich die beiden Figuren getrennt zu betrachten, um keine Einzelheit zu übersehen.

Die **Interpretation** darf, auch oder gerade wenn Sie die bisherigen Gesichtspunkte umfassend bearbeitet haben, keinesfalls in eine Wiederholung von bereits Genanntem abgleiten. Halten Sie sich vor Augen, dass eine Interpretation stets über den Text hinausgeht. Grundsätzlich hilft hier die Frage nach der überzeitlichen Aussage weiter. In diesem Fall liegt allerdings ein Text der Gegenwartsliteratur vor, der häufig einen gewissen Aufforderungs- oder Appellcharakter hat oder auch mit Verfremdungen arbeitet; dies sollten Sie am Text überprüfen und ggf. mit einbringen.

Besondere Sorgfalt ist bei einer solchen Aufgabenstellung der **Auswahl des zu vergleichenden Werkes** zu widmen. Zunächst sollten Sie sich über den Begriff „Erkenntnis" klar werden. Dabei ist zu berücksichtigen, dass Erkenntnis nicht nur in den Natur- und Geisteswissenschaften, sondern auch im metaphysischen Bereich eine Rolle spielen kann. Auf jeden Fall sind geeignete Kriterien zu entwickeln wie etwa
- Motive für den Erkenntnisdrang;
- das Gebiet, auf das sich die Erkenntnis bezieht;
- Mittel zur Erkenntnisgewinnung;
- Erfolg bzw. Misserfolg bei der Suche nach Erkenntnis;
- Folgen für die Figur und ihr unmittelbares und weiteres Umfeld.

Auf dieser Grundlage sollten Sie zu einer Gesamtbeurteilung der Behandlung des Themas ggf. vor dem literatur- bzw. zeitgeschichtlichen Hintergrund kommen.

Lösungsvorschlag

Vorbemerkung

Der Textausschnitt stammt aus dem achten des in 16 Kapitel unterteilten, komplex konstruierten Bestsellers von Daniel Kehlmann, in welchem die fiktive Lebensgeschichte des Mathematikers Carl Friedrich Gauß mit derjenigen des Naturforschers Alexander von Humboldt in Verbindung gebracht wird. In eine chronologische Rahmenhandlung sind die Kapitel 2 bis 10 episodenartig eingefügt, wobei die geradzahligen von Humboldt, die ungeradzahligen von Gauß handeln. Da jedoch weder in der Aufgabenstellung noch in der Vorbemerkung in irgendeiner Weise auf das Gesamtwerk Bezug genommen wird, soll der vorliegende Ausschnitt im Folgenden als eigenständiger Text betrachtet werden.

1 Inhalt und Aufbau

Im **ersten Sinnabschnitt (Z. 1–56) erkennen** die beiden Forscher die **Unerreichbarkeit ihres ursprünglichen Ziels** und setzen sich mit der **neuen Situation** auseinander.

Z. 1–15: Als Humboldt und sein Begleiter Bonpland durch eine Schlucht **am weiteren Aufstieg gehindert** werden, ist Humboldt unsicher in Bezug auf die eigene Sinneswahrnehmung und muss sich deshalb rückversichern, zumal er deutliche Halluzinationen hat. Bonpland reagiert spontan verärgert auf Humboldts Innehalten, erkennt aber, als er den Grund dafür, eben das Hindernis, sieht, dass sie es nicht überwinden können. Dabei zeigt er deutliche Anzeichen einer Persönlichkeitsspaltung.

Z. 16–39: Humboldt führt nun zunächst eine **Höhenmessung** durch. Trotz starker physischer Strapazen und wiederkehrender Halluzinationen bemüht er sich akribisch um eine genaue Bestimmung der tatsächlich erreichten Höhe und teilt schließlich stolz das Ergebnis mit. Bonpland kämpft währenddessen ebenfalls mit den Folgen der Höhenkrankheit und wartet desinteressiert, nahezu ungeduldig das Ergebnis von Humboldts Berechnungen ab.

Z. 40–56: Sie geraten in **Streit** darüber, ob sie die Expedition fortsetzen sollen. Bonpland, frustriert über den misslungenen Gipfelsturm, schlägt versuchsweise vor, die Bezwingung des Berges einfach vorzutäuschen. Humboldt zeigt sich zunächst zufrieden mit der erreichten Rekordhöhe und betont die existenzielle Notwendigkeit umzukehren. Er erwägt jedoch dann Bonplands Vorschlag, ohne zu einer Entscheidung zu kommen.

Mit der Umsetzung des **Entschlusses**, **das Vorhaben abzubrechen**, beginnt der **zweite Sinnabschnitt** (**Z. 57–110**), der mit einer **Bewertung des erreichten Ergebnisses** durch die beiden Forscher schließt.

Z. 57–71: Unter erheblichem Zeitdruck machen sich die beiden Forscher an den **strapaziösen Abstieg**. Dabei übernimmt Humboldt trotz deutlicher körperlicher Erschöpfung souverän die Leitung; seine psychische Verwirrung lässt allmählich nach. Bonpland folgt ihm mechanisch, da er weiterhin mit heftigen Gleichgewichts- und Sehstörungen zu kämpfen hat.

Z. 72–101: Nach einiger Zeit versucht Bonpland, eine **Aussprache** über die vorangegangenen Ereignisse herbeizuführen. Er gesteht, in einer Krisensituation irrationale Mordgelüste gegenüber dem Begleiter empfunden zu haben, und ist erleichtert, als eine Reaktion vonseiten Humboldts ausbleibt. Dennoch ist er es jetzt, der beharrlich betont, dass sie ihr ursprüngliches Ziel, die Ersteigung des Berges, verfehlt hätten. Humboldt erklärt, er habe in der Krisensituation jegliches Denken eingestellt; er ist bereits damit beschäftigt, die abgebrochene Bergbesteigung zum Erfolg umzudeuten.

Z. 102–110: Nach Erreichen des Basislagers zeigen die beiden völlig **unterschiedliche Verhaltensweisen:** Humboldt vernichtet den Abschiedsbrief, den er vor der Besteigung für den Fall seines Todes verfasst hat, und macht sich sofort daran, die europäische Öffentlichkeit von seiner persönlichen Leistung zu unterrichten. Seine körperlichen Bedürfnisse sind nachrangig. Bonpland ist der Abschiedsbrief wie der Rest der Welt völlig gleichgültig, er gibt sich ganz seiner körperlichen und seelischen Erschöpfung hin.

2 Erzählerische und sprachliche Gestaltung

Die Handlung wird aus der Sicht eines **Er-Erzählers** dargestellt, in Form eines überwiegend wertneutralen Erzählerberichts mit ausgedehnten **dialogischen Passagen** in indirekter Rede und wenigen lakonischen Einschüben äußerer Handlung („Humboldt blieb abrupt stehen.“ Z. 2; „Der Abstieg dauerte lange.“ Z. 57), die sich auf die allernötigsten Informationen zu den Umständen des Geschehens beschränken. In Verbindung mit der Tatsache, dass die ausgedehnten Dialoge weitgehend in **indirekter Rede** wiedergegeben sind, nimmt der Erzähler eine bemerkenswerte Distanz zu seinen Figuren ein, womit er sich gleichzeitig den Anschein äußerster Objektivität gibt.

Diese Erzählhaltung wird unterstützt durch die schmucklose sprachliche Gestaltung: Es finden sich wenig Attribute, kaum emotional gefärbte Verben oder Adjektive, dafür aber eine gehäufte Verwendung bzw. stereotype Wiederholung des Verbs „sagen“. Die Syntax erschöpft sich in kurzen, häufig parataktischen, asyndetischen Sätzen – das

Geschehen wird **unpathetisch**, in **lapidarem Berichtstil** wiedergegeben, der Raum lässt für die Imagination des Lesers, aber gleichzeitig ein unreflektiertes Konsumieren des Textes verhindert oder doch sehr erschwert.

Gerade die indirekte Rede bewirkt allerdings nicht nur ein Zurücktreten des Autors hinter die Äußerungen der Figuren, sondern dieser nimmt dadurch eine stark ironisierende Haltung zum dargestellten Geschehen ein, die noch verstärkt wird durch die knappen, teilweise elliptischen Repliken in den Dialogpassagen („Er habe sich das Nichtdenken befohlen, sagte Humboldt. Also habe er nichts gedacht. Wirklich gar nichts? Nicht das geringste." Z. 75 ff.; „Nichts Wichtiges, sagte er dankbar. Geschwätz. Gerede. Na dann, sagte Humboldt [...]. Kein Grund zum Trödeln!" Z. 99 ff.). **Ironisch gebrochen** wird die permanente Dialogsituation zusätzlich durch die widrigen Kommunikationsbedingungen, bedingt durch äußere Umstände („Humboldt bat um Entschuldigung. Er habe leider nichts verstanden. Der Wind!" Z. 98) wie durch die physische und psychische Verfassung der Figuren („Verzeihung, sagte Humboldt. Ihm falle es schwer, sich zu sammeln. Ob bitte irgendwer den Hund an die Leine nehmen könne!" Z. 32; „Humboldt sagte, er wolle das nicht gehört haben. Er habe das auch nicht gesagt. Das sei der andere gewesen!" Z. 48 f.), die sie außerstande setzt, in Kausalzusammenhängen zu denken. Es kommt zu Gesprächssituationen, die an absurdes Theater erinnern: „Überprüfen könne es ja keiner, sagte Humboldt nachdenklich. Eben, sagte Bonpland. Er habe das nicht gesagt, rief Humboldt. Was gesagt, fragte Bonpland. Sie sahen einander ratlos an." (Z. 50 ff.) So wird die vorgeblich tief ernste sachliche Wissenschaftsthematik immer wieder durch komische Elemente in Frage gestellt.

Bei aller sprachlichen Reduktion lassen sich dennoch Unterschiede in der Behandlung der Figuren ausmachen. Bei **Humboldt** herrscht durchgehend **Außensicht:** Der Leser erfährt nur etwas über seine Handlungen – er nimmt eine Höhenmessung vor, er schreibt sofort Briefe, um die Öffentlichkeit zu informieren –, nichts über seine Verfassung. Seine Äußerungen beziehen sich auf das gemeinsame Vorgehen, aber nie auf seine seelische Befindlichkeit. So bleiben seine Motive und Gedanken undurchschaubar, eine Identifikation wird erschwert. Ganz anders **Bonpland:** Hier erfährt man durchaus teilweise **Innensicht**; der Erzähler wechselt immer wieder in die personale Erzählsituation, oft kombiniert mit erlebter Rede („Bonpland blinzelte in Richtung der allmählich verblassenden Bienenwabe. Zwei seiner Begleiter waren davongegangen. Einen mußte er noch loswerden. Vielleicht war das auch gar nicht nötig. Er hatte den Verdacht, daß er es selbst war." Z. 78 ff.). So erlebt der Leser auch seine psychische Verwirrung und seine Wahrnehmung der schlechten körperlichen Verfassung mit („Bonplands Kopf tat weh, auch fühlte er wieder sein Fieber. Er war todmüde. Es würde lange dauern, bis er sich von diesem Tag erholt hätte." Z. 95 f.) Er erscheint menschlicher in seiner – im Vergleich zu Humboldt – mentalen Labilität, er steht dem Leser näher.

3 Auswirkung der Extremsituation auf das Verhalten der Figuren

Beide Figuren sind durch den Aufstieg physisch und psychisch stark beeinträchtigt, bewältigen dies aber auf unterschiedliche Weise:

Humboldt erweist sich selbst in dieser Extremsituation durch und durch als Wissenschaftler. Er ist darum bemüht, die **Gefahrenlage rational zu erfassen** und korrekt zu beurteilen: „Er könne sich nicht auf das Barometer verlassen, erklärte er, und auch nicht auf seinen Kopf, er müsse die Höhe nach dem Siedepunkt bestimmen." (Z. 22 f.) „Sie seien beide nicht mehr bei Sinnen. Wenn sie jetzt nicht abstiegen, kämen sie nie zurück." (Z. 45 f.) Selbst in Lebensgefahr demonstriert er **Selbstbeherrschung**, indem er, fernab jeder Zivilisation, Höflichkeitsformen wahrt, auch um einen offenen Konflikt und damit eine unsachliche Auseinandersetzung mit Bonpland zu vermeiden: „Bonpland fragte, ob das heute noch etwas werde. Verzeihung, sagte Humboldt. Ihm falle es schwer, sich zu sammeln." (Z. 30 ff.) Hinzu kommt eine außerordentliche Fähigkeit, körperliche Bedürfnisse zu unterdrücken und Emotionen zu verdrängen, wenn es um seine Reputation als Wissenschaftler geht: „Seine Hände und sein Gesicht waren aufgeschürft, sein Mantel zerrissen, doch das Barometer war ganz geblieben. Der Schmerz habe auch sein Gutes, sagte er mit zusammengebissenen Zähnen. Für den Moment sehe er wieder klar." (Z. 64 ff.) Sein ehrgeiziger Forscherdrang lässt allerdings **kein Hinterfragen seines Tuns** zu, sein Prestigedenken hält seinem Forscherethos die Waage, wenn er „Europa die Mitteilung macht[ ], daß von allen Sterblichen er am höchsten gelangt sei" (Z. 108 f.). Denn in der Krisensituation auf der Schneebrücke hat er sich bewusst „das Nichtdenken befohlen […]. Also habe er nichts gedacht." (Z. 75) So kann es zu der eigenartigen Diskrepanz kommen, dass er einerseits unter extremen Bedingungen hohe wissenschaftliche Standards beizubehalten versucht, wenn er unter äußerster Mühe eine exakte Höhenmessung vornimmt, auf der anderen Seite aber bereitwillig dabei ist, sich seinen Misserfolg schönzureden. Hier ist er trotz allem nicht frei von persönlicher Eitelkeit.

Bonpland bildet mit seinem Verhalten eine deutliche Kontrastfigur zu Humboldt: Angesichts der lebensbedrohlichen Lage verliert er sein klares Urteilsvermögen und neigt zu gefährlicher Selbstüberschätzung („Er wolle auf den Gipfel, sagte Bonpland." Z. 44). Er ist seinen physischen und psychischen **Schwächen relativ unkontrolliert ausgeliefert** („Sofort schämte er sich, weil er das schon gesagt hatte. Es war ihm so peinlich, daß ihm schlecht wurde. Er beugte sich vornüber und übergab sich erneut." Z. 43 ff.). Mit moralischen Wertmaßstäben nimmt er es, zumindest unter Belastung, nicht so genau, wenn er etwa ausspricht, dass er gelegentlich starke Mordgelüste gegen Humboldt verspürt habe (vgl. Z. 88 ff.), oder wenn er den Gedanken formuliert, „man könnte […] auch einfach behaupten, man wäre oben gewesen" (Z. 47). Für Humboldts akribische Arbeitsweise zeigt er wenig Verständnis und wird ungeduldig, als dieser seine Messung möglichst exakt ausführen will; sein Augenmerk ist mehr auf **persönliches Überleben** als auf wissenschaftlichen Ehrgeiz gerichtet. So hat er am Ende auch nur das Bedürfnis nach körperlicher Erholung und allenfalls emotionaler Verarbeitung des Erlebten, allerdings hat die Grenzerfahrung bei ihm **existenzielle Fragen** zumindest aufkeimen lassen: „Wer weit reise, sagte er, erfahre viele Dinge. Ein paar davon über sich selbst." (Z. 96 f.)

4 Zusammenfassende Interpretation

Aus den bisherigen Betrachtungen ergibt sich, dass Humboldt hier als **Ausnahmewissenschaftler** in jeder Hinsicht gezeichnet wird: in seinem Forscherdrang, seiner Belastbarkeit und in dem, was er sich abverlangt. Dieses Bild wird durch den Kontrast zu dem ‚menschlicheren' Bonpland noch verschärft. Allerdings ist mit dem Namen Humboldts auch für heutige Leser die Leitfigur des deutschen Humanismus verbunden – dieses Forscherideal wie auch das dahinter stehende **klassische Menschenbild** wird hier **ironisch gebrochen**, wenn hinter dem Ehrgeiz Humboldts sein Prestigedenken und seine persönliche Eitelkeit aufscheinen: Er ist bereitwillig dabei, wenn es gilt, Tatsachen zu beschönigen und die eigene Leistung herauszustreichen. Hinzu kommt gerade in diesem Punkt ein **Spiel mit der Lesererwartung**, indem eine bekannte historische Persönlichkeit, die für die gebildete Leserschaft, welche hier die Zielgruppe bildet, eindeutig positiv konnotiert ist, aus einem ungewöhnlichen Blickwinkel dargestellt wird. Dadurch, dass der Erzähler aber durchweg Distanz zum Erzählten wie zu seinen Figuren einnimmt und auf jegliche direkte wie immanente Kommentierung verzichtet, wird eben diese Leserschaft gefordert, sich selbstständig und kritisch mit traditionellen Bildungsgütern einerseits, aber andererseits auch mit dem vermeintlichen Ideal des genialen, seiner Wissenschaft völlig hingegebenen Forschers auseinanderzusetzen. Denn gerade dadurch, dass hier ein Extremwissenschaftler in seinem Erkenntnisdrang, aber auch in seinem Prestigedenken vorgeführt wird, werden sowohl **die Forschenden** als auch ihre Ergebnisse in gewisser Weise **entmystifiziert** und relativiert. Man darf nicht vergessen, dass das Werk, welches in unserer wissenschaftsgläubigen Gegenwart entstanden ist, nicht umsonst „ Die Vermessung der Welt“ betitelt ist. Bei genauerer Betrachtung dieses Textes stellt sich wohl beim Leser der Gedanke ein, dass es nicht nur darum geht, die Welt zu vermessen, also wissenschaftlich „in den Griff zu bekommen“, sondern dass hier auch der Begriff der Vermessenheit im Sinne von Hybris mitzudenken ist.

5 Vergleich mit einem anderen literarischen Werk – Gestaltung des Drangs nach Erkenntnis

Der Begriff „**Erkenntnis**“ bezeichnet zunächst ganz allgemein den Erwerb von Wissen, allerdings nicht oder nicht nur im Sinne von rezeptivem Erlernen, sondern als Erfassen von Sachverhalten und deren Zusammenhängen. Während er sich im naturwissenschaftlich-technischen Bereich mehr auf das empirische oder innovative Verständnis von Funktionsweisen bezieht, umfasst er im geisteswissenschaftlichen Bereich eher das Verständnis logischer und existenziell-metaphysischer Zusammenhänge. Aus dieser Überlegung heraus fiel die Wahl des zu vergleichenden Werkes auf Goethes **Faust I**: Das fast schon sprichwörtliche „faustische Streben“, „[d]ass ich erkenne was die Welt / Im Innersten zusammenhält“ (V. 382 f.), ist gewissermaßen universell, bezieht sich also auf alle Bereiche menschlichen Erkenntnisdrangs.

Der Naturforscher **Humboldt** will Erkenntnisse über die Welt gewinnen. In seinem Briefwechsel mit Gauß ist oft die Rede von „verstehen“, wobei elliptisch ausgespart bleibt, was verstanden wird. Wie auch dem vorliegenden Textausschnitt zu entnehmen ist, beschäftigt er sich exemplarisch mit **superlativischen geographischen Phänomenen**; die Kapitel des Romans, die ausschließlich ihm gewidmet sind, tragen Titel wie „Das Meer“, „Die Höhle“, „Der Fluss“ und eben „Der Berg“. Man fühlt sich ein wenig an die Ideen Platons erinnert: Humboldt versucht Erkenntnisse über den Berg als solchen zu gewinnen, darüber, was ihn als Berg ausmacht, indem er sich mit dem größten erreichbaren Exemplar auseinandersetzt.

Dabei geht er nach **empirischen Methoden** vor: Er vermisst den Berg, das heißt, er bemüht sich, ihn so exakt wie möglich zu beschreiben, und hofft, ihn dadurch zu „verstehen“. Obwohl am Rande des physischen Zusammenbruchs, setzt er bei der Bergbesteigung seine letzten Kräfte daran, die genaue Höhe zu bestimmen, auf der sie sich befinden: „Dann dürfe er ihm nämlich mitteilen, daß sie sich auf einer Höhe von achtzehntausendsechshundertneunzig Fuß befänden.“ (Z. 37 f.) Allerdings stehen ihm bei seiner Arbeit freilich nur menschliche Maßstäbe und Mittel zur Verfügung, und so bleibt er im wahrsten Sinne des Wortes an der Oberfläche der Dinge.

Auch darf man sich bei aller Bewunderung für die menschliche Extremleistung nicht täuschen lassen: Humboldt stellt nicht die Höhe des Berges an sich fest, sondern diejenige, die die beiden Forscher erreicht haben: „Das mache sie zu den Menschen, die am weitesten nach oben vorgedrungen seien.“ (Z. 40) Hier mischt sich in sein Streben nach Erkenntnisgewinn unvermittelt **persönliche Eitelkeit** und allenfalls wissenschaftliches Prestigedenken. Diese Verschiebung der Prioritäten zeigt sich nochmals in seiner Entgegnung, als ihn Bonpland an ihr eigentliches, ursprüngliches Ziel erinnert: „Aber der Gipfel? Mit oder ohne Gipfel, es sei der Weltrekord.“ (Z. 42 f.) Bezeichnend ist auch die sich nun anschließende Diskussion darüber, ob man nicht einfach vorgeben könne, den Gipfel erreicht zu haben; hier wird ein Betrug aus rein persönlichen Gründen ins Kalkül gezogen, der gar nichts mehr mit Erkenntnis zu tun hat.

Dies ist im wahrsten Sinne des Wortes der Wendepunkt, denn nun beginnt der Abstieg. Auch im übertragenen Sinn setzt hier der Niedergang ein. Vordergründig legt Humboldt zwar die **Verantwortung des Forschers** an den Tag, der das Leben der Expeditionsteilnehmer nicht aufs Spiel setzen will, doch eigentlich ist er jetzt vordringlich damit beschäftigt, sich den Misserfolg schönzureden: „Sie beide, sagte Humboldt, hätten den höchsten Berg der Welt bestiegen. Das werde bleiben, was auch immer in ihrem Leben noch geschehe." (Z. 81 f.) Er ignoriert Bonplands wahrheitsgetreu korrigierende Hinweise („Nicht ganz bestiegen, sagte Bonpland", Z. 83); dieser geht allerdings mit der gesamten Bergerkundung anders um: „Wer weit reise, sagte er, erfahre viele Dinge. Ein paar davon über sich selbst." (Z. 96 f.) Bonpland, der ‚menschlichere' von beiden, gewinnt über den rein empirischen Wissenszuwachs hinaus den Ansatz einer **existenziellen Erkenntnis**, auch wenn er diese nicht näher thematisiert. Aber für einen solchen Ansatz fehlt Humboldt das Verständnis: „Humboldt bat um Entschuldigung. Er habe leider nichts verstanden." (Z. 98) Mit dieser signifikanten Aussage wird die **empirische Forschung** und ihre Möglichkeit zur Erkenntnis gnadenlos **relativiert**. Denn weder hat Humboldt sein ursprüngliches Ziel, Erkenntnis über die Höhe des Berges zu gewinnen, erreicht, noch zieht er irgendeine Erkenntnis für sein Leben daraus – er versteht nichts.

Goethes **Dr. Faust** ist den Weg der Empirie bereits bis an die Grenzen gegangen, als die Handlung einsetzt: Er hat alle damals bekannten Natur- und Geisteswissenschaften „[d]urchaus studiert, mit heißem Bemühn. / Da steh ich nun, ich armer Tor! / Und bin so klug als wie zuvor; / [...] Und sehe, dass wir nichts wissen können!" (V. 357 ff.) Auch er hat offensichtlich versucht, zunächst mit **naturwissenschaftlichen Methoden Erkenntnis zu gewinnen** – ohne Erfolg.

Gewonnen hat Faust wohl etwas, nämlich eine gewisse **Freiheit** – „Mich plagen keine Skrupel noch Zweifel, / Fürchte mich weder vor Hölle noch Teufel" (V. 368 f.) –, aber die hat ihren Preis: „Dafür ist mir auch alle Freud entrissen" (V. 370). Persönliche Eitelkeit, die durch die Bewunderung seiner Mitmenschen befriedigt werden könnte, ist ihm fremd, wie im Gespräch mit seiner Kontrastfigur Wagner „[v]or dem Tor" deutlich wird: „Der Menge Beifall tönt mir nun wie Hohn. O könntest du in meinem Innern lesen, / Wie wenig Vater und Sohn / Solch eines Ruhmes wert gewesen!" (V. 1030 ff.)

Im Gegensatz zu Humboldt, der allenfalls von Verstehen, aber nie von **Erkenntnis** als Forschungsziel spricht, formuliert Faust seinen Anspruch: „Dass ich erkenne was die Welt / Im Innersten zusammenhält" (V. 382 f.). Ihm geht es nicht um eine Beschreibung von Phänomenen, um ein Verständnis von Funktionszusammenhängen, er strebt vielmehr nach **existenziellen Einsichten**, die sein Leben verändern und bereichern, letztlich, damit er die abhanden gekommene Freude wieder gewinnt. Menschliche Forschung kann dies nicht leisten, „[d]rum hab ich mich der Magie ergeben" (V. 377). Man erlebt Faust als einen Menschen, der auf der Suche nach der Erkenntnis darüber ist, welche Erkenntnis überhaupt sinnvoll ist – im Äußeren ist diese jedenfalls nicht zu finden: „Erquickung hast du nicht gewonnen, / Wenn sie dir nicht aus eigner Seele quillt" (V. 568 f.), rät er Wagner. Denn auch die magische Geisterbeschwörung stellt sich als Irrweg heraus. „Du gleichst dem Geist den du begreifst, / Nicht mir!" (V. 512 f.), weist ihn der Erdgeist ab und zeigt ihm damit im Grunde seinen Weg: **Erkenntnis als Sinnfindung**, als Weg zu einem glücklichen Leben ist nur im Kontakt mit einem gleich gearteten Du zu erreichen. Auf nichts anderes zielt seine Wette mit Mephistopheles, nämlich den Glücksmoment zu perpetuieren, und eine solche Chance bietet sich in der Begegnung mir Gretchen: „Sich hinzugeben ganz und eine Wonne / Zu fühlen, die ewig sein muss! / Ewig!" (V. 3191 ff.) Dass es ihm dennoch nicht gelingt, diese Erkenntnis umzusetzen, hat nicht primär mit der Erkenntnis als solcher zu tun, sondern mit dem zugrunde liegenden klassischen Menschenbild, welches einen vielschichtigen Reifeprozess umfasst.

Humboldts Erkenntnisdrang erschöpft sich somit in der Vermessung, in einer deskriptiven Beschreibung der äußeren Welt, und entpuppt sich letztlich als Mittel, um seine persönliche Eitelkeit zu befriedigen und sein Ego aufzuwerten. **Fausts** Erkenntnisdrang bezieht sich darauf, den Sinn des Lebens zu ergründen; die empirische Wissenschaft stellte sich am Ende seines – gleichsam „ersten" – Lebens als Irrweg heraus; ihm öffneten sich ganz andere Dimensionen von Erkenntnismöglichkeiten.

Grundkurs Deutsch (Bayern): Abiturprüfung 2009
Aufgabe 4 – Erörterung

„Das Verb ‚lesen' duldet keinen Imperativ. Eine Abneigung, die es mit ein paar anderen teilt: dem Verb ‚lieben', dem Verb ‚träumen' …
Man kann es natürlich trotzdem versuchen. Probieren Sie es mal: ‚Liebe mich!' ‚Träume!' ‚Lies! Jetzt lies doch, zum Teufel, ich befehle dir zu lesen!'
‚Geh in dein Zimmer und lies!'
Ergebnis?
Null."

Aus: Daniel Pennac, Wie ein Roman. Von der Lust zu lesen, übers. aus dem Französischen v. Uli Aumüller, Köln: Kiepenheuer und Witsch 2006

Zeigen Sie im Anschluss an eine Überprüfung der Aussage auf, warum eine gezielte Erziehung hin zum Lesen sinnvoll ist, und erörtern Sie unter Einbeziehung Ihrer bisherigen Ergebnisse Möglichkeiten und Grenzen der schulischen Leseförderung!

Hinweise und Tipps

Wie bei jeder Erörterung müssen Sie auch hier zunächst die Aufgabenstellung sorgfältig analysieren und sich anschließend über die erforderlichen Arbeitsschritte genau klar werden.

Die Themenstellung ist sehr differenziert und präzise: Vorangestellt ist ein Zitat, dessen Grundaussage erfasst und überprüft werden muss, wobei mit „Überprüfung" wohl eine Auswertung der Aussage im Hinblick auf die anschließende Problemstellung gemeint ist; damit gewinnen Sie bereits die Grundgedanken für die **Einleitung** Ihrer Arbeit.

Der erste Arbeitsauftrag ist bereits richtungsweisend und kann als Hinführung zur eigentlichen Sachdiskussion verstanden werden: Sie sollen erarbeiten, dass eine gezielte Erziehung zum Lesen sehr wohl notwendig und sinnvoll ist, und dafür plausible Gründe anführen. Die Formulierung der Aufgabenstellung intendiert im Grunde eine **lineare Erörterung**, die Sie sinnvollerweise **steigernd aufbauen**, aber nicht zu breit ausführen sollten, da sich der eigentliche, **dialektische Erörterungsauftrag** erst anschließt.

Bei dessen Bearbeitung ist strikt zu beachten, dass die Aufgabenstellung hier sehr genaue Vorgaben macht, dass es also nicht oder nicht in erster Linie um Lesen oder Leseverhalten allgemein geht, sondern um **Leseförderung** und speziell deren **Möglichkeiten in der Schule**. Hier werden Sie auch auf **persönliche Erfahrungen** zurückgreifen; achten Sie jedoch sorgfältig darauf, ob diese zu verallgemeinern sind, also als Argument dienen können, oder eher ein konkretes Beispiel darstellen. Auch verlangt die Aufgabenstellung eine ausgewogene Diskussion, deren Ziel nicht eine Entscheidungsfindung, sondern eine überlegte Darstellung ist. Umso sorgfältiger müssen Sie Wert darauf legen, dass sich die einzelnen gedanklichen Schwerpunkte in sinnvoller Weise aufeinander beziehen und Sie keinesfalls in eine Aufzählung abgleiten.

Den **Schluss** wird eine resümeeartige, wohl reflektierte Stellungnahme bilden, bei der jedoch eine bloße Wiederholung bereits angeführter Gedanken zu vermeiden ist.

Wie immer bei der Erörterung ist auf **angemessene Begrifflichkeit** sowie auf **sprachliche Gewandtheit und Korrektheit** besonderes Augenmerk zu richten.

Lösungsvorschlag

1 Themaklärung / Problematik

In dem Zitat stellt Daniel Pennac Lesen bzw. Lesebereitschaft als vorwiegend emotional bedingte Fähigkeit dar, indem er „lesen“ in Analogie zu ausschließlich emotional konnotierten Verben wie „lieben“ und „träumen“ setzt. Konsequenterweise ergibt sich daraus, dass Lesen ohne hinreichendes inneres Engagement, ohne persönliche Motivation des Lesenden nutzlos ist. Damit versteht er aber unter „lesen“ ausschließlich das vertiefte literarische Lesen, berücksichtigt also nur einen, wenn auch wesentlichen Aspekt des Lesens. Außer Acht gelassen wird hierbei, dass Lesen auch eine erlernbare Technik der Informationsgewinnung ist oder mitunter der Förderung der Sozialkompetenz im weiteren Sinn dient – also eine Grundkompetenz, die durch angemessene entsprechende Unterweisung vermittelt werden kann. Von dieser begrifflichen Grundlage ausgehend, ist eine gezielte Erziehung hin zum Lesen sehr wohl sinnvoll und notwendig.

2 Gründe für die Notwendigkeit gezielter Leseerziehung

Lesen verlangt von dem, der es tut, Konzentration sowie eine gewisse Bereitschaft, sich anzustrengen und die eigene Person zurückzunehmen, also Grundfertigkeiten, die im Alltagsleben, besonders in der erfolgreichen Bewältigung des Berufslebens unverzichtbar sind, gerade im Hinblick auf die häufig – und zweifelsohne zu Recht – beklagte Reizüberflutung durch elektronische Medien. Den Gehalt eines Textes kann man nur erfassen, wenn man sich selbst zurücknimmt, wenn man die Reize ausklammert, die von außen auf einen einströmen, und sich ganz dem Gedruckten oder Geschriebenen hingibt. Aber gerade weil sich elektronische Medien wie Filme oder Videospiele dem Benutzer wesentlich müheloser erschließen als die Lektüre eines Buches, muss der Nutzen des Lesens, der Gewinn, den diese Anstrengung bringt, möglichst früh gezielt vermittelt werden.

Die **regelmäßige Rezeption von Texten**, fiktionalen oder nicht-fiktionalen, bildet die grundlegende **Voraussetzung für** den eigenen fehlerfreien bzw. **elaborierten Sprachgebrauch**; durch Lesen wird der Wortschatz schneller und nachhaltiger erweitert als durch die Beschäftigung mit anderen Medien, da automatisch höhere Konzentration aufgebracht und damit das Gelesene fester verankert wird. So macht Lesen auch in höherem Maße gesprächsfähig und schafft damit Voraussetzungen für die soziale Position in der Gesellschaft, wenn man nur an das Abfassen eines Bewerbungsschreibens oder an das ebenfalls obligatorische Bewerbungsgespräch denkt. Aber gerade Schüler aus sozial schlechter gestellten Familien oder solche mit Migrationshintergrund, bei denen nicht ohne Grund die Sprachregelung „bildungsferne Schichten“ getroffen wurde, müssen eben ans Lesen herangeführt werden, was in solchen Fällen verstärkt in der Schule geschehen muss, da das Elternhaus es nicht in ausreichendem Maße zu leisten imstande ist.

Freilich wird nicht ganz zu Unrecht geltend gemacht, dass im Zeitalter der elektronischen Medien das Lesen nicht mehr den Stellenwert hat wie in der Zeit der reinen Printmedien. Aber trotz allen technischen Fortschritts bleibt die **Fähigkeit, Texte gezielt auszuwerten**, im Informationszeitalter eine basale Kompetenz. Auch oder vielmehr gerade weil man sich mithilfe des Internets sehr schnell sehr viele Informationen unterschiedlichster Qualität beschaffen kann, ist eine zielorientierte Lesefähigkeit unabdingbar, um hier rasch eine gezielte Auswahl durchführen zu können. Das kann jeder bestätigen, der sich jemals mit den buchstäblich Tausenden von Treffern konfrontiert sah, die eine einfache Suchanfrage bei einer beliebigen Internet-Suchmaschine ergibt, welche in den allermeisten Fällen ja Texte unterschiedlicher Qualität bieten. Hier schnell und kritisch zu differenzieren, muss gelernt und geschult werden. Lesefähigkeit ist somit eine Schlüsselqualifikation, um sich in der heutigen vielfältigen und komplexen Medienlandschaft angemessen orientieren zu können. Indem sich der Leser mit einer Vielzahl von Positionen und Standpunkten auseinandersetzt, wird wiederum seine Differenzierungs- und **Kritikfähigkeit geschult** und gestärkt.

Aber auch über die Informationsbeschaffung und -beurteilung hinaus eröffnet das Lesen **Einblicke in alternative Lebenswelten und Sichtweisen** in höherem Maß und größerer Tiefe und Nachhaltigkeit als andere Medien. Eine Fernsehdokumentation dauert im Schnitt 45 Minuten, ein Kino- oder TV-Film, auch wenn er anspruchsvoll ist, vielleicht zweieinhalb Stunden. Hier wird das Tempo der Rezeption unweigerlich vorgegeben: Der Konsument kann es nicht der persönlichen Aufnahmefähigkeit anpassen, wodurch die Gefahr besteht, dass ihm Details der Informationen oder auch der künstlerischen Gestaltung entgehen. Überdies geschieht das Betrachten eines Films allemal in eher passiver Rezeption, der Zuschauer bekommt ihn dargeboten. Beim Lesen ist man automatisch gezwungen, eigene Vorstellungen zum Gelesenen zu entwickeln: Der Leser setzt sich aktiv mit dem Gelesenen auseinander und kommt dadurch zu eigenen Ansichten und Einsichten; somit ist Lesen ein **Bestandteil der Persönlichkeitsbildung**. Dass eine solche Anstrengung Gewinn bringt, muss jedoch bei dem Überangebot an müheloser „Berieselung" frühzeitig vermittelt werden.

Unter diesen Voraussetzungen bietet Lesen die Möglichkeit **ästhetischer Bildung und Wertevermittlung**. Unbestritten kann man auch intuitiv die Schönheit eines Kunstwerkes oder eines Musikstückes erfassen, aber die Bewusstmachung der ästhetischen Qualität, einfacher gesagt: warum es einem gefällt, findet allemal über die Sprache statt, weil diese eben das kognitive Mittel der Bewusstmachung bildet. Selbstredend sind auf diesem Gebiet in erster Linie Schulfächer wie Kunst- oder Musikunterricht gefragt, die aber, schon aufgrund der begrenzten Zeit, letztlich nur Anregungen bieten können. Die Vertiefung, die eigene Beschäftigung mit dem dort Gelernten, wird über Lektüre stattfinden müssen, schließlich arbeiten auch diese Fächer ja stets mit Lehrbüchern, die hier den Einstieg in die individuelle Auseinandersetzung mit dem jeweiligen Inhalt überhaupt erst ermöglichen.

Aber jemand, dem eine solche pragmatisch orientierte Auffassung und Ausübung von Lesen vertraut ist, wird deshalb nicht unbedingt auch zu literarischen Werken greifen. Um Lesen als **zweckfreien Raum des Genießens** erfahren zu können, muss zum einen eine gewisse Lesefertigkeit vorhanden sein, die sich nicht von selbst einstellt. Wer sich mühsam durch einen Text buchstabiert, wird dabei selbstredend keine Freude empfinden. Hier ist Übung und Unterstützung erforderlich; in Ländern wie Schweden oder England gibt es beispielsweise spezielle Lesepädagogen. Aber auch wer mühelos lesen kann, wird dies, wenn es nicht zweckorientiert ist, nur tun, wenn er jemals erfahren hat, dass Lektüre eine Steigerung der Lebensqualität bedeuten kann, wenn er Freude am Lesen empfindet. Lesen kann einen eskapistischen Rückzugsraum bieten, wie jeder bestätigen wird, der jemals Nächte hindurch ein spannendes Buch „einfach nicht aus der Hand legen konnte". Lesen kann somit den Wunsch nach Unterhaltung, Ablenkung und Spannung befriedigen, aber auch ästhetisches Vergnügen bereiten, und zwar einfacher und in höherem Maß als elektronische Medien: Ein Buch ist nahezu überall und jederzeit verfügbar, der Lesende bestimmt selbst das Tempo der Rezeption, er ist gewissermaßen sein eigener Regisseur und seiner Fantasie wird mehr Raum gegeben. Ein solches Erlebnis stellt sich aber nicht zwingend von selbst ein; die IGLU-Studie 2006 ergab unter anderem, dass fast jedes zehnte Mädchen und jeder fünfte Junge niemals außerhalb der Schule, also zu seinem Vergnügen las. Dieses Vergnügen zu vermitteln, wäre also ein wesentliches Erziehungsziel gerade der Schule.

3 Möglichkeiten und Grenzen schulischer Leseförderung

Hier ist die Schule konkret gefordert, die Kinder und Jugendlichen nicht nur ans Lesen heranzuführen, sondern ihnen darüber hinaus Lesebereitschaft zu vermitteln, sodass sich – im optimalen Fall – eine Vertrautheit, ein selbstverständlicher Umgang mit Büchern bzw. Printmedien überhaupt verfestigt und Bestandteil des Alltagslebens wird. Dies wird naturgemäß primär im Rahmen des Unterrichts stattfinden. Im **Deutschunterricht** hat Lesen ohnehin seinen festen Platz, angefangen mit dem ersten Lesebuch über die Zeitungslektüre, die im Bayerischen Lehrplan der 8. Jahrgangsstufe verankert ist, bis hin zur anspruchsvollen Klassenlektüre. Hier können auch vorhandene Leseinteressen in gewissem Umfang eingebracht werden, indem die Schüler etwa die Auswahl der Lektüre oder auch die Form der Bearbeitung mitbestimmen. Gruppen- oder Projektarbeit bieten zudem vielfältige Möglichkeiten, sich unter gezielter Anleitung, aber eben selbstständig mit dem Text auseinanderzusetzen. Auch die Formen der Ergebnissicherung bieten vielerlei Alternativen, von der einfachen Rechenschaftsablage bis hin zur Präsentation im Internet. Die elfte Klasse eines Münchner Gymnasiums hat etwa ihre Beschäftigung mit Kehlmanns Bestseller „Die Vermessung der Welt" auf einer professionell gestalteten Website dokumentiert.

Gerade dieses Beispiel zeigt aber, dass Beschäftigung mit Literatur **fächerübergreifend** stattfinden kann und soll, in diesem Fall mit Kunst und Informatik. Aber auch vom inhaltlichen Aspekt her existiert für nahezu jedes Fachgebiet eine Fülle attraktiv geschriebener episch-fiktionaler wie informativer Jugendliteratur, die natürlich vom Lehrer empfohlen werden kann, aber auch im Rahmen von **Buchvorstellungen** den Mitschülern dargeboten werden sollte; es liegt auf der Hand, dass ein Buch, welches Geschwister, Freunde oder eben Klassenkameraden „gut finden", reizvoller erscheint als eines, welches der Lehrer anpreist. Solche Buchempfehlungen können in unterschiedlichster Form dargeboten werden, angefangen von der Präsentation eines Schülers für seine Mitschüler über Buchempfehlungen in der Schülerzeitung, altersstufendifferenziert von Schülern für Schüler, bis hin zu Schaukästen mit Neuerscheinungen, dem Buch oder dem Autor der Woche oder ähnlichem.

Damit zeigen sich aber bereits **Grenzen** der schulischen Leseförderung. Denn zentrale Weichenstellungen haben bereits stattgefunden, bevor ein Kind überhaupt in die Schule kommt. Das vorbildhafte **Leseverhalten im Elternhaus** ist hier ebenso ausschlaggebend wie frühe Leseförderung im Sinne von Vorlesen im Kleinkind- und Kindergartenalter. Die IGLU-Studie hat hier signifikante Zusammenhänge mit der Leseleistung im Grundschulalter festgestellt. Auch das Angebot an Printmedien ist zu berücksichtigen. Natürlich sind öffentliche Bibliotheken wie auch Schulbibliotheken Kindern und Jugendlichen sogar überwiegend kostenlos zugänglich, aber wenn man daheim nur ins Regal greifen muss, um ein Buch aufzuschlagen, und man dort auch noch eine entsprechende Auswahl findet, ist die Hemmschwelle eben geringer. Hier kann die Schule mit ihren konventionellen Fördermöglichkeiten nur bedingt einwirken, vor allem bei den sogenannten bildungsfernen Schichten, die aus den erwähnten Gründen gerade die Zielgruppe darstellen. Hier wäre „Elternarbeit" erforderlich, die die Institution ‚Schule' kaum leisten kann.

In engem Zusammenhang damit steht die Tatsache, dass Lektüre, vor allem freiwillige, einen an persönliche Vorlieben gebundenen, gleichsam privaten Vorgang darstellt, der als solcher schon in gewissem Umfang dem schulischen „Zugriff" entzogen ist. Und schließlich steht bei der Institution ‚Schule' stets die Notwendigkeit einer wie auch immer gearteten Ergebnissicherung im Hintergrund, vornehmlich durch die Vergabe von Zensuren. Damit wird ein, wenn vielleicht auch nur latenter, Leistungsdruck aufgebaut, der die zweckfreie Lesefreude naturgemäß beeinträchtigt.

Allerdings können in der Schule durchaus jenseits von Leistungserhebungen **Begegnungsmöglichkeiten mit Lesestoff** geschaffen werden; an erster Stelle zu nennen wäre hier der obligatorische Besuch der Schulbibliothek unter Führung des Lehrers. Auch die Einrichtung einer Klassenbücherei bietet sich an, deren Ausstattung die Schüler selbst bestimmen oder die sie gar aus eigenen Beständen füllen. Gerade Kinder, die im häuslichen Umfeld kaum oder gar nicht mit Büchern in Kontakt kommen, erfahren hier, dass Lesen durchaus in einen sozialen Kontext eingebunden sein kann. Vielfach wird dieses Erlebnisfeld noch unterstützt durch behagliche Leseecken, wo die Schüler Zwischenstunden oder Pausen allein oder gemeinsam mit anderen schmökernd verbringen können. Freilich bleibt das Klassenzimmer oder auch die Schulbibliothek trotz allem immer ein öffentlicher Raum, der nur äußerst begrenzte Rückzugsmöglichkeiten bietet; an die Qualität häuslichen Lesens daheim auf der Couch wird ein solches Erlebnis nicht herankommen. Hinzu kommt allemal der Zeitrahmen der Schule, der stets in irgendeiner Form an die Rhythmisierung der Unterrichtseinheiten gebunden ist und damit das Vergnügen selbstbestimmter Lesezeit unmöglich macht.

Nichtsdestoweniger kann eine solche Zeitbeschränkung gelockert werden, wenn etwa im Rahmen einer Exkursion außerschulische Institutionen wie Büchereien oder Buchhandlungen besucht werden. Die Schüler lernen zum einen den Umgang mit derartigen Einrichtungen und können sich zum anderen in der Sicherheit bietenden Umgebung der Klassenkameraden damit vertraut machen. Hier kann die Schule sehr wohl zum **Abbau von Schwellenängsten** beitragen, wenngleich man sich nicht zu große Illusionen über die Nachhaltigkeit solcher eher punktueller Aktionen machen darf. Ein Impuls lässt sich damit setzen, aber es bleibt fraglich, ob Schüler durch einige wenige gemeinsame Bibliotheksbesuche zu kontinuierlichem Lesen motiviert werden. Auch sind derartige Unternehmungen, im Klassenverband oder privat, in hohem Maße von der örtlichen Infrastruktur abhängig. Es bedarf eines höheren Aufwandes an Zeit, Geld und Organisation für den Lehrer einer Schule auf dem Land, eine solche Unternehmung zu organisieren, als wenn er in der Stadt die günstigen Verkehrsverbindungen nutzen kann. Genauso wird ein Kind, das in der Stadt wohnt und mit öffentlichen Verkehrsmitteln oder dem Fahrrad eine Bibliothek aufsuchen kann, dies bereitwilliger tun als eines, dem diese Möglichkeiten nur begrenzt zur Verfügung stehen.

Jedoch hat die Schule gerade als Institution Möglichkeiten, **Lesen** als **öffentliches Ereignis zu inszenieren**. Hier wird das Vorlesen eine besondere Rolle spielen, ganz traditionell etwa in Form von Vorlesewettbewerben, die über die Schule hinaus den Ansporn bieten, sich auf überregionaler Ebene zu präsentieren, und damit den Schülern Lesen als Mittel der Selbstfindung und Selbstbestätigung aufzeigen. Auch Lesenächte haben sich bewährt, in denen Schüler und Lehrer sich gegenseitig vorlesen; über das soziale Erlebnis und die Erfahrung von Schule in ganz anderem Kontext kann Lesen neu konnotiert werden. Ebenfalls sinnvoll sind Klassenfahrten zu Geburts- oder Wohnorten von Autorinnen und Autoren; indem die Jugendlichen deren Lebensumfeld – Wohnung, Alltagsrequisiten, Dokumente wie Briefe oder Schulzeugnisse – begegnen, wird für sie aus dem „Dichterfürsten“ ein Mensch, seine Literatur in den Bereich des Erlebbaren gerückt.

Trotz allem darf man sich keine Illusionen darüber machen, dass das Lesen gerade bei Jugendlichen einfach eine geringere Attraktivität im Vergleich zu anderen Medien hat. Die Fahrt zu den Bavaria-Filmstudios in München wird sich dem Jugendlichen mit der Vielfalt an filmtechnischen Attraktionen vermutlich stärker einprägen als der Ausflug zum Schiller-Museum in Marbach, was derartiges eben nicht zu bieten hat. Auch hat das Lesen im Jugendalter nachgewiesenermaßen einen teilweise geringen Stellenwert; die PISA-Studie belegt, dass in der Sekundarstufe das Leseverhalten zwischen Hauptschülern und Schülern weiterführender Schulen, die einen wesentlich geringeren Prozentsatz ausmachen, zunehmend stärker auseinanderklafft, obwohl Leseförderungsmaßnahmen in allen Schularten angeboten werden.

Gerade vor diesem Hintergrund sollte der **Zugang zum Lesen über andere Medien** wie Film, Theater oder Hörspiel nicht ganz außer Acht gelassen werden. Ein Drama ist für die Bühne geschrieben, für die Aufführung gedacht, somit wird es sich auch dem Schüler anders erschließen, wenn er es, von professionellen Schauspielern vorgetragen, in der optischen Inszenierung erlebt. Auch filmische Literaturrezeptionen bieten Vergleichsmöglichkeiten und Diskussionsansätze über das bloße Lesen hinaus, abgesehen von dem sozialen Ereignis eines gemeinsamen Kino- oder gar Theaterbesuchs, der als solcher schon die Lebenswirklichkeit des Schülers erweitern und bereichern kann. Allerdings bewegt man sich hier natürlich wiederum im multimedialen Bereich, wo allemal die Möglichkeit der Kontraproduktivität besteht: Die leichtere und schnellere Konsumierbarkeit außerliterarischer Vermittlungsformen darf in diesem Fall eben nicht die Austauschbarkeit des Leseerlebnisses vorgaukeln oder dieses gar ersetzen.

Lesen als Grundfertigkeit, als Voraussetzung zur Teilnahme am gesellschaftlichen und sozialen Leben bleibt auch im Zeitalter von Computertechnologie und multimedialer Information und Kommunikation unverzichtbar, trotz immer stärkerer Konkurrenz vor allem auch durch ein immer breiteres Freizeitangebot. In diesem Spannungsfeld präsentiert sich Leseförderung als gesamtgesellschaftliche Herausforderung, der sich sämtliche Erziehungsinstanzen stellen müssen, in besonderem Maß aber sicher die Schule als Bildungsinstitution, die den Heranwachsenden Mittel und Strategien zur Lebensbewältigung vermitteln soll.

Grundkurs Deutsch (Bayern): Abiturprüfung 2010
Aufgabe 1 – Erschließung eines poetischen Textes

a) Erschließen und interpretieren Sie vergleichend die Gedichte *Schwärmerei* von Alfred Lichtenstein und *Auf der Straßenbahn* von Gerrit Engelke! Arbeiten Sie dabei unter Einbeziehung des literaturgeschichtlichen Hintergrunds insbesondere heraus, wie die Erfahrung der technischen Möglichkeiten gestaltet wird!

b) Stellen Sie dar, wie in einem anderen literarischen Werk des 19. oder frühen 20. Jahrhunderts auf Herausforderungen der Moderne reagiert wird!

Text A: Alfred Lichtenstein (1889–1914):

Schwärmerei[1] (Entstehung und Erstdruck 1911; Orthographie und Interpunktion entsprechend der Werkausgabe von 1989)

Ach, wer doch ewig Auto fahren könnte –

Wir bohren uns durch hochgestielte Wälder.
Wir überholen Flächen, die sich endlos schienen.
Wir überfahren den Wind und überfallen die Dörfer, die flinken.
Aber verhaßt sind uns die Gerüche der langsamen Städte –

Hei, wie wir fliegen! Immer dem Tod entlang ...
Wie wir ihn höhnen und ihn verspotten, der uns am Leben sitzt!
Der uns die Gräben legt und alle Straßen krümmt – ha, wir verlachen ihn!
Und die Wege, die überwundenen, vergehen vor uns –

So werden wir die ganze Welt durchauteln[2] ...
Bis wir einmal an einem heitern Abend
An einem starken Baum ein kräftiges Ende finden.

Aus: Alfred Lichtenstein, Dichtungen, hrsg. v. Klaus Kanzog und Hartmut Vollmer, Zürich 1989, S. 17

1 *Schwärmerei:* von *schwärmen:* begeistert sein (von etwas), fantasieren
2 *auteln:* Anfang des 20. Jahrhunderts gebräuchliches Wort für „Auto fahren"

Text B: Gerrit Engelke (1890–1918)

Auf der Straßenbahn (Entstehung 1913, Erstdruck 1921; Orthographie und Interpunktion gemäß der Werkausgabe von 1960)

Wie der Wagen durch die Kurve biegt,
Wie die blanke Schienenstrecke vor ihm liegt:
Walzt[3] er stärker, schneller.

Die Motore unterm Boden rattern,
Von den Leitungsdrähten knattern
Funken.

Scharf vorüber an Laternen, Frauenmoden,
Bild an Bild, Ladenschild, Pferdetritt, Menschenschritt –
Schütternd walzt und wiegt der Wagenboden,
Meine Sinne walzen, wiegen mit!:
Voller Strom! Voller Strom!

Der ganze Wagen, mit den Menschen drinnen,
Saust und summt und singt mit meinen Sinnen.
Das Wagensingen sausebraust, es schwillt!
    Plötzlich schrillt
    Die Klingel! –
Der Stromgesang ist aus –
Ich steige aus –
    Weiter walzt der Wagen.

Aus: Gerrit Engelke, Das Gesamtwerk. Rhythmus des neuen Europa, hrsg. von Hermann Blome, München 1960, S. 48

3 *walzen:* sich drehen, rollen. Walzer tanzen, auf der Wanderschaft sein, mit der Walze bearbeiten

Hinweise und Tipps

Die Aufgabenstellung ist zweigeteilt. Bei der ersten Teilaufgabe sollten Sie bei jedem Arbeitsschritt bedenken, dass ein **Gedichtvergleich** erfolgen soll. Insbesondere ist dabei zu beachten, „wie die Erfahrung der technischen Möglichkeiten gestaltet wird". Gleichzeitig wird von Ihnen verlangt, dass Sie Ihre literaturgeschichtlichen Kenntnisse einbringen.

Teilaufgabe a) gibt die Operatoren „Erschließen und interpretieren Sie" vor, hier ist also eine umfassende Analyse hinsichtlich der jeweiligen Form und des Inhalts gefordert. Es empfiehlt sich, zunächst die **gedankliche Struktur** der beiden Gedichte darzulegen, da sich daraus wertvolle Hinweise auf die unterschiedliche Gestaltung des Umgangs mit der Technik ergeben. Der relativ geringe Umfang der Gedichte darf Sie nicht zur Flüchtigkeit verleiten, auch sollten Sie ggf. bereits die jeweiligen Gedichtüberschriften mitberücksichtigen. Anschließend widmen Sie sich der **Betrachtung formaler Eigenheiten**. Beziehen Sie dabei auch den **Epochenhintergrund** mit ein, wie in der Aufgabenstellung gefordert. In jedem Fall ist zu bedenken, dass sich die Untersuchung nicht in einer Aufzählung der Einzelkriterien erschöpfen darf, sondern dass diese immer in ihrem jeweiligen Funktionszusammenhang zu sehen sind. Bei sorgfältiger Analyse ergeben sich dadurch schon klare Hinweise auf die Aussageabsicht des Dichters, die für die abschließende Interpretation wesentlich sind. Ein besonderes Augenmerk sollte bei der vergleichenden Interpretation stets auf der Wirklichkeitserfahrung des Expressionismus liegen.

Mit Sorgfalt sollten Sie ein literarisches Werk auswählen, welches sich für einen **Vergleich** eignet. Die Aufgabenstellung in **Teilaufgabe b**) ist recht weit gefasst, wenn von „Herausforderungen der Moderne" gesprochen wird. Diese lassen sich jedoch durch die gemeinsame Thematik der beiden Gedichte auf die **Geschwindigkeit** der Fortbewegung eingrenzen, die dem Menschen durch die Technik ermöglicht wird. Allerdings sollten Sie den vieldeutigen Begriff „**Moderne**" definieren oder zumindest eingrenzen. Hilfreich kann dabei der Hinweis sein, dass er weniger eine Zeitspanne als vielmehr einen Wandel im Lebensgefühl umfasst. Sie können auch Kenntnisse aus anderen Wissensbereichen wie Geschichte oder Ethik mit einbringen. Im nächsten Schritt sollten Sie sich darüber klar werden, auf welchen Gebieten sich hier ein Wandel vollzieht, der als Herausforderung gesehen werden kann. Hier käme beispielsweise in Frage:
- Industrialisierung, Veränderung im wirtschaftlichen bzw. technischen Bereich;
- Urbanisierung, Veränderung im sozialen Bereich;
- Neue politische Kräfte und Ideen;
- Infragestellung bzw. Auflösung tradierter Werte;
- Veränderungen im Menschenbild;
- Ungenügen der tradierten sprachlichen Ausdrucksformen bis hin zur Sprachkrise.

Abhängig davon, welches Werk Sie auswählen, werden die genannten Punkte in unterschiedlichem Maß eine Rolle spielen. Wesentlich ist jedoch, dass der Bezug zu den vorliegenden Gedichten bzw. zu Ihrer Untersuchung derselben gewährleistet ist. Auch sollten Sie herausarbeiten, dass es auf die Herausforderungen der Moderne verschiedene **Reaktionsmöglichkeiten** gibt: Diese können vom Ausblenden über Ablehnung bis hin zur Affirmation reichen. In Frage kämen hier Werke wie E. T. A. Hoffmanns „Der Sandmann" oder „Die Automate" (Gefahr der Vereinnahmung des Menschen durch die Technik, Aufhebung der Individualität), Mary Shelleys „Frankenstein" (Gefahr der Hybris durch scheinbare Beherrschung der Technik), ebenso auch „Bahnwärter Thiel" von Gerhart Hauptmann (Technik als Bedrohung der geordneten Lebenswelt) oder „Die neuen Leiden des jungen W." von Ulrich Plenzdorf (Technik als Medium des – vergeblichen – Versuchs, der gesellschaftlichen Realität zu entkommen).

Lösungsvorschlag

1 Inhalt und Aufbau von Text A

Exposition des Themas

V. 1: Mit einem sehnsuchtsvollen **Ausruf** formuliert der Sprecher wie eine Art Lebensmotto seinen Wunsch, das Autofahren zu einem dauernden, ja nie endenden Lebensinhalt zu machen.

Schilderung des Erlebnisses „Autofahren"

V. 2–5: In den ersten drei Versen der **ersten Strophe** wird eine schnelle, aggressive Autofahrt übers Land geschildert, die beim Sprecher ein erhebendes und befreiendes Gefühl aufkommen lässt. Der vierte Vers wirft einen distanzierten, verächtlichen Blick auf die Städte, die diese Geschwindigkeit nicht zulassen und damit das neue Lebensgefühl nicht vermitteln.

V. 6–9: In der **zweiten Strophe** steigert sich dieses Hochgefühl durch die stets gegenwärtige Bedrohung durch den Tod bis hin zur überheblichen Verachtung, fast zu einem Allmachtsgefühl. Dieses kulminiert in Vers neun in der Überwindung von Zeit und Raum.

Blick in die Zukunft

V. 10: Der sehnsüchtige Wunsch der Exposition, mithilfe des Autos die Welt zu erobern, wird in der **dritten Strophe** als Gewissheit wieder aufgegriffen.

V. 11–12: Dabei ist sich das Ich der menschlichen Endlichkeit durchaus bewusst. Das Ende wird konsequenterweise durch einen Autounfall eintreten. Es wird aber kein Hinwelken oder sanftes Entschlafen sein, sondern ein „starker Abgang" – an einem Baum. Die Natur setzt der Technik letztendlich doch eine Grenze.

2 Formale und sprachlich-stilistische Gestaltungsmittel in Text A

Das Gedicht besteht aus 12 reimlosen Verszeilen, die **strophisch gegliedert** sind: Der thematische Schwerpunkt liegt in den beiden Vierzeilern, die umrahmt werden von einem einleitenden Einzelvers und der abschließenden unvollständigen Strophe mit drei Zeilen. Geht man von der Einheit vier aus, so bilden der Eingangsvers und die letzte Strophe nicht nur inhaltlich, sondern auch formal eine Einheit.

Die Struktur wird durch den **Gebrauch der Tempora** bzw. **Modi** unterstützt. Den Titel *Schwärmerei* aufgreifend, wird das Gedicht mit dem isoliert stehenden, programmatischen Wunsch im ersten Vers eröffnet, der folgerichtig im **Optativ** steht. In den beiden zentralen Vierzeilern wird der Bewegungsrausch gestaltet, der für den Sprecher Lebenswirklichkeit ist bzw. sein soll, wie **Indikativ** und **Präsens** signalisieren. Das unvermeidliche Ende der Autofahrt und damit des Lebens liegt noch in weiter Zukunft, es steht im **Futur**. Der Indikativ deutet aber die Unabwendbarkeit dieses Schicksals an.

Rhythmus und Metrum unterstützen den Inhalt: Zwar herrscht in den Versen 1 bis 3 noch ein regelmäßiger fünfhebiger Jambus vor, also ein strenger klassischer Sprechvers, dieser wird aber in der dritten Zeile schon von fünf auf sechs Hebungen erweitert wird. Vers 4 verfällt mit dem zunehmenden Rausch der Geschwindigkeit in einen treibenden daktylischen Rhythmus über die Strophengrenze hinweg, die Entgrenzung wird buchstäblich umgesetzt. Die Unausweichlichkeit des Todes, zunächst noch verspottet in dem mit neun Hebungen auffallend langen achten Vers, schlägt sich in der allmählichen Rückkehr zum klaren Jambus nieder, der den letzten Dreizeiler dominiert und hier nur noch einmal wie in einem letzten Aufbäumen durch einen Daktylus („kräftiges", V. 12) unterbrochen wird. Der Verzicht auf den Endreim vermittelt durchgängig den Eindruck von Freiheit und Ungebundenheit.

Das Rauschhafte, eben „Schwärmerische" des expressionistischen Erlebens zeigt sich wohl am deutlichsten in der **Ausdrucksweise:** Der erste Vierzeiler wird bestimmt durch die dreifache **Anapher** „Wir", die zum einen eine Art Verallgemeinerung und damit eine generelle Gültigkeit signalisiert, zum anderen den Leser gewissermaßen in ein Gemeinschaftserlebnis hineinnimmt. Die **hyperbolischen Verben** entstammen dem **Bereich von Angriff und Unterwerfung:** „Wir bohren uns" (V. 2) durch die Wälder – der Natur wird ohne jede Regung Gewalt angetan. „Wir *über*holen" (V. 3) scheinbar endlose Flächen, „[w]ir *über*fahren den Wind (V. 4) – die Elemente werden bezwungen, sie „kommen unter die Räder". Wir „*über*fallen die Dörfer" (V. 4) wie plündernde Truppen, die sich ohne Überlegung gewaltsam nehmen, was immer sie wollen. Diese gewaltsame Übermacht wird durch die dreifache Anapher „über-" betont und im letzten Vers der beiden Vierzeiler nochmals aufgegriffen: „[D]ie Wege, die *über*wundenen, vergehen vor uns" (V. 9). Die Natur wird nicht mehr erlebt, hier sind „wir" mithilfe der Technik ihre Bezwinger.

Diese radikal **subjektive Sichtweise des Expressionismus** wird durch den **Satzbau** unterstützt. Die erste Strophe wird mit einem einfachen Aussagesatz eingeleitet, den nächsten Vers bildet bereits ein Satzgefüge aus Haupt- und Relativsatz, gefolgt von zwei Hauptsätzen mit dem emphatisch angefügten Attribut „die flinken" (V. 4): Das Steigernd-Treibende, das im Rhythmus anklingt, kommt auch im Satzbau zum Ausdruck. Dem gegenüber stehen abrupte assoziative Gedankensprünge oder subjektiv nachklingende Gedanken, die syntaktisch nur durch die **Interpunktion** (Gedankenstriche in V. 1–2, V. 9–10, Auslassungspunkte in V. 6 und 10) signalisiert werden und den Leser so in die Emotionalität des Fahrerlebnisses mit einbeziehen.

Durch **Inversionen** (V. 5) und **Ausrufe** fast kindlicher Freude („Hei, wie wir fliegen!", V. 6), stärker aber noch durch die reiche, teilweise ausgefallene **Bildlichkeit** wird das Erlebnis der Autofahrt geradezu pathetisch überhöht. Auf die **aggressive Wortwahl** im ersten Vierzeiler wurde bereits hingewiesen. Die Inversion mit der Spitzenstellung des Prädikats in V. 5 hebt steigernd die heftige Abneigung hervor, die sich synästhetisch gegen die „Gerüche der langsamen Städte" richtet; hier klingt eine morbide Assoziation mit alt, greisenhaft, fast schon verwesend an. Der Vers endet nicht mit einem Punkt, sondern mit einem Gedankenstrich, der unvermittelt zu der **Todesthematik** führt, die den gesamten **zweiten Vierzeiler** beherrscht.

Die zweite Strophe rückt das Autofahren in die Nähe eines Nahtoderlebnisses, einer **Grenzerfahrung**, aber auch eines pervertierten **Totentanzes**, bei dem der Mensch die führende Rolle hat. Autofahren ist hier ein Höhenflug am Rande des Todes. Die Technik ermächtigt den Menschen, sich über den Tod zu erheben, ihn zu „höhnen" und zu „verspotten" (V. 7) – das **Hendiadyoin** intensiviert das fast schon blasphemische Bild, welches durch die **Personifikation** des Todes in dieser Strophe nochmals verstärkt wird, die ihn so zum unmittelbaren Gegner macht. Dem Tod scheint die Macht genommen, vergeblich „krümmt" er „alle Straßen" (V. 8). Die Technik triumphiert und bestimmt somit den Lebensweg des Menschen.

Allerdings vermeidet auch die zweite Strophe einen eindeutigen Schlusspunkt: Sie endet ebenfalls mit einem Gedankenstrich, der gleichsam schwebend zum Zukunftsausblick der letzten, bemerkenswerterweise mit drei Versen unvollständigen Strophe überleitet. Hier wird die Endlichkeit nun doch thematisiert, allerdings in **paradoxen Bildern:** Der (Lebens-)Abend wird „heiter[ ]“ sein, der Tod tritt dem kollektiven lyrischen Wir der modernen Menschen ohne Schrecken entgegen. Das Sterben hat nichts greisenhaft Schwaches, sondern die Geschöpfe der modernen Technik enden „kräftig[ ]“ (V. 12), nicht unterlegen – allerdings an „einem starken Baum“ (V. 12), so dass die Natur am Ende doch siegt.

3 Inhalt und Aufbau von Text B

Impressionen einer Straßenbahnfahrt bis hin zu einem ganzheitlichen Erlebnis

V. 1–3: Ohne jede Einführung teilt ein Sprecher seine Wahrnehmung der schwungvollen Bewegung und der sich steigernden Geschwindigkeit eines Straßenbahnwagens mit.

V. 4–6: Kraftvoll-lautmalerisch vermittelt er die von der Straßenbahn verursachten Geräusche.

V. 7–8: Dagegen bleiben die Eindrücke von der Umwelt flüchtig und bruchstückhaft.

V. 9–11: Das lyrische Ich ist sofort wieder vereinnahmt vom Erleben der rhythmisch-mechanischen Vorgänge im Wagen, es wird ganz in die Bewegung mit hineingezogen, ja es steht geradezu „unter Strom“.

V. 12–14: Seine Empfindung kulminiert in einem ganzheitlich umfassenden akustischen Erlebnis.

Abruptes Ende der Straßenbahnfahrt

V. 15–18: Unvermittelt beendet ein Signalton die Fahrt und damit das Erleben des Sprechers. Er verlässt den Wagen.

V. 19: Dessen ungeachtet setzt sich die Fahrt fort, unabhängig und losgelöst vom lyrischen Ich.

4 Formale und sprachlich-stilistische Gestaltungsmittel in Text B

Das Gedicht ist **strophisch** gegliedert, wobei die Verszahl der Strophen kontinuierlich ansteigt: Die ersten beiden Strophen umfassen drei Verse, die dritte fünf und die vierte acht. Auch die Länge der einzelnen Verse variiert stark, gegen Ende dominieren jedoch kurze Verse. So schlagen sich schon in der Form die unterschiedlichen Impressionen nieder, die durch die Straßenbahnfahrt ausgelöst werden: Dem ersten, fast zögernd-bruchstückhaften optischen Eindruck und dem anschließenden akustischen Erlebnis, beide in knappen Dreizeilern dargestellt, folgen die zunehmende emotionale Einbindung des Sprechers in der entsprechend längeren dritten Strophe und schließlich die Steigerung mit drei elf bzw. zehn Silben umfassenden Versen zu Beginn der vierten Strophe. Der abrupte Abbruch der Fahrt und des Erlebens spiegelt sich ebenfalls in der Form wider: Die letzten fünf Verse sind auf weniger als die Hälfte der Silbenzahl reduziert. Höhepunkt und Ende sind jedoch untrennbar in einer Strophe verbunden.

Auffällig ist, dass **das lyrische Ich** erst spät, in der Mitte der dritten Strophe, erscheint; die sinnlichen Eindrücke, ausgelöst durch den Rausch der Fahrt, stehen ganz im Vordergrund, das Individuum tritt nur punktuell hervor. Dementsprechend lebt das Gedicht vom **Klang:** Der durchgängig alternierende **Rhythmus** lullt den Leser gleichsam ein, strukturierend wirkt hier der Einsatz von Reimverklammerungen sowie von männlichen und weiblichen Versschlüssen.

Die **erste Strophe** beginnt mit einem Paarreim mit männlicher Kadenz, im Verswechsel kommt es dadurch zu einem Hebungsprall – es entsteht der Eindruck einer Schaukelbewegung, die im zweiten Vers zurückschwingt. Die Weichheit der Bewegung klingt im vierfach alliterierenden „W" an, unterstützt durch das anaphorische „Wie".

In der **zweiten Strophe** setzt sich durch die weiblichen Endungen des Paareims der Rhythmus gleichmäßig fort, das beschriebene akustische Ereignis wird in den lautmalerischen Verben „rattern" (V. 4) und „knattern" (V. 5) hörbar gemacht, auch dominieren in dieser Strophe dunkle Vokale.

Die **dritte Strophe** rückt allmählich den Sprecher in den Vordergrund; flüchtig und bruchstückhaft huscht die „Außenwelt" vorüber, durch asyndetisch aneinandergereihte Substantive festgehalten. Der dreifache Binnenreim in V. 8 sowie die Dominanz des hellen, kurzen Vokals „i" verstärken die Flüchtigkeit der Eindrücke, die jedoch durch den Kreuzreim eng mit dem Maschinenerlebnis verbunden sind (V. 9/10). Sofort bestimmt wieder das „W" im Anlaut den Einklang des lyrischen Ich mit der Maschine. Es wird durch das „Walzen" und „Wiegen" in die Bewegung der Straßenbahn mit hineingenommen und verschmilzt in dem zweimaligen Hendiadyoin nahezu mit ihr. An dieser Stelle wird besonders deutlich, dass sich die verwendeten Verben überwiegend aus dem Wortfeld „Singen" bzw. „(Walzer-)tanzen" rekrutieren: Das Quietschen und Ruckeln einer Straßenbahn wird vom lyrischen Ich als beglückende Harmonie in der Bewegung wie im Klang empfunden. In der Personifizierung wird die epochentypische Anthropomorphisierung der Technik evident. Durch die Repetitio des Ausrufes „Voller Strom" (V. 11) erhält diese Harmonie jedoch einen treibenden Impuls, der inhaltlich ambivalent wirkt: Die Straßenbahn nimmt Fahrt auf, der Geschwindigkeitsrausch steigert sich, aber auch der Sprecher steht mittlerweile „unter Strom".

Dies wird in den Versen 12 und 13 in der **vierten Strophe** offenkundig, die erneut durch einen Paarreim verbunden sind: Straßenbahnwagen, Passagiere und lyrisches Ich bilden eine Einheit. In dieser existiert nur das sinnliche Erlebnis, das in dem polysyndetischen Trikolon „[s]aust und summt und singt" (V. 13) ausgedrückt wird, an dessen dreifache Alliteration noch die „Sinne" des lyrischen Ich angebunden werden. Der Aussagegehalt ist längst obsolet geworden gegenüber diesem Sinnenrausch. In V. 14 erfährt dieser nochmals eine drastische Steigerung in dem Neologismus „sausebraust" und schließlich in den zwei einsilbigen Wörtern „es schwillt!". Die begriffliche Mehrdeutigkeit durch die Überlagerung von wörtlicher und übertragener Bedeutung, die das Gedicht durchzieht und in Vers 11 („Voller Strom!") zum ersten Mal unübersehbar ist, erreicht an dieser Stelle einen weiteren Höhepunkt, ja sie erhält beinahe eine erotisch-sexuelle Konnotation. Und genau an dieser Stelle bricht die Form wie das Geschehen: Die Verslänge wird abrupt auf die Hälfte reduziert, das harmonische Singen der Maschine durch das Schrillen der Klingel unterbrochen. Zwei knappe Aussagesätze, vom leeren Klang des „A" bestimmt und durch einen stumpfen identischen Reim verbunden (vgl. V. 17, 18), markieren die Rückkehr des Sprechers in die Wirklichkeit, seinen „Ausstieg" aus der Ekstase der Technik. Diese geht aber auch ohne das Ich gleichsam ungerührt weiter, hervorgehoben durch die Inversion sowie die erneut aufgegriffene Alliteration des „W" (vgl. V. 19). In diesem gleichmütigen, fast tristen Schlusssatz erhält das „Walzen" den Beigeschmack von „planieren", aber auch „auf der Wanderschaft sein"; dem Leser wird abschließend eine Ahnung von der Unaufhaltsamkeit, beinahe von einer Autonomie der Technik mitgegeben, die in der Entstehungszeit des Gedichts erst ihren Anfang nahm.

5 Vergleichende Interpretation

Beide Texte sind geprägt von der für den **Expressionismus** typischen Auseinandersetzung mit dem modernen, von Technik und Geschwindigkeit geprägten Leben. In **Text A** fällt diese, zumindest vordergründig, positiv aus, wenngleich die Begeisterung für die mit der Technik einhergehende Aggressivität und Gewalt bereits Anklänge an den Futurismus bzw. den Surrealismus zeigt. Dazu passt auch die eher nicht epochentypische Betrachtungsweise der Stadt als technikfeindlich und „langsam[ ]" (V. 5), während der moderne Mensch seinen Geschwindigkeitsrausch in der Natur bzw. in der Unterwerfung der Natur auslebt.

Ebenfalls positiv, aber in ganz anderer Weise, fällt diese Auseinandersetzung in **Text B** aus: Hier liegt eine Spielart der epochentypischen **Großstadtlyrik** vor, wenn auch mit ungewöhnlich positiver Tendenz; im Vordergrund steht einzig die sinnlich-ästhetische Qualität des harmonischen Fahrerlebnisses.

In beiden Texten wird die **Beziehung des Menschen zur Technik**, sein mentaler bzw. emotionaler Umgang mit ihr thematisiert. In **Text A** inszeniert sich der Sprecher in seiner rauschhaften Begeisterung für das Fortbewegungsmittel Auto, entlarvt diese aber gleichzeitig als Verderben bringende Selbstüberhebung bzw. Hybris. In diesem Kokettieren mit der Ambivalenz des ekstatischen Reizes zeigt sich die Zwiespältigkeit des für den Expressionismus typischen „Übermenschen".

Der Sprecher in **Text B** zeigt eine völlig andere Einstellung: In geradezu naiver Begeisterung inszeniert und überhöht er anhand der Straßenbahn die beglückende, fast aphrodisierende Wirkung der Technik. Auf jede Form von kritischer Hinterfragung verzichtet er, für ihn bedeutet es ausschließlich Gewinn an Lebensqualität, wenn das Individuum in einer von Maschinen, aber auch von der Masse geprägten Welt aufgeht – eine Haltung, die ebenfalls für den Expressionismus typisch ist.

In beiden Texten werden die technischen Errungenschaften der Moderne als Möglichkeit dargestellt, das **positive Lebensgefühl und die Lebensqualität des Menschen zu steigern**. In **Text A** gelingt es dem Menschen, mithilfe der Technik natürliche Grenzen zu überwinden und Macht sowohl über die Natur als auch über die Technik selbst zu erlangen, die er aktiv und eigenständig steuern und beherrschen kann. Das rauschhafte Empfinden resultiert für den Sprecher zu einem großen Teil aus diesem Gefühl von Allmacht und Unabhängigkeit, angesichts dessen die Unabdingbarkeit des Todes bagatellisiert oder rationalisiert wird.

Für das lyrische Ich in **Text B** ist die Technik Auslöser für gesteigerte sinnliche Wahrnehmung, gar für ekstatische Erfahrungen. Das völlig neuartige Erlebnis der Harmonisierung, des fast orgastischen Aufgehens in der Technik birgt allerdings den Nachteil, dass das Individuum sich den Bedingungen der Maschine wie hier dem Fahrplan bzw. den Haltestellen der Straßenbahn unterwerfen muss; sein Einfluss auf die Technik wie auf sein persönliches Vorwärtskommen im doppelten Sinn ist stark eingeschränkt.

6 Vergleich mit einem anderen literarischen Werk des 19. oder frühen 20. Jahrhunderts, das ebenfalls die Herausforderungen der Moderne thematisiert

Der Begriff „Moderne", seit dem Naturalismus in der deutschen Literaturgeschichte etabliert, ist inhaltlich äußerst vage und schwer zu fassen. Er bezeichnet im Grunde nicht eine Epoche, sondern vielmehr eine Lebenseinstellung oder Geisteshaltung, die sich aus der **Erschütterung des traditionellen Weltbildes oder Wertesystems** ergibt. Gegen Ende des 19. Jahrhunderts gaben umwälzende technische und wissenschaftliche Errungenschaften der menschlichen Entwicklung ein Tempo und auch eine Reichweite, wie zuvor noch nie dagewesen. Genannt seien hier nur die Entdeckung des Unbewussten durch Sigmund Freud oder die Mechanisierung und die daraus resultierende Veränderung und Beschleunigung der Arbeitswelt und damit auch der Gesellschaft, sodass die Einführung des Wortes „Moderne" als fester Begriff im Naturalismus folgerichtig erscheint.

Diese grundlegenden strukturellen Veränderungen eröffneten den Menschen völlig neue Möglichkeiten, ihr Leben zu gestalten, die enorme Steigerung des Lebenstempos hatte jedoch auch beängstigende Züge. Diese Ambivalenz schlägt sich in zahlreichen Werken des späten 19. wie des frühen 20. Jahrhunderts nieder. In diesem Fall soll **Theodor Fontanes Ballade „Die Brück' am Tay"** zum Vergleich herangezogen werden. Das bekannte Gedicht, 1880 entstanden und üblicherweise dem Realismus zugeordnet, beruht auf einer wahren Begebenheit: Die Firth-of-Tay-Bridge, zwischen 1871 und 1878 errichtet, stürzte 1879 während eines starken Sturms ein und riss einen Zug mit mehr als siebzig Fahrgästen mit in die Tiefe; es gab keine Überlebenden. Die augenfällige Vergänglichkeit des vermeintlichen technischen Wunderwerks wie auch die menschliche Tragik des Geschehens inspirierten Fontane zu seinem Werk.

Dieses Gedicht thematisiert ebenfalls das Verhältnis von Natur und Technik bzw. den Umgang des Menschen mit beidem, setzt sich aber in völlig anderer Weise damit auseinander als die beiden vorliegenden Texte. In allen drei Werken geht es um die **Technikgläubigkeit des Menschen**, die sich an der Begeisterung für ein mechanisches Fortbewegungsmittel festmacht. Die expressionistischen Texte vermitteln jedoch, wenn auch in unterschiedlicher Weise, wie dadurch ausschließlich positive Empfindungen ausgelöst werden, sei es durch das Machtgefühl über die Natur oder das Einswerden mit der Maschine. Diese epochentypische Intention wird befördert durch die **Erzählhaltung:** Es spricht in beiden Gedichten ein lyrisches Ich, bewusst subjektiv und unreflektiert.

Auch in Fontanes Ballade bringt der Mensch seine Begeisterung über die technischen Errungenschaften zum Ausdruck, in erster Linie über die Macht, die sie verleihen, wenn Johnie, der Sohn der „Brücknersleut'", triumphiert: „Und wie's auch rast und ringt und rennt, / wir kriegen es unter, das Element." Fontane bietet dem Leser allerdings nicht die Identifikation mit dem Sprecher an, sondern zwingt ihn von Anfang an in eine kritische Sicht einer solchen Anschauung sowohl durch die **auktoriale Erzählhaltung** wie auch durch den **Prolog** zu Beginn des Gedichts. Der letzte, programmatische Satz der Hexen, der die Ballade auch beschließt, lässt kaum Zweifel an Fontanes Einstellung: „Tand, Tand / ist das Gebilde von Menschenhand" – die vermeintlichen Wunderwerke der Technik sind zwar nettes Spielzeug, aber auch nicht mehr, im Grunde also wertlos. Durch diese Einstimmung tritt dem Leser die aus einer unbeirrbaren Technikgläubigkeit erwachsende **Hybris des Menschen**, wie sie sich in Johnies Äußerung offenbart, noch deutlicher vor Augen. Von einer derartigen Relativierung bereits zu Beginn des Gedichts findet sich nichts in den expressionistischen Gedichten: Von Anfang an wird der Leser mit hineingenommen in das berauschende Erlebnis der Geschwindigkeit, das nur bedingt und nicht rational relativiert wird. Nur der im Gedicht Alfred Lichtensteins stets gegenwärtige Tod wirft ein kritisches Licht auf die Technikbegeisterung.

Bei dieser unterschiedlichen Autorintention erhält auch die **personifizierte Natur** eine jeweils andere Rolle bzw. einen anderen Stellenwert. Durch den umrahmenden Auftritt der Hexen, die ja „der Winde Spiel" ins Werk setzen, wird die Natur zu etwas Numinosem, fast zu einem göttlichen Werkzeug: Der Absturz des Zuges wirkt, „als ob Feuer vom Himmel fiel", apokalyptisch, als Strafe Gottes wie beim Untergang von Sodom und Gomorrha.

Lichtensteins Auto-Enthusiast sieht die Natur nur als Gegner, der von vorneherein unterlegen ist, den man „überholt", „überfährt", durch den man sich „hindurch bohrt" (vgl. V. 2 ff.). Am Ende erweist sich jedoch auch hier die Natur als das Beständige, indem sie in Form eines „starken Baum[s]" (V. 12) dem Leben des Menschen ein Ende setzt.

Lichtenstein und Engelke sind „schwärmerische" Verfechter der modernen Zeit und ihrer technischen Neuerungen, während Fontane seine Skepsis gegenüber dem technischen Fortschritt deutlich zum Ausdruck bringt.

a) Erschließen und interpretieren Sie den vorliegenden Dramenauszug! Arbeiten Sie dabei insbesondere heraus, wie die unterschiedlichen Formen des Antisemitismus dramaturgisch gestaltet werden!

b) Zeigen Sie ausgehend von Ihren Ergebnissen vergleichend auf, wie die Eskalation von Gewalt in einem anderen literarischen Werk dargestellt wird!

Vorbemerkung

Thomas Strittmatters Volkstheaterstück spielt in einem Ort im Schwarzwald nach Hitlers Machtergreifung. Mit den Bauarbeitern eines Eisenbahntunnels kommt auch die Ideologie des Nationalsozialismus in den Ort und prägt zunehmend das Sozialleben. Der Jude Levi, ein dort als großzügig und hilfsbereit bekannter fahrender Viehhändler, gerät in wirtschaftliche Not, da die Reichsbahnbehörden den Bauern höhere Preise für Schlachtvieh bezahlen. Zudem ist er vor dem Wirtshaus tätlich angegriffen worden. Der vorliegende Dramenauszug entstammt den letzten beiden Szenen des Stücks. Andres Horger, ein Bauer, der in der vorangegangenen Szene mit Levis Hilfe ein Schwein geschlachtet hat, sitzt mit seiner Frau Kresenz am Mittagstisch.

Thomas Strittmatter (1961–1995)

Viehjud Levi (Uraufführung am 19. 11. 1982; Orthographie entsprechend der Werkausgabe von 1992)

Szene 7: Küche / Sachzwänge

[…]

ANDRES. Passiert? Nichts ist passiert. *Zögernd.* Ich war bei der Bahn.

KRESENZ. Bei den Bahnmenschen, wie jede Woch. Und?

ANDRES. Ich hab Butter angeboten. Würst. Speck. Schmalz. Milch. Erdäpfel, Rüben, Bohnen, wenig, dies Jahr. Ich hab soviel angeboten wie jede Woch.

KRESENZ. Und die Bahnmenschen haben die War jede Woch vollständig abgenommen. Bis jetzt. Haben die am End nicht alle War abgenommen?

ANDRES. Nichts. Überhaupt nichts haben sie genommen. Kein Gramm Butter hat die Bahn genommen. Die ganze War retour. Auch der Viehhandel, rückgängig gemacht.

KRESENZ. Der Viehhandel? Aber es war doch alles abghandelt, 's war doch alles …

ANDRES. Ja, ja. War alles abg'handelt. „Wir haben genug andere Lieferanten, Herr Horger", hat er gesagt, der Herr Ingenieur.
War was nicht recht mit der War, Herr Ingenieur? Hab ich gefragt. Kann ich was wiedergutmachen, Herr Ingenieur? Hab ich gesagt. Was war denn nicht recht, es tät mir leid, ich hätts übersehen. Hab ich gesagt zum Herr Ingenieur. „Wissen Sie, Herr Horger, es war ja nicht gerade schlecht. Aber so einen Beigeschmack hats gehabt. Nicht, Männer?"
Und dann haben sie alle geschrien: „Jawohl, Herr Ingenieur, einen Beigeschmack!"
Ja, was für einen Beigeschmack hat es denn gehabt, Herr Ingenieur? hab ich gefragt.
Und da haben sie wieder alle gelacht. Und der Herr Ingenieur hat gesagt: „Sollen wirs ihm sagen, Männer?"
„Ja, ja, Herr Ingenieur, sagen Sies ihm!" haben sie dann alle geschrien.

Dann hat der Ingenieur gesagt: „Wissen Sie, Herr Horger, wir haben eine feine Nase. Wenn da etwas nicht ganz, ganz koscher ist, dann schmecken wir das sofort. Nach was hats denn geschmeckt, Männer?“
Weißt du, was die dann alle geschrien haben, Kresenz? Nach Jud, nach Jud, nach Jud. Wir sollten nicht so einen Umgang pflegen, hat der Herr Ingenieur gesagt. Umgang mit Juden, hat er gemeint, ist nicht gut, fürs Gschäft.

KRESENZ. … ist nicht gut fürs Gschäft.

Szene 8: Wirtschaft / Böse Menschen haben keine Lieder

Levi mit seinem Karren. Erschöpft. Aus der Wirtschaft Stimmen von Betrunkenen. Levi zögert wieder, länger. Zündet langsam die Pfeife an. Drin singen sie verschwommen. Levi stellt den Karren ab, geht die Treppen hinauf, ein Blutgerüst erklimmt er. Er geht rein, es wird still.

LEVI. 'n Abend, alle miteinander, 'n Abend.
Stille.

LEVI. Bärenwirt, bringst mir ein Bier.
Der Wirt schaut Levi an wie ein Kalb.

LEVI. Na, ein Bier.

WIRT. Bier. Ist gut.
Levi setzt sich. In der Wirtschaft wird es wieder lebhaft. Der Wirt bringt das Bier.

WIRT. Da Levi, 's Bier. *Leise* Trinks und geh wieder. Das ist besser. Für dich.

LEVI. Bin ich ein Hund, den du verjagst?

WIRT *stellt das Bier ab.* Da, wohl bekomms.
Einige beginnen wieder zu singen. Böse Lieder. Der Wirt geht zur Theke und holt das Radiogerät.

WIRT *laut.* Horcht mal her. Das hab ich heut erst gekauft. Volksempfänger. Die haben mir gesagt, man hört die Leut reden bis nach Berlin. Und weiter. Wünschen die Herrschaften vielleicht Musik?
Er stellt das Gerät an. Vorkriegsschlager. „Ein Student geht vorbei[1]“. Einige summen mit. Jetzt steht einer auf.
Die Bahnmenschen kommen!
Eine Gruppe von Männern kommt rein. Sie unterhalten sich laut, lachen viel.

WIRT. Was darf ich den Herrschaften bringen?

BAHNMENSCHEN. Mir ein Bier, Bier, mir auch, eins zwei drei neun Bier!
Der Wirt geht zapfen. Die Bahnarbeiter unterhalten sich. Der Schlager ist zu Ende. Ein anderer wird angekündigt. Der Wirt bringt das Bier.

WIRT. Zehn Bier, die Herrschaften, wohl bekomms.

BAHNMENSCHEN. Wieso zehn?

ANDERER. Lage[2], Mensch!

WIRT. Auf unser Gemeinsames.
Sie trinken mit dem Wirt. Bis auf den Schlager und die Bahnleute ist es ganz still in der Wirtschaft.

BAHNMENSCH *plötzlich laut.* He, Wirt, mach doch den Kasten aus. Wir wollen selber was singen. Los, Leute. Es zittern die morschen Knochen der Welt vor dem großen Krieg[3] …
Die anderen Bahnleute singen mit. Nach und nach Einheimische. Einer spielt auf der Ziehharmonika dazu. Die Wirtschaft singt.
Plötzlich übertönt einer alle.

DER EINE. He, du. Warum singst du nicht mit? Das Lied gefällt dir wohl nicht.
Die anderen hören auf zu singen.

DER EINE. He, was ist denn nun? Bist du stumm? Los, die Fahne hoch, die Reihen fest geschlossen.[4] Los, fang an! Die Fahne hoch, die Reihen fest geschlossen. Oder kennst du das Lied vielleicht nicht? Häh, kennst dus nicht?

LEVI. Nein. Ich kenns leider nicht.

DER EINE. Ah, so. Es gibt ja auch noch andere schöne Lieder. *Kumpelhaft.* Kennst du eins? Na los, sicher? Komm, sing doch mal eins, wir singen mit, wenn wirs kennen.

ANDERE. Los, sing. Wir singen mit.

MARTIES *betrunken.* Ja, Levi, sing doch mal. Kannst doch sonst so schön singen. Man versteht bloß nicht. Aber vielleicht verstehns die Herrschaften, wo bei der Bahn schaffen. *Lacht.*

DER EINE. Sicher, wir verstehen das Fremdländische, wir haben was gesehen von der Welt.

MARTIES. Komm, Levi, sing doch mal. Sing, sing.

DER EINE. Ja, Herr Levi? Singen Sie doch mal was. Bitte. *Schreit plötzlich.* Los, sing.
Ein paar Bahmenschen gehen auf Levi zu. Einer packt ihn.

DER EINE. Los, Vögelchen, sing!
Lachen.

LEVI. Laß mich los, du chaje[5]! Laß mich aus.

DER EINE. Chaje, habt ihr das schon mal gehört? Er ist ja gar nicht stumm. Kann ja doch zwitschern, unser Vögelchen. Los, sing jetzt.

LEVI *singt leise.* Amol is gewen a Jiddele, Hot er gehabt a Wajbele …

ANDERER. Drück ihm nicht so den Hals zu, ich hör nix.

DER EINE. Wir hören nix, du zwitscherst zu leis, Vögelchen. Lauter.

ANDERE. Lauter, lauter, lauter …

LEVI. Hot er gehabt a Wajbele
A Wajbele, a Wajbele
Hoben sej gehabt a Kaddischl
A Kaddischl, a Kaddischl
is das Kaddischl gestorben
gestorben gestorben
Amol is gewen a Jiddele.[6]

DER EINE. Schön hat er gesungen, sehr schön, mein Vögelchen.
Gelächter.

ANDRES. Hört doch jetzt auf, jetzt reichts. Laßt ihn.

DER EINE. Aha, noch so ein Vögelchen. Du willst wohl auch was singen? Hast wohl was übrig für diese Sorte Vögel? Bist wohl gar selber einer?

ANDRES. Ich bin kein …

DER EINE. Was? Was bist du denn nicht?

ANDRES. Ich bin kein … kein Jud!
Andres geht schnell hinaus.

1. SPRECHER. Zwei Wochen nach dem Zwischenfall im Gasthof Bären wurde der Viehhändler Hirsch Levi tot auf seinem Wagen liegend aufgefunden. Der Ortsgendarm Zell fand im Straßengraben eine Pistole, Luger 08, mit aller Wahrscheinlichkeit die Waffe, die der Viehhändler gegen sich selbst gerichtet hat. Die Kugel drang, laut Bericht der örtlichen Gendarmerie, in der rechten unteren Schädelregion ein, zerstörte

das Gehirn vollständig und trat an der linken oberen Schädelregion wieder aus. „Alle Umstände der Tat deuten auf Selbstmord hin. Wirtschaftliche Schwierigkeiten, die dem für seine überhöhten Preisforderungen bekannten Viehhändler durch die am Ort vonstatten gehenden Bahnarbeiten entstanden – die Reichsbahnbehörden nahmen den anliegenden Landwirten ihr Vieh zu günstigeren[7] Preisen ab –, werden als mögliches Motiv für die Tat betrachtet. Levi war Jude." – so eine Pressemeldung zu dem Vorfall.

[…]

Aus: Thomas Strittmatter, Viehjud Levi. Ein Volkstheaterstück, Diogenes: Zürich 2000.

1 *Ein Student geht vorbei:* Titel des Vorkriegsschlagers
2 *Lage:* hier: Eine Runde Bier wird ausgegeben
3 *Es zittern die morschen …:* Eingangsverse des bekanntesten Lieds der Hitler-Jugend
4 *Die Fahne hoch …:* erster Vers des sogenannten Horst-Wessel-Lieds der SA
5 *Chaje:* abwertender jiddischer Ausdruck
6 jiddisches Lied von einem Juden (Jiddele), dessen Frau (Wajbele) und Sohn (Kaddischl)
7 hier: für die Landwirte günstigere, d. h. höhere Preise

Hinweise und Tipps

Die Aufgabenstellung ist erwartungsgemäß zweigeteilt, wobei der erste Arbeitsauftrag eine **strukturelle und inhaltliche Analyse** fordert, der zweite den Vergleich mit einem anderen literarischen Werk. Da das Thema „Eskalation von Gewalt" im Mittelpunkt steht, sollte schon bei der Analyse hierauf besonderes Augenmerk gerichtet werden. Wenn Sie **Arbeitsauftrag a**), „Erschließen und interpretieren Sie […]", bearbeiten, sollten Sie sich also zunächst den **inhaltlichen Aufbau** der beiden Szenen im Zusammenhang klarmachen. Wenn Sie dabei auf dramaturgische Signale der Gewalteskalation achten, ist Ihnen bereits ein sicheres Instrument der Strukturierung an die Hand gegeben.

Bei der sich anschließenden Analyse der **formalen Gestaltung** dürfen Sie sich durch die zeitnahe Sprache nicht zur Oberflächlichkeit verleiten lassen. Da regional und sozial unterschiedliche Sprecher auftreten, empfiehlt es sich, Eigenheiten und Unterschiede im Sprachgebrauch dieser einzelnen Gruppen bzw. ihrer Vertreter zu untersuchen und darzulegen. Dabei gewinnen Sie gleichzeitig wertvolle Hinweise auf die dramaturgische Gestaltung der Gewalteskalation. Da es sich um einen Dramentext handelt, sollten Sie die nonverbalen Handlungselemente nicht außer Acht lassen. Berücksichtigen Sie also den Inhalt, gegebenenfalls aber auch die sprachliche Gestaltung der **Regieanweisungen**.

Anschließend gilt es, die verschiedenen **Formen des Antisemitismus** herauszuarbeiten. Hier bietet es sich an, Ihre Vorkenntnisse besonders aus dem Geschichtsunterricht einzubringen. Sie sollten aber sorgsam darauf achten, nicht in eine allgemeine Aufzählung abzugleiten, sondern stets eng am Text die auftretenden Formen antisemitischer Grundhaltungen und Aktionen darzulegen. Greifen Sie dabei auf die Ergebnisse der vorherigen Analyse zurück und achten Sie – wie stets – auf eine strukturierte Darstellung.

Wenn Sie die bisherigen Arbeitsschritte sorgfältig erledigt haben, wird die **Interpretation** auf einer Zusammenfassung der bisherigen Ergebnisse basieren. Vermeiden Sie jedoch eine reine Wiederholung des bereits Dargelegten, arbeiten Sie vielmehr den überzeitlichen Aspekt des Textes heraus. Grundsätzlich sollten Sie sich von der Frage leiten lassen: Was genau will der Autor dem Zuschauer mit diesem Text vermitteln?

Bei der **Auswahl eines zum Vergleich geeigneten Werkes** für **Teilaufgabe b**) sollten Sie beachten, dass es dabei nicht in erster Linie um Antisemitismus, sondern um die Darstellung von Gewalteskalation geht. Dies erweitert die Auswahlmöglichkeiten. Vergegenwärtigen Sie sich die Ergebnisse Ihrer vorherigen Analyse und identifizieren Sie geeignete Vergleichskriterien.

Diese können zum Beispiel sein:
- Zugrunde liegendes Gesellschafts- bzw. Wertesystem, vor dessen Hintergrund die Gewalt entsteht;
- Auslöser der Gewalt, Motivation des bzw. der Gewaltausübenden;
- Strategien zur Eskalation bzw. Deeskalation der Gewalt seitens der unmittelbar und mittelbar Beteiligten;
- Mögliche Veränderung im Verhalten der Beteiligten bzw. der verwendeten Formen der Gewalt während des Eskalationsprozesses;
- Folgen der Gewalteskalation;
- Wirkung der Darstellung auf den Leser.

Auch formale Aspekte können hier berücksichtigt werden.
In Frage kämen somit Werke wie Max Frischs „Andorra" (Gewalteskalation durch Diskriminierung eines Einzelnen) oder sein Drama „Biedermann und die Brandstifter" (Gewalt durch mangelnde Zivilcourage und bürgerlichen Opportunismus), ebenso „Top Dogs" von Urs Widmer (Eskalation psychischer Gewalt durch Selbstentfremdung der Beteiligten).

Lösungsvorschlag

1 Inhalt und Aufbau

Z. 1–28: **Bericht über die Zurückweisung der Ware seitens der Bahn**
Schwerfällig und etwas umständlich schildert der Bauer Andres seiner Frau Kresenz, dass das übliche, sicher geglaubte Geschäft mit den Bahnarbeitern diesmal nicht zustande gekommen sei. Sie hätten nicht nur keinerlei Lebensmittel kaufen wollen, sondern auch den bereits ausgemachten Viehhandel rückgängig gemacht.
Auf Kresenz' fassungslose Frage hin schildert er den Hergang der fehlgeschlagenen Verhandlungen. Seine ungläubige Entrüstung wächst, als ihm bei seiner Schilderung wieder bewusst wird, wie überlegen sich die Arbeiter der zynischen Begründung des Ingenieurs bereitwillig anschlossen, die Ware sei inakzeptabel, weil sie „nach Jud" (Z. 25) rieche. Ratlos wiederholt er seiner Frau die Empfehlung des leitenden Ingenieurs, aus geschäftlichen Rücksichten nicht mit Juden zu verkehren.
Kresenz reagiert auf die lange Erzählung ihres Mannes entsetzt; ihr knapper Kommentar reduziert den Vorfall jedoch ausschließlich auf den merkantilen Aspekt.

Z. 29–50: **Beginn der Konfrontation Levis mit einheimischen Wirtshausgästen**
Levi betritt das Wirtshaus zögerlich und unsicher; die Regieanweisung „ein Blutgerüst erklimmt er" (Z. 32) unterstreicht die hochgefährliche Situation, in die sich der ehemals so beliebte Viehhändler begibt. Die Reaktionen der Gäste wie des Wirtes reichen von zurückhaltend bis abweisend, die Lage scheint sich jedoch zunächst zu entspannen.

Z. 51–67: **Zunahme des Bedrohungspotenzials durch Auftreten der Bahnarbeiter**
Dies ändert sich schlagartig, als die Bahnarbeiter das Lokal betreten und es großspurig in Beschlag nehmen. Der Wirt versucht, die Situation zu kontrollieren, indem er mit den „Bahnmenschen" (Z. 51) fraternisiert und bemüht ist, sie abzulenken. Die Einheimischen halten sich zunächst zurück und warten ab, beteiligen sich jedoch mit zunehmendem Eifer, als der Volksempfänger mit der harmlosen Liebesschnulze ausgeschaltet wird und die Arbeiter stattdessen grölend das Agitationslied der Hitlerjugend anstimmen.

Z. 68–102: **Zuspitzung der Konfrontation und Bedrohung Levis**
Um Levi zu provozieren, fordert einer der Singenden ihn zum Mitsingen auf. Die Situation eskaliert rasch, als die Arbeiter den Versuch wiederholen, aber diesmal mit dem aggressiv antisemitischen „Horst-Wessel-Lied", der Hymne der SA. Levis angstvolle Beschwichtigungsversuche ignorieren sie und zwingen ihn mit Gewalt zu singen. In höchster Not trägt Levi unter Hohn und Gelächter der Anwesenden ein klagendes jiddisches Lied vor.

Z. 103–109: **Fehlgeschlagener Beschwichtigungsversuch Andres'**
Andres appelliert zaghaft an die Beteiligten, die Schikanen einzustellen, ergreift aber sofort die Flucht, als der Hauptagitator ihm provokant unterstellt, selbst Jude zu sein.

Z. 110–121: **Bericht über Levis Tod**
Nüchtern und präzise, im Ton einer Nachrichtenmeldung, stellt ein Sprecher den mutmaßlichen Selbstmord Levis dar. Dabei fällt die detaillierte Beschreibung der Schussbahn sowie der Zerstörungen durch das Geschoss auf. Als Auslöser der Tat werden ökonomische Probleme unterstellt, verbunden mit einem Hinweis auf Levis angebliche Geldgier und der abschließenden Bemerkung, dass dieser Jude war.

2 Sprachlich-stilistische Gestaltung

Ortsansässige wie **Bahnarbeiter** bedienen sich **einfacher Umgangssprache**. Parataktischer Satzbau herrscht vor, die Sätze sind kurz und weitgehend asyndetisch aneinandergereiht. Zusätzlich drücken sich die Einheimischen gelegentlich in ihrem Dialekt aus (z. B. „wie jede Woch", Z. 2); die aus Berlin angereisten Bahnarbeiter benutzen jedoch einfache, aber nahezu dialektfreie Alltagssprache. Dieser restringierte Code signalisiert die Zugehörigkeit aller Beteiligten zur unteren Bevölkerungsschicht und vermittelt Milieutreue und Alltagsnähe.

Häufige **Ausrufe** und **Wiederholungen** („Passiert? Nichts ist passiert." Z. 1; „Laß mich los, du chaje! Laß mich aus." Z. 87; „[…] ich hör nix. […] Wir hören nix", Z. 91 f.) vermitteln die hohe Emotionalität der Beteiligten. Besonders die Wirtshausszene ist geprägt von Ausrufen, **Befehlen** und aggressiven, meist **rhetorischen Fragen** („Komm, Levi, sing doch mal. Sing, sing." Z. 82; „Los, sing jetzt." Z. 89; „Lauter, lauter, lauter …", Z. 93; „Du willst wohl auch was singen? Hast wohl was übrig für diese Sorte Vögel? Bist wohl gar selber einer?" Z. 104 f.) Eine von Zwang und Gewalt bestimmte Grundstimmung liegt über der gesamten Szene, der dramatische Konflikt spitzt sich rapide und geradlinig zu. Mit dieser rabiaten Art der Gesprächsführung wird Andres' zaghafter Einspruch sofort im Keim erstickt.

Andres' Sprache ist in der ersten Szene geprägt von **Ellipsen** und **Wiederholungen**, die seine Fassungslosigkeit und Empörung ausdrücken („Ich hab Butter angeboten. Würst. Speck. Schmalz. Milch. […] Ich hab soviel angeboten wie jede Woch." Z. 3 f.; „Ja, ja. War alles abg'handelt." Z. 10). Er ist nicht imstande, seine Gedanken und Gefühle strukturiert in Worte zu fassen. Wie sehr ihn das Geschehene immer noch bewegt, wie gegenwärtig es ihm ist, zeigt seine **szenische Wiedergabe des Vorfalls** in durchgängig wörtlicher Rede, ein dramaturgischer Kunstgriff, durch den auch der Zuschauer unmittelbar einbezogen wird in den Zynismus der „Herrenmenschen" – die Bahnarbeiter werden in vorliegendem Auszug, in Anspielung auf die rassistische Terminologie der Nationalsozialisten, nur als „Bahnmenschen" (Z. 5, 51) bezeichnet.

In der Wirtshausszene unternimmt Andres mit drei, wenn auch zaghaften **Imperativen** einen Beschwichtigungsversuch. Seine Unsicherheit und Angst zeigen sich allerdings sofort in seinem **stammelnden Zögern** („Ich bin kein … kein Jud!" Z. 108) und in seiner nonverbalen Reaktion: Er verlässt fluchtartig das Wirtshaus. Andres erkennt sein Dilemma und resigniert.

Demgegenüber steht die unverhüllte Aggression und skrupellose Menschenverachtung des „**Einen**", der die Szene verbal dominiert. Er spricht fast durchweg in **Imperativen** („Los, fang an!" Z. 72; „Los, Vögelchen, sing!" Z. 85; „Lauter." Z. 92), keinen Widerspruch duldend und rücksichtslos. Unvermittelt wechselt er dann zu übertrieben höflichen Anreden („Ja, Herr Levi? Singen Sie doch mal was. Bitte." Z. 83) und **heuchlerischer Freundschaftlichkeit** („Es gibt ja auch noch andere schöne Lieder. *Kumpelhaft.* Kennst du eins? [...] wir singen mit, wenn wirs kennen." Z. 75 f.). Die **Ironie** ist umso bösartiger, als er dem Juden scheinbar unterstellt, nationalsozialistisches Liedgut zu kennen, und ihm zumutet, ein solches Lied anzustimmen und sich damit mit seinen Todfeinden gemeinzumachen. Indem er Levi durch die wiederholten Aufforderungen mit der abschätzigen Verkleinerungsform „Vögelchen" (Z. 85, 89, 92, 101) zwingt, allein ein Lied zu singen, während dieser gleichzeitig tätlich bedroht wird, stellt er sein Gegenüber gnadenlos bloß. Zusätzlich bringt er die Anwesenden auf seine Seite und wiegelt sie durch seine anscheinend befehlsgewohnte, knappe Diktion und seine um Zustimmung heischenden Fragen gezielt auf („Chaje, habt ihr das schon mal gehört?" Z. 88), indem er ihre unterschwelligen Minderwertigkeitsgefühle bedient – ein „Erfolgsrezept" der Nationalsozialisten.

Levis Position ist allein schon durch seine sehr geringen **Redeanteile** gekennzeichnet. Dem angedeuteten Hinauswurf des Wirts hält er nur eine **rhetorische Frage** entgegen, mit der er sich allerdings gegen dessen Diskriminierung wehrt (vgl. Z. 42). Mit den Bahnarbeitern versucht er zunächst, jede **Kommunikation zu vermeiden**. Als dies nicht mehr möglich ist, bemüht er sich, durch eine kurze, höfliche Antwort den Anschein von Normalität aufrechtzuerhalten (vgl. Z. 74). Er setzt sich erst dann mit protestierenden **Ausrufen** gegen Zwang und Gewalt zur Wehr, als er tätlich angegriffen wird, und bekennt sich durch die Verwendung des **jiddischen Schimpfwortes**, hier wohl noch unbewusst, zu seiner eigenen Identität (vgl. Z. 87). Obwohl dies den Konflikt augenblicklich verschärft, bleibt er bei dieser Haltung, indem er unter dem gewaltsamen Druck der „Bahnmenschen" ein jiddisches Lied vorträgt, das obendrein durch seinen traurigen Inhalt bereits prophetische Züge zeigt.

In klarem Gegensatz zur Sprache der bisher aufgetretenen Figuren steht die Gestaltung des **Sprecherbeitrags** in deutlich elaboriertem Code. Er ist in **komplexem Satzbau** abgefasst, mit Nebensätzen und Partizipialkonstruktionen, und setzt **Fachausdrücke** ein („Luger 08", Z. 112; „Schädelregion", Z. 114). Der Sprecher, der die Pressemeldung ohnehin wohl nur vorliest, zeigt sich so emotional völlig unbeteiligt. Außerdem wird schlagartig zeitliche und räumliche Distanz zum vorherigen Geschehen geschaffen.

3 Formen des Antisemitismus und ihre dramaturgische Gestaltung

In den beiden vorliegenden Szenen werden exemplarisch unterschiedliche Ausprägungen des Antisemitismus vorgeführt. Gleich in der ersten Szene zeigt er sich in **wirtschaftlichen Repressalien gegen Levis Geschäftspartner**. Indem Andres den gescheiterten Handel wörtlich, überwiegend in Form eines Botenberichts wiedergibt, teilt er seine hilflose Empörung mit. Der Zuschauer wird dadurch aber gleichzeitig auch informiert und ins Geschehen mit einbezogen, schrittweise bekommt er die arrogante Perfidie der antisemitischen Begründung vorgeführt: Zunächst verunsichert der Ingenieur Andres, indem er seine höhere Position ausnutzt, und setzt ihn gleich zu Beginn unter Druck, indem er auf die geschäftliche Konkurrenz verweist (vgl. Z. 10). Diesen Druck verstärkt er im nächsten Schritt durch die Andeutung, die Ware habe „so einen Beigeschmack" (Z. 15), sei also in irgendeiner Form verdorben. Nun steigert er Andres' Anspannung und Verunsicherung noch, indem er sich zunächst der Zustimmung seiner

Arbeiter versichert („Nicht, Männer?" Z. 16) und diese dadurch aufwertet, gleichzeitig drängt er Andres damit in eine isolierte Position. Diese Gesprächssituation hält er gezielt aufrecht, um schließlich den tatsächlichen Grund für die Ablehnung mitzuteilen und dabei in fast schon blasphemischer Arroganz die Ware des Bauern als „nicht ganz [...] koscher" (Z. 23) zu bezeichnen: Durch den Kontakt mit einem Juden sei sie gerade im Sinne des jüdischen Reinheitsgebotes unrein geworden. Unverhohlen tritt der Antisemitismus schließlich zutage, indem die ganze Gruppe auf die auffordernde Frage des Ingenieurs hin skandiert: „Nach Jud, nach Jud, nach Jud" (Z. 25). Der fassungslose Andres wird mit dem klaren Hinweis entlassen, „Umgang mit Juden" sei „nicht gut, fürs Geschäft" (Z. 26 f.).

Andres' Bericht verfehlt seine Wirkung auf Kresenz nicht. Während der Bauer aber noch deutliche Empörung empfindet, reduziert sich die Verwirrung und Fassungslosigkeit seiner Frau ausschließlich auf die finanziellen Konsequenzen des Vorfalls; der menschliche Aspekt spielt für sie keine Rolle, er wird gar nicht zur Kenntnis genommen.

In der zweiten Szene werden mit dem Auftreten des Juden Levi und dem Verhalten der Menschen im Wirtshaus konkrete antisemitische Verhaltens- und Vorgehensweisen vorgeführt. Die Figur selbst hat Symbolcharakter: Levi ist nicht nur ein verbreiteter hebräischer Name, sondern bezeichnet ursprünglich einen Angehörigen der jüdischen Priesterschaft und deutet auf hohes Ansehen innerhalb der jüdischen Kultur hin. Der Levi in Strittmatters Drama ist großzügig und hilfsbereit, wie man aus der Vorbemerkung erfährt, er macht also seinem Namen Ehre und zeigt außerdem allgemein menschliche Tugenden. Als vormals erfolgreicher Viehhändler war er offensichtlich auch gut in die Gesellschaft integriert.

Dass diese Integration jetzt von der Gesellschaft selbst aufgehoben bzw. ins Gegenteil verkehrt ist, deutet sich bereits in der teilweise metaphorischen Regieanweisung an. Die **soziale Ausgrenzung Levis** zeigt sich hier in seinem von Angst geprägten Verhalten (*„Levi zögert wieder, länger."* Z. 30 f.) sowie in dem kommentierenden Hinweis *„ein Blutgerüst erklimmt er"* (Z. 32), er schreitet also gleichsam zu seiner Hinrichtung. Diese Vorausdeutungen bestätigen sich, als Levi das Wirtshaus betritt: Die Anwesenden verstummen, der Wirt bedient ihn erst nach wiederholter Aufforderung, drängt ihn aber gleichzeitig, wenn auch leise, das Lokal zu verlassen, das sei besser für ihn (Z. 34 ff.). Der Wirt versucht zwar, so den Konflikt zu vermeiden, trägt aber damit zumindest indirekt zur weiteren Ausgrenzung Levis bei. Dieser beharrt an diesem Punkt noch darauf, dass sein sozialer Status unverändert sei, aber die anwesenden Einheimischen reagieren mit dem Singen „[b]öse[r] Lieder" (Z. 44). Die feindselige Atmosphäre verdichtet sich.

Mit der Ankunft der Bahnarbeiter steigert sich das ausgrenzende Verhalten zu **verbaler und tätlicher Bedrohung**, die schließlich zu Levis gewaltsamem Tod führt. In den Regieanweisungen tritt zunächst stärker als in der gesprochenen Kommunikation der mehrfache Wechsel zwischen lauen Ablenkungsversuchen des Wirts und dem zunehmenden Aggressionspotenzial der Gäste hervor: *„Der Wirt geht [kommentarlos] zapfen. Die Bahnarbeiter unterhalten sich"* zunächst anscheinend neutral. *„Der Wirt bringt das Bier."* (Z. 55 f.) – aber anstelle der neun georderten bringt er eine „Lage" (Z. 59), er spendiert also zehn Gläser Bier, offenkundig um Gemeinschaftsgefühl zu schaffen bzw. um seine Wertschätzung gegenüber den Bahnarbeitern auszudrücken. Das bekräftigt sein Trinkspruch „Auf unser Gemeinsames" (Z. 60), wobei er offen lässt, worin das besteht.

Als einer der „Bahnmenschen" ein bekanntes Lied der Hitlerjugend intoniert, stimmen rasch die übrigen Arbeiter, aber auch die Einheimischen ein, sodass Levi dem vom Alkohol wie vom Hetzlied aufgeheizten Wirtshauspublikum isoliert gegenübersteht. Diese latente Gewaltbereitschaft lenkt „der eine" Rädelsführer sofort gezielt auf den Juden, indem er unvermittelt seine Passivität anspricht und ihm indirekt fehlende Begeisterung für den Nationalsozialismus vorwirft (Z. 69). Gleichzeitig heizt er die antisemitisch aufgeladene Atmosphäre und das so geschaffene **Wir-Gefühl** noch durch das Singen des SA-Kampfliedes an.

Sein demagogisches Vorgehen zeigt Wirkung: Einheimische wie Bahnarbeiter entwickeln rasch eine hohe Aggressivität, die durch spöttische Suggestivfragen („Oder kennst du das Lied vielleicht nicht?" Z. 72 f.) und schließlich durch den deutlichen Hinweis auf Levis Judentum in Tätlichkeiten mündet, die zur gnadenlosen Demütigung Levis und seiner völligen Unterlegenheit führen.

Diese Zuspitzung des dramatischen Geschehens erfährt eine letzte Steigerung in dem schlichten, todtraurigen jiddischen Liedchen, das Levi in höchster Bedrängnis hervorpresst. Die aufgepeitschten Peiniger des jüdischen Opfers nehmen davon nichts wahr, lediglich **Andres** unternimmt in dieser für ihn unerträglichen Situation einen zaghaften **Versuch einzuschreiten**, woraufhin er jedoch sofort selbst bedroht wird; als Einzelner ist er hilflos gegenüber den Vertretern antisemitischer Gesinnung. So verstummt er augenblicklich und verlässt fluchtartig den Gastraum, wodurch er freilich Mitschuld an Levis Schicksal auf sich lädt. Das **Dilemma des Einzelnen** zwischen faktisch aussichtslosem Widerstand und menschlich verständlichem Selbstschutz zum Preis der persönlichen Unschuld wird in dieser kurzen Sequenz augenfällig. In dieses Dilemma wird der Zuschauer unmittelbar mit hineingenommen, denn mit Andres' Abgang wechselt die Szene jäh: Ein anonymer Sprecher verliest unbeteiligt eine sachlich-nüchterne Meldung zum Tod des Viehhändlers, wodurch das gerade Geschehene schlagartig zwei Wochen in die Vergangenheit verlagert wird. Die tatsächlichen Todesumstände Levis bleiben ausgespart und dadurch wird Raum geschaffen für die Spekulationen des Zuschauers, der hier sein Wissen über die historischen Umstände fast automatisch aktiviert, zumal er durch die abrupte Konfrontation mit Levis gewaltsamem Tod unmittelbar emotional involviert ist.

Bei aller Nüchternheit im Ton tritt gegen Ende dieser **Pressemitteilung** freilich der **antisemitische Grundtenor** deutlich hervor, indem der Tote als „für seine überhöhten Preisforderungen bekannte[r] Viehhändler" (Z. 117) verleumdet und in diesem Zusammenhang sein Judentum (vgl. Z. 120) erwähnt wird. Der dargestellte Antisemitismus erreicht so eine neue Qualität: In dieser Form einer Nachrichtenmeldung hat er die Grenzen des Schwarzwalddorfes überwunden und die Öffentlichkeit erreicht, deren Grundhaltung er gleichzeitig prägt und widerspiegelt. Mit diesem Eindruck wird der Zuschauer kommentarlos allein gelassen.

4 Zusammenfassende Interpretation

Am Mikrokosmos des Schwarzwalddorfes führt Strittmatter exemplarisch das Versagen von Moral und Zivilcourage in einem von Hass und Ausgrenzung bestimmten System vor. In der Wirtshausszene wird dem Zuschauer ein **gruppendynamischer Prozess** vor Augen geführt, den jeder von uns aus dem Alltag kennt, den er sich aber wegen vermeintlich harmloser Inhalte und Auswirkungen selten bewusst macht: In eine konsolidierte Gruppe, hier das kleine Schwarzwalddorf, gewissermaßen ein abgeschlossenes System, dringt mit den Bahnarbeitern und der von ihnen vertretenen nationalsozialistischen Ideologie ein fremdes Element ein, das neue ungekannte Wertvorstellungen und Maßstäbe vertritt. Dieses Phänomen ist gleichzeitig angsterregend – es verunsichert bisher nie hinterfragte Strukturen – und faszinierend, bietet es doch den Gruppenmitgliedern die Chance, ihre gesellschaftliche Position neu zu definieren und zu verbessern. Zunächst geht es in Strittmatters „Volkstheaterstück" also gar nicht um bestimmte Inhalte, sondern um **archaische Mechanismen**.

Darüber hinaus veranschaulicht der Autor die Problematik, die entsteht, wenn in einem solchen gruppendynamischen Prozess kritische Inhalte transportiert werden und geschickte **Propaganda**, wie sie der Nationalsozialismus eingesetzt hat, diese nur allzu erfolgreich durchsetzt. Dazu gehört eine **Identifikationsfigur**, ein „Führer", in diesem Fall ein Ingenieur bzw. „Der Eine" aus der fernen, fast exotisch anmutenden Reichshauptstadt, der den archaischen Wunsch, Teil einer Gruppe zu sein, durch entsprechende Strategien unterstützt, z. B. durch den gemeinsamen Gesang. In der vorliegenden Szene stärkt der aggressiv-antisemitische Inhalt freilich unbewusst eine gewaltbereite Grundhaltung der Gruppe. Der sprechende Name „Der Eine" weist zugleich darauf hin, dass die Rolle des Rädelsführers von einem ganz gewöhnlichen Bürger übernommen wird – indirekt klingt hier die im Nachhinein oft gestellte Schuldfrage mit an. Menschen aus der Mitte der Gesellschaft machten sich die nationalsozialistische Ideologie zu eigen und begingen die abscheulichsten Verbrechen gegen die Menschlichkeit.

Mit dem Juden Levi gibt es eine **Minderheit**, die das Wir-Gefühl der Gruppe fördert, da er eben nicht dazu gehört. Levi steht allein gegen Dorfbewohner und Bahnarbeiter. Diese haben teilweise andere Sitten und Gebräuche, so dass gezielte diesbezügliche Hinweise des Anführers reichen, um die aggressive Stimmung zum Ausbruch zu bringen – in der Wirtshausszene genügt die Frage des „Einen", warum der Jude das nationalsozialistische Propagandalied nicht mitsinge. Der Verstand spielt in diesem Stadium keine Rolle mehr, die zynische Absurdität der Frage wird nicht mehr erkannt. Auch ansonsten unbestrittene moralische Grundsätze sind außer Kraft gesetzt, etwa dass es unehrenhaft ist, in einer Überzahl einen von vornherein Unterlegenen anzugreifen.

Eindrucksvoll veranschaulicht der Autor die Möglichkeiten, aber auch die Grenzen der Selbstbehauptung auf Seiten des Opfers: Bis zum bitteren Ende gibt Levi seine Identität nicht auf, auch wenn er sein Leben in einem von Ausgrenzung bestimmten System nicht retten kann. Gleichzeitig deckt Strittmatter aber auch nachhaltig die **Auswirkungen fehlender Zivilcourage** auf. Andres hätte höchstwahrscheinlich Levi nicht vor dem Tode bewahren können. Der Einzelne kann in der konkreten Situation häufig gar nichts ausrichten, aber der Zuschauer wird nachdenklich gemacht: Was, wenn dieser Einzelne sich hier mutig gegen die Überzahl gestellt hätte und zum Märtyrer geworden wäre?

Hier greift der Autor ein **Element des epischen Theaters** auf: Indem er unmittelbar nach Andres' Abgang den Sprecherkommentar anschließt und so die Handlung offen enden lässt, bringt er den Zuschauer unvermittelt in Distanz zum Geschehen und löst bei ihm Spekulationen über den Fortgang, aber auch Überlegungen über das bisher Gesehene und die Gründe dafür aus.

5 Gestaltung des Themas „Eskalation von Gewalt" – Vergleich mit einem anderen literarischen Werk

Zum Vergleich wird **Friedrich Dürrenmatts** Tragische Komödie „**Der Besuch der alten Dame**", 1956 in Zürich uraufgeführt, herangezogen. Für die Wahl dieses Werks war insbesondere ausschlaggebend, dass auch dieses Stück nach dem Zweiten Weltkrieg und dem Holocaust entstanden ist, und zwar relativ zeitnah. Auch wenn dies nicht Thema des Dramas ist, so hat der Autor die Zeit und ihre Auswüchse doch bewusst miterlebt.

In beiden Dramen geht es um die allmähliche Eskalation von **Gewalt in einem Gesellschaftssystem**, das exemplarisch in Form eines kleinen Ortes auf die Bühne gebracht wird, in dem jeder jeden kennt und in dem es gesellschaftliche Strukturen mit scheinbar festen Moralvorstellungen und Traditionen gibt: bei Strittmatter das Schwarzwalddorf, bei Dürrenmatt die Kleinstadt Güllen. Gewalt ist dort anfangs nicht als Mittel gesellschaftlicher Ordnung vorgesehen.

Das Schwarzwalddorf ist ein funktionierendes System, in dem das Leben „seinen Gang geht“, bis andere, bisher unbekannte ideelle Prinzipien und Weltanschauungen eindringen. Die Kleinstadt Güllen – schon der sprechende Name deutet dies an – ist bereits zu Beginn moralisch verkommen und wirtschaftlich am Ende, sodass für ihre Bewohner materielle Werte bestimmend und vertraut sind.

Der **Einsatz von Gewalt** wird in beiden Werken gezielt ausgelöst und vorangetrieben, allerdings aus unterschiedlichen Gründen. In das Schwarzwalddorf kommt ein Bautrupp aus der Reichshauptstadt Berlin, um die Bahnstrecke auszubauen. Die Männer haben kein ursprünglich persönliches Interesse an den Einheimischen, sie kommen auch nicht primär in der Absicht, nationalsozialistisches Gedankengut und damit gewaltbereiten Antisemitismus zu verbreiten. Die Ausgrenzung und Bedrohung des Juden Levi hat weder mit persönlicher Antipathie noch mit irgendeinem Gerechtigkeitsempfinden zu tun, sondern ist das Ergebnis von nationalsozialistischer Rassenideologie und archaischem Gemeinschaftsbedürfnis.

Der **materielle Aspekt** spielt dabei eine eher untergeordnete Rolle: Die wirtschaftlichen Repressalien, die sich durch Kontakte mit Juden ergeben, führen nicht unmittelbar zu Gewaltaktionen, sie bereiten allenfalls den Boden dafür. Allerdings ist Andres, der dieses Druckmittel am ehesten zu spüren bekommt, der Einzige, der wenigstens ansatzweise versucht, der Gewalt entgegenzutreten.

Claire Zachanassian kehrt hingegen einzig für einen persönlichen Rachefeldzug nach Güllen zurück. Getrieben von Hass auf die Bewohner der Stadt und Rachegefühlen gegen ihren ehemaligen Geliebten, ist ihr Ziel von Anfang an erklärtermaßen der Tod Ills, auf den sie systematisch hinarbeitet, indem sie die Bewohner Güllens instrumentalisiert und manipuliert – einfach ausgedrückt: kauft. Und sie sind alle käuflich, ja der Schlusschor des Dramas preist sogar den Wohlstand als heiliges Gut, dieser ist Grundbestandteil der Güllener Weltordnung.

Allerdings vertritt Claire Zachanassian durchaus eine Art moralischen Anspruch: „Ich gebe euch eine Milliarde und kaufe mir dafür Gerechtigkeit.“ Die **Perversion der Wertvorstellungen** – „Man kann alles kaufen“ – wird hier ausdrücklich thematisiert und im Verlauf des Stückes vorgeführt.

In beiden Stücken wird durch die Eskalation der Gewalt ein Mensch getötet. Der Jude Levi ist das hilflose Opfer nationalsozialistischer Willkür. Ihm wird seine jüdische Herkunft zum Verhängnis, von irgendeinem schuldhaften Verhalten oder einer moralischen Verfehlung seinerseits kann keine Rede sein. **Schuld** laden die anderen auf sich, indem sie teils aufgrund von pervertierten Wertvorstellungen, teils aus Angst die einfachsten Gebote der Menschlichkeit missachten und sich dessen nicht einmal bewusst werden.

Schuldig werden auch die Güllener, die sich allein von ihrer Geldgier leiten lassen und sich dessen auch sehr wohl bewusst sind. Das ganze Stück handelt im Grunde davon, wie die Menschen versuchen, ihr amoralisches Verhalten zu entschuldigen oder gar in Sittlichkeit umzudeuten, so dass sie sich am Ende nicht nur des Mordes, sondern auch der Heuchelei schuldig machen. In diesem Zusammenhang muss die Rolle des Opfers Alfred Ill genauer betrachtet werden. Ohne Zweifel wird er ein Opfer von Lynchjustiz – er wird aber nicht wegen irgendeiner Schuld, sondern wegen des in Aussicht gestellten Geldes getötet. Doch Claire Zachanassian erhebt zu Recht den Vorwurf, er sei seinerzeit an ihr schuldig geworden, indem er die Vaterschaft geleugnet und sie damit gesellschaftlich, moralisch und wirtschaftlich ins Abseits gedrängt habe. Als er die zunehmende Gewaltbereitschaft bemerkt, beginnt er umzudenken: Er akzeptiert seine Schuld und macht durch seinen Tod an der Gemeinschaft gut, was er an Claire verbrochen hat.

Grundkurs Deutsch (Bayern): Abiturprüfung 2010
Aufgabe 3 – Erschließung eines poetischen Textes

a) Erschließen und interpretieren Sie den folgenden Textausschnitt! Arbeiten Sie dabei den Epochenbezug heraus!

b) Legen Sie ausgehend von Ihren Ergebnissen vergleichend dar, wie das Thema einer veränderten Wahrnehmung der Realität in einem anderen literarischen Werk gestaltet wird!

Vorbemerkung

Der junge Adlige Florio erreicht nach langer Reise die italienische Stadt Lucca. Vor den Toren der Stadt macht er die Bekanntschaft des Sängers Fortunato. Dieser nimmt ihn mit zu einem Fest an einem Fluss, auf dem sich Florio in ein ihm unbekanntes, blumenbekränztes Mädchen verliebt. Nach dem Ende der Festlichkeiten reiten Florio und der Sänger zu ihrer gemeinsamen Herberge.

Joseph Freiherr von Eichendorff (1788–1857)

Das Marmorbild (Erstdruck 1819, Orthographie entsprechend der Ausgabe von 1988)

[...]

Florio warf sich angekleidet auf das Ruhebett hin, aber er konnte lange nicht einschlafen. In seiner von den Bildern des Tages aufgeregten Seele wogte und hallte und sang es noch immer fort. Und wie die Türen im Hause nun immer seltener auf- und zugingen, nur manchmal noch eine Stimme erschallte, bis endlich Haus, Stadt und Feld in tiefe Stille versank: da war es ihm, als führe er mit schwanenweißen Segeln einsam auf einem mondbeglänzten Meer. Leise schlugen die Wellen an das Schiff, Sirenen[1] tauchten aus dem Wasser, die alle aussahen wie das schöne Mädchen mit dem Blumenkranze vom vorigen Abend. Sie sang so wunderbar, traurig und ohne Ende, als müsse er vor Wehmut untergehn. Das Schiff neigte sich unmerklich und sank langsam immer tiefer und tiefer. – Da wachte er erschrocken auf.

Er sprang von seinem Bette und öffnete das Fenster. Das Haus lag am Ausgange der Stadt, er übersah einen weiten, stillen Kreis von Hügeln, Gärten und Tälern, vom Monde klar beschienen. Auch da draußen war es überall in den Bäumen und Strömen noch wie ein Verhallen und Nachhallen der vergangenen Lust, als sänge die ganze Gegend leise, gleich den Sirenen, die er im Schlummer gehört. Da konnte er der Versuchung nicht widerstehen. Er ergriff die Gitarre, die Fortunato bei ihm zurückgelassen, verließ das Zimmer und ging leise durch das ruhige Haus hinab. Die Tür unten war nur angelehnt, ein Diener lag eingeschlafen auf der Schwelle. So kam er unbemerkt ins Freie und wandelte fröhlich zwischen Weingärten durch leere Alleen an schlummernden Hütten vorüber immer weiter fort.

Zwischen den Rebengeländen hinaus sah er den Fluß im Tale; viele weißglänzende Schlösser, hin und wieder zerstreut, ruhten wie eingeschlafene Schwäne unten in dem Meer von Stille. Da sang er mit fröhlicher Stimme:

Wie kühl schweift sichs bei nächtger Stunde,
Die Zither treulich in der Hand!
Vom Hügel grüß ich in die Runde
Den Himmel und das stille Land.

Wie ist das alles so verwandelt,
Wo ich so fröhlich war, im Tal.
Im Wald wie still, der Mond nur wandelt
Nun durch den hohen Buchensaal.

Der Winzer Jauchzen ist verklungen
Und all der bunte Lebenslauf,
Die Ströme nur, im Tal geschlungen,
Sie blicken manchmal silbern auf.

Und Nachtigallen wie aus Träumen
Erwachen oft mit süßem Schall,
Erinnernd rührt sich in den Bäumen
Ein heimlich Flüstern überall.

Die Freude kann nicht gleich verklingen,
Und von des Tages Glanz und Lust
Ist so auch mir ein heimlich Singen
Geblieben in der tiefsten Brust.

Und fröhlich greif ich in die Saiten,
O Mädchen, jenseits überm Fluß,
Du lauschest wohl und hörsts von weiten
Und kennst den Sänger an dem Gruß!

Er mußte über sich selber lachen, da er am Ende nicht wußte, wem er das Ständchen brachte. Denn die reizende Kleine mit dem Blumenkranze war es lange nicht mehr, die er eigentlich meinte. Die Musik bei den Zelten, der Traum auf seinem Zimmer und sein die Klänge und den Traum und die zierliche Erscheinung des Mädchens nachträumendes Herz hatten ihr Bild unmerklich und wundersam verwandelt in ein viel schöneres, größeres und herrlicheres, wie er es noch nirgends gesehen.

So in Gedanken schritt er noch lange fort, als er unerwartet bei einem großen, von hohen Bäumen rings umgebenen Weiher anlangte. Der Mond, der eben über die Wipfel trat, beleuchtete scharf ein marmornes Venusbild, das dort dicht am Ufer auf einem Steine stand, als wäre die Göttin soeben erst aus den Wellen aufgetaucht und betrachte nun, selber verzaubert, das Bild der eigenen Schönheit, das der trunkene Wasserspiegel zwischen den leise aus dem Grunde aufblühenden Sternen widerstrahlte. Einige Schwäne beschrieben still ihre einförmigen Kreise um das Bild, ein leises Rauschen ging durch die Bäume ringsumher.

Florio stand wie eingewurzelt im Schauen, denn ihm kam jenes Bild wie eine langgesuchte, nun plötzlich erkannte Geliebte vor, wie eine Wunderblume, aus der Frühlingsdämmerung und träumerischen Stille seiner frühesten Jugend heraufgewachsen. Je länger er hinsah, je mehr schien es ihm, als schlüge es die seelenvollen Augen langsam auf, als wollten sich die Lippen bewegen zum Gruße, als blühe Leben wie ein lieblicher Gesang erwärmend durch die schönen Glieder herauf. Er hielt die Augen lange geschlossen vor Blendung, Wehmut und Entzücken.

Als er wieder aufblickte, schien auf einmal alles wie verwandelt. Der Mond sah seltsam zwischen Wolken hervor, ein stärkerer Wind kräuselte den Weiher in trübe Wellen, das Venusbild, so fürchterlich weiß und regungslos, sah ihn fast schreckhaft mit den steinernen Augenhöhlen aus der grenzenlosen Stille an. Ein nie gefühltes Grausen überfiel da den Jüngling. Er verließ schnell den Ort, und immer schneller und ohne auszuruhen eilte er durch die Gärten und Weinberge wieder fort, der ruhigen Stadt zu; denn auch das Rauschen der Bäume kam ihm nun wie ein verständliches, vernehmliches Geflüster vor, und die langen, gespenstischen Pappeln schienen mit ihren weitgestreckten Schatten hinter ihm dreinzulangen.

So kam er sichtbar verstört in der Herberge an. Da lag der Schlafende noch auf der Schwelle und fuhr erschrocken auf, als Florio an ihm vorüberstreifte. Florio aber schlug schnell die Tür hinter sich zu und atmete erst tief auf, als er oben sein Zimmer betrat. Hier ging er noch lange auf und nieder, ehe er sich beruhigte. Dann warf er sich aufs Bett und schlummerte endlich unter den seltsamsten Träumen ein.

Am folgenden Morgen saßen Florio und Fortunato unter den hohen, von der Morgensonne durchfunkelten Bäumen vor der Herberge miteinander beim Frühstücke. Florio sah blässer als gewöhnlich und angenehm überwacht aus. – „Der Morgen", sagte Fortunato lustig, „ist ein recht kerngesunder, wildschöner Gesell, wie er so von den höchsten Bergen in die schlafende Welt hinunterjauchzt und von den Blumen und Bäumen die Tränen schüttelt und wogt und lärmt und singt. Der macht eben nicht sonderlich viel aus den sanften Empfindungen, sondern greift kühl an alle Glieder und lacht einem lange ins Gesicht, wenn man so preßhaft[2] und noch ganz wie in Mondschein getaucht vor ihn hinaustritt." – Florio schämte sich nun, dem Sänger, wie er sich anfangs vorgenommen, etwas von dem schönen Venusbilde zu sagen, und schwieg betreten still. Sein Spaziergang in der Nacht war aber von dem Diener an der Haustür bemerkt und wahrscheinlich verraten worden, und Fortunato fuhr lachend fort: „Nun, wenn Ihrs nicht glaubt, versucht es nur einmal und stellt Euch jetzt hierher und sagt zum Exempel: O schöne, holde Seele, o Mondschein, du Blütenstaub zärtlicher Herzen usw., ob das nicht recht zum Lachen wäre! Und doch wette ich, habt Ihr diese Nacht dergleichen oft gesagt und gewiß ordentlich ernsthaft dabei ausgesehen."

Florio hatte sich Fortunato ehedem immer so still und sanftmütig vorgestellt, nun verwundete ihn recht innerlichst die kecke Lustigkeit des geliebten Sängers. Er sagte hastig, und die Tränen traten ihm dabei in die seelenvollen Augen: „Ihr sprecht da sicherlich anders, als Euch selber zumute ist, und das solltet Ihr nimmermehr tun. Aber ich lasse mich von Euch nicht irremachen, es gibt noch sanfte und hohe Empfindungen, die wohl schamhaft sind, aber sich nicht zu schämen brauchen, und ein stilles Glück, das sich vor dem lauten Tag verschließt und nur dem Sternenhimmel den heiligen Kelch öffnet wie eine Blume, in der ein Engel wohnt." Fortunato sah den Jüngling verwundert an, dann rief er aus: „Nun wahrhaftig, Ihr seid recht ordentlich verliebt!"

[…]

Aus: Joseph von Eichendorff, Erzählungen, hrsg. v. Werner Bergengruen, Zürich [6]1988, S. 165–171

1 *Sirenen:* weibliche Fabelwesen aus der griechischen Mythologie, die mit betörendem Gesang Schiffe anlocken, um deren Besatzung zu töten

2 *preßhaft:* hier: verschlafen

Hinweise und Tipps

Teilaufgabe a) umfasst den Arbeitsauftrag „Erschließen und interpretieren Sie […]". Es empfiehlt sich, mit einer **Strukturanalyse** der Handlung zu beginnen. Ein so epochentypischer Text verleitet dazu, bereits hier auf romantische Gestaltungselemente einzugehen. Da dadurch die Gefahr von Wiederholungen besteht, sollten Sie erst bei der eigentlichen Interpretation auf epochenspezifische Merkmale eingehen. Gerade weil der weiterführende Arbeitsauftrag eigens darauf abzielt, den Epochenbezug herauszuarbeiten, muss diesem Aspekt ein eigener Punkt gewidmet werden.

Anschließend untersuchen Sie, wie bei der Erschließung üblich, die **sprachlichen und erzählerischen Gestaltungsmittel**. Achten Sie sorgfältig darauf, alle erforderlichen Parameter (Erzählstil, Wortwahl, sprachliche Besonderheiten) zu identifizieren und in ihrer Funktion darzustellen, wobei Sie hier schon auf die epochentypische Verwendung hinweisen können. Diese Parameter sollten nicht zugunsten der auffälligen Bildlichkeit vernachlässigt werden. Die Betrachtung der **Metaphorik** wird in Ihrer Arbeit einen relativ großen Raum einnehmen; vorbereitend auf die zweite Teilaufgabe können Sie dabei bereits Epochenbezüge herstellen. Die einzelnen Sprachbilder sollten Sie genau voneinander abgrenzen, benennen und darstellen. Vermeiden Sie hier eine erzählende Beschreibung.

Wenn Sie diese Arbeitsschritte sorgfältig erledigt haben, wird die sich anschließende **Interpretation** eher in einer Zusammenfassung und Vertiefung Ihrer bisherigen Ergebnisse bestehen. Hüten Sie sich jedoch vor bloßer Wiederholung, sondern arbeiten Sie die spezielle Aussageabsicht des Dichters heraus. Sie können sich dabei von der folgenden Frage leiten lassen: Welche existenziellen, über das Werk hinausreichenden Aussagen will Eichendorff in diesem Text vermitteln?

In einem die erste Teilaufgabe abschließenden Punkt sollten Sie nun den **Epochenbezug** darstellen, das heißt letztlich, die epochentypischen Merkmale des Textes noch einmal zu präzisieren und zusammenzufassen. Hierbei sind Ihnen Ihre **literaturgeschichtlichen Kenntnisse** eine große Hilfe, um ggf. programmatische Aussagen der romantischen Poetik am Text zu belegen. Gerade dabei sollten Sie aber den Textbezug nie aus dem Auge verlieren.

Besondere Aufmerksamkeit ist bei **Teilaufgabe b**) der **Auswahl des zu vergleichenden Werkes** zu schenken. Prüfen Sie sorgfältig, ob es in dem von Ihnen ins Auge gefassten Text auch wirklich um eine veränderte *Wahrnehmung* der Realität und nicht etwa um eine tatsächlich veränderte Realität, etwa im Sinne von Science fiction oder Fantasy, geht. Unter diesem Gesichtspunkt kämen u. a. folgende Werke in Frage:
- Werke von Franz Kafka *(Der Prozess, Das Schloss);*
- Diverse Balladen (A. von Droste-Hülshoff, *Der Knabe im Moor;*
  J. W. von Goethe, *Der Totentanz*).

Als Vergleichskriterien könnten etwa dienen:
- Auslöser der veränderten Realitätswahrnehmung;
- Ihre Folgen für die handelnden Figuren bzw. die Handlung;
- Ihre Endgültigkeit sowie ihre Vereinbarkeit mit der jeweiligen Norm;
- Ihre Bewertung.

In jedem Falle sollten Sie auf Systematik und Geschlossenheit in der Darstellung achten.

Lösungsvorschlag

1 Inhalt und Aufbau

Z. 1–10: **Einschlafen Florios, Traum und plötzliches Aufschrecken**
Innerlich aufgewühlt durch die Erlebnisse auf einem Fest, besonders durch die Begegnung mit einem blumenbekränzten Mädchen, hat Florio Mühe, zur Ruhe zu kommen. Erst nach längerer Zeit fällt er, bewegt von den „Bildern des Tages“ (Z. 2), in einen unruhigen Schlaf und träumt sehnsuchtsvoll von der schönen Unbekannten. Unvermittelt schreckt er aus seinen Träumen auf.

Z. 11–53: **Heimliches Verlassen des Hauses und Wanderung durch die nächtliche Landschaft**
Vom Fenster aus betrachtet er die nächtliche Landschaft, die „vom Monde klar beschienen“ (Z. 12 f.) daliegt. Gerade in der Stille der Nacht löst sie in ihm erneut Empfindungen aus, in denen sich die Erinnerungen an das Fest und den Traum vermischen.
Er verlässt seine Unterkunft, nicht ohne die Gitarre seines Freundes Fortunato mitzunehmen, und begibt sich nach draußen. Die menschenleere, mondbeschienene Landschaft weckt seine künstlerische Inspiration: Er verarbeitet die Eindrücke des vergangenen Tages sowie der nächtlichen Umgebung in Form eines Liedes, in dem sich seine Gefühle schließlich konkret auf die Unbekannte fokussieren, indem er sie direkt anspricht.
Dabei stellt er verwundert fest, dass er die durch das Mädchen ausgelösten intensiven Gefühle auf eine imaginäre ideale Geliebte überträgt.

Z. 54–68: **Entdeckung einer Venusstatue, die heftige Emotionen auslöst**
Nachdenklich geht er weiter, bis er unvermittelt an einem Teich eine Venusstatue wahrnimmt, die vom Schein des Mondes in ein verzauberndes Licht getaucht wird.
Fasziniert versinkt er in ihre Beobachtung; sie wird für ihn mehr und mehr zur Inkarnation eines inneren Frauenbildes, bis sie schließlich lebendig zu werden scheint. Je länger er in dieser Betrachtung verharrt, desto stärker wird er von widersprüchlichen Gefühlen überwältigt.

Z. 69–82: **Entsetzen Florios über die in seinen Augen veränderte Venusfigur und fluchtartige Rückkehr in den Gasthof**
Plötzlich verwandelt sich das ihn zunächst entzückende Bild in eine gespenstige Szenerie. Florio erschrickt, wie sich seine Wahrnehmung der Natur und der Statue ins Negative verkehrt, und empfindet eine existenzielle Bedrohung. Fluchtartig eilt er zurück in seine Unterkunft, wobei er sich verfolgt und gehetzt fühlt. Erst im Refugium seines Zimmers verspürt er Erleichterung, jedoch wirken die nächtlichen Ereignisse erneut in seinem Traum fort.

Z. 83–107: **Freundschaftlicher Spott Fortunatos beim gemeinsamen Frühstück**
Am nächsten Morgen ist Florio auffallend schweigsam. Gegenüber seinem fröhlichen Gefährten Fortunato empfindet er Verlegenheit angesichts des nächtlichen Geschehens. Er schämt sich, seine Gefühle auszudrücken, und versucht, sie gleichzeitig zu rechtfertigen.
Im deutlichen Gegensatz zu dieser Haltung steht das Auftreten Fortunatos: Dieser lobt den Morgen, der Kraft und Lebensfreude vermittele, und relativiert den vermuteten nächtlichen Gefühlsüberschwang Florios parodistisch. Als dieser erneut sehr gefühlsbetont reagiert, unterstellt Fortunato schließlich lakonisch Verliebtheit als Ursache für Florios Verhalten.

2 Erzählerische und sprachliche Gestaltung

Die Passage ist vorwiegend in **personalem Erzählstil** gehalten und meist sogar aus der Innenperspektive Florios erzählt, sodass der Leser ganz in die subjektive Gefühlswelt des Protagonisten mit hineingenommen wird. Nur gelegentlich, vorwiegend an Schlüsselstellen, taucht ein eher angedeuteter **Erzählerkommentar** auf („[…] ihm *kam* jenes Bild wie eine langgesuchte […] Geliebte *vor*“, Z. 62 f.; „Je länger er hinsah, je mehr *schien* es ihm“, Z. 64 f.; „das Rauschen der Bäume *kam* ihm nun wie ein […] Geflüster *vor*“, Z. 74 f.).

Der häufige **Gebrauch des Konjunktivs** („als *müsse* er vor Wehmut untergehn“, Z. 8 f.; „als *schlüge* es die seelenvollen Augen langsam *auf,* als *wollten* sich die Lippen bewegen […], als *blühe* Leben […]“, Z. 65 f.) verstärkt den Eindruck des Irrealen, des fließenden Übergangs zwischen Traum und Realität. So bleibt für den Leser der Realitätsgehalt der Wahrnehmungen immer wieder in der Schwebe.

Zur atmosphärischen Verdichtung trägt auch der **Satzbau** bei: Über weite Strecken herrscht eine hypotaktische Syntax vor. Die veränderte Wahrnehmung des Venusbildes, das in Florios Augen etwas Gespenstiges und Bedrohliches annimmt, und seine darauf folgende angsterfüllte, panische Flucht werden dagegen in asyndetisch aneinandergereihten Parataxen geschildert (vgl. Z. 69 ff.). Dadurch bekommt die Erzählung etwas Atemloses, was die Gefühle des Protagonisten widerspiegelt.

Bei den verwendeten Nebensätzen handelt es sich überwiegend um Relativsätze, die bedeutungsvolle Begriffe und Passagen attributiv illustrieren und hervorheben: „Sirenen, die er im Schlummer gehört“ (Z. 15), „die Gitarre, die Fortunato bei ihm zurückgelassen“ (Z. 16) oder „Der Mond, der eben über die Wipfel trat“ (Z. 55).

Auffallend, aber auch typisch für die Entstehungszeit des Textes ist die Verwendung des **Liedes**. Florio improvisiert im Volksliedton und begleitet sich dabei auf der Gitarre, „die Fortunato bei ihm zurückgelassen“ (Z. 16) hat. Er hält so gleichsam die Verbindung zu seinem fröhlichen Sängerfreund, seinem künstlerischen Vorbild (und am Ende der Novelle auch seinem Retter). Denn er ist in mehrfacher Hinsicht in einer **Grenzsituation:** Innerlich aufgewühlt und verunsichert durch die Begegnung mit dem „schöne[n] Mädchen“ (Z. 7), ist er zu einer Stelle im Park gelangt, die ihm Übersicht verschafft, im wörtlichen wie im übertragenen Sinn. Er sieht „den Fluß im Tale; viele weißglänzende Schlösser“ (Z. 21 f.) – genau der richtige Ort für eine Besinnung, so scheint es zunächst. Im Lied kann er nun einerseits Distanz gewinnen durch die Formzwänge, die die Gattung vorgibt, und so seine innere Unruhe künstlerisch verarbeiten, auf der anderen Seite bietet ihm der Gesang die Möglichkeit, seinen Emotionen Ausdruck zu verleihen. Dass Florio hierfür den **Volksliedton** wählt, nimmt dem Ganzen die Dramatik, hebt es zumindest vordergründig auf eine eher naiv-fröhliche Ebene und schafft eine Verbindung zur guten alten Zeit – das Lied bietet Sicherheit, die in diesem Stadium des Geschehens noch möglich scheint.

Bei aller vermeintlichen Schlichtheit ist jedoch in diesem Lied wie in dem gesamten Textauszug die **Bildlichkeit und die Motivik** aufschlussreich. Der Auszug beginnt in der typisch romantischen Situation des **Übergangs vom Tag zur Nacht**, von der Betriebsamkeit zur Innerlichkeit, von der Realität zu Traum und Imagination. Florio findet jedoch nur mühsam Ruhe. Schließlich versinkt er in einen Traum, der ihm ein Szenario von archetypischen Motiven bietet: Die **Reise aufs Meer** versinnbildlicht die romantische Sehnsucht nach Entgrenzung, den Aufbruch zu unbestimmten, neuen Ufern, tiefenpsychologisch symbolisiert sie den Weg ins Unbewusste. Mit dem Bild der „schwanenweißen Segel[ ]“ (Z. 5) wird erneut die gute alte Zeit aufgerufen: Der Topos ist schon in der Barockzeit geläufig für die Schönheit und Reinheit einer Frau. Florio begegnet im Zustand der Unschuld den verführerischen Sirenen, in denen ihm gleich vielfach das „schöne Mädchen mit dem Blumenkranze“ (Z. 7) erneut vor Augen steht. Und durch ihren Gesang berührt, gerät sein Schiff in Gefahr: Die erotische Verführung, die er an diesem Abend zum ersten Mal erfahren hat, bedroht sein bisheriges Leben. Schließlich sinkt das Schiff „langsam immer tiefer und tiefer“ (Z. 9), in der Psychoanalyse ein eindeutiges Bild für das Eintauchen ins Unbewusste.

Davor schreckt Florio aber zurück, er wacht „erschrocken auf“ (Z. 10) und tritt ans Fenster. Das **Haus als Ort der Geborgenheit** liegt „am Ausgange der Stadt“ (Z. 11), man kann von dort weit über die Landschaft blicken. Dieses Szenario ist als Ganzes symbolisch zu verstehen: Die Stadt liegt hinter ihm, Florio hat die Zivilisation zwar „im Rücken“, wendet sich aber der **Natur** zu, dem „weiten, stillen Kreis von Hügeln, Gärten und Tälern“ (Z. 12). Die Natur erscheint in seiner Vorstellung personifiziert, sie scheint wie die Sirenen zu singen. Die erneute Aufnahme des Motivs der Sirenen (vgl. Z. 14 f.) schafft eine Verbindung zu seinem Traum – ein erster Hinweis auf die Vermischung von Wirklichkeit und Irrealem. Zudem wird deutlich, in welchem Maß er von seinen erotischen Vorstellungen gefangen ist. All dies bleibt jedoch verhalten und geheimnisvoll, Wörter wie „leise“ (Z. 6, 14, 17), „still“ bzw. „Stille“ (Z. 4, 12, 23, 27, 30) oder „heimlich“ (Z. 39, 42) treten als **Schlüsselbegriffe** immer wieder auf und unterstreichen die mystische Atmosphäre.

Florio erliegt der „Versuchung“ (Z. 15) durch die sirenenhaft personifizierte Landschaft und begibt sich in die Natur, nicht ohne die Gitarre und damit, wie schon angedeutet, eine Bindung an die Realität mitzunehmen. Noch hat er den Überblick, bildlich gesprochen, er schaut über das Flusstal. Hier taucht im Bild der „weißglänzende[n] Schlösser“ (Z. 21 f.) erneut ein Schlüsselbegriff auf, denn auch die Segel seines Traumes waren „schwanenweiß[ ]“ (Z. 5). Auch der Vergleich der Schlösser mit „eingeschlafene[n] Schwäne[n]“ sowie die **Metapher** eines „Meer[es] von Stille“ (Z. 22 f.) zitieren erneut den Traum. Florio, noch im Zustand der Unschuld, genießt die erotische Versuchung, obwohl er beunruhigt ist, und verarbeitet sie in einem Lied. Darin werden nun die gängigen Bilder und Topoi der Romantik aufgeführt: Das sehnsuchtsvolle Wandern (Str. 1), die wehmütige Erinnerung an die Vergangenheit (Str. 2) und die Vergänglichkeit (Str. 3), die Hinwendung zum Inneren, ausgelöst durch den Gesang der Nachtigall (Str. 4), wo sich doch wieder Hoffnung findet (Str. 5), und schließlich die Anrede an die Geliebte in der letzten Strophe, die offenbart, dass das ganze Lied eigentlich eine Werbung an sie ist. Noch merkt er, was mit ihm geschieht, dass er die reale Frau in seiner Vorstellung bereits überhöht, und noch kann er darüber lachen (vgl. Z. 48).

Doch er geht weiter, im wörtlichen wie im übertragenen Sinn, und wird „unerwartet" (Z. 54) mit einem gänzlich neuen Szenario konfrontiert: In der Art einer Guckkastenbühne erblickt er am Ufer eines Sees, vom Licht des Mondes plötzlich hervorgehoben, eine Venusstatue, die ihr Spiegelbild im Wasser zu bewundern scheint.

Mehrere **literarische Grundmotive** werden hier angesprochen: Die Verliebtheit in ein künstliches Frauenbild hat bereits Ovid in seinen *Metamorphosen* thematisiert. Die Figur des Liebhabers, bei Ovid **Pygmalion** genannt, findet sich bis in die Neuzeit, etwa in dem gleichnamigen Theaterstück G. B. Shaws, besser bekannt als Musical *My fair Lady*. Allen Rezeptionen liegt die Idee zugrunde, dass sich ein Mann in das unbelebte Bild einer Frau verliebt, weil er überhöhte Wunschvorstellungen hineinprojiziert. Nicht anders ergeht es Florio, denn „ihm kam jenes Bild wie eine langgesuchte, nun plötzlich erkannte Geliebte vor, wie eine Wunderblume" (Z. 62 f.). Mit der „Wunderblume" wird zudem das **Motiv der blauen Blume**, das romantische Symbol für Sehnsucht schlechthin angesprochen, und so überrascht es nicht, dass sich Florio immer mehr in seine Wunschvorstellung hineinsteigert und die Augen buchstäblich vor der Realität verschließt: „Er hielt die Augen lange geschlossen vor Blendung, Wehmut und Entzücken." (Z. 67 f.) Unterbewusst ist ihm klar, dass hier eine „Blendung", also eine Selbsttäuschung vorliegt, dennoch möchte er sich dieser vermeintlichen Erfüllung seiner Sehnsucht gänzlich hingeben.

Florios Sehnsucht wird durch das **Venusbild** geweckt und damit zitiert der Dichter ein weiteres mythologisches Motiv. Die Statue wirkt, „als wäre die Göttin soeben erst aus den Wellen aufgetaucht" – der antiken Sage nach ist Venus aus den Wellen des Meeres entsprungen – „und betrachte nun, selber verzaubert, das Bild der eigenen Schönheit, das der trunkene Wasserspiegel [...] widerstrahlte." (Z. 57 ff.) Hier stellt Eichendorff Venus in der Rolle des **Narziss** dar, des selbstverliebten Jünglings, der durch diese Eigenliebe beziehungsunfähig war; ebenfalls eine Geschichte, die man aus Ovids *Metamorphosen* kennt.

Florio ist gefangen in seinen Wünschen. Umso erschreckender ist sein Erwachen: „Als er wieder aufblickte, schien auf einmal alles wie verwandelt." (Z. 69) Allerdings kehrt er nicht in die Realität zurück, sondern sein schwelgerisches Schwärmen verwandelt sich in einen Albtraum: Die Landschaft wirkt bedrohlich, das Venusbild gespenstisch tot, sodass er panisch die Flucht ergreift und sich in die Sicherheit seiner Unterkunft zurückzieht. Die **Ambivalenz des Traumes** ist typisch für die Romantik. Tiefenpsychologisch wäre die abrupte Umdeutung wohl als Schutz- und Abwehrmechanismus gegen die bedrohlichen Triebwünsche des Es zu sehen. Dass Florios Unterbewusstsein weiter arbeitet, als er endlich in den Schlaf gefunden hat, zeigen die „seltsamsten Träume[ ]" (Z. 82), die ihn heimsuchen.

Mit dem Frühstück am nächsten Morgen offenbart sich **der Gegensatz zwischen Nacht und Tag, zwischen Traum und Wirklichkeit**, zwischen gewähntem und gelebtem Leben. Fortunato, Florios Begleiter, preist in bester Stimmung den Morgen, der sich „eben nicht sonderlich viel aus den sanften Empfindungen" macht, sondern einem „lange ins

Gesicht“ lacht (Z. 88 f.). Ironisch relativiert hier Eichendorff das vorherige schwärmerische Szenario, in das er den Leser mit hineingenommen hat: Fortunato spricht „lustig“ (Z. 85) und fährt „lachend fort“ (Z. 94), als Florio sich angesichts der Realität auf einmal seiner überhitzten Schwärmerei schämt, weil er sie als solche zu erkennen beginnt. Ihn verwundert „recht innerlichst die kecke Lustigkeit des geliebten Sängers“ (Z. 100). Er versucht dennoch, seine „sanfte[n] und hohe[n] Empfindungen“ (Z. 103) auszudrücken, erreicht damit aber nur, dass Fortunato lakonisch ausruft: „Ihr seid recht ordentlich verliebt!“ (Z. 107), und so die hehren Empfindungen auf ein nahezu alltägliches Ereignis reduziert.

In diesem bewussten Hin und Her zwischen schwärmerischer Sehnsucht als Lebensprogramm – „Die Welt muss romantisiert werden“, wie es Novalis ausdrückt – und dem Wissen darum, dass man damit der Realität vergeblich zu entfliehen versucht, aber auch in dem melancholischen Lachen über diese Unvereinbarkeit zeigt sich das, was in der Literatur als **romantische Ironie** bezeichnet wird.

3 Zusammenfassende Interpretation

Mit der Figur des Florio hat Eichendorff einen **Prototyp des romantischen Künstlers** geschaffen: Er ist jung, unschuldig, aber nicht wirklich naiv, er dilettiert in Musik und Poesie, dies gelingt ihm aber mühelos und gekonnt, und er ist getrieben von einer unbestimmten Sehnsucht, die sich letztendlich in einer Frau bzw. einem Frauenbild manifestiert. Freilich ist diese im Grunde eine Projektion, eine Idealfigur, die einem inneren Vorstellungsbild entspricht.

Diese Vorstellung beinhaltet allerdings in der Bewusstseinswelt des Heranwachsenden noch nicht wirklich die Sexualität. Als Florio der Venusfigur gegenübertritt, fühlt er sich freilich durch die von ihr verkörperte Sinnlichkeit angezogen, schreckt aber gleichzeitig vor der von ihr ausgehenden Gefahr zurück.

Florios Situation wird dadurch verschärft, dass er die Welt rein subjektiv wahrnimmt und sein Handeln nahezu ausschließlich emotional bestimmt ist. Er reagiert spontan auf eine Situation, ohne diese irgendwie zu reflektieren. Realität und Traum werden nicht unterschieden, wodurch für den Protagonisten, ganz im Sinne der Romantik, eine zusätzliche Bewusstseinsebene zugänglich ist, die sich eben mit rationalen Mitteln nicht erschließen lässt, ihm aber subjektiv eine Art **Bewusstseinserweiterung** ermöglicht.

Sein bevorzugtes Mittel zur **Realitätsbewältigung** ist die **Poesie**, wenn er etwa in einer Situation, in der ihn seine Gefühle zu überwältigen drohen, ein Lied singt. Die Poesie fungiert aber auch als Auslöser für den **Realitätsverlust**; durch eben dieses Lied überhöht er seine Angebetete und richtet seine Sehnsucht auf ein imaginäres Frauenbild. Der Dichter selbst relativiert allerdings diese von ihm selber dargestellte frühromantische Begeisterung für Traum und Nacht, indem er sie am nächsten Morgen ironisch infrage stellt, ganz im Sinne der romantischen Ironie, wie schon dargelegt.

4 Epochenbezug

Der Text weist eindeutige Merkmale der Romantik auf, die wichtigsten seien hier noch einmal zusammengefasst:

- Die Figur des Florio verkörpert den **Typus des romantischen Künstlers**, der Züge des Genies trägt.
- Indem Eichendorff, wie oft in seinen Werken, in die erzählende Prosaform ein Lied einfügt, verwischt er die Gattungsgrenzen und vermischt Epik und Lyrik, eigentlich auch noch Musik, da Florio das Lied ja singt und sich selbst auf der Gitarre begleitet. Damit nähert er sich dem Gedanken der **Universalpoesie**, die auf jede Gattungsunterscheidung verzichten möchte.

- Auch der Forderung Novalis' „**Die Welt muss romantisiert werden**" wird Rechnung getragen, da die Übergänge zwischen Realität und Traum- bzw. Albtraumwelt verschwimmen. Der Traum verändert Florios Bild von der Realität („Auch da draußen war es überall […], als sänge die ganze Gegend leise, gleich den Sirenen, die er im Schlummer gehört" Z. 13 ff.), Vorstellung und Realität gehen ineinander über: Je länger er das steinerne Bild betrachtet, „je mehr [scheint] es ihm, […] als blühe Leben wie ein lieblicher Gesang erwärmend durch die schönen Glieder herauf" (Z. 65 ff.). Der romantische Mensch, besonders der Künstler, hat Zugang zu einer anderen Bewusstseinsebene, was ihn von den vordergründig lebenden Philistern abhebt.
- Da sich diese höhere Ebene vor allem im Traum manifestiert, ist folgerichtig die **Nacht die Zeit tieferen Empfindens**. Die Tagesgeschäfte sind beendet, die Mitmenschen schlafen, es herrscht Ruhe und statt des hellen Tageslichts erlebt man die Welt im kühlen, gedämpften Licht des Mondes. Die Konturen sind nicht mehr deutlich zu erkennen, die Geräusche werden anders wahrgenommen – der Romantiker erlebt eine kosmische Einheit von Mensch und Natur. Die Beschäftigung mit dem Unbewussten birgt jedoch auch Gefahren für das Individuum: Wie bereits dargelegt, ergreift Florio überstürzt die Flucht, als die Venusstatue lebendig zu werden scheint und damit seine erotischen Triebwünsche Wirklichkeit zu werden drohen.
- Die **Liebe wird**, besonders in der Spätromantik, geradezu **religiös überhöht:** Das Bild des Mädchens, das er auf dem Fest kennengelernt hat, erscheint Florio, als er nachts durch die Landschaft wandert „wundersam verwandelt in ein viel schöneres, größeres und herrlicheres" (Z. 52 f.). Und als er die Venusstatue erblickt, kommt sie ihm wie eine „nun plötzlich erkannte Geliebte vor, wie eine Wunderblume" (Z. 63). Er formuliert es schließlich selbst Fortunato gegenüber als ein „stilles Glück, das sich vor dem lauten Tag verschließt und nur dem Sternenhimmel den heiligen Kelch öffnet wie eine Blume, in der ein Engel wohnt" (Z. 104 ff.). Wenn man bedenkt, dass gemäß der Tiefenpsychologie der Blütenkelch eindeutiges Symbol für das weibliche Geschlechtsorgan ist, ist die zitierte Stelle besonders signifikant. Auf der anderen Seite darf nicht vergessen werden, dass das Ideal seiner Liebe aus Marmor, also aus kaltem, leblosem, wenn auch edlem Material besteht und es sich außerdem um ein Bild der Venus, also einer „heidnischen" Liebesgottheit mit erotisch-animalischen Zügen handelt, dass also der sexuelle Aspekt durchaus eine Rolle spielt, wenngleich eine eher bedrohliche.
- In der Gleichsetzung des angebeteten Bildes mit einer „Wunderblume" (Z. 63) drückt sich außerdem die romantische Grundhaltung der Sehnsucht nach etwas Unerreichbarem, auch nicht wirklich Fassbarem aus, die **Faszination durch Entgrenzung**, wie sie auch in der Vermischung von Traum und Realität zum Ausdruck kommt.

5 Vergleich mit einem anderen literarischen Werk – Veränderte Wahrnehmung der Realität

Zum Vergleich wird Johann Wolfgang von Goethes 1782 entstandene Ballade „**Der Erlkönig**" herangezogen. Das bekannte Werk, das Goethes später Sturm- und Drang-Zeit zuzuordnen ist, hat kaum äußere Handlung: Es geht letztlich um die Unsicherheit von Realitätswahrnehmung. Diese äußerst vielschichtige Ballade kann und soll hier keinesfalls interpretiert, sondern nur unter dem Gesichtspunkt betrachtet werden, wie Vater und Sohn auf dem verhängnisvollen Heimritt die neblig-dunkle Umgebung bzw. eben den Erlkönig wahrnehmen.

Sowohl in Eichendorffs Erzählung *Das Marmorbild* als auch in Goethes Ballade *Der Erlkönig* tritt dem bzw. einem der Protagonisten das **Numinose in Gestalt einer heidnischen Gottheit** entgegen. Bei Eichendorff manifestiert sich die Göttin Venus in einer Marmorstatue; für den Leser ist jedoch klar, dass sich Florio nur einbildet, sie erwache zum Leben. Für Florio, den Romantiker, ist der gewähnte Sachverhalt aber ebenso real wie die empirische Realität, allerdings tritt keine andere Figur auf, die seine Wahrnehmung ernst nimmt. In Goethes Ballade bleibt die Existenz des Erlkönigs, also des Elfenkönigs, bis zum bitteren Ende zweifelhaft, zumal für den Tod des Kindes keine physisch-rationale Erklärung geboten wird. Es bleibt dem Leser überlassen, ob er den Äußerungen des Kindes Glauben schenkt oder sich die Sichtweise des Vaters zu eigen macht, der für jede Vision des Sohnes eine plausible empirische Erklärung hat – dem es allerdings am Ende auch „grauset", sodass er das Pferd vorwärts treibt.

In beiden Texten bietet die Gottheit eine **erotische Verlockung**. Florio fühlt sich durchaus angezogen von dem sinnlichen Reiz, der von dem Marmorbild ausgeht, wenngleich er die sinnliche Verführung – den seelenvollen Blick, die Mundbewegung (vgl. Z. 65 f.) – hineininterpretiert. Erst als ihm seine erotische Faszination bewusst zu werden droht, bekommt er Angst – Angst vor dem Unbekannten, das ihn zu überwältigen droht. Denn gegenüber Fortunato verteidigt er das Erlebnis der Nacht und seine eigenen „sanfte[n] und hohe[n] Empfindungen" sowie das „stille[] Glück", das sich ihm in dem eindeutigen Bild des Blütenkelches anbietet (Z. 103 ff.).

Das Kind in Goethes Ballade erlebt den Verführungsversuch des Erlkönigs ausschließlich als Bedrohung, noch dazu in dreifacher Eskalation. Bereits die ersten scheinbar harmlosen Angebote des Erlkönigs – gewissermaßen unter Aufsicht seiner Mutter mit ihm zu spielen oder ihn mit seinen Töchtern tanzen zu lassen – lösen bei dem Jungen panische Angst aus. Das dritte beinhaltet allerdings auch eine konkrete Drohung, die durchaus auf päderastische Wünsche schließen lässt. Der Knabe fühlt sich unmittelbar körperlich bedrängt und der Leser ist geneigt, die Aussage des Jungen, der Erlkönig habe ihm Leid zugefügt, in direktem Zusammenhang mit seinem Tod zu sehen. Dabei sind die Erklärungen des Vaters absolut nachvollziehbar. Die möglicherweise reale Existenz des Erlkönigs lässt sich, wenn überhaupt, ausschließlich anhand der kindlichen Reaktionen erkennen.

In beiden Texten ist die **Natur** maßgeblich beteiligt an der veränderten Realitätswahrnehmung. Florio ist aufgrund seiner einsamen Wanderung durch die nächtliche Landschaft bereits eingestimmt auf das besondere Erlebnis; das Szenario am See, wo die Statue geheimnisvoll vom Mondlicht beschienen wird, trägt ein Übriges dazu bei, seine **Fantasie** zu beflügeln. Nach seinem „bösen Erwachen" ist die Szene nicht verändert, die Statue steht weiterhin im Mondschein am Seeufer – aber Florio scheint „auf einmal alles wie verwandelt" (Z. 69).

Goethes Ballade spielt ebenfalls in der **Nacht**. Das Ambiente ist dunkel, windig und offensichtlich neblig, auch hier wird also dem **unheimlichen Moment der Dunkelheit** Rechnung getragen. Das Gefühl der Bedrohung hängt eng mit der Nacht zusammen, die die Natur zu verändern scheint. Was der Vater klar als Nebelstreif, als das Rascheln dürrer Blätter und als alte Bäume erkennt, ist für den Sohn ebenso eindeutig der Erlkönig mit seinen Töchtern. Da die Ballade auf jeden Erzählerkommentar verzichtet, wird die Natur hier zumindest aus der Sicht des Jungen selbst zum Aggressor.

Florio empfindet – bei aller Bedrohlichkeit – sein nächtliches Erlebnis als eher positiv, andernfalls würde er seine emotionale Beteiligung nicht so entschieden gegenüber Fortunato verteidigen. Nächtliche Ausnahmesituationen sind dem Romantiker vertraut und willkommen, auch wenn sie gelegentlich beängstigend wirken.

Für das Kind in Goethes Ballade ist die veränderte Realitätswahrnehmung buchstäblich tödlich. Ob man nun den Erlkönig als tatsächliche Spukgestalt oder als Ausgeburt der fiebernden kindlichen Fantasie ansieht – das Kind setzt seine Realitätswahrnehmung eben unreflektiert mit der Realität als solcher gleich.

Grundkurs Deutsch (Bayern): Abiturprüfung 2010
Aufgabe 4 – Erörterung

„Literatur zeigt nicht nur die Wirklichkeit auf, wie sie ist: Sie zeigt die Spannung zwischen dem, was ist, und dem, was sein könnte und sein sollte. Literatur hat also von Haus aus utopischen Charakter (gleichgültig, wie tief verborgen oder wie sichtbar dieser Anspruch ist)."

Aus: Hilde Domin, Gesammelte Essays. Heimat in der Sprache, Piper: München 1992

Klären Sie den Begriff „Utopie", erläutern Sie das Zitat und setzen Sie sich ausgehend von Ihren Ergebnissen kritisch mit der Frage auseinander, inwieweit Literatur „von Haus aus utopischen Charakter" hat! Ziehen Sie dazu geeignete Beispiele Ihrer Wahl heran!

Hinweise und Tipps

Wie bei jeder Erörterung sollten Sie, bevor Sie mit dem Schreiben beginnen, zunächst die Aufgabenstellung sorgfältig analysieren und sich anschließend über die erforderlichen Arbeitsschritte genau klar werden.

Eine kritische Auseinandersetzung mit der These, „Literatur hat […] von Haus aus utopischen Charakter", ist sinnvollerweise in Form einer **dialektischen Erörterung** umzusetzen, in der sowohl Argumente für als auch gegen diese These angeführt werden.

Die präzise und differenzierte Aufgabenstellung hilft Ihnen, Ihre Arbeit zu strukturieren: Mit dem Arbeitsauftrag „Klären Sie den Begriff ‚Utopie'" bietet sich bereits ein Grundgedanke für die **Einleitung** an.

Mit Ausführung des zweiten Arbeitsauftrags, „erläutern Sie das Zitat", **leiten** Sie im Anschluss **zur eigentlichen Sachdiskussion über:** Basierend auf Ihrer Definition von Utopie sollen Sie herausarbeiten, dass Literatur stets eine Verbindung zwischen Realität und Wunschvorstellung herstellt. Bedenken Sie, dass hier noch keine Argumentation gefordert ist. Sie sollten jedoch näher ausführen, dass gemäß dem Zitat Literatur grundsätzlich die Veränderbarkeit der bestehenden Realität offen oder verdeckt thematisiert, um einen Anstoß zur Verbesserung herrschender Zustände zu geben. Damit grenzen Sie die folgende Diskussion thematisch ein und geben ihr bereits eine Richtung.

Da Sie sich in der anschließenden eigentlichen Erörterung laut Aufgabenstellung auf literarische Beispiele stützen sollen, ist es ratsam, sich zunächst Gedanken über **geeignete Werke** zu machen, also über Texte, deren Inhalt utopische Züge aufweist, aber auch über solche, die erklärtermaßen die Realität abbilden wollen, denn auch diesen unterstellt Hilde Domin ja „utopischen Charakter", indem sie allgemein von „Literatur" spricht.

Bei der Auswahl der Literaturbeispiele können Sie sich u. a. von folgenden Fragen leiten lassen:
- Wird Realität abgebildet bzw. liegt ein konkreter Zeit- oder Ortsbezug vor oder wird eine in der Wirklichkeit nicht verortbare Welt gestaltet?
- Werden existierende Missstände und deren Konsequenzen lediglich aufgezeigt oder wird im Text zukünftig Mögliches bzw. Wünschenswertes vorgestellt?
- Soll die im Text entworfene Welt Vorbildfunktion übernehmen oder werden andere Intentionen verfolgt?
- Welche literarischen Mittel werden eingesetzt, um dem gewählten Beispiel seinen realitätsbezogenen oder utopischen Charakter zu verleihen?

Denken Sie bei der **Argumentation** daran, dass die Textbeispiele dazu dienen, die Darlegungen und Begründungen zu veranschaulichen bzw. zu untermauern, aber diese nicht ersetzen dürfen. Achten Sie auch auf eine gedanklich zusammenhängende Darlegung und fließende Übergänge.

Im **Schlussteil** sollten Sie auf der Basis Ihrer bisherigen Überlegungen ein eigenständiges Urteil bezüglich des utopischen Charakters von Literatur formulieren, wobei Sie jedoch nicht bereits vorgebrachte Argumente einfach wiederholen sollten.

Insgesamt ist, neben einem sinnvollen Aufbau und schlüssiger Argumentation, auf eine angemessene Begrifflichkeit sowie auf sprachliche Gewandtheit und Korrektheit zu achten.

Lösungsvorschlag

1 Themaklärung / Problematik

Der **Begriff „Utopie"** ist vielschichtig. Im alltagssprachlichen Gebrauch wird „utopisch" im Sinne von „realitätsfern", „unerfüllbar", „erträumt" bzw. „nur in der Vorstellung vorhanden" gebraucht. Bei differenzierter Betrachtung ist jedoch von der ursprünglichen Wortbedeutung auszugehen: Das Wort ist aus dem Griechischen abgeleitet und bedeutet so viel wie „Nicht-Ort" (οὐ / u = nicht, τόπος / topos = der Ort). Eine literarische Utopie stellt in der Regel einen in sich geschlossenen Gegenentwurf zur bestehenden Welt dar. Dieser „Gegen-Welt" fehlt ein konkreter Orts- und Zeitbezug. Die literarische Utopie formuliert im positiven oder negativen Sinn Denkbares für die Zukunft einer Gemeinschaft, möglicherweise auch, indem auf eine ideale Vergangenheit zurückgegriffen wird. Somit bleibt eine Utopie in der Gegenwart zwar unerreichbar, soll jedoch in ihrer positiven Ausprägung Leitbildfunktion übernehmen. Entwirft sie ein negatives Zukunftsmodell, soll mittels Überzeichnung möglicher gegenwärtiger Entwicklungen vor den Gefahren ebendieser gewarnt werden.

Hilde Domin stellt nun die These auf, dass Literatur „nicht nur", damit aber eben *auch* die Wirklichkeit aufzeige, also abbilde oder charakterisiere. Darüber hinaus enthalte sie aber stets Visionen von „dem, was sein könnte und sein sollte". Was mit „dem" gemeint ist, geht aus dem Zitat nicht eindeutig hervor, da die Aussage jedoch auf Literatur bezogen ist, kann man vom Zustand der Gesellschaft bzw. des menschlichen Miteinander ausgehen. Hilde Domin ist somit der Ansicht, dass Literatur immer beide Aspekte beinhalte und die Kluft zwischen beiden thematisiere. Daher schreibt ihr die Dichterin „utopischen Charakter" als Grundkonstituente zu.

Da fiktionale Literatur, und von solcher ist hier auszugehen, qua Definition stets mit einem dichterisch-ästhetischen Grundanspruch geschaffen ist, geht es bei einer Auseinandersetzung mit Hilde Domins These darum, ob in literarischen Werken immer ein idealisiertes Bild der Welt oder der Gesellschaft, direkt oder indirekt, mittransportiert wird oder ob ein anderer Anspruch im Vordergrund steht. Dabei werden im Folgenden vorrangig Werke der deutschsprachigen Literatur berücksichtigt.

2 Literatur mit utopischem Anliegen / Literatur bietet Utopien

Gesellschaftliche Gegenentwürfe finden sich in der deutschsprachigen Literatur nicht so zahlreich wie etwa in der angloamerikanischen, eindeutig zur Gattung „Utopie" lässt sich jedoch die 1731 erschienene **„Insel Felsenburg"** von **J. G. Schnabel** zuordnen. Ihr utopischer Charakter steht außer Frage und ist erklärtes Anliegen des Werks – die von Domin erwähnte „Spannung" zwischen Wirklichkeit und Vision bzw. Wunsch ist also offensichtlich. Der Protagonist Eberhard Julius, Angehöriger des Bürgertums, droht in der spätfeudalistischen Gesellschaft Europas unverschuldet zu scheitern: Seine Mutter ist gestorben, sein Vater bankrott, er steht privat und beruflich vor dem Nichts und die Gesellschaft fängt ihn nicht auf. In dieser schier ausweglosen Situation erreicht ihn der Brief eines Kapitäns Wolff, eines Geschäftsfreunds seines Vaters. Dieser erzählt ihm von der Existenz der Gemeinschaft Felsenburg auf einer vage im „Südmeer" verorteten gleichnamigen Insel. Dort herrscht ein Verwandter des Protagonisten als „Altvater" über ein patriarchalisch strukturiertes Gemeinwesen. Die Gesellschaft setzt sich aus auf der Insel Gestrandeten zusammen, die ebenfalls an der verderbten Gesellschaft Europas zu verzweifeln drohten. Julius und der Kapitän lernen auf Felsenburg ein idyllisches, wohlgeordnetes Zusammenleben kennen, getragen von bürgerlich-empfindsamen Tugenden wie Redlichkeit und Frömmigkeit, und entschließen sich zu bleiben. Schnabel zeichnet hier ein düsteres, aber durchaus nicht unrealistisches Bild der Zeit und stellt diesem bewusst eine pietistisch geprägte isolierte Idylle gegenüber. Im Jahr 1731 erschienen, ist der Roman Ausdruck des aufkeimenden bürgerlichen Selbstbewusstseins, das freilich seine gesellschaftlichen Wertvorstellungen noch nicht politisch realisieren konnte und sich deshalb – noch – in die Utopie flüchtete. Die positive Leitbildfunktion, die die Gesellschaft Felsenburg für die Menschen des frühen 18. Jahrhunderts erfüllen soll, ist jedoch offensichtlich: Schnabel zeigt gerade dem Bürgertum, zu dem wohl die meisten seiner Leser gehören, ein mögliches erstrebenswertes Modell auf.

Nicht zufällig bearbeitete der Romantiker Ludwig Tieck das Werk und gab es 1828 in einer gekürzten Fassung heraus. Das Dichtungs- und Lebenskonzept der **Romantiker** war im Grunde schon per se Utopie, da die Welt nach Novalis' bekanntem Ausspruch „romantisiert" werden müsse: Die erklärte Absicht der Romantiker lag also darin, ihr Leben als **Gegenentwurf zur banalen Realität** der „Philister" zu gestalten. Besonders raffiniert beherrschte dies **E. T. A. Hoffmann** in seinen Märchennovellen wie etwa „Prinzessin Brambilla" oder „**Der goldne Topf**". Letztere erzählt die Erlebnisse des Studenten Anselmus, der im Dresden des frühen 19. Jahrhunderts ein geordnetes Leben führt und gute Aussichten hat, Veronika, die Tochter des Konrektors Paulmann, zu heiraten und selbst Hofrat zu werden. Dieser Handlungsstrang ist sorgfältig in der Wirklichkeit verortet, die Handlungsschauplätze wie die Elbbrücke oder das Linckesche Bad durchaus realitätsgetreu gestaltet. Die Figuren entstammen dem Bürgertum: ein Konrektor, ein Registrator – solide Berufe, in denen es um Ordnung und Genauigkeit geht. Eine Zwischenstellung nimmt der Archivarius Lindhorst ein: Als Archivarius geht er beruflich mit kostbaren alten Schriftstücken um, ist also in eine lange historische Tradition eingebunden, die weit über die Gegenwart hinausreicht. Diese Schriften ermöglichen ihm den Zugang zu einer anderen Zeit und damit zu einer anderen Welt. Außerdem stellt sich heraus, dass er in Wirklichkeit ein Elementargeist aus dem geheimnisvollen Atlantis ist, also ein Wanderer zwischen zwei Welten: zwischen dem Hier und Jetzt, dem Philister- und Spießertum und zwischen der realen Welt und derjenigen der Fantasie, des Märchens und der Magie. Durch die Kopierarbeit bei Lindhorst und den häufigen Kontakt mit der Schlange Serpentina, der Tochter des Archivarius, wird auch Anselmus zunehmend in die Märchenwelt von Atlantis hineingezogen. Zwar versucht Veronika, die Tochter des Konrektors, ihn durch einen Liebeszauber an sich zu binden, da sie sich eine Zukunft als Frau Hofrätin erträumt, aber Anselmus kommt durch magische Umstände zu der Erkenntnis, dass ein solch vermeintliches bürgerliches Glück für ihn eine erstickende Enge bedeuten würde. Er erobert letztendlich das Herz Serpentinas und beide werden in dauernder Seligkeit auf ein Rittergut in Atlantis entrückt. Sie entfliehen endgültig der Alltagsrealität. Auch Veronika scheint zwischen beiden Welten zu schwanken, da sie sich ja eines Liebeszaubers bedient, findet aber recht schnell ihre Erfüllung als Frau Hofrätin an der Seite des beförderten Registrators Heerbrand und entscheidet sich endgültig für ein Leben im philiströsen Alltag.

E. T. A. Hoffmann entwirft hier eine Art **utopische Parallelwelt**, die die bürgerliche Realität kreuzt und durchdringt. Der Mensch hat anscheinend die Wahlmöglichkeit zwischen beiden, wenn er nur wie Anselmus aufgeschlossen ist für das Wunderbare gemäß E. T. A. Hoffmanns Forderung, das Wunderbare müsse „keck ins gewöhnliche Leben" treten. Sein Atlantis ist keine Idealgesellschaft, sondern eine Option auf Glück, die jedem jederzeit offensteht, vorausgesetzt, er sieht die Welt mit den Augen des Romantikers. So gesehen stellt E. T. A. Hoffmann in hohem Maß „die Spannung [dar] zwischen dem, was ist, und dem, was sein könnte", die Hilde Domin jedem literarischen Werk zuspricht. Betrachtet man allerdings die Art und Weise, wie der Dichter seine Geschichte erzählt, so relativiert sich das verlockende Bild einer Traumwelt. Die fantastische Handlung wird von einem auktorialen Erzähler kommentiert, der sich immer wieder direkt an den „geneigten Leser" wendet, indem er diesem von seinen Schwierigkeiten beim Verfassen der Geschichte in Kenntnis setzt. Er übertritt selbst die Schwelle zur fantastischen Welt, indem er den Archivarius zu Hilfe holt, um die Erzählung zu Ende zu bringen. Damit stellt sich das utopische Konstrukt ambivalent dar: Einerseits bekräftigt der Erzähler die Realität der Utopie, indem er vorgibt, selbst Teil von ihr zu sein, andererseits wird durch die Distanz eines außenstehenden Erzählers das fantastische Zauberreich ironisch relativiert, da es eben auch lediglich als Ausgeburt eines fantasievollen Dichters gesehen werden könnte. Dieser Grundzug **romantischer Ironie**, der die fantastische Welt hinter der realen Welt doch immer wieder in Frage stellt, ist charakteristisch für E. T. A. Hoffmanns Werk und seinen Umgang mit eskapistischen Lebensmodellen.

Als Beispiel der Moderne wäre in diesem Zusammenhang das **epische Theater Bertolt Brechts** anzuführen, das allerdings nirgends einen geschlossenen Gesellschaftsentwurf vorstellt. Jedoch verstand Brecht das Drama als „Instrument der Aufklärung im Sinne einer revolutionären gesellschaftlichen Praxis": Dem Zuschauer sollte genau die von Hilde Domin vorausgesetzte Spannung zwischen Ist-Zustand und Soll-Zustand bewusst werden, um ihn zum Nachdenken und als Konsequenz daraus zum gesellschaftlich-politischen Handeln zu bewegen.

3 Literatur mit realistischem Anliegen / Literatur bietet Realität

Demgegenüber stehen Werke, in denen erklärtermaßen eine möglichst getreue Wiedergabe der Realität angestrebt wird. Der naturalistische Autor Arno Holz brachte dieses Anliegen auf die Formel „Kunst = Literatur – x", wobei x die künstlerischen Mittel und ihre Anwendung durch den Künstler bezeichnet. Diese sind so klein wie möglich zu halten, um eine möglichst exakte Abbildung der Natur zu gewährleisten. Damit sind hier in erster Linie die Werke des **Naturalismus** heranzuziehen. Laut Domins These haben diese Werke trotz ihres Anspruchs, die Realität wiederzugeben, ebenfalls utopischen Charakter – auch wenn dieser vielleicht „tief verborgen" ist.

Exemplarisch sei hier **Gerhart Hauptmanns** Drama „**Die Weber**" herausgegriffen. Es basiert auf einem historischen Ereignis, dem spontanen Weberaufstand im Jahr 1844 in Schlesien, der mit militärischer Gewalt niedergeschlagen wurde. Nachdem Hauptmann 1888 den Plan gefasst hatte, ein Stück über diese tatsächliche Begebenheit zu schreiben, betrieb er umfangreiche historische Recherchen, stützte sich auf etliche Dokumentationen und wissenschaftliche Analysen und unternahm zwei Informationsreisen nach Schlesien. Er war also offenkundig bemüht, das tatsächliche Geschehen so genau wie möglich kennenzulernen. Den Verlauf des Aufstandes zeichnet er dementsprechend realitätsgetreu nach: So ist die Figur des Fabrikanten Dreißiger der historischen Figur des neureichen Unternehmers Zwanziger nachempfunden. Das individuelle Schicksal der einzelnen Weber steht weniger im Vordergrund, vielmehr stellen sich die Protagonisten als Stellvertreter einer sozialen Schicht dar. Hauptmann geht dabei in hohem Maße deskriptiv vor, alles andere wäre für ihn eine „Herabwürdigung der Kunst". Hier wird an einem konkreten Fall, der jedoch exemplarische Bedeutung hat, die Welt vorgeführt, wie sie *nicht* sein sollte.

So verwundert es nicht, dass die Wilhelminische Zensur das Stück mit der Begründung verbot, es könne Klassenhass und damit politische Unruhen erzeugen. Obwohl dieses Verbot wieder aufgehoben wurde, kündigte Wilhelm II. wegen der Aufführung der „Weber" die kaiserliche Loge im Deutschen Theater. Der Literaturkritiker Julius Hart äußerte die Überzeugung, in den „Webern" atme „ein revolutionärer Geist, so ernst und so entschieden wie in den ‚Räubern'". Freilich ist das Drama schon wegen seiner klar umrissenen Thematik mit exakter zeitlicher Verortung keine Utopie, nicht einmal eine Negativutopie. Wenn ihm jedoch von der ersten Aufführung an revolutionäre Tendenzen zugeschrieben werden, könnte man dahinter sehr wohl den Ansatz vermuten, dass hier der Zuschauer zum Nachdenken darüber angeregt werden soll, wie gesellschaftliche Wirklichkeit sein sollte, gerade weil sie in der dargestellten Realität nur abzulehnen ist. In der Form eines Negativmodells, das Hauptmanns Kritik an dem gesellschaftlichen Elend und den sozialen Missständen deutlich zum Ausdruck bringt, klingt zugleich eine „Gegen-Welt" an, die frei von eben diesen Missständen ist und dem Einzelnen ein Leben in Freiheit und Gerechtigkeit ermöglicht. Damit hätte das Werk gemäß Hilde Domins These zumindest „utopischen Charakter (gleichgültig, wie tief verborgen oder wie sichtbar dieser Anspruch ist)."

4 Schlussresümee

Literatur behandelt in unterschiedlicher Form stets Bedingungen und Umstände des menschlichen Miteinander bzw. existenzielle Grundaussagen zum Leben des Menschen: Wo steht der Mensch in der Welt, wie nimmt er sie wahr, wie begegnet er ihr, wie wirkt sie auf ihn? Somit stellen literarische Werke einen Zustand dar, der entweder als solcher vorbildhaft ist oder von dem postulierten Idealzustand abweicht. In beiden Fällen hat Literatur im Sinne von Hilde Domins Ausspruch utopischen Charakter, sei es, weil ein **Ideal** entworfen wird, das allenfalls in zeitlicher oder situativer Begrenzung existiert, oder weil durch die Darstellung von Missständen der **Entwurf eines Gegenbildes** evoziert werden soll. Die dichterischen Absichten und die Mittel, mit denen sie umgesetzt werden, sind dabei freilich unterschiedlich, wie in der Argumentation exemplarisch gezeigt wurde. Stets wird der Leser jedoch in die „Spannung zwischen dem, was ist, und dem, was sein könnte und sein sollte" hineingenommen, sodass in diesem Sinne Hilde Domin zuzustimmen ist.

Wenn man den Begriff „Utopie" im engeren Sinne der literarischen Gattung fasst, wird man freilich in den wenigsten Werken einen geschlossenen Gegenentwurf zu bestehenden Zuständen finden, einen solchen Anspruch impliziert das Zitat allerdings auch nicht.

(Bitte blättern Sie um)

Geschichte

Geschichte 1 .... Best.-Nr. 94781
Geschichte 2 .... Best.-Nr. 94782
Methodentraining Geschichte .... Best.-Nr. 94789
Abitur-Wissen Die Antike .... Best.-Nr. 94783
Abitur-Wissen Das Mittelalter .... Best.-Nr. 94788
Abitur-Wissen Französische Revolution (G8) .... Best.-Nr. 947812
Abitur-Wissen Die Ära Bismarck: Entstehung und Entwicklung des deutschen Nationalstaats .... Best.-Nr. 94784
Abitur-Wissen Imperialismus und Erster Weltkrieg Best.-Nr. 94785
Abitur-Wissen Die Weimarer Republik .... Best.-Nr. 47815
Abitur-Wissen Nationalsozialismus und Zweiter Weltkrieg .... Best.-Nr. 94786
Abitur Wissen Deutschland von 1945 bis zur Gegenwart .... Best.-Nr. 947811
Abitur Wissen USA (G8) .... Best.-Nr. 947813
Abitur Wissen Naher Osten (G8) .... Best.-Nr. 947814
Kompakt-Wissen Abitur Geschichte Oberstufe (G8) .... Best.-Nr. 947601

Sozialkunde

Abitur-Wissen Demokratie .... Best.-Nr. 94803
Abitur-Wissen Sozialpolitik .... Best.-Nr. 94804
Abitur-Wissen Die Europäische Einigung .... Best.-Nr. 94805
Abitur-Wissen Politische Theorie .... Best.-Nr. 94806
Abitur-Wissen Internationale Beziehungen .... Best.-Nr. 94807
Kompakt-Wissen Abitur Politik/Sozialkunde (G8) .... Best.-Nr. 948001

Geographie / Erdkunde

Geographie 1 – 11. Klasse (G8) .... Best.-Nr. 94911
Geographie 2 – 12. Klasse (G8) .... Best.-Nr. 94912
Abitur-Wissen Entwicklungsländer .... Best.-Nr. 94902
Abitur-Wissen Die USA .... Best.-Nr. 94903
Abitur-Wissen Europa .... Best.-Nr. 94905
Abitur-Wissen Der asiatisch-pazifische Raum .... Best.-Nr. 94906
Abitur-Wissen GUS-Staaten/Russland .... Best.-Nr. 94908
Kompakt-Wissen Erdkunde .... Best.-Nr. 949010

Erziehungswissenschaft / Psychologie

Erziehungswissenschaft .... Best.-Nr. 94941
Grundwissen Pädagogik .... Best.-Nr. 92480
Grundwissen Psychologie .... Best.-Nr. 92481

G9 Abiturprüfung 2011

Viele Jahrgänge der zentral gestellten Abitur-Prüfungsaufgaben an Gymnasien in Bayern, einschließlich des **aktuellen Jahrgangs**. Mit **vollständigen Lösungen**.

G9 Abitur Mathematik – LK Bayern .... Best.-Nr. 95000
G9 Abitur Mathematik – gk Bayern .... Best.-Nr. 95100
G9 Abitur Physik – LK Bayern .... Best.-Nr. 95300
G9 Abitur Physik – gk Bayern .... Best.-Nr. 95320
G9 Abitur Biologie – LK Bayern .... Best.-Nr. 95700
G9 Abitur Biologie – gk Bayern .... Best.-Nr. 95710
G9 Abitur Chemie – LK Bayern .... Best.-Nr. 95730
G9 Abitur Chemie – gk Bayern .... Best.-Nr. 95740
G9 Abitur Geschichte – LK Bayern .... Best.-Nr. 95760
G9 Abitur Geschichte – gk Bayern .... Best.-Nr. 95780
G9 Abitur Sozialkunde – gk/LK Bayern .... Best.-Nr. 95800
G9 Abitur Geographie – LK Bayern .... Best.-Nr. 95900
G9 Abitur Geographie – gk Bayern .... Best.-Nr. 95930
G9 Abitur Wirtschaft/Recht – LK Bayern .... Best.-Nr. 95850
G9 Abitur Wirtschaft/Recht – gk Bayern .... Best.-Nr. 95880
G9 Abitur Deutsch – LK Bayern .... Best.-Nr. 95400
G9 Abitur Deutsch – gk Bayern .... Best.-Nr. 95410
G9 Abitur Deutsch Colloquium – gk BY .... Best.-Nr. 95411
G9 Abitur Englisch – LK Bayern .... Best.-Nr. 95460
G9 Abitur Englisch – gk Bayern .... Best.-Nr. 95470
G9 Abitur Französisch – gk/LK Bayern .... Best.-Nr. 95500
G9 Abitur Latein – gk/LK Bayern .... Best.-Nr. 95600
G9 Abitur Religion r.-k. – gk Bayern .... Best.-Nr. 95990
G9 Abitur Religion ev. – gk Bayern .... Best.-Nr. 95970
G9 Abitur Ethik – gk Bayern .... Best.-Nr. 95950
G9 Abitur Sport – LK Bayern .... Best.-Nr. 95980
G9 Abitur Kunst – LK Bayern .... Best.-Nr. 95960

Fachübergreifend

Richtig Lernen
Tipps und Lernstrategien – Oberstufe .... Best.-Nr. 10483
Referate und Facharbeiten – Oberstufe .... Best.-Nr. 10484
Training Methoden
Meinungen äußern, Ergebnisse präsentieren .... Best.-Nr. 10486